法天使
fatianshi.cn

# 中国合同库

## 股权激励

优质文本 · 条文批注 · 风险提示

邵雷雷　主编

法律出版社
LAW PRESS · CHINA

# 股权激励

## 编委会

## 邵雷雷

京师律师事务所创始合伙人
分所管委会主任

教育背景：北京大学法学学士，对外经贸大学 SMBA，具有上市公司独立董事资格。

现任职位：京师律师事务所创始合伙人、分所管委会主任，海南仲裁委员会仲裁员、朝阳区律师协会律管委委员。

业务方向：公司上市、企业融资、金融证券

工作经历：邵雷雷律师长期以来从事公司上市，企业收购，PE 投资等法律业务，在证券、基金投资、并购重组等方面积累了丰富的经验。擅长投融资法律实务和证券法律实务，尤其擅长为客户提供私募股权投资、境外收购、公司上市等领域的法律服务，曾协助多家企业在海内外资本市场挂牌上市并成功融得资金。他主办及参与了北京 ** 方圆科技股份有限公司、山东 ** 金属容器科技股份有限公司、北京 ** 建筑装饰工程股份有限公司、唐山 ** 电子股份有限公司、河北 ** 科技股份有限公司的新三板挂牌项目，杭州 ** 数码科技股份有限公司、上海 ** 半导体材料股份有限公司、北京 ** 信息技术股份有限公司、广州 ** 园林股份有限公司等 IPO 项目，网龙国际有限公司（香港创业板转主板上市）、大明国际有限公司（香港主板上市），北京 ** 无限通信技术有限公司、厦门 ** 旅行社有限公司等公司香港 OTC 挂牌项目，进行项目融资、谈判、论证、法律文件的起草和审查的工作，出具法律意见书。以及为经济纠纷的和解、仲裁和诉讼等方面提供专项法律服务。其精准的判断和卓远的见识给客户留下了深刻的印象。

# 总序一

法治社会离不开合同。

英国历史学家梅因的《古代法》中有一句法律人耳熟能详的名言：我们可以说，所有进步社会的运动，到此处为止，是一个“从身份到契约”的运动。确实，在现代社会中，方方面面都离不开契约与契约精神。除市场交易外，大到国家治理、国际条约，小到婚姻家庭、交通出行各个领域，无所不在契约或契约精神的笼罩之下。可以说，一个现代人，无时无刻能与合同脱离干系。

在具体生活层面，我们也不难发现合同与社会经济之间的密切关系。从普通人很少见到正式合同，到越来越多的签订书面合同，到合同越来越厚、条款越来越多，与之相应地，是经济交易越来越活跃、交易金额越来越大，经济越来越发达。如果作这么一个判断：“合同的质量与数量，与一个社会的经济水平成正比”，这应该是基本成立的。

希望中国合同库成为标准。

合同需要标准。国际贸易术语（Trade Terms of International trade），就可以理解为是一套合同条款的标准术语。有了这套术语，交易各方在谈判以及拟定条款时，就可以大大节省时间，减少争议。

经济生活中的大量交易，完全可以使用比较标准的、完备的合同范本。这些合同范本符合一般交易惯例，条款相对完善、规范，能减少不必要的合同纠纷。

当然，交易往往都有自己的特殊性。即使如此，以标准合同为基础，合同各方在彼此关心的重点条款上谈判、修订，而对一般性问题采纳标准合同的条款，这也能大大节省合同各方的精力。

在运输领域，集装箱标准的推出，大大提升了运输效率、降低了物流成本，整个社会都为之受益。而如果在社会各行各业的交易、合作中，都能大力推行标准合同，无疑也将大大降低交易成本，促进交易的进行，减少争议。这其中的社会意义是巨大的。这也是工商等政府部门不断推出政府示范文本的目的。而现在，“中国合同库”这一项目，更是利用互联网技术，将合同示范文本这一工作往前推进了一大步。

标准之所以能成为标准，既需要社会各界的推动与接受，也需要标准本身能不断完善、符合需求。我在此希望中国合同库的主办方能持之以恒的推动合同库的建设、完善与推广，使之成为名副其实的“中国合同库”。

此为序。

中国社会科学院学部委员、教授、博士生导师

# 总序二

在互联网、大数据时代，应思考法律服务如何与技术结合，推动法律智慧的融合与共享。在倡导律师专业化建设、倡导律师“工匠精神”的同时，应注重用技术手段，帮助律师提升法律服务的效率。

《中国合同库》系列图书，可以看作这方面的有益尝试。不同于一般的合同范本书，它充分利用了互联网开放、迭代、互动的特色：每个合同范本，对应一个二维码，读者扫描识别二维码，就可以获得合同范本的电子版；而合同范本的作者，可以实时更新电子版，以确保内容的与时俱进。如此一来，这套书不再是一般意义的纸质读物，而是与电子数据协同互动的新型出版形态。

一直以来，高品质的合同范本和法律文书，是一种有价值但流通不畅的资源。律师与律师之间，团队与团队之间，律所与律所之间，缺乏知识资源的互通和共享。另外，高质量的文件模板几乎可以说是律师的核心竞争力之一，甚至是行业壁垒之一，每一份好的文件模板都倾注了律师的智慧和心血。《中国合同库》聚合各领域专业法律人，把这些优质的模板进行逐字

关注法天使

关注法天使

逐句地修改、整合，进而分享，真正体现了互联网时代的共享精神。

不久前，中华全国律师协会刚刚与法律出版社签署战略合作协议，现在欣喜地看到法律出版社偕同法天使推出这项具有创新精神的出版计划，在此表示由衷祝贺！

是为序。

中华全国律师协会会长

金杜律师事务所管委会主席

# 前言

面对日益激励的人才竞争，诸多公司纷纷将目光转移到股权激励上来。股权激励在国内实施的时间并不长，其发展大致可以以证监会颁布《上市公司股权激励管理办法（试行）》为标志，分为以下两个阶段：

## 一、2005 年之前的探索阶段

股权激励方面的探索始于 20 世纪 90 年代的国有企业改革。采用的形式有内部职工股、管理层收购、泰达模式（奖励基金购买股票）、武汉模式（延期支付年薪购买股票）等。然而，受制于当时企业的自身条件和法律政策，这些探索要么被相关部门禁止，要么因为各种因素而搁置。股权激励未能达到预期的效果，也未得到广泛的采用。

## 二、2005 年之后的快速发展阶段

2005 年新修订的《中华人民共和国公司法》《中华人民共和国证券法》允许股份回购用于职工奖励，放宽高管股份出让限制，股权激励的股份来源、股份流通在法律上有了明确的依据。证监会颁布的

《上市公司股权激励管理办法（试行）》意味着股权激励的政策支持向上市公司全面推广。除此之外，2008 年出台《股权激励有关备忘录 1 号》《股权激励有关备忘录 2 号》《股权激励有关备忘录 3 号》；2013 年 10 月证监会《关于进一步明确股权激励相关政策的问题与解答》、2014 年 1 月证监会关于《关于股权激励备忘录相关事项的问答》和 2014 年 6 月证监会《关于上市公司实施员工持股计划试点的指导意见》相继出台。与此相关的国资管理、税收、会计准则也相继出台，实施股权激励的法律环境逐步完善。2015 年 12 月《上市公司股权激励管理办法（征求意见稿）》公开征求意见，反馈截止日期为 2016 年 1 月 17 日，2016 年 5 月 4 日《上市公司股权激励管理办法》已经中国证券监督管理委员会审议通过并公布，自 2016 年 8 月 13 日起施行。

此外，关于国有控股上市公司，目前还存在 2006 年 1 月《国有控股上市公司（境外）实施股权激励试行办法)》、2006 年 9 月《国有控股上市公司（境内）实施股权激励试行办法》以及 2008 年 10 月《关于规范国有控股上市公司实施股权激励制度有关问题的通知》等相关规范文件。

伴随法律法规的逐步完善，上市公司、新三板挂牌公司、有限公司等公司实施股权激励的热情高涨，呈现迅速发展之势，并在实践中逐渐形成了以限制性股票、股票期权、股票增值权、虚拟股票、员工持股计划、业绩股票等为主流模式的股权激励模式。其中，员工持股计划虽和一般意义上的股权激励有所区别，但从广义上看仍属股权激励的范畴。

在股权激励的实践操作中，无论是上市公司、新三板挂牌公司还是有限公司等，相关合同范本必不可少。本书为满足市场上的需求，相较其他股权激励类书籍的不同之处在于书的主体内容由激励计划、激励协议、相关会议文件以及申请书等合同范本构成，旨在为公司法务以及律师提供参考，同时也为需要掌握股权激励基础知识的读者提供指引。

本书的行文体例为：正文共分为六大部分，第一部分为限制性股票，第二部分为股票期权，第三部分为股票增值权，第四部分为虚拟股票，第五部分为员工持股计划，第六部分为业绩股票。每个部分由使用场景、要点提示及合同范本构成。

其中，每个部分的合同范本又由私企上市公司全套合同范本、国有控股上市公司全套合同范本、私企新三板挂牌公司全套合同范本以及有限公司全套合同范本组成。另外，在每套合同范本前均对该套合同范本的设计思路进行了阐释以及在每套合同范本中进行了注释以加强读者对股权激励的理解、提示读者在实践操作中应该注意的风险点等。

本书的行文思路为：以上文所提及的六大主流模式为切入点，每种模式下又以私企上市公司全套合同范本为基础，根据国有控股上市公司、私企新三板挂牌公司以及有限公司独有的元素进行调整、增添与删减，从而形成每种模式下一套完整的系列。

由于公司千差万别，每个公司实际情况不尽相同，故该书的合同范本为通用范本，读者若有更进一步的需求可以联系京师律师事务所孙久松律师，联系邮箱：sunjiusong@jingsh.com。

# 目　录

CONTENTS

# 第一章　限制性股票

# 1.限制性股票使用场景与要点提示

**使用场景：**

限制性股票是指公司在授权条件符合时授予激励对象一定的股票，该股票自授予之日起即处于锁定状态，只有公司业绩指标及个人绩效指标达到标准后方可解锁，激励对象此时才可将其股票转让获利。公司在授权条件符合时授予激励对象限制性股票，激励对象是需要支付对价进行购买的，只不过对价会低于市场价[1]。故如果要采用不支付对价的激励方式，则不能采用限制性股票激励模式。此外，限制性股票模式是向激励对象授予实股，意味着激励对象将实际拥有公司的股权。故如果要采用虚拟股权或股票的方式进行激励，则此模式不适用。

①实践中，大多数公司授予限制性股票时均会设置授予价格，即激励对象需要支付对价进行购买，无偿授予的情况很少。

**要点提示：**

1. 限制性股票有哪些优点及缺点？

限制性股票的优点在于：公司低于市场价格授予激励对象股票，激励对象只需付出较低的成本获得公司的股票，且该股票为实股，享有分红、投票以及股票解除限售之后的转让获利的增值，这可以使激励对象努力工作，为实现公司的业绩目标而奋斗。另外，限售期的设置，也可在一定程度上保证相关人员的稳定性，避免拿到股票后立即抛售离职等现象。

限制性股票的缺点在于：一般而言，需要同时满足公司业绩指标及个人绩效指标达标后方可解锁，这种解锁设计方案可能会出现由于团队大部分的个人绩效不达标致使公司业绩指标不达标，而少数人的个人绩效则表现突出的情形，此时，少数人即使个人绩效表现突出但股票却仍无法解锁，这会影响到激励对象的积极性。此外限制性股票的另一缺点在于股票解锁后若遇上股市波动，跌破购买时的价格，激励对象便要承担损失。

2. 限制性股票多适用于何种类型的企业?

通过对限制性股票的定义以及优缺点分析，可以得出结论：限制性股票多适用于成长及业绩比较稳定、股价市场波动不大、现金流比较充足且具有分红偏好的公司。

3. 上市公司为什么多采用定向发行的方式进行限制性股票股权激励?

实践中，对于上市公司而言，多采用定向发行的方式进行限制性股票股权激励，定向发行可以使公司的总股本增加，同时与回购公司股份进行股权激励相比，公司承担的现金支付压力较小，此外，在发生譬如激励对象离职等需要公司回购注销的情形时，定向发行方式也较回购方式优越，因为回购注销的情形下，公司需要进行减资，回购方式下减资后公司的注册资本会较原始股本减少，而定向发行方式下减资后公司的注册资本不会低于原始股本，在实践中便于上市公司进行操作。另外，虽然定向发行也会导致大股东的股份被稀释，但只要合理地设置授予的数量，对于大股东的控制权影响较小。

4. 新三板公司股权激励实践中是如何操作的?

对于新三板公司而言，由于目前没有专门的针对新三板挂牌企业的股权激励的法律规定，新三板法律法规中只有对股权激励计划的披露作出了相应的安排，故目前新三板股权激励计划的实施大多比照上市公司《上市公司股权激励管理办法》来进行。

5. 为什么要单独与激励对象签订《限制性股票激励协议》?

实践中，有些企业会将股权激励的相关内容约定在劳动合同中。如果出现纠纷，部分司法实践会将股权激励的相关内容认定为劳动争议而不作为合同争议来处理。因此建议企业单独就股权激励事宜与激励对象达成协议。

6. 限制性股票在适用时会存在哪些法律风险?

如上文所提及的，限制性股票属于实股，一旦授予激励对象限制性股票，激励对象便实际拥有了股票的权益，当然股票的转让获利权受到一定期限的限制，但其他权利不受影响，譬如投票表决权。故会对公司原有股东的股权造成稀释，若授予的比重过大，则可能导致大股东丧失对公司的控制权。另外，在限制性股票的适用中，最大的法律风险点便在于激励对象离职后（无论是激励对象主动提出离职还是公司提出解聘）容易发生与公司之间的股权纠纷。譬如激励对象从集团公司调到了下属子公司之后激励对象是否可以继续持有限制性股票，又如激励对象离职后是否可以继续持有限制性股票。实践中，若是在股权激励计划以及与激励对象签订的协议当中约定不明晰或设计不科学的话，便容易产生诸多纠纷。故公司在设计股权激励计划的时候，对员工离职时如何实施股权计划做出约定，十分必要。下文激励计划及激励协议将有详细阐述。

# 2.私企上市公司限制性股票全套文件

**文件名称用途：**

| 序号 | 名称 | 用途 | 网址 | 二维码 |
| --- | --- | --- | --- | --- |
| 1 | 股权激励计划（草案） | 薪酬与考核委员会拟定，由股东大会审议通过的整套方案 | http://www.fatianshi.cn/D11469 | D11469 |
| 2 | 考核管理办法 | 董事会负责解释及修订，由公司股东大会审议通过后生效 | http://www.fatianshi.cn/D11470 | D11470 |
| 3 | 董事会决议 | 用于董事会通过股权激励计划（草案）等议案 | http://www.fatianshi.cn/D11471 | D11471 |
| 4 | 监事会决议 | 用于监事会通过股权激励计划（草案）等议案 | http://www.fatianshi.cn/D11472 | D11472 |
| 5 | 独立董事意见 | 用于对股权激励计划（草案）发表意见 | http://www.fatianshi.cn/D11473 | D11473 |
| 6 | 监事会意见 | 用于对股权激励计划（草案）发表意见 | http://www.fatianshi.cn/D11474 | D11474 |

续表

| 序号 | 名称 | 用途 | 网址 | 二维码 |
|---|---|---|---|---|
| 7 | 监事会公示情况说明及核查意见 | 用于对激励对象名单公示情况发表意见 | http://www.fatianshi.cn/D11475 | D11475 |
| 8 | 股东大会决议 | 用于通过股权激励计划（草案）等议案 | http://www.fatianshi.cn/D11476 | D11476 |
| 9 | 内幕信息知情人自查报告 | 用于公司披露是否存在内幕交易行为 | http://www.fatianshi.cn/D11477 | D11477 |
| 10 | 限制性股票激励协议 | 用于明确公司与激励对象的权利义务 | http://www.fatianshi.cn/D11478 | D11478 |
| 11 | 调整及授予之董事会决议 | 用于董事会通过调整限制性股票数量或价格及授予议案 | http://www.fatianshi.cn/D11501 | D11501 |
| 12 | 调整及授予之监事会决议 | 用于监事会通过调整限制性股票数量或价格及授予议案 | http://www.fatianshi.cn/D11504 | D11504 |
| 13 | 调整及授予之独立董事意见 | 用于对调整及授予议案发表意见 | http://www.fatianshi.cn/D11505 | D11505 |

续表

| 序号 | 名称 | 用途 | 网址 | 二维码 |
| --- | --- | --- | --- | --- |
| 14 | 调整及授予之监事会意见 | 用于对调整及授予议案发表意见 | http://www.fatianshi.cn/D11507 | D11507 |
| 15 | 变更公司章程之董事会决议 | 用于董事会通过变更公司章程等议案 | http://www.fatianshi.cn/D11509 | D11509 |
| 16 | 预留权益授予之董事会决议 | 用于董事会通过预留权益的授予议案 | http://www.fatianshi.cn/D11510 | D11510 |
| 17 | 预留权益授予之监事会决议 | 用于监事会通过预留权益的授予议案 | http://www.fatianshi.cn/D11511 | D11511 |
| 18 | 预留权益授予之独立董事意见 | 用于独立董事对预留权益授予议案发表意见 | http://www.fatianshi.cn/D11512 | D11512 |
| 19 | 预留权益授予之监事会意见 | 用于监事会对预留权益授予议案发表意见 | http://www.fatianshi.cn/D11513 | D11513 |
| 20 | 回购注销之董事会决议 | 用于董事会通过回购注销限制性股票议案 | http://www.fatianshi.cn/D11516 | D11516 |

续表

| 序号 | 名称 | 用途 | 网址 | 二维码 |
|---|---|---|---|---|
| 21 | 回购注销之监事会决议 | 用于监事会回购注销限制性股票议案 | http://www.fatianshi.cn/D11517 | D11517 |
| 22 | 回购注销之独立董事意见 | 用于独立董事对回购注销议案发表意见 | http://www.fatianshi.cn/D11518 | D11518 |
| 23 | 回购注销之股东大会决议 | 用于通过回购注销限制性股票议案 | http://www.fatianshi.cn/D11519 | D11519 |
| 24 | 解锁之董事会决议 | 用于董事会通过解锁限制性股票议案 | http://www.fatianshi.cn/D11520 | D11520 |
| 25 | 解锁之监事会决议 | 用于监事会通过解锁限制性股票议案 | http://www.fatianshi.cn/D11522 | D11522 |
| 26 | 解锁之独立董事意见 | 用于独立董事对解锁限制性股票议案发表意见 | http://www.fatianshi.cn/D11523 | D11523 |
| 27 | 解锁之监事会意见 | 用于监事会对解锁限制性股票议案发表意见 | http://www.fatianshi.cn/D11524 | D11524 |
| 28 | 限制性股票解锁申请书 | 用于激励对象向公司申请限制性股票解锁 | http://www.fatianshi.cn/D11528 | D11528 |

**该套文件的设计思路：**

用于股权激励的股票来源为公司定向发行的股票，资金来源为激励对象自筹资金。在激励对象达到授予条件时，公司向激励对象授予股票。股票授予后在中国证券登记结算有限责任公司进行登记并同时予以锁定，在经过一定的限售期后进入解除限售期，可以设定为在激励对象满足解锁条件后匀速或者非匀速地分批进行解锁，[①]解锁后激励对象方可将股票在二级市场上卖出获利，同时董事、高管在转让股票时还应符合其他禁售规定。当激励对象获授限制性股票后发生离职等多种情形时，公司将回购注销尚未解除限售的股票。

①此设计的目的便在于降低员工拿到限制性股票立即抛售离职的可能性，同时，为了使员工的热情和积极性能够具有较长的保鲜期，限制性股票的解禁建议采取分期、分批次的方式（上市公司规定了必须分期解锁）。

**正文文本 1：http://www.fatianshi.cn/D11469**

# 某某股份有限公司限制性股票激励计划（草案）

## 声　明

本公司及全体董事、监事保证本计划及其摘要不存在虚假记载、误导性陈述或重大遗漏，并对其真实性、准确性、完整性承担个别和连带的法律责任。

## 特 别 提 示

1. 本计划依据《中华人民共和国公司法》《中华人民共和国证券法》《上市公司股权激励管理办法》及其他有关法律、法规、规范性文件以及《某某股份有限公司章程》制订。

2. 本计划所采用的激励形式为限制性股票，股票来源为公司向激励对象定向发行的某某股份有限公司 A 股普通股。

3. 本计划授予的激励对象共计______人，包括董事、高级管理人员、核心技术（业务）人员（不包括独立董事、监事、单独或合计持有公司 5% 以上股份的股东或实际控制人及其配偶、父母和子女）。

4. 本计划拟向激励对象授予______万股限制性股票，占公司已发行股本总额______万股的______%。①其中首次授予______万股，占公司已发行股本总额______万股的______%；占本次授予限制性股票总量的______%；预留______万股，占公司已发行股本总额______万股的______%，占本次授予限制性股票总量的______%②。

5. 在本计划公告当日至激励对象完成限制性股票登记期间，若发生资本公积金转增股本、派发股票红利、股份拆细、缩股、配股、派息等事项，限制性股票的授予数量和授予价格将做相应调整。

6. 本计划有效期为限制性股票授予之日起至所有限制性股票解除限售或回购注销完毕之日止，最长不超过______个月③。限售期为自限制性股票授予日起______个月。④激励对象根据本计划获授的限制性股票解除限售前不得转让、用于担保或偿还债务。

7. 激励对象通过自筹方式获取限制性股票所需资金，公司承诺不为激励对象提供贷款或其他任何形式的财务资助，包括为其贷款提供担保。

8. 本计划必须满足如下条件后方可实施：公司股东大会审议通过。

9. 自公司股东大会审议通过本计划且授予条件成就之日起60日内，公司按相关规定召开董事会对激励对象进行授予，并完成公告、登记。根据《上市公司股权激励管理办法》规定公司不得授出权益的期间不计算在60日内。公司未能在60日内完成上述工作的，披露未完成的原因并终止实施本计划。

10. 本计划的实施不会导致股权分布不具备上市条件。

①不得超过 10%，为了防范公司控股股东或大股东股权被过度稀释从而导致丧失控制权的风险。

②预留权益不得超过本次授予股权激励计划拟授予权益数量的 20%，其原因是出于对新进员工与老员工利益之间的平衡考量。

③一般为限售期加上解除限售期之和，但最长不得超过 10 年。

④设定为至少 12 个月，一方面是《管理办法》的规定，另一方面这样才能体现出限制性股票的限制性效果，降低激励对象离职的风险。

D11469

## 第一章　释　　义

以下词语如无特殊说明，在本文中具有如下含义：

| | | |
|---|---|---|
| 本公司、公司 | 指 | 某某股份有限公司 |
| 激励计划、本计划 | 指 | 以公司股票为标的，对公司董事、高级管理人员、核心技术（业务）人员进行长期性的激励计划 |
| 限制性股票、标的股票 | 指 | 公司根据本计划规定的条件，授予激励对象一定数量的公司股票 |
| 激励对象 | 指 | 按照本计划规定获得限制性股票的公司董事、高级管理人员、核心技术（业务）人员 |
| 授予日 | 指 | 公司向激励对象授予限制性股票的日期，授予日必须为交易日 |
| 授予价格 | 指 | 公司向激励对象授予限制性股票时所确定的、激励对象获授公司股份的价格 |
| 限售期 | 指 | 激励对象行使权益的条件尚未成就，限制性股票不得转让、用于担保或偿还债务的期间，自限制性股票授予之日起算 |
| 解除限售期 | 指 | 本计划规定的解除限售条件成就后，激励对象持有的限制性股票可以解除限售并上市流通的期间 |
| 《公司法》 | 指 | 《中华人民共和国公司法》 |
| 《证券法》 | 指 | 《中华人民共和国证券法》 |
| 《管理办法》 | 指 | 《上市公司股权激励管理办法》 |
| 《公司章程》 | 指 | 《某某股份有限公司章程》 |
| 证监会 | 指 | 中国证券监督管理委员会 |
| 元 | 指 | 人民币元 |

## 第二章　实施激励计划的目的

为了进一步建立、健全公司长效激励机制，吸引和留住优秀人才，充分调动公司管理人员及核心技术（业务）人员的积极性，有效地将股东利益、公司利益和个人利益结合在一起，促进公司业绩持续增长，在充分保障股东利益的前提下，根据《中华人民共和国公司法》《中华人民共和国证券法》《管理办法》等有关法律、法规和规范性文件以及《公司章程》的规定，制订本计划。

## 第三章　本计划的管理机构

一、股东大会作为公司的最高权力机构，负责审议批准本计划的实施、变更和终止。

二、董事会是本计划的执行管理机构，下设薪酬与考核委员会，负责拟订和修订本计划并报董事会审议，董事会对本计划审议通过后，报股东大会审议。董事会在股东大会授权范围内办理本计划的相关事宜。

三、监事会是本计划的监督机构，负责审核激励对象的名单，就本计划是否有利于公司的持续发展，是否存在明显损害公司及全体股东利益的情形发表意见；并对本计划的实施是否符合相关法律、行政法规、部门规章和相关业务规则进行监督。

四、独立董事应当就本计划是否有利于公司的持续发展，是否存在明显损害公司及全体股东的利益发表独立意见，并就本计划向所有股东征集委托投票权。独立董事或监事会认为有必要的，可以建议上市公司聘请独立财务顾问，对激励计划的可行性、是否有利于上市公司的持续发展、是否损害上市公司利益以及对股东利益的影响发表专业意见。

D11469

## 第四章　激励对象的确定依据和范围

### 一、激励对象的确定依据

（一）激励对象确定的法律依据

本计划激励对象根据《公司法》《证券法》《管理办法》等有关法律、法规、规范性文件和《公司章程》的相关规定，结合公司实际情况而确定。

（二）激励对象确定的职务依据

本计划激励对象为公司董事、高级管理人员、核心技术（业务）人员[1]（不包括独立董事、监事及单独或合计持有公司5%以上股份的股东或实际控制人及其配偶、父母、子女[2]）。

### 二、激励对象的范围

本计划涉及的激励对象共计______人，包括：

1. 公司董事、高级管理人员；

2. 公司核心技术（业务）人员。

以上激励对象中，董事、高级管理人员必须经股东大会选举或公司董事会聘任。其他激励对象均须在本计划的考核期内与公司具有雇佣或劳务关系。

预留权益授予的激励对象由本计划经股东大会审议通过后12个月内确定，经董事会提出、独立董事及监事会发表明确意见、律师发表专业意见并出具法律意见书后，公司在指定网站按要求及时准确披露当次激励对象相关信息。超过12个月未明确激励对象的，预留权益失效。[3]预留激励对象的确定标准参照首次授予的标准确定。

### 三、激励对象的核实

（一）公司将在股东大会召开前，在公司内部公示激励对象的姓名和职务，公示期不少于10天。

---

①《上市公司股权激励管理办法》规定激励对象可以包括上市公司的董事、高管、核心技术人员或者核心业务人员，以及公司认为的应当激励的对公司经营业绩和未来发展有直接影响的其他员工。

②为保证独立董事及监事的独立性，激励对象不包含独立董事及监事；至于5%以上股份的股东或实际控制人及其配偶、父母、子女若成为激励对象，便使得公司的股权激励没有太大实际意义，股权激励的核心便是让公司经营者及核心员工等成为公司的股东，以此激发他们的工作热情和积极性。

③《上市公司股权激励管理办法》第15条对此做出了明确规定。

（二）公司监事会将对激励对象名单进行审核，充分听取公示意见，并在公司股东大会审议本计划前5日披露监事会对激励对象名单审核及公示情况的说明。经公司董事会调整的激励对象名单亦应经公司监事会核实。

## 第五章　激励计划具体内容

**一、激励计划的股票来源**

本计划涉及的标的股票来源为公司向激励对象定向发行的某某A股普通股。

**二、激励计划标的股票的数量**

本次激励计划拟授予激励对象限制性股票数量______万股，占公司已发行股本总额的______%，其中首次授予______万股，占公司已发行股本总额的______%，占本次授予限制性股票总量的______%；预留______万股，占公司已发行股本总额的______%，占本次授予限制性股票总量的______%。

**三、限制性股票分配情况**

授予的限制性股票在各激励对象间的分配情况如下表所示：（以下百分比计算结果四舍五入，保留两位小数）

| 人员类型 | 姓名 | 职务 | 获授的限制性股票数量（万股） | 占授予限制性股票总数的比例 | 占目前总股本的比例 |
| --- | --- | --- | --- | --- | --- |
| | | | | | |
| 董事 | | | | | |
| | | | | | |

续表

| 人员类型 | 姓名 | 职务 | 获授的限制性股票数量（万股） | 占授予限制性股票总数的比例 | 占目前总股本的比例 |
|---|---|---|---|---|---|
| 高级管理人员 | | | | | |
| | | | | | |
| | | | | | |
| | | | | | |
| 其他______名核心技术（业务）人员 | | | | | |
| 预留 | | | | | |
| 合计 | | | | | |

注：1. 本计划激励对象不包括独立董事、监事及单独或合计持有公司 5% 以上股份的股东或实际控制人及其配偶、父母、子女。

2. 上市公司全部在有效期内的股权激励计划所涉及的标的股票总数累计未超过公司股本总额的 10%，任何一名激励对象通过全部在有效期内的股权激励计划获授的本公司股票累计未超过公司股本总额的 1%。[①]

3. 预留部分的激励对象在本计划经股东大会审议通过后 12 个月内确定，经董事会提出、独立董事及监事会发表明确意见、律师发表专业意见并出具法律意见书后，公司在指定网站按要求及时准确披露激励对象相关信息。

## 四、激励计划的有效期、授予日、限售期、解除限售安排、禁售期

（一）有效期

本计划的有效期为限制性股票授予之日起至所有限制性股票解除限售或回购注销完毕之日止，最长不超过______个月。

①《上市公司股权激励管理办法》明确规定了激励对象获授的股票数量的限额，一个是总数不得超过 10%，单个激励对象不得超过 1%，其背后的原因便在于防控公司原有股东股权过度被稀释，公司大股东丧失控制权的风险。

（二）授予日

首次授予日在本计划经公司股东大会审议通过后由公司董事会确定。自公司股东大会审议通过本激励计划之日且获授权益条件成就起60日内，公司按相关规定对激励对象进行授予，并完成登记、公告等相关程序。根据《管理办法》规定上市公司不得授出权益的期间不计算在60日内。公司未能在60日内完成上述工作的将披露未完成的原因并终止实施本计划。公司将在股权激励计划经股东大会审议通过后12个月内明确预留权益的授予对象；超过12个月未明确激励对象的，预留权益失效。

授予日必须为交易日，且不得为下列区间日：[①]

1. 公司定期报告公告前30日内，因特殊原因推迟年度报告、半年度报告公告日期的，自原预约公告日前30日起算，至公告前1日；

2. 公司业绩预告、业绩快报公告前10日内；

3. 自可能对本公司股票及其衍生品种交易价格产生较大影响的重大事件发生之日或者进入决策程序之日，至依法披露后2个交易日内；

4. 中国证券监督管理委员会及证券交易所规定的其他期间。

（三）限售期

限售期为限制性股票授予之日起______个月。激励对象根据本计划获授的限制性股票在解除限售前不得转让、用于担保或偿还债务。

（四）解除限售安排

在解除限售期内，公司为满足解除限售条件的激励对象办理解除限售事宜，未满足解除限售条件的激励对象持有的限制性股票由公司回购注销。

首次授予的限制性股票的解除限售期及各期解除限售时间

①上市公司股权激励管理办法规定了授予日必须为交易日，但不得为下列区间日的规定见于证券交易所出台的《主板信息披露业务备忘录第3号——股权激励及员工持股计划》以及《中小企业板信息披露业务备忘录第4号——股权激励》及《创业板信息披露业务备忘录第8号——股权激励计划》。

D11469

安排如下表所示：

| 解除限售期 | 解除限售时间 | 解除限售数量占获授限制性股票数量比例 |
|---|---|---|
| 第一个解除限售期 | 自首次授予日起______个月后的首个交易日起至首次授予日起______个月内的最后一个交易日当日止 | ______% |
| 第二个解除限售期 | 自首次授予日起______个月后的首个交易日起至首次授予日起______个月内的最后一个交易日当日止 | ______% |
| 第三个解除限售期 | 自首次授予日起______个月后的首个交易日起至首次授予日起______个月内的最后一个交易日当日止 | ______% |

预留部分限制性股票的解除限售期及各期解除限售时间安排如下表所示：

| 解除限售期 | 解除限售时间 | 解除限售数量占预留限制性股票数量比例 |
|---|---|---|
| 第一个解除限售期 | 自预留授予日起______个月后的首个交易日起至预留授予日起______个月内的最后一个交易日当日止 | ______% |
| 第二个解除限售期 | 自预留授予日起______个月后的首个交易日起至预留授予日起______个月内的最后一个交易日当日止 | ______% |
| 第三个解除限售期 | 自预留授予日起______个月后的首个交易日起至预留授予日起______个月的最后一个交易日止 | ______% |

激励对象因获授的限制性股票而取得的现金股利由公司代管，作为应付股利在解除限售时向激励对象支付；若根据本计划不能解除限售，则由公司收回。激励对象获授的限制性股票由于资本公积金转增股本、股票红利、股票拆细而取得的股份同时限售，不得在二级市场出售或以其他方式转让，该等股份的解除限售期与限制性股票解除限售期相同。

在上述解除限售期内未申请解除限售的限制性股票或因未达到解除限售条件而不能申请解除限售的当期限制性股票，公司将按本计划规定的原则回购并注销激励对象相应尚未解除限售的限制性股票。

（五）禁售期

本计划的禁售期规定按照《公司法》《证券法》等相关法律、法规、规范性文件和《公司章程》执行，具体规定如下：

1. 激励对象为公司董事和高级管理人员的，其在任职期间每年转让的股份不得超过其所持有本公司股份总数的 25%；在离职后半年内，不得转让其所持有的本公司股份。

2. 激励对象为公司董事和高级管理人员的，将其持有的本公司股票在买入后 6 个月内卖出，或者在卖出后 6 个月内又买入，由此所得收益归本公司所有，本公司董事会将收回其所得收益。

3. 在本计划有效期内，如果《公司法》《证券法》等相关法律、法规、规范性文件和《公司章程》中对公司董事和高级管理人员持有股份转让的有关规定发生了变化，则这部分激励对象转让其所持有的公司股票应当在转让时符合修改后的《公司法》《证券法》等相关法律、法规、规范性文件和《公司章程》的规定。

D11469

**五、限制性股票的授予价格和授予价格的确定方法**

（一）首次授予价格

限制性股票的授予价格为每股______元，即满足授予条件后，激励对象可以每股______元的价格购买公司向激励对象增发的公司限制性股票。

（二）首次授予价格的确定方法

限制性股票授予价格不低于股票票面金额，且不低于下列价格较高者：

1. 本计划草案公告前 1 个交易日公司股票交易均价每股______元的 50%，为每股______元；

2. 本计划草案公告前个（可选择 20.60 或者 120 个交易日）交易日公司股票交易均价每股元的 50%，为每股______元。

（三）预留部分限制性股票授予价格的确定方法

预留部分限制性股票在每次授予前，须召开董事会审议通过相关议案，并披露授予情况的摘要。预留部分限制性股票的授予价格不低于股票票面金额，且不低于下列价格较高者：

1. 预留限制性股票授予董事会决议公布前 1 个交易日的公司股票交易均价的 50%；

2. 预留限制性股票授予董事会决议公布前 20 个交易日、60 个交易日或者 120 个交易日的公司股票交易均价之一的 50%。

**六、限制性股票的授予与解除限售条件**

（一）限制性股票的授予条件

激励对象只有在同时满足下列条件时，才能获授限制性股票：[①]

1. 公司未发生以下任一情形：

（1）最近一个会计年度财务会计报告被注册会计师出具否定意见或者无法表示意见的审计报告；

（2）最近一个会计年度财务报告内部控制被注册会计师出

①第一点和第二点均为《上市公司股权激励管理办法》规定的必须要具备的授予条件，见于第 18 条，第三点为公司认为可以增加的其他必要授予条件，此条公司可以灵活设置。

具否定意见或者无法表示意见的审计报告；

（3）上市后最近 36 个月内出现过未按法律法规、公司章程、公开承诺进行利润分配的情形；

（4）法律法规规定不得实行股权激励的；

（5）中国证券监督管理委员会认定的其他情形。

2. 激励对象未发生以下任一情形：

（1）最近 12 个月内被证券交易所认定为不适当人选；

（2）最近 12 个月内被中国证券监督管理委员会及其派出机构认定为不适当人选；

（3）最近 12 个月内因重大违法违规行为被中国证券监督管理委员会及其派出机构行政处罚或者采取市场禁入措施；

（4）具有《公司法》规定的不得担任公司董事、高级管理人员情形的；

（5）法律法规规定不得参与上市公司股权激励的；

（6）中国证券监督管理委员会认定的其他情形。

3. 公司认为的其他必要授予条件________________________。

（二）限制性股票的解除限售条件

解除限售期内，同时满足下列条件时，激励对象已获授的限制性股票才能解除限售[①]：

1. 公司未发生以下任一情形：

（1）最近一个会计年度财务会计报告被注册会计师出具否定意见或者无法表示意见的审计报告；

（2）最近一个会计年度财务报告内部控制被注册会计师出具否定意见或者无法表示意见的审计报告；

（3）上市后最近 36 个月内出现过未按法律法规、公司章程、公开承诺进行利润分配的情形；

（4）法律法规规定不得实行股权激励的；

① 《上市公司股权激励管理办法》第 26 条规定了不得解除限售的情形；反之，未出现第一点和第二点的情形则可以解除限售，同时《管理办法》第 10 条、第 11 条还规定了激励对象为董事、高管的，应当设立绩效考核指标作为激励对象行使权益（解除限售）的条件。绩效指标应当包括公司业绩指标和激励对象个人绩效指标。故前四点均为法律层面必须要具备的解除限售条件，第五点为公司认为的其他必要解除限售条件，可灵活进行设置。

D11469

（5）中国证券监督管理委员会认定的其他情形。

公司发生上述情形之一的，所有激励对象根据本激励计划已获授但尚未解除限售的限制性股票应当由公司回购注销。对该等情形负有个人责任的，回购价格不得高于授予价格。

2. 激励对象未发生以下任一情形：

（1）最近12个月内被证券交易所认定为不适当人选；

（2）最近12个月内被中国证券监督管理委员会及其派出机构认定为不适当人选；

（3）最近12个月内因重大违法违规行为被中国证券监督管理委员会及其派出机构行政处罚或者采取市场禁入措施；

（4）具有《公司法》规定的不得担任公司董事、高级管理人员情形的；

（5）法律法规规定不得参与上市公司股权激励的；

（6）中国证券监督管理委员会认定的其他情形。

激励对象发生上述情形之一的，根据本激励计划已获授但尚未解除限售的限制性股票应当由公司回购注销，回购价格不得高于授予价格。

3. 公司层面的业绩考核要求。

本激励计划首次授予限制性股票的解除限售考核年度为______年至______年______个会计年度，每个会计年度考核一次，各年度业绩考核目标如下表所示：[1]

| 解除限售期 | 业绩考核目标 |
|---|---|
| 第一个解除限售期 | ______年的净利润较______年增长______%及以上 |
| 第二个解除限售期 | ______年的净利润较______年增长______%及以上 |
| 第三个解除限售期 | ______年的净利润较______年增长______%及以上 |

①根据《上市公司股权激励管理办法》第11条的规定，上市公司在选取业绩考核指标时，可以采用净资产收益率等反映股东回报和公司价值创造的综合性指标，以及净利润增长率，主营业务收入增长率等能够反映公司盈利能力和市场价值的成长性指标。此处净利润增长率指标仅作为参考。

预留部分限制性股票的解除限售考核年度为______年至______年______个会计年度，每个会计年度考核一次，各年度业绩考核目标如下表所示：

| 解除限售期 | 业绩考核目标 |
| --- | --- |
| 第一个解除限售期 | ______年的净利润较______年增长______%及以上 |
| 第二个解除限售期 | ______年的净利润较______年增长______%及以上 |
| 第三个解除限售期 | ______年的净利润较______年增长______%及以上 |

公司未满足上述业绩考核目标的，所有激励对象考核当年可解除限售的限制性股票不得解除限售，对应的限制性股票由公司回购注销。

4. 个人层面考核要求。

根据公司制定的《某某股份有限公司______年限制性股票激励计划实施考核办法》，激励对象只有在上一年度个人考核为“合格”及以上时，激励对象对应当年的限制性股票方可解除限售。

5. 公司认为的其他必要解除限售条件。

（三）考核指标设定的科学性和合理性说明

公司限制性股票考核指标分为两个层次，分别为公司层面业绩考核与个人层面绩效考核。

公司层面业绩指标体系为净利润，净利润指标是反映公司盈利能力及企业成长性的最终体现，经过合理预测并兼顾本激励计划的激励作用，公司为本次限制性股票激励计划设定了净利润的业绩考核目标。

除此之外，公司还对个人设置了严密的绩效考核体系，能

D11469

够对激励对象的工作绩效作出较为准确、全面的综合评价。公司将根据激励对象前一年度绩效考核结果，确定激励对象个人是否达到解除限售的条件。

综上，公司本次激励计划的考核体系具有全面性、综合性及可操作性，考核指标设定具有良好的科学性和合理性，能够达到本次激励计划的考核目的。

**七、限制性股票激励计划的调整方法和程序**

（一）限制性股票数量的调整方法

若在本计划公告当日至激励对象完成限制性股票股份登记期间，公司有资本公积转增股本、派送股票红利、股份拆细、配股或缩股等事项，应对限制性股票数量进行相应的调整。调整方法如下：

1. 资本公积转增股本、派送股票红利、股份拆细

$$Q = Q0 \times (1 + n)$$

其中：Q0为调整前的限制性股票数量；n为每股的资本公积转增股本、派送股票红利、股份拆细的比率（每股股票经转增、送股或拆细后增加的股票数量）；Q为调整后的限制性股票数量。

2. 配股

$$Q = Q0 \times P1 \times (1 + n) \div (P1 + P2 \times n)$$

其中：Q0为调整前的限制性股票数量；P1为股权登记日当日收盘价；P2为配股价格；n为配股的比例（配股的股数与配股前公司总股本的比例）；Q为调整后的限制性股票数量。

3. 缩股

$$Q = Q0 \times n$$

其中：Q0为调整前的限制性股票数量；n为缩股比例（1股公司股票缩为n股股票）；Q为调整后的限制性股票数量。

4. 增发

公司发生增发时，限制性股票的授予数量不做调整。

（二）授予价格的调整方法

若在本计划公告当日至激励对象完成限制性股票股份登记期间，公司有派息、资本公积转增股本、派送股票红利、股份拆细、配股或缩股等事项，应对限制性股票的授予价格进行相应的调整。调整方法如下：

1. 资本公积转增股本、派送股票红利、股份拆细

$P = P0 \div (1 + n)$

其中：P0为调整前的授予价格；n为每股的资本公积转增股本、派送股票红利、股份拆细的比率；P为调整后的授予价格。

2. 配股

$P = P0 \times (P1 + P2 \times n) \div [P1 \times (1 + n)]$

其中：P0为调整前的授予价格；P1为股权登记日当日收盘价；P2为配股价格；n为配股的比例（配股的股数与配股前股份公司总股本的比例）；P为调整后的授予价格。

3. 缩股

$P = P0 \div n$

其中：P0为调整前的授予价格；n为缩股比例；P为调整后的授予价格。

4. 派息

$P = P0 - V$

其中：P0为调整前的授予价格；V为每股的派息额；P为调整后的授予价格。经派息调整后，P仍须大于1。

5. 增发

公司在发生增发新股的情况下，限制性股票的授予价格不做调整。

D11469

（三）限制性股票激励计划调整的程序

公司股东大会授权公司董事会，当出现前述情况时由公司董事会调整限制性股票数量、授予价格。律师应当就上述调整是否符合《管理办法》《公司章程》和本计划的规定出具专业意见。调整议案经董事会审议通过后，公司应当及时披露董事会决议公告，同时公告律师事务所意见。

**八、限制性股票会计处理**

按照《企业会计准则第 11 号——股份支付》的规定，公司将在限售期的每个资产负债表日，根据最新取得的可解除限售人数变动、业绩指标完成情况等后续信息，修正预计可解除限售的限制性股票数量，并按照限制性股票授予日的公允价值，将当期取得的服务计入相关成本或费用和资本公积。

（一）会计处理方法

1. 授予日

根据公司向激励对象定向发行股份的情况确认股本和资本公积。

2. 限售期内的每个资产负债表日

根据会计准则规定，在限售期内的每个资产负债表日，将取得职工提供的服务计入成本费用，同时确认所有者权益或负债。

3. 解除限售日

在解除限售日，如果达到解除限售条件，可以解除限售；如果全部或部分股票未被解除限售而失效或作废，按照会计准则及相关规定处理。

4. 限制性股票的公允价值及确定方法

根据《企业会计准则第 11 号——股份支付》及《企业会计准则第 22 号——金融工具确认和计量》的相关规定，公司以

Black-Scholes 模型（B-S 模型）作为定价模型，扣除限制性因素带来的成本后作为限制性股票的公允价值。公司对首次授予的限制性股票的公允价值进行了预测算（授予时进行正式测算），测算得出每股限制性股票的公允价值约为______元。具体参数选取如下：

（1）标的股价：______元 / 股（假设授予日公司收盘价为______元 / 股，可用股权激励计划草案拟定前几日的股价作参考）；

（2）有效期分别为：______个月、______个月、______个月（授予日至每期首个解除限售日的期限）；

（3）历史波动率：______%（采用近______年波动率的平均值）；

（4）无风险利率：______%、______%、______%（分别采用中国人民银行制定的金融机构 1 年期、2 年期、3 年期存款基准利率）；

（5）股息率：______%（取本激励计划公告前公司最近______年平均股息率）。

（二）预计限制性股票激励计划实施对各期经营业绩的影响

公司首次授予激励对象限制性股票数量为______股（不含预留部分），按照相关估值工具确定授予日限制性股票的公允价值，最终确认授予日公司向激励对象授予的权益工具公允价值总额为______万元，该等公允价值总额作为公司本次股权激励计划的总成本将在股权激励计划的实施过程中按照解除限售比例进行分期确认。根据会计准则的规定，具体金额应以实际授予日计算的股份公允价值为准。据测算，限制性股票激励计划实施对各期会计成本的影响如下表所示：

D11469

| 首次授予的限制性股票（万股） | 需摊销的总费用（万元） | ______年（万元） | ______年（万元） | ______年（万元） | ______年（万元） |
|---|---|---|---|---|---|
| | | | | | |

以目前信息初步估计，在不考虑本计划对公司业绩的刺激作用情况下，限制性股票费用的摊销对有效期内各年净利润有所影响，但影响程度不大。若考虑限制性股票激励计划对公司发展产生的正向作用，由此激发管理团队的积极性，提高经营效率，降低代理人成本，本计划带来的公司业绩提升将高于因其带来的费用增加。

## 第六章　本计划的相关程序

### 一、激励计划实施程序

（一）公司董事会应当依法对本激励计划作出决议。董事会审议本激励计划时，作为激励对象的董事或与其存在关联关系的董事应当回避表决。董事会应当在审议通过本计划并履行公示、公告程序后，将本计划提交股东大会审议；同时提请股东大会授权，负责实施限制性股票的授予、解除限售和回购注销工作。

（二）独立董事及监事会应当就激励计划草案是否有利于上市公司的持续发展，是否存在明显损害上市公司及全体股东利益的情形发表意见。独立董事或监事会认为有必要的，可以建议上市公司聘请独立财务顾问，对激励计划的可行性、是否有利于上市公司的持续发展、是否损害上市公司利益以及对股东利益的影响发表专业意见。

（三）本计划经公司股东大会审议通过后方可实施。本公司将在召开股东大会前，通过公司网站或者其他途径，在公司内部公示激励对象的姓名和职务，公示期不少于 10 天。监事会应当对激励名单进行审核，充分听取公示意见。上市公司应当在股东大会审议激励计划前 5 日披露监事会对激励名单审核及公示情况的说明。

（四）公司股东大会在对本次限制性股票激励计划进行投票表决时，独立董事应当就本次限制性股票激励计划向所有的股东征集委托投票权。股东大会应当对《管理办法》第 9 条规定的股权激励计划内容进行表决，并经出席会议的股东所持表决权的 2/3 以上通过，单独统计并披露除公司董事、监事、高级管理人员、单独或合计持有公司 5% 以上股份的股东以外的其他股东的投票情况。

公司股东大会审议股权激励计划时，作为激励对象的股东或者与激励对象存在关联关系的股东，应当回避表决。

（五）本激励计划经公司股东大会审议通过，且达到本激励计划规定的授予条件时，公司在规定时间内向激励对象授予限制性股票。经股东大会授权后，董事会负责实施限制性股票的授予、解除限售和回购。

**二、限制性股票的授予程序**

（一）股东大会审议通过本计划后，公司与激励对象签署股权激励相关协议，以此约定双方的权利义务关系。公司董事会根据股东大会的授权办理具体的限制性股票授予事宜。

（二）公司在向激励对象授出权益前，董事会应当就本计划设定的激励对象获授权益的条件是否成就进行审议并公告。

（三）独立董事及监事会应当同时发表明确意见。律师事务所应当对激励对象获授权益的条件是否成就出具法律意见。

（四）公司监事会应当对限制性股票授予日及激励对象名单进行核实并发表意见。

（五）公司向激励对象授出权益与本计划的安排存在差异时，独立董事、监事会（当激励对象发生变化时）、律师事务所、独立财务顾问应当同时发表明确意见。

（六）本计划经股东大会审议通过后且授权条件成就后 60

D11469

日内，公司应当进行限制性股票的授予，并完成公告、登记。根据《管理办法》规定上市公司不得授出权益的期间不计算在60日内。公司董事会应当在授予的限制性股票登记完成后应及时披露相关实施情况的公告。若公司未能在60日内完成上述工作的，本计划终止实施，董事会应当及时披露未完成的原因且3个月内不得再次审议股权激励计划。

预留权益的授予对象应当在本计划经股东大会审议通过后12个月内明确，超过12个月未明确激励对象的，预留权益失效。

（七）公司授予限制性股票前，应当向证券交易所提出申请，经证券交易所确认后，由证券登记结算机构办理登记结算事宜。

**三、限制性股票的解除限售程序**

（一）在解除限售日前，公司应确认激励对象是否满足解除限售条件，董事会应当就本激励计划设定的解除限售条件是否成就进行审议，独立董事及监事会应当同时发表明确意见，律师事务所应当对激励对象解除限售的条件是否成就出具法律意见。对于满足解除限售条件的激励对象，由公司统一办理解除限售事宜，对于未满足条件的激励对象，由公司按照本计划的规定办理回购注销事宜。

（二）激励对象可对已解除限售的限制性股票进行转让，但公司董事、高级管理人员所持股份的转让应当符合有关法律、法规和规范性文件的规定。

（三）公司解除激励对象限制性股票限售前，应当向证券交易所提出申请，经证券交易所确认后，由证券登记结算机构办理登记结算事宜。

**四、本计划的变更、终止程序**

（一）本计划的变更程序

1. 公司在股东大会审议本计划之前拟变更本计划的，需经董事会审议通过。

2. 公司在股东大会审议通过本计划之后变更本计划的，应当由股东大会审议决定，且不得包括下列情形：

（1）导致提前解除限售的情形；

（2）降低授予价格的情形。

独立董事、监事会应当就变更后的方案是否有利于上市公司的持续发展，是否存在明显损害上市公司及全体股东利益的情形发表独立意见。律师事务所应当就变更后的方案是否符合本办法及相关法律法规的规定、是否存在明显损害上市公司及全体股东利益的情形发表专业意见。

（二）本计划的终止程序

1. 公司在股东大会审议本计划之前拟终止实施本计划的，需经董事会审议通过。

2. 公司在股东大会审议通过本计划之后终止实施本计划的，应当由股东大会审议决定。

3. 律师事务所应当就公司终止实施激励是否符合本办法及相关法律法规的规定、是否存在明显损害公司及全体股东利益的情形发表专业意见。

## 第七章　公司/激励对象各自的权利义务

### 一、公司的权利与义务

（一）公司具有对本计划的解释和执行权，并按本计划规定对激励对象进行绩效考核，若激励对象未达到本计划所确定的解除限售条件，公司将按本计划的规定回购并注销激励对象相应尚未解除限售的限制性股票。

（二）公司承诺不为激励对象依限制性股票激励计划获取有关限制性股票提供贷款以及其他任何形式的财务资助，包括为其贷款提供担保。[①]

（三）公司应及时按照有关规定履行限制性股票激励计划申报、信息披露等义务。

（四）公司应当根据限制性股票激励计划及中国证券监督管理委员会、证券交易所、中国证券登记结算有限责任公司等的有关规定，积极配合满足解除限售条件的激励对象按规定解除限售。但若因中国证券监督管理委员会、证券交易所、中国证券登记结算有限责任公司的原因造成激励对象未能按自身意愿解除限售并给激励对象造成损失的，公司不承担责任。

（五）法律、法规规定的其他相关权利义务。

**二、激励对象的权利与义务**

（一）激励对象应当按公司所聘岗位的要求，勤勉尽责、恪守职业道德，为公司的发展做出应有贡献。

（二）激励对象应当按照本计划规定限售其获授的限制性股票。

（三）激励对象的资金来源为激励对象自筹资金。

（四）激励对象所获授的限制性股票，经中国证券登记结算有限责任公司登记过户后便享有其股票应有的权利，包括但不限于该等股票的分红权、配股权、投票权等。[②]在限制性股票解除限售之前，激励对象根据本计划获授的限制性股票（包含因该等限制性股票取得的股票股利）不得转让、用于担保或用于偿还债务。

（五）激励对象因获授的限制性股票而取得的现金股利由公司代管，作为应付股利在解除限售时向激励对象支付；若根据本计划不能解除限售，则由公司收回。

（六）激励对象因激励计划获得的收益，应按国家税收法规交纳个人所得税及其他税费。

①《上市公司股权激励管理办法》第21条。

②因为限制性股票是实股，激励对象获授限制性股票并经登记过户后便实际享有公司的股权。

（七）法律、法规规定的其他相关权利义务。

## 第八章　公司与激励对象发生异动的处理

### 一、公司发生异动的处理

（一）公司出现下列情形之一时，本计划即行终止：

1. 公司最近一个会计年度财务会计报告被注册会计师出具否定意见或者无法表示意见的审计报告；

2. 公司最近一个会计年度财务报告内部控制被注册会计师出具否定意见或者无法表示意见的审计报告；

3. 公司上市后最近36个月内出现过未按法律法规、公司章程、公开承诺进行利润分配的情形；

4. 公司出现法律法规规定不得实行股权激励的情形；

5. 中国证券监督管理委员会认定的其他需要终止激励计划的情形。

当公司出现终止本计划的上述情形时，激励对象已获授但尚未解除限售的限制性股票不得解除限售，由公司回购注销；对该等情形负有个人责任的，回购价格不得高于授予价格。

（二）公司出现下列情形之一时，本计划不做变更，按本计划的规定继续执行：

1. 公司控制权发生变更；

2. 公司出现合并、分立等情形。

（三）公司因信息披露文件有虚假记载、误导性陈述或者重大遗漏，导致不符合限制性股票授予条件或解除限售安排的，未解除限售的限制性股票由公司回购注销处理，回购价格不得高于授予价格；激励对象获授的限制性股票已解除限售的，所有激励对象应当将由本激励计划所获得的全部利益返还公司。董事会应当按照本计划规定收回激励对象所得全部利益。

D11469

## 二、激励对象个人情况发生变化的处理

（一）当发生以下情况时，在情况发生之日，激励对象已获授但尚未解除限售的限制性股票不得解除限售，由公司以授予价格回购注销：

1. 违反国家法律法规、《公司章程》或公司内部管理规章制度的规定，或发生劳动合同约定的失职、渎职行为，严重损害公司利益或声誉，或给公司造成直接或间接经济损失，给公司造成的损失，由公司在回购总价款中予以扣除；

2. 激励对象在任职期间，存在受贿、索贿、贪污、盗窃、泄露经营和技术秘密等损害公司利益、声誉等的违法违纪行为，直接或间接损害公司利益，给公司造成的损失，由公司在回购总价款中予以扣除；

3. 因犯罪行为被依法追究刑事责任；

4. 单方面提出终止或解除与公司订立的劳动合同或聘用合同；

5. 与公司所签订的劳动合同或聘用合同期满，个人提出不再续签；

6. 因个人原因而致使公司提出解除或终止劳动合同（包括被公司辞退、除名等）；①

7. 因考核不合格或董事会认定不能胜任工作岗位，经公司董事会批准；

8. 董事会认定的类似情形。

（二）当发生以下情况时，在情况发生之日，激励对象已获授但尚未解除限售的限制性股票不得解除限售，由公司以授予价格加上同期银行存款利息之和进行回购注销：

1. 成为独立董事、监事或其他不能持有公司股票或限制性股票的人员；

①在要点提示里已经提到过激励对象离职最容易发生与公司的股权纠纷，故为防范此风险，需要将离职纳入公司回购注销的情形当中以此减少激励对象和公司之间的冲突，此外，需要将离职的情形进行细化，最后由于离职会给公司带来一定的负面影响，故回购价格为授予价格而不得加上同期银行存款利息之和的设置是合理的，否则会鼓励激励对象离职。

2. 因非执行职务的原因丧失劳动能力或身故；

3. 达到法定退休条件且退休后不继续在公司任职的；

4. 因公司经营调整（包括但不限于裁员），公司单方面终止或解除与激励对象订立的劳动合同、聘用合同的；

5. 董事会认定的类似情形。

（三）特殊情形处理

1. 激励对象在公司内部发生正常职务变更，其获授的权益完全按照本计划规定的程序进行。[①]

2. 激励对象因执行职务负伤而导致丧失劳动能力的，其所获授的限制性股票不作变更，仍可按照本计划规定的程序进行。发生上述情形时，激励对象个人绩效考核条件不再纳入解除限售条件。

3. 激励对象因执行职务身故的，其获授的限制性股票将由其指定的财产继承人或法定继承人代为持有，并按照身故前本计划规定的程序进行。发生上述情形时，激励对象个人绩效考核条件不再纳入解除限售条件。

4. 其他未说明的情况由董事会认定，并确定其处理方式。

**三、公司与激励对象之间争议的解决**

公司与激励对象发生争议，按照本计划和股权激励计划相关协议的规定解决；规定不明的，双方应按照国家法律和公平合理原则协商解决；协商不成，应提交公司住所所在地有管辖权的人民法院诉讼解决。

## 第九章　限制性股票回购注销原则

**一、回购价格的调整方法**

激励对象获授的限制性股票完成股份登记后，若公司发生资本公积转增股本、派送股票红利、股份拆细、配股或缩股等

①此条便能有效化解激励对象调动工作后和公司产生纠纷的风险，当然若公司是一个大的集团，则加入集团二字，叙述为激励对象在公司集团内部发生正常职务变更，其获授的权益完全按照本计划规定的程序进行。

D11469

影响公司股本总量或公司股票价格事项的，公司应对尚未解除限售的限制性股票的回购价格做相应的调整，调整方法如下：

1. 公积金转增股本、派送股票红利、股票拆细

P ＝ P0÷（1 ＋ n）

其中：P为调整后的每股限制性股票回购价格，P0为每股限制性股票授予价格；n为每股公积金转增股本、派送股票红利、股票拆细的比率（每股股票经转增、送股或股票拆细后增加的股票数量）。

2. 缩股

P ＝ P0÷n

其中：P为调整后的每股限制性股票回购价格，P0为每股限制性股票授予价格；n为每股的缩股比例（1股股票缩为n股股票）。

3. 配股

P ＝ P0×（P1 ＋ P2×n）÷[P1×（1 ＋ n）]

其中：P1为股权登记日当天收盘价；P2为配股价格；n为配股的比例（配股的股数与配股前公司总股本的比例）。

4. 派息

P ＝ P0–V

其中：P为调整后的每股限制性股票回购价格，P0为每股限制性股票授予价格；V为每股的派息额；经派息调整后，P仍须大于1。

5. 增发

公司在增发新股的情况下，限制性股票的回购价格不做调整。

**二、回购价格的调整程序**

1. 公司股东大会授权公司董事会依上述已列明的原因调整

限制性股票的回购价格。董事会根据上述规定调整回购价格后，应及时公告。

2. 因其他原因需要调整限制性股票回购价格的，应经董事会做出决议并经股东大会审议批准。

**三、回购注销的程序**

公司按照本激励计划的规定实施回购时，应向证券交易所申请解锁该等限制性股票，在解锁后30个工作日内公司应将回购款项支付给激励对象并于登记结算公司完成相应股份的过户手续；在过户完成后的合理时间内，公司应注销该部分股票。①

①此处指过户到公司的回购注销专用账户。

## 第十章　附　　则

一、本计划在公司股东大会审议通过后生效。

二、本计划由公司董事会负责解释。

某某股份有限公司董事会

______年______月______日

**正文文本 2：http://www.fatianshi.cn/D11470**

## 某某股份有限公司
## 限制性股票激励计划考核管理实施办法

为保证某某股份有限公司（以下简称公司）长期激励计划的顺利进行，进一步建立、健全公司长期激励机制，吸引和保留优秀人才，充分调动公司高级管理人员及核心业务（技术）人员的积极性，促进公司业绩持续增长，根据《中华人民共和国公司法》《中华人民共和国证券法》《上市公司股权激励管理办法》和《某某股份有限公司章程》以及其他相关法律法规的规定制定本办法。

D11470

**一、考核原则**

本办法坚持公平、公开、公正的原则，通过对公司、激励对象的业绩进行正确的评价，以实现长期激励计划与激励对象工作业绩、贡献紧密结合，实现公司和全体股东利益最大化。

**二、考核范围**

本办法适用于本次激励计划所确定的所有激励对象，包括公司董事、高级管理人员、核心技术（业务）人员。

**三、考核机构**

（一）公司董事会薪酬与考核委员会负责领导和组织考核工作，并负责对激励对象进行考核。

（二）公司人力资源部、财务管理部等相关部门负责相关考核数据的收集和提供，并对数据的真实性和可靠性负责。

**四、绩效考核评价指标及标准**

（一）公司层面业绩考核

本激励计划首次授予限制性股票的解除限售考核年度为______年至______年______个会计年度，每个会计年度考核一次，各年度业绩考核目标如下表所示：

| 解除限售期 | 业绩考核目标 |
| --- | --- |
| 第一个解除限售期 | ______年的净利润较______年增长______%及以上 |
| 第二个解除限售期 | ______年的净利润较______年增长______%及以上 |
| 第三个解除限售期 | ______年的净利润较______年增长______%及以上 |

预留部分限制性股票的解除限售考核年度为______年至______年______个会计年度，每个会计年度考核一次，各年度业绩考核目标如下表所示：

| 解除限售期 | 业绩考核目标 |
| --- | --- |
| 第一个解除限售期 | ______年的净利润较______年增长______%及以上 |
| 第二个解除限售期 | ______年的净利润较______年增长______%及以上 |
| 第三个解除限售期 | ______年的净利润较______年增长______%及以上 |

公司未满足上述业绩考核目标的，所有激励对象考核当年可解除限售的限制性股票不得解除限售，对应的限制性股票由公司回购注销。由本次股权激励产生的激励成本将在经常性损益中列支。

（二）个人层面绩效考核要求

根据公司的绩效考核管理办法，目前对个人绩效考核结果共有A、B、C、D四档[1]，对应的考核结果如下，S为分数：

A（优秀）：出色的、持续超过岗位标准要求，S ≥ 90。

B（良好）：称职、达到岗位标准要求，90 > S ≥ 80。

C（合格）：基本适合岗位标准要求，80 > S ≥ 60。

D（不合格）：未能达到岗位标准要求，S < 60。

若激励对象上一年度个人绩效考核结果为A/B/C档，则上一年度激励对象个人绩效考核为“合格”及以上，激励对象当年的限制性股票可以进行解锁。

若激励对象上一年度个人绩效考核结果为D档，则上一年度激励对象个人绩效考核为“不合格”，激励对象当年的限制性股票不得解锁，由公司统一回购注销。

（三）公司认为的其他必要的与考核相关的解锁条件

______________________________________________

①对激励对象可采用KPI，360度平衡计分卡以及目标管理等绩效考核办法，应要求每位激励对象对考核结果签字确认，以减少纠纷。

D11470

**五、考核期间与次数**

（一）考核期间

解除限售的前一会计年度。

（二）考核次数

限制性股票解除限售期间每年度进行一次解锁条件是否成就的考核。

**六、考核程序**

公司董事会薪酬与考核委员会负责具体的考核工作，负责激励对象考核分数的计算①、考核结果的材料汇总，并在此基础上形成绩效考核报告，并提交董事会审核。

**七、考核结果的反馈及应用**

（一）被考核者有权了解自己的考核结果，薪酬与考核委员会应当在考核结束后______个工作日内向被考核者反馈考核结果。

（二）如被考核者对考核结果有异议，可在接到考核反馈的______个工作日内向董事会薪酬与考核委员会提出申诉，薪酬与考核委员会可根据实际情况对其考核结果进行复核，并根据复核结果对考核结果进行修正。

（三）考核结果作为限制性股票解锁的依据。

**八、附则**

本办法由公司股东大会审议通过后生效，由董事会负责解释及修订。

**正文文本 3：http://www.fatianshi.cn/D11478**

## 某某股份有限公司
## 限制性股票激励计划协议书②

甲方：某某股份有限公司

---

①上个注释提及的各种不同的绩效考核办法对应各种不同的计算方法，由公司根据自身实际情况选取和确定。

②此激励计划协议书以公司首次授予为例，并非包含授予预留权益，若授予预留权益时与激励对象签协议，则需依据限制性股票激励计划对授予价格以及解锁条件第三小点进行修改。

地址：____________________

法定代表人：____________________

联系电话：____________________

乙方：____________________

地址：____________________

身份证号码：____________________

联系电话：____________________

根据《某某股份有限公司______年限制性股票激励计划》、《某某股份有限公司章程》的有关规定，按照甲方股东大会的有关决议，甲乙双方就限制性股票的授予、解除限售、回购等事项订立如下协议：

**一、股票来源及数量**

本次股权激励的股票来源为甲方向乙方定向发行公司普通股，甲方拟授予乙方的限制性股票数量为______股。

**二、股票授予价格及付款安排**[①]

甲方首次授予乙方的限制性股票价格为激励计划草案公告前1个交易日股票交易均价的50%以及公告前______（可选20、60、120）个交易日交易均价的50%的较高者来确定，经甲方董事会决议，定价为每股人民币______元，乙方购股资金需自筹解决。

**三、限制性股票的授予条件**

乙方只有在下列条件同时满足时，才能获授限制性股票：

1.甲方未发生以下任一情形：

（1）最近一个会计年度财务会计报告被注册会计师出具否定意见或者无法表示意见的审计报告；

（2）最近一个会计年度财务报告内部控制被注册会计师出

①此处股票授予价格以首次授予为例，并非指预留权益的授予价格，预留权益的授予价格参见限制性股票激励计划。

D11478

具否定意见或者无法表示意见的审计报告；

（3）上市后最近36个月内出现过未按法律法规、公司章程、公开承诺进行利润分配的情形；

（4）法律法规规定不得实行股权激励的；

（5）中国证券监督管理委员会认定的其他情形。

2. 乙方未发生以下任一情形：

（1）最近12个月内被证券交易所认定为不适当人选；

（2）最近12个月内被中国证券监督管理委员会及其派出机构认定为不适当人选；

（3）最近12个月内因重大违法违规行为被中国证券监督管理委员会及其派出机构行政处罚或者采取市场禁入措施；

（4）具有《中华人民共和国公司法》规定的不得担任公司董事、高级管理人员情形的；

（5）法律法规规定不得参与上市公司股权激励的；

（6）中国证券监督管理委员会认定的其他情形。

3. 公司认为的其他必要的授予条件____________________。

**四、限制性股票的解锁条件**

解除限售期内，同时满足下列条件时，乙方已获授的限制性股票才能解除限售：

1. 甲方未发生以下任一情形：

（1）最近一个会计年度财务会计报告被注册会计师出具否定意见或者无法表示意见的审计报告；

（2）最近一个会计年度财务报告内部控制被注册会计师出具否定意见或者无法表示意见的审计报告；

（3）上市后最近36个月内出现过未按法律法规、公司章程、公开承诺进行利润分配的情形；

（4）法律法规规定不得实行股权激励的；

（5）中国证券监督管理委员会认定的其他情形。

甲方发生上述情形之一的，所有乙方根据本激励计划已获授但尚未解除限售的限制性股票应当由甲方回购注销。对该等情形负有个人责任的，回购价格不得高于授予价格。

2. 乙方未发生以下任一情形：

（1）最近12个月内被证券交易所认定为不适当人选；

（2）最近12个月内被中国证券监督管理委员会及其派出机构认定为不适当人选；

（3）最近12个月内因重大违法违规行为被中国证券监督管理委员会及其派出机构行政处罚或者采取市场禁入措施；

（4）具有《中华人民共和国公司法》规定的不得担任公司董事、高级管理人员情形的；

（5）法律法规规定不得参与上市公司股权激励的；

（6）中国证券监督管理委员会认定的其他情形。

乙方发生上述情形之一的，根据本激励计划已获授但尚未解除限售的限制性股票应当由甲方回购注销，回购价格不得高于授予价格。

3. 甲方公司层面的业绩考核要求

本激励计划首次授予限制性股票的解除限售考核年度为______年至______年______个会计年度，每个会计年度考核一次，各年度业绩考核目标如下表所示：

| 解除限售期 | 业绩考核目标 |
|---|---|
| 第一个解除限售期 | ______年的净利润较______年增长______%及以上 |
| 第二个解除限售期 | ______年的净利润较______年增长______%及以上 |
| 第三个解除限售期 | ______年的净利润较______年增长______%及以上 |

D11478

甲方公司层面的考核未满足上述业绩考核目标的，所有乙方考核当年可解除限售的限制性股票不得解除限售，对应的限制性股票由甲方回购注销。

4. 乙方个人层面考核要求

根据甲方制定的《某某股份有限公司年限制性股票激励计划实施考核办法》，乙方只有在上一年度个人考核为“合格”及以上时，乙方对应当年的限制性股票方可解除限售。若为“不合格”时，则乙方对应当年的限制性股票由甲方回购注销。

5. 公司认为的其他必要的解锁条件____________________。

**五、甲、乙双方的权利与义务**

1. 甲方的权利与义务

（1）甲方具有对本计划的解释和执行权，并按本计划规定对乙方进行绩效考核，若乙方未达到本计划所确定的解除限售条件，甲方将按本计划的规定回购并注销乙方相应尚未解除限售的限制性股票。

（2）甲方承诺不为乙方依限制性股票激励计划获取有关限制性股票提供贷款以及其他任何形式的财务资助，包括为其贷款提供担保。

（3）甲方应及时按照有关规定履行限制性股票激励计划申报、信息披露等义务。

（4）甲方应当根据限制性股票激励计划及中国证券监督管理委员会、证券交易所、中国证券登记结算有限责任公司等的有关规定，积极配合满足解除限售条件的乙方按规定解除限售。但若因中国证券监督管理委员会、证券交易所、中国证券登记结算有限责任公司的原因造成乙方未能按自身意愿解除限售并给乙方造成损失的，甲方不承担责任。

（5）法律、法规规定的其他相关权利义务。

2. 乙方的权利与义务

（1）乙方应当按甲方所聘岗位的要求，勤勉尽责、恪守职业道德，为甲方的发展做出应有贡献。

（2）乙方应当按照本计划规定限售其获授的限制性股票。

（3）乙方的资金来源为激励对象自筹资金。

（4）乙方所获授的限制性股票，经中国证券登记结算有限责任公司登记过户后便享有其股票应有的权利，包括但不限于该等股票的分红权、配股权、投票权等。在限制性股票解除限售之前，激励对象根据本计划获授的限制性股票（包含因该等限制性股票取得的股票股利）不得转让、用于担保或用于偿还债务。

（5）乙方因获授的限制性股票而取得的现金股利由公司代管，作为应付股利在解除限售时向激励对象支付；若根据本计划不能解除限售，则由公司收回。

（6）乙方因激励计划获得的收益，应按国家税收法规交纳个人所得税及其他税费。

（7）法律、法规规定的其他相关权利义务。

**六、异动发生时的处理**

（一）甲方发生异动的处理

1. 甲方出现下列情形之一时，本计划即行终止：

（1）甲方最近一个会计年度财务会计报告被注册会计师出具否定意见或者无法表示意见的审计报告；

（2）甲方最近一个会计年度财务报告内部控制被注册会计师出具否定意见或者无法表示意见的审计报告；

（3）甲方上市后最近 36 个月内出现过未按法律法规、公司章程、公开承诺进行利润分配的情形；

（4）甲方出现法律法规规定不得实行股权激励的情形；

D11478

（5）中国证券监督管理委员会认定的其他需要终止激励计划的情形。

当甲方出现终止本计划的上述情形时，乙方已获授但尚未解除限售的限制性股票不得解除限售，由甲方回购注销；对该等情形负有个人责任的，回购价格不得高于授予价格。

2. 甲方出现下列情形之一时，本计划不做变更，按本计划的规定继续执行：

（1）甲方控制权发生变更；

（2）甲方出现合并、分立等情形。

3. 甲方因信息披露文件有虚假记载、误导性陈述或者重大遗漏，导致不符合限制性股票授予条件或解除限售安排的，未解除限售的限制性股票由甲方回购注销处理，回购价格不得高于授予价格；乙方获授的限制性股票已解除限售的，应当将由本激励计划所获得的全部利益返还甲方。董事会应当按照本计划规定收回乙方所得全部利益。

（二）乙方个人情况发生变化的处理

1. 当发生以下情况时，在情况发生之日，乙方已获授但尚未解除限售的限制性股票不得解除限售，由甲方以授予价格回购注销：

（1）违反国家法律法规、《公司章程》或公司内部管理规章制度的规定，或发生劳动合同约定的失职、渎职行为，严重损害公司利益或声誉，或给公司造成直接或间接经济损失，给甲方造成的损失由甲方在回购总价款中予以扣除；

（2）甲方有充分证据证明该激励对象在任职期间，存在受贿、索贿、贪污、盗窃、泄露经营和技术秘密等损害公司利益、声誉等的违法违纪行为，直接或间接损害甲方利益，给甲方造成的损失由甲方在回购总价款中予以扣除；

（3）因犯罪行为被依法追究刑事责任；

（4）单方面提出终止或解除与甲方订立的劳动合同或聘用合同；

（5）与甲方所签订的劳动合同或聘用合同期满，个人提出不再续签；

（6）因个人原因而致使公司提出解除或终止劳动合同（包括被甲方辞退、除名等）；

（7）因考核不合格或董事会认定不能胜任工作岗位，经公司董事会批准；

（8）董事会认定的类似情形。

2. 当发生以下情况时，在情况发生之日，乙方已获授但尚未解除限售的限制性股票不得解除限售，由甲方以授予价格加上同期银行存款利息之和进行回购注销：

（1）成为独立董事、监事或其他不能持有甲方股票或限制性股票的人员；

（2）因非执行职务的原因丧失劳动能力或身故；

（3）到法定年龄退休且退休后不继续在甲方任职的；

（4）因甲方经营调整（包括但不限于裁员），甲方单方面终止或解除与激励对象订立的劳动合同、聘用合同的；

（5）董事会认定的类似情形。

3. 特殊情形处理：

（1）乙方在公司内部发生正常职务变更，其获授的权益完全按照本计划规定的程序进行；

（2）乙方因执行职务负伤而导致丧失劳动能力的，其所获授的限制性股票不作变更，仍可按照本计划规定的程序进行。发生上述情形时，乙方个人绩效考核条件不再纳入解除限售条件；

（3）乙方因执行职务身故的，其获授的限制性股票将由其指定的财产继承人或法定继承人代为持有，并按照身故前本计划规定的程序进行。发生上述情形时，激励对象个人绩效考核条件不再纳入解除限售条件。

4. 其他未说明的情况由董事会认定，并确定其处理方式。

**七、聘用关系**

甲方与乙方签署本协议不构成甲方对乙方聘用期限和聘用关系的任何承诺，公司对乙方的聘用关系仍按劳动合同的有关约定执行。

**八、违约责任**

1. 任何一方违反协议约定，给他方造成经济损失的，应根据其责任大小给予他方经济补偿。本协议另有约定除外。

2. 一方违约致使对方采取诉讼的方式时，违约方应承担守约方为此支付的诉讼费、律师费、差旅费及其他费用。

**九、争议解决**

甲、乙双方对于本协议执行过程中发生的争议应协商解决；协商不成，可提交甲方住所地人民法院诉讼解决。

**十、其他**

1. 本协议未尽事宜，以《股权激励计划》规定内容为准。

2. 本协议经双方协商后可以增加补充协议，补充协议的内容为本协议的一部分，具有同等的法律效力。

3. 本协议有效期为 ______ 年，自 ______ 年 ______ 月 ______ 日起至 ______ 年 ______ 月 ______ 日止。

4. 本协议一式两份，甲、乙双方各执一份，具有同等法律效力。

5. 本协议自双方签字盖章之日起生效。

6. 本协议于______年______月______日签署。

甲方：某某股份有限公司（盖章）

乙方（签字）：___________

**文本正文 4：http://www.fatianshi.cn/D11528**

## 某某股份有限公司
## 激励对象限制性股票解锁申请书

本人___________，身份证号码：___________，本人截至目前，持有公司限制性股票共计_____股。根据《公司_____年限制性股票激励计划》的相关规定以及董事会、监事会相关决议，本人现有授予的限制性股票_____股已符合解锁条件，在此谨向公司申请如下：本人申请于_____年_____月_____日按照《公司年限制性股权激励计划》的规定对上述股票予以解锁。

特此申请！

申请人：___________

年　　月　　日

D11528

# 3. 国有控股上市公司限制性股票全套文件

**文件名称用途：**

| 序号 | 名称 | 用途 | 网址 | 二维码 |
|---|---|---|---|---|
| 1 | 股权激励计划（草案） | 薪酬与考核委员会拟定，由股东大会审议通过的整套方案 | http://www.fatianshi.cn/D11529 | D11529 |
| 2 | 考核管理办法 | 董事会负责解释及修订，由公司股东大会审议通过后生效 | http://www.fatianshi.cn/D11530 | D11530 |
| 3 | 董事会决议 | 用于董事会通过股权激励计划（草案）等议案 | http://www.fatianshi.cn/D11531 | D11531 |
| 4 | 监事会决议 | 用于监事会通过股权激励计划（草案）等议案 | http://www.fatianshi.cn/D11532 | D11532 |
| 5 | 独立董事意见 | 用于对股权激励计划（草案）发表意见 | http://www.fatianshi.cn/D11533 | D11533 |

续表

| 序号 | 名称 | 用途 | 网址 | 二维码 |
|---|---|---|---|---|
| 6 | 监事会意见 | 用于对股权激励计划（草案）发表意见 | http://www.fatianshi.cn/D11534 | D11534 |
| 7 | 国资监管机构之批复 | 用于国资委对股权激励计划及业绩考核目标的批复 | http://www.fatianshi.cn/D12172 | D12172 |
| 8 | 监事会公示情况说明及核查意见 | 用于对激励对象名单公示情况发表意见 | http://www.fatianshi.cn/D11535 | D11535 |
| 9 | 股东大会决议 | 用于通过股权激励计划（草案）等议案 | http://www.fatianshi.cn/D11537 | D11537 |
| 10 | 内幕信息知情人自查报告 | 用于公司披露是否存在内幕交易行为 | http://www.fatianshi.cn/D11538 | D11538 |
| 11 | 限制性股票激励协议 | 用于明确公司与激励对象的权利义务 | http://www.fatianshi.cn/D11540 | D11540 |
| 12 | 调整授予及修改章程董事会决议 | 用于董事会通过调整、授予及修改公司章程议案 | http://www.fatianshi.cn/D11541 | D11541 |
| 13 | 调整及授予之监事会决议 | 用于监事会通过调整限制性股票数量或价格及授予议案 | http://www.fatianshi.cn/D11542 | D11542 |

续表

| 序号 | 名称 | 用途 | 网址 | 二维码 |
|---|---|---|---|---|
| 14 | 调整及授予之独立董事意见 | 用于对调整及授予议案发表意见 | http://www.fatianshi.cn/D11543 | D11543 |
| 15 | 调整及授予之监事会意见 | 用于对调整及授予议案发表意见 | http://www.fatianshi.cn/D11544 | D11544 |
| 16 | 解锁及回购之董事会决议 | 用于董事会通过解锁及回购限制性股票议案 | http://www.fatianshi.cn/D11545 | D11545 |
| 17 | 解锁及回购之监事会决议 | 用于监事会通过解锁及回购限制性股票议案 | http://www.fatianshi.cn/D11546 | D11546 |
| 18 | 解锁及回购之独立董事意见 | 用于独立董事对解锁及回购议案发表意见 | http://www.fatianshi.cn/D11547 | D11547 |
| 19 | 解锁及回购之监事会意见 | 用于监事会对解锁及回购议案发表意见 | http://www.fatianshi.cn/D11548 | D11548 |
| 20 | 回购注销之股东大会决议 | 用于股东大会通过回购注销议案 | http://www.fatianshi.cn/D11549 | D11549 |
| 21 | 限制性股票解锁申请书 | 用于激励对象向公司申请限制性股票解锁 | http://www.fatianshi.cn/D11550 | D11550 |

**该套文件的设计思路：**

该套国有控股上市公司的设计思路与前述私企上市公司一致，都是用于股权激励的股票来源为公司定向发行的股票，资金来源为激励对象自筹资金。在激励对象达到授予条件时，公司向激励对象授予股票。股票授予后在中国证券登记结算责任公司进行登记并同时予以锁定，在经过一定的锁定期后进入解锁期，与私企不同的是国企一般设定为匀速分批解锁，解锁后激励对象方可将股票在二级市场上卖出获利，同时董事、高管在转让股票时还应符合其他禁售规定。当激励对象获授限制性股票后发生离职等多种情形时，公司将回购注销尚未解除限售的股票。与私企上市公司不同的是，国有控股上市公司在一些细节上比私企上市公司股权激励的设计更为严格。现将主要区别列明如下：

1. 所依据的法律法规除《上市公司股权激励管理办法》以外，还需依据《国有控股上市公司（境内）实施股权激励试行办法》《关于规范国有控股上市公司实施股权激励制度有关问题的通知》。

2. 实施程序上较私企上市公司而言多了国有资产管理委员会的审批，这其中又细分为中央国有控股上市公司和地方国有控股上市公司、中央企业和地方国企在审批流程方面有所区别，详见关于印发《国有控股上市公司（境内）实施股权激励试行办法的通知》。

3. 对于限制性股票而言，限售期至少不得低于 2 年，解锁期不得低于 3 年。

4. 授予的限制性股票，应将不低于 20% 的部分锁定至任职（或任期）期满后兑现，详见《国有控股上市公司（境内）实施股权激励试行办法》第 33 条。

5.（1）国有控股上市公司实施股权激励，应建立完善的业绩考核体系和考核办法。业绩考核指标应包含反映股东回报和公司价值创造等综合性指标，如净资产收益率（ROE）、经济增加值（EVA）、每股收益等；反映公司盈利能力及市场价值等成长性指标，如净利润增长率、主营业务收入增长率、公司总市值增长率等；反映企业收益质量的指标，如主营业务利润占利润总额比重、现金营运指数等。上述三类业绩考核指标原则上至少各选一个。相关业绩考核指标的计算应符合现行会计准则等相关要求。

（2）国有控股上市公司实施股权激励，其授予和行使环节均应设置应达到的业绩目标，业绩目标的设定应具有前瞻性和挑战性，并切实以业绩考核指标完成情况作为股权激励实施的条件：①上市公司授予激励对象股权时的业绩目标水平，应不低于公司近3年平均业绩水平及同行业平均业绩（或对标企业50分位值）水平；②上市公司激励对象行使权利时的业绩目标水平，应结合上市公司所处行业特点和自身战略发展定位，在授予时业绩水平的基础上有所提高，并不得低于公司同行业平均业绩（或对标企业75分位值）水平。

6. 收益有限制：限制性股票收益（不含个人出资部分的收益）的增长幅度不高于业绩指标的增长幅度。

7. 股权激励对象正常调动、退休、死亡、丧失民事行为能力时，授予的股权当年已达到可行使时间限制和业绩考核条件的，可行使的部分可在离职之日起的半年内行使，尚未达到可行使时间限制和业绩考核条件的不再行使。股权激励对象辞职、被解雇时，尚未行使的股权不再行使。

**文本正文 1：http://www.fatianshi.cn/D11529**

# 某某股份有限公司限制性股票激励计划（草案）

## 声　明

本公司及全体董事、监事保证本计划及其摘要不存在虚假记载、误导性陈述或重大遗漏，并对其真实性、准确性、完整性承担个别和连带的法律责任。

## 特别提示

1. 本计划依据《中华人民共和国公司法》《中华人民共和国证券法》《国有控股上市公司（境内）实施股权激励试行办法》《关于规范国有控股上市公司实施股权激励制度有关问题的通知》① 《上市公司股权激励管理办法》及其他有关法律、法规、规范性文件，以及《某某股份有限公司章程》制定。

2. 本计划所采用的激励形式为限制性股票，股票来源为公司向激励对象定向发行的某某股份有限公司 A 股普通股。

3. 本计划本次授予限制性股票的激励对象为公司董事、高级管理人员以及核心技术人员共______人。

4. 本计划拟向激励对象授予______万股限制性股票，占公司已发行股本总额万股的 ______%。其中首次授予______万股，占公司已发行股本总额万股的 ______%；占本次授予限制性股票总量的 ______%；预留______万股，占公司已发行股本总额万股的 ______%，占本次授予限制性股票总量的 ______%。②

5. 在本计划公告当日至激励对象完成限制性股票登记期间，若发生资本公积金转增股本、派发股票红利、股份拆细、缩股、

①相较私企不同的是，除需依据《上市公司股权激励管理办法外》，还需依据《国有控股上市公司（境内）实施股权激励试行办法》《关于规范国有控股上市公司实施股权激励制度有关问题的通知》。

②由于国有控股上市公司新进员工较少，且国企一般较少预留限制性股票给新进员工，故是否预留公司可根据自身情况灵活设置。

D11529

配股等事项，限制性股票的数量和授予价格将做相应调整。

6. 本计划有效期为限制性股票授予之日起至所有限制性股票解除限售或回购注销完毕之日止，最长不超过______个月。[①]限售期为自限制性股票授予日起______个月[②]。激励对象根据本计划获授的限制性股票解除限售前不得转让、用于担保或偿还债务。

7. 激励对象通过自筹方式获取限制性股票所需资金，公司承诺不为激励对象提供贷款或其他任何形式的财务资助，包括为其贷款提供担保。

8. 本计划必须满足如下条件后方可实施：获得国务院国资委批准（以中央企业为例）、公司股东大会批准。[③]

9. 自公司股东大会审议通过本计划且授予条件成就之日起60日内，公司按相关规定召开董事会对激励对象进行授予，并完成公告、登记。根据《上市公司股权管理办法》规定公司不得授出权益的期间不计算在60日内。公司未能在60日内完成上述工作的，披露未完成的原因并终止实施本计划。

10. 本计划的实施不会导致股权分布不具备上市条件。

## 第一章　释　　义

以下词语如无特殊说明，在本文中具有如下含义：

| | | |
|---|---|---|
| 本公司、公司 | 指 | 某某股份有限公司 |
| 激励计划、本计划 | 指 | 以公司股票为标的，对公司董事、高级管理人员、核心技术人员进行长期性的激励计划 |
| 限制性股票、标的股票 | 指 | 公司根据本计划规定的条件，授予激励对象一定数量的公司股票 |

①为限售期与解除限售期之和，最长不得超过10年。

②对于国有控股企业而言，限售期不得低于2年，解除限售期不得低于3年。

③相较私企上市公司而言，国有控股上市公司实施股权激励多了经国资委审批的程序。

续表

| | | |
|---|---|---|
| 激励对象 | 指 | 按照本计划规定获得限制性股票的公司董事、高级管理人员、核心技术人员 |
| 授予日 | 指 | 公司向激励对象授予限制性股票的日期，授予日必须为交易日 |
| 授予价格 | 指 | 公司向激励对象授予限制性股票时所确定的、激励对象获授公司股份的价格 |
| 限售期 | 指 | 激励对象行使权益的条件尚未成就，限制性股票不得转让、用于担保或偿还债务的期间，自限制性股票授予之日起算 |
| 解除限售期 | 指 | 本计划规定的解除限售条件成就后，激励对象持有的限制性股票可以解除限售并上市流通的期间 |
| 《公司法》 | 指 | 《中华人民共和国公司法》 |
| 《证券法》 | 指 | 《中华人民共和国证券法》 |
| 《管理办法》 | 指 | 《上市公司股权激励管理办法》 |
| 《公司章程》 | 指 | 《某某股份有限公司章程》 |
| 国务院国资委 | 指 | 中华人民共和国国务院国有资产监督管理委员会 |
| 175 号文 | 指 | 《国有控股上市公司（境内）实施股权激励试行办法》（国资发分配〔2006〕175 号） |
| 171 号文 | 指 | 《关于规范国有控股上市公司实施股权激励制度有关问题的通知》（国资发分配〔2008〕171 号） |
| 证监会 | 指 | 中国证券监督管理委员会 |
| 元 | 指 | 人民币元 |

D11529

## 第二章　实施激励计划的目的

为了进一步建立、健全公司长效激励机制，吸引和留住优秀人才，充分调动公司管理人员及核心技术（业务）人员的积极性，有效地将股东利益、公司利益和个人利益结合在一起，促进公司业绩持续增长，在充分保障股东利益的前提下，按照收益与贡献对等原则，根据《公司法》《证券法》《管理办法》、175号文、171号文等有关法律、法规和规范性文件以及《公司章程》的规定，制订本计划。

## 第三章　本计划的管理机构

一、股东大会作为公司的最高权力机构，负责审议批准本计划的实施、变更和终止。

二、董事会是本激励计划的执行管理机构，董事会下设的薪酬与考核委员会负责拟订和修订本激励计划，报公司股东大会审批和主管部门审核，并在股东大会授权范围内办理本激励计划的相关事宜。

三、监事会是本计划的监督机构，负责审核激励对象的名单，就本计划是否有利于公司的持续发展，是否存在明显损害公司及全体股东利益的情形发表意见；并对本计划的实施是否符合相关法律、行政法规、部门规章和相关业务规则进行监督。

四、独立董事应当就本计划是否有利于公司的持续发展，是否存在明显损害公司及全体股东的利益发表独立意见，并就本计划向所有股东征集委托投票权。独立董事或监事会认为有必要的，可以建议上市公司聘请独立财务顾问，对激励计划的可行性、是否有利于上市公司的持续发展、是否损害上市公司利益以及对股东利益的影响发表专业意见。

## 第四章　激励对象的确定依据和范围

### 一、激励对象的确定依据

（一）激励对象确定的法律依据

本计划激励对象根据《公司法》《证券法》《管理办法》等有关法律、法规、规范性文件和《公司章程》的相关规定，结合公司实际情况而确定。

（二）激励对象确定的职务依据

本计划激励对象为公司董事、高级管理人员、核心技术人员。[1]（不包括独立董事、监事及单独或合计持有公司5%以上股份的股东或实际控制人及其配偶、父母、子女）。

### 二、激励对象的范围

本计划涉及的激励对象共计人，包括：

1. 公司董事、高级管理人员；

2. 核心技术人员。

以上激励对象中，董事、高级管理人员必须经股东大会选举或公司董事会聘任。其他激励对象必须在本计划的有效期内在公司任职并已与公司形成雇佣或劳务关系。参加本激励计划的所有激励对象不能同时参加其他任何上市公司股权激励计划，已经参加其他任何上市公司激励计划者，不得同时参加本激励计划。

预留权益授予的激励对象由本计划经股东大会审议通过后12个月内确定，经董事会提出、独立董事及监事会发表明确意见、律师发表专业意见并出具法律意见书后，公司在指定网站按要求及时准确披露当次激励对象相关信息。超过12个月未明确激励对象的，预留权益失效。预留激励对象的确定标准参照首次授予的标准确定。

①《国有控股上市公司（境内）实施股权激励试行办法》第11条：股权激励对象原则上限于上市公司董事、高级管理人员以及对上市公司整体业绩和持续发展有直接影响的核心技术人员和管理骨干。

D11529

**三、激励对象的核实**

（一）公司将在股东大会召开前，在内部公示激励对象的姓名和职务，公示期不少于10天。

（二）公司监事会将对激励对象名单进行审核，充分听取公示意见，并在公司股东大会审议本计划前5日披露监事会对激励对象名单审核及公示情况的说明。经公司董事会调整的激励对象名单亦应经公司监事会核实。

## 第五章　激励计划具体内容

**一、激励计划的股票来源**

本计划涉及的标的股票来源为公司向激励对象定向发行的某某A股普通股。

**二、激励计划标的股票的数量**

本次激励计划拟授予激励对象限制性股票数量______万股，占公司已发行股本总额的______%，其中首次授予______万股，占公司已发行股本总额的______%，占本次授予限制性股票总量的______%；预留______万股，占公司已发行股本总额的______%，占本次授予限制性股票总量的______%。

**三、限制性股票分配情况**

授予的限制性股票在各激励对象间的分配情况如下表所示：（以下百分比计算结果四舍五入，保留两位小数）

| 人员类型 | 姓名 | 职务 | 获授的限制性股票数量（万股） | 占授予限制性股票总数的比例 | 占目前总股本的比例 |
|---|---|---|---|---|---|
| 董事 | | | | | |
| | | | | | |
| | | | | | |

续表

| 人员类型 | 姓名 | 职务 | 获授的限制性股票数量（万股） | 占授予限制性股票总数的比例 | 占目前总股本的比例 |
|---|---|---|---|---|---|
| 高级管理人员 | | | | | |
| | | | | | |
| | | | | | |
| | | | | | |
| 其他______名核心技术人员 | | | | | |
| 预留 | | | | | |
| 合计 | | | | | |

注：1. 本计划激励对象不包括独立董事、监事及单独或合计持有公司 5% 以上股份的股东或实际控制人及其配偶、父母、子女。

2. 任何一名激励对象通过全部有效的股权激励计划获授的公司股票累计不得超过公司股本总额的 1%。

3. 预留部分的激励对象在本计划经股东大会审议通过后 12 个月内确定，经董事会提出、独立董事及监事会发表明确意见、律师发表专业意见并出具法律意见书后，公司在指定网站按要求及时准确披露激励对象相关信息。

## 四、激励计划的有效期、授予日、限售期、解除限售安排、禁售期

（一）有效期

本计划的有效期为限制性股票授予之日起至所有限制性股票解除限售或回购注销完毕之日止，最长不超过 ______ 个月。

（二）授予日

在本激励计划报国务院国有资产监督管理委员会审核批准、公司股东大会批准后，由公司董事会确定授予日。

D11529

授予日必须为交易日，且不得为下列区间日：

1. 公司定期报告公告前30日内，因特殊原因推迟年度报告、半年度报告公告日期的，自原预约公告日前30日起算，至公告前1日；

2. 公司业绩预告、业绩快报公告前10日内；

3. 自可能对本公司股票及其衍生品种交易价格产生较大影响的重大事件发生之日或者进入决策程序之日，至依法披露后2个交易日内；

4. 中国证券监督管理委员会及证券交易所规定的其他期间。

（三）限售期

1. 自限制性股票授予日起的 ______ 个月（至少为24个月）为锁定期，在锁定期内，激励对象根据本计划获授的限制性股票被锁定，不得转让。

2. 激励对象获授的限制性股票在锁定期不享有进行转让或用于担保或偿还债务等处置权。锁定期内激励对象因获授的限制性股票而取得的红股、资本公积转增股份、配股股份、增发中向原股东配售的股份同时锁定，不得在二级市场出售或以其他方式转让或用于担保或偿还债务，该等股份锁定期的截止日期与限制性股票相同；激励对象因获授的限制性股票而取得的现金股利由公司代管，作为应付股利在解锁时向激励对象支付。

（四）解除限售安排

首次授予的限制性股票授予后满 ______ 个月起为本激励计划的解锁期（解锁期不得少于36个月），在解锁期内，若达到本激励计划规定的解锁条件，激励对象获授的限制性股票分三次解锁：

| 解除限售期 | 解除限售时间 | 解除限售数量占获授限制性股票数量比例 |
| --- | --- | --- |
| 第一个解除限售期 | 自首次授予日起______个月后的首个交易日起至首次授予日起______个月内的最后一个交易日当日止 | ______% |
| 第二个解除限售期 | 自首次授予日起______个月后的首个交易日起至首次授予日起______个月内的最后一个交易日当日止 | ______% |
| 第三个解除限售期 | 自首次授予日起______个月后的首个交易日起至首次授予日起______个月内的最后一个交易日当日止 | ______% |

预留限制性股票自预留部分授予之日起______个月内为锁定期。①预留部分的限制性股票解锁安排如下：

①不得少于24个月。

| 解除限售期 | 解除限售时间 | 解除限售数量占预留限制性股票数量比例 |
| --- | --- | --- |
| 第一个解除限售期 | 自预留授予日起　　　个月后的首个交易日起至预留授予日起______个月内的最后一个交易日当日止 | ______% |
| 第二个解除限售期 | 自预留授予日起______个月后的首个交易日起至预留授予日起______个月内的最后一个交易日当日止 | ______% |
| 第三个解除限售期 | 自预留授予日起______个月后的首个交易日起至预留授予日起______个月的最后一个交易日止 | ______% |

在上述约定期间内未申请解除限售的限制性股票或因未达到解除限售条件而不能申请解除限售的该期限制性股票，公司

将按本计划规定的原则回购并注销激励对象相应尚未解除限售的限制性股票。

（五）禁售期

本计划的禁售期规定按照《公司法》《证券法》等相关法律、法规、规范性文件和《公司章程》执行，具体规定如下：

1. 激励对象为公司董事和高级管理人员的，其在任职期间每年转让的股份不得超过其所持有本公司股份总数的25%；在离职后半年内，不得转让其所持有的本公司股份。

2. 在本计划最后一批限制性股票解锁时，担任公司董事以及高级管理职务的激励对象获授限制性股票总量的20%（及就该等股票分配的股票股利），锁定至任职（或任期）期满后，根据其担任高级管理职务的任期考核或经济责任审计结果确定是否解锁。[①]

3. 激励对象为公司董事和高级管理人员的，将其持有的本公司股票在买入后6个月内卖出，或者在卖出后6个月内又买入，由此所得收益归本公司所有，本公司董事会将收回其所得收益。

4. 在本计划有效期内，如果《公司法》《证券法》等相关法律、法规、规范性文件和《公司章程》中对公司董事和高级管理人员持有股份转让的有关规定发生了变化，则这部分激励对象转让其所持有的公司股票应当在转让时符合修改后的《公司法》《证券法》等相关法律、法规、规范性文件和《公司章程》的规定。

**五、限制性股票的授予价格和授予价格的确定方法**

（一）首次授予价格

限制性股票的授予价格为每股______元，即满足授予条件后，激励对象可以每股______元的价格购买公司向激励对象增

①依据《国有控股上市公司（境内）实施股权激励试行办法》第33条之规定。

发的公司限制性股票。

（二）首次授予价格的确定方法

授予限制性股票授予价格不低于股票票面金额，且不低于下列价格较高者[①]：

1. 股权激励计划草案及摘要公布前1个交易日公司标的交易均价的50%，即______元；

2. 股权激励计划草案及摘要公布前1个交易日公司标的股票收盘价的50%，即______元；

3. 股权激励计划草案及摘要公布前20个交易日公司标的股票交易均价的50%，即______元；

4. 股权激励计划草案及摘要公布前30个交易日公司标的股票平均收盘价的50%，即______元。

（三）预留部分限制性股票授予价格的确定方法

预留部分在授予前，须召开董事会，并披露授予情况的摘要。授予价格应当根据公平市场价原则确定，授予价格为下列价格较高者[②]：

（1）定价基准日前1个交易日公司标的股票收盘价的50%；

（2）定价基准日前30个交易日公司标的股票平均收盘价的50%；

（3）定价基准日前20个交易日公司标的股票交易均价的50%；

（4）定价基准日前1个交易日公司标的股票交易均价的50%。

**六、限制性股票的授予与解除限售条件**

（一）限制性股票的授予条件

激励对象只有在同时满足下列条件时，才能获授限制性股票：

①仅提供一种定价参考。

②仅提供一种定价参考。

D11529

1. 公司未发生以下任一情形：

（1）最近一个会计年度财务会计报告被注册会计师出具否定意见或者无法表示意见的审计报告；

（2）最近一个会计年度财务报告内部控制被注册会计师出具否定意见或者无法表示意见的审计报告；

（3）上市后最近36个月内出现过未按法律法规、公司章程、公开承诺进行利润分配的情形；

（4）法律法规规定不得实行股权激励的；

（5）中国证券监督管理委员会认定的其他情形。

2. 激励对象未发生以下任一情形：

（1）最近12个月内被证券交易所认定为不适当人选；

（2）最近12个月内被中国证券监督管理委员会及其派出机构认定为不适当人选；

（3）最近12个月内因重大违法违规行为被中国证券监督管理委员会及其派出机构行政处罚或者采取市场禁入措施；

（4）具有《公司法》规定的不得担任公司董事、高级管理人员情形的；

（5）法律法规规定不得参与上市公司股权激励的；

（6）中国证券监督管理委员会认定的其他情形。

3. 公司达到以下业绩条件[①]：

授予前一个财务年度，公司业绩达到以下条件：

（1）净资产收益率不低于______%；

（2）净利润三年复合增长率不低于______%；

（3）完成经济增加值（EVA）考核目标。

上述净资产收益率和净利润增长率原则上不低于对标企业50分位值水平；对标企业从A股某某行业上市公司中，选取综合实力、盈利能力、资产规模等方面排名领先的企业，同时考

①提供一种业绩组合指标模式作为参考，其选取及设置依据在于《关于规范国有控股上市公司实施股权激励制度有关问题的通知》第2项：完善股权激励业绩考核体系，科学设置业绩指标和水平。

虑业务相似性和稳定性，剔除了变动幅度异常的企业。若在年度考核过程中，对标企业出现偏离幅度过大的样本极值，则将由公司董事会薪酬委员会根据实际情况研究并更换样本。公司董事会有权根据公司战略、市场环境等相关因素，对上述业绩指标和水平进行调整和修改，但相应调整和修改需报国资委备案。

本计划在计算上述指标时所用的净资产收益率是指剔除非经常性损益后的加权平均净资产收益率；净利润是指剔除非经常性损益后归属于上市公司股东的净利润。

4. 公司认为的其他必要的授予条件____________________。

（二）限制性股票的解除限售条件

解除限售期内，同时满足下列条件时，激励对象已获授的限制性股票才能解除限售：

1. 公司未发生以下任一情形：

（1）最近一个会计年度财务会计报告被注册会计师出具否定意见或者无法表示意见的审计报告；

（2）最近一个会计年度财务报告内部控制被注册会计师出具否定意见或者无法表示意见的审计报告；

（3）上市后最近 36 个月内出现过未按法律法规、公司章程、公开承诺进行利润分配的情形；

（4）法律法规规定不得实行股权激励的；

（5）中国证券监督管理委员会认定的其他情形。

公司发生上述情形之一的，所有激励对象根据本激励计划已获授但尚未解除限售的限制性股票应当由公司回购注销。对该等情形负有个人责任的，回购价格不得高于授予价格。

2. 激励对象未发生以下任一情形：

（1）最近 12 个月内被证券交易所认定为不适当人选；

D11529

（2）最近12个月内被中国证券监督管理委员会及其派出机构认定为不适当人选；

（3）最近12个月内因重大违法违规行为被中国证券监督管理委员会及其派出机构行政处罚或者采取市场禁入措施；

（4）具有《公司法》规定的不得担任公司董事、高级管理人员情形的；

（5）法律法规规定不得参与上市公司股权激励的；

（6）中国证券监督管理委员会认定的其他情形。

激励对象发生上述情形之一的，根据本激励计划已获授但尚未解除限售的限制性股票应当由公司回购注销，回购价格不得高于授予价格。

3. 公司层面的业绩考核要求[①]。

限制性股票解锁前一个财务年度公司业绩达到以下条件：

（1）净资产收益率不低于 ______%；

（2）净利润三年复合增长率不低于 ______%；

（3）完成经济增加值（EVA）考核目标。

上述净资产收益率和净利润增长率原则上不低于对标企业75分位值水平；对标企业从A股某某行业上市公司中，选取综合实力、盈利能力、资产规模等方面排名领先的企业，同时考虑业务相似性和稳定性，剔除了变动幅度异常的企业。若在年度考核过程中，对标企业出现偏离幅度过大的样本极值，则将由公司董事会薪酬委员会根据实际情况研究并更换样本。公司董事会有权根据公司战略、市场环境等相关因素，对上述业绩指标和水平进行调整和修改，但相应调整和修改需报国资委备案。

本计划在计算上述指标时所用的净资产收益率是指剔除非经常性损益后的加权平均净资产收益率；净利润是指剔除非经常

①提供一种业绩组合指标模式作为参考，其选取及设置依据在于《关于规范国有控股上市公司实施股权激励制度有关问题的通知》第2项：完善股权激励业绩考核体系，科学设置业绩指标和水平。

性损益后归属于上市公司股东的净利润。

公司未满足上述业绩考核目标的，所有激励对象考核当年可解除限售的限制性股票不得解除限售，对应的限制性股票由公司回购注销。由本次股权激励产生的激励成本将在经常性损益中列支。

4. 个人层面考核要求。

激励对象个人考核按照《某某股份有限公司限制性股票激励计划实施考核管理办法》分年进行考核，根据个人的绩效考评评价指标确定考评结果，原则上绩效评价结果划分为良好（A）、合格（B）、不合格（C）三个档次。考核评价表适用于考核对象。

| 考核结果 | 良好（A） | 合格（B） | 不合格（C） |
| --- | --- | --- | --- |
| 标准系数 | 1.0 | 0.8 | 0 |

个人当年实际解锁额度＝标准系数 × 个人当年计划解锁额度

若激励对象上一年度个人绩效考核为不合格（C），则公司将按照限制性股票激励计划的规定，取消该激励对象限制性股票的当期解锁额度，由公司以授予价格进行回购注销。

若激励对象上一年度个人绩效考核为合格（B），则公司将按照限制性股票激励计划的规定，对该激励对象限制性股票当期未解锁额度以授予价格进行回购。

5. 公司认为的其他必要解锁条件____________________。

**七、限制性股票激励计划的调整方法和程序**

（一）限制性股票数量的调整方法

若在本计划公告当日至激励对象完成限制性股票股份登记期间，公司有资本公积转增股本、派送股票红利、股份拆细、

D11529

配股或缩股等事项，应对限制性股票数量进行相应的调整。调整方法如下：

1. 资本公积转增股本、派送股票红利、股份拆细

Q = Q0×（1 + n）

其中：Q0为调整前的限制性股票数量；n为每股的资本公积转增股本、派送股票红利、股份拆细的比率（每股股票经转增、送股或拆细后增加的股票数量）；Q为调整后的限制性股票数量。

2. 配股

Q = Q0×P1×（1 + n）÷（P1 + P2×n）

其中：Q0为调整前的限制性股票数量；P1为股权登记日当日收盘价；P2为配股价格；n为配股的比例（配股的股数与配股前公司总股本的比例）；Q为调整后的限制性股票数量。

3. 缩股

Q = Q0×n

其中：Q0为调整前的限制性股票数量；n为缩股比例（1股公司股票缩为n股股票）；Q为调整后的限制性股票数量。

4. 增发

公司发生增发时，限制性股票的授予数量不做调整。

（二）授予价格的调整方法

若在本计划公告当日至激励对象完成限制性股票股份登记期间，公司有派息、资本公积转增股本、派送股票红利、股份拆细、配股或缩股等事项，应对限制性股票的授予价格进行相应的调整。调整方法如下：

1. 资本公积转增股本、派送股票红利、股份拆细

P = P0÷（1 + n）

其中：P0为调整前的授予价格；n为每股的资本公积转增股本、派送股票红利、股份拆细的比率；P为调整后的授予价格。

2. 配股

$$P = P0 \times (P1 + P2 \times n) \div [P1 \times (1 + n)]$$

其中：P0为调整前的授予价格；P1为股权登记日当日收盘价；P2为配股价格；n为配股的比例（配股的股数与配股前股份公司总股本的比例）；P为调整后的授予价格。

3. 缩股

$$P = P0 \div n$$

其中：P0为调整前的授予价格；n为缩股比例；P为调整后的授予价格。

4. 派息

$$P = P0 - V$$

其中：P0为调整前的授予价格；V为每股的派息额；P为调整后的授予价格。经派息调整后，P仍须大于1。

5. 增发

公司在发生增发新股的情况下，限制性股票的授予价格不做调整。

（三）限制性股票激励计划调整的程序

公司股东大会授权公司董事会，当出现前述情况时由公司董事会决定调整限制性股票数量、授予价格。律师应当就上述调整是否符合《管理办法》《公司章程》和本计划的规定出具专业意见。调整议案经董事会审议通过后，公司应当及时披露董事会决议公告，同时公告律师事务所意见。

**八、限制性股票会计处理**

按照《企业会计准则第 11 号——股份支付》的规定，公司将在限售期的每个资产负债表日，根据最新取得的可解除限售人数变动、业绩指标完成情况等后续信息，修正预计可解除限售的限制性股票数量，并按照限制性股票授予日的公允价值，

D11529

将当期取得的服务计入相关成本或费用和资本公积。

（一）会计处理方法

1. 授予日

根据公司向激励对象定向发行股份的情况确认股本和资本公积。

2. 限售期内的每个资产负债表日

根据会计准则规定，在限售期内的每个资产负债表日，将取得职工提供的服务计入成本费用，同时确认所有者权益或负债。

3. 解除限售日

在解除限售日，如果达到解除限售条件，可以解除限售；如果全部或部分股票未被解除限售而失效或作废，按照会计准则及相关规定处理。

4. 限制性股票的公允价值及确定方法

根据《企业会计准则第 11 号——股份支付》及《企业会计准则第 22 号——金融工具确认和计量》的相关规定，公司以 Black-Scholes 模型（B—S 模型）作为定价模型，扣除限制性因素带来的成本后作为限制性股票的公允价值。公司对首次授予的限制性股票的公允价值进行了预测算（授予时进行正式测算），测算得出每股限制性股票的公允价值约为______元。具体参数选取如下：

（1）标的股价：______元/股（假设授予日公司收盘价为______元/股）；

（2）有效期分别为：______个月、______个月、______个月（授予日至每期首个解除限售日的期限）；

（3）历史波动率：______%（采用______近年波动率的平均值）；

（4）无风险利率：______%、______%、______%（分别采用中国人民银行制定的金融机构______年期、______年期、______年期存款基准利率）；

（5）股息率：______%（取本激励计划公告前公司最近______年平均股息率）。

（二）预计限制性股票激励计划实施对各期经营业绩的影响

公司首次授予激励对象限制性股票数量为______股（不含预留部分），按照相关估值工具确定授予日限制性股票的公允价值，最终确认授予日公司向激励对象授予的权益工具公允价值总额为______万元，该公允价值总额作为公司本次股权激励计划的总成本将在股权激励计划的实施过程中按照解除限售比例进行分期确认。根据会计准则的规定，具体金额应以实际授予日计算的股份公允价值为准。据测算，限制性股票激励计划实施对各期会计成本的影响如下表所示：

| 限制性股票股数（万股） | 限制性股票单位价值（元/股） | 限制性股票总价值（万元） | 摊销费用（万元） | | | | |
|---|---|---|---|---|---|---|---|
| | | | | | | | |
| | | | | | | | |

以目前信息初步估计，在不考虑本计划对公司业绩的刺激作用情况下，限制性股票费用的摊销对有效期内各年净利润有所影响，但影响程度不大。若考虑限制性股票激励计划对公司发展产生的正向作用，由此激发管理团队的积极性，提高经营效率，降低代理人成本，本计划带来的公司业绩提升将高于因其带来的费用增加。

## 第六章　本计划的相关程序

### 一、激励计划实施程序

（一）公司董事会应当依法对本激励计划作出决议。董事会审议本激励计划时，作为激励对象的董事或与其存在关联关系

D11529

的董事应当回避表决。董事会应当在审议通过本计划并提交国务院国资委批准以及履行公示、公告程序后，将本计划提交股东大会审议；同时提请股东大会授权，负责实施限制性股票的授予、解除限售和回购工作。

（二）独立董事及监事会应当就激励计划草案是否有利于上市公司的持续发展，是否存在明显损害上市公司及全体股东利益的情形发表意见。独立董事或监事会认为有必要的，可以建议上市公司聘请独立财务顾问，对激励计划的可行性、是否有利于上市公司的持续发展、是否损害上市公司利益以及对股东利益的影响发表专业意见。

（三）本计划经国资委批准公司股东大会审议通过后方可实施。本公司将在召开股东大会前，通过公司网站或者其他途径，在公司内部公示激励对象的姓名和职务，公示期不少于 10 天。监事会应当对激励名单进行审核，充分听取公示意见。上市公司应当在股东大会审议激励计划前 5 日披露监事会对激励名单审核及公示情况的说明。

（四）公司股东大会在对本次限制性股票激励计划进行投票表决时，独立董事应当就本次限制性股票激励计划向所有的股东征集委托投票权。股东大会应当对《管理办法》第 9 条规定的股权激励计划内容进行表决，并经出席会议的股东所持表决权的 2/3 以上通过，单独统计并披露除公司董事、监事、高级管理人员、单独或合计持有公司 5% 以上股份的股东以外的其他股东的投票情况。

公司股东大会审议股权激励计划时，作为激励对象的股东或者与激励对象存在关联关系的股东，应当回避表决。

（五）本激励计划经公司股东大会审议通过，且达到本激励计划规定的授予条件时，公司在规定时间内向激励对象授予限制性股票。经股东大会授权后，董事会负责实施限制性股票的授予、解除限售和回购。

**二、限制性股票的授予程序**

（一）股东大会审议通过本计划后，公司与激励对象签署股权激励相关协议，以此约定双方的权利义务关系。公司董事会根据股东大会的授权办理具体的限制性股票授予事宜。

（二）公司在向激励对象授出权益前，董事会应当就本计划设定的激励对象获授权益的条件是否成就进行审议并公告。

（三）独立董事及监事会应当同时发表明确意见。律师事务所应当对激励对象获授权益的条件是否成就出具法律意见。

（四）公司监事会应当对限制性股票授予日及激励对象名单进行核实并发表意见。

（五）公司向激励对象授出权益与本计划的安排存在差异时，独立董事、监事会（当激励对象发生变化时）、律师事务所、独立财务顾问应当同时发表明确意见。

（六）本计划经股东大会审议通过后且授权条件成就后60日内，公司应当进行限制性股票的授予，并完成公告、登记。根据《管理办法》规定上市公司不得授出权益的期间不计算在60日内。公司董事会应当在授予的限制性股票登记完成后应及时披露相关实施情况的公告。若公司未能在60日内完成上述工作的，本计划终止实施，董事会应当及时披露未完成的原因且3个月内不得再次审议股权激励计划。

预留权益的授予对象应当在本计划经股东大会审议通过后12个月内明确，超过12个月未明确激励对象的，预留权益失效。

（七）公司授予限制性股票前，应当向证券交易所提出申请，经证券交易所确认后，由证券登记结算机构办理登记结算事宜。

D11529

**三、限制性股票的解除限售程序**

（一）在解除限售日前，公司应确认激励对象是否满足解除限售条件，对于满足解除限售条件的激励对象，由公司统一办理解除限售事宜，对于未满足条件的激励对象，由公司按照本计划的规定办理回购注销事宜。

（二）激励对象可对已解除限售的限制性股票进行转让，但公司董事、高级管理人员所持股份的转让应当符合有关法律、法规和规范性文件的规定。

（三）公司解除激励对象限制性股票限售前，应当向证券交易所提出申请，经证券交易所确认后，由证券登记结算机构办理登记结算事宜。

**四、本计划的变更、终止程序**

（一）本计划的变更程序

1. 公司在股东大会审议本计划之前拟变更本计划的，需经董事会审议通过。

2. 公司在股东大会审议通过本计划之后变更本计划的，应当由股东大会审议决定，且不得包括下列情形：

（1）导致提前解除限售的情形；

（2）降低授予价格的情形。

独立董事、监事会应当就变更后的方案是否有利于上市公司的持续发展，是否存在明显损害上市公司及全体股东利益的情形发表独立意见。律师事务所应当就变更后的方案是否符合本办法及相关法律法规的规定、是否存在明显损害上市公司及全体股东利益的情形发表专业意见。

（二）本计划的终止程序

1. 公司在股东大会审议本计划之前拟终止实施本计划的，需经董事会审议通过。

2. 公司在股东大会审议通过本计划之后终止实施本计划的，应当由股东大会审议决定。

3. 律师事务所应当就公司终止实施激励是否符合本办法及相关法律法规的规定、是否存在明显损害公司及全体股东利益的情形发表专业意见。

## 第七章　公司/激励对象各自的权利义务

### 一、公司的权利与义务

（一）公司具有对本计划的解释和执行权，并按本计划规定对激励对象进行绩效考核，若激励对象未达到本计划所确定的解除限售条件，公司将按本计划的规定回购并注销激励对象相应尚未解除限售的限制性股票。

（二）公司承诺不为激励对象依限制性股票激励计划获取有关限制性股票提供贷款以及其他任何形式的财务资助，包括为其贷款提供担保。

（三）公司应及时按照有关规定履行限制性股票激励计划申报、信息披露等义务。

（四）公司应当根据限制性股票激励计划及中国证券监督管理委员会、证券交易所、中国证券登记结算有限责任公司等的有关规定，积极配合满足解除限售条件的激励对象按规定解除限售。但若因中国证券监督管理委员会、证券交易所、中国证券登记结算有限责任公司的原因造成激励对象未能按自身意愿解除限售并给激励对象造成损失的，公司不承担责任。

（五）法律、法规规定的其他相关权利义务。

### 二、激励对象的权利与义务

（一）激励对象应当按公司所聘岗位的要求，勤勉尽责、恪守职业道德，为公司的发展做出应有贡献。

D11529

关注法天使

（二）激励对象应当按照本计划规定限售其获授的限制性股票。

（三）激励对象的资金来源为激励对象自筹资金。

（四）激励对象所获授的限制性股票，经中国证券登记结算有限责任公司登记过户后便享有其股票应有的权利，包括但不限于该等股票的分红权、配股权、投票权等。在限制性股票解除限售之前，激励对象根据本计划获授的限制性股票不得转让、用于担保或用于偿还债务。

（五）激励对象因获授的限制性股票而取得的现金股利由公司代管，作为应付股利在解除限售时向激励对象支付；若根据本计划不能解除限售，则由公司收回。

（六）原则上，激励对象限制性股票收益（不含个人出资部分）的增长幅度不高于业绩指标的增长幅度。[①]

（七）激励对象因激励计划获得的收益，应按国家税收法规交纳个人所得税及其他税费。

（八）法律、法规规定的其他相关权利义务。

## 第八章　公司与激励对象发生异动的处理

### 一、公司发生异动的处理

（一）公司出现下列情形之一时，本计划即行终止：

1. 公司最近一个会计年度财务会计报告被注册会计师出具否定意见或者无法表示意见的审计报告；

2. 公司最近一个会计年度财务报告内部控制被注册会计师出具否定意见或者无法表示意见的审计报告；

3. 公司上市后最近 36 个月内出现过未按法律法规、公司章程、公开承诺进行利润分配的情形；

4. 公司出现法律法规规定不得实行股权激励的情形；

①依据《关于规范国有控股上市公司实施股权激励制度有关问题的通知》第 4 条进一步强化股权激励计划的管理，科学规范实施股权激励中的第 1 项的第三小点。

5. 中国证券监督管理委员会认定的其他需要终止激励计划的情形。

当公司出现终止本计划的上述情形时，激励对象已获授但尚未解除限售的限制性股票不得解除限售，由公司回购注销；对该等情形负有个人责任的，回购价格不得高于授予价格。

（二）公司出现下列情形之一时，本计划不做变更，按本计划的规定继续执行：

1. 公司控制权发生变更；

2. 公司出现合并、分立等情形。

（三）公司因信息披露文件有虚假记载、误导性陈述或者重大遗漏，导致不符合限制性股票授予条件或解除限售安排的，未解除限售的限制性股票由公司回购注销处理，回购价格不得高于授予价格；激励对象获授的限制性股票已解除限售的，所有激励对象应当将由本激励计划所获得的全部利益返还公司。董事会应当按照本计划规定收回激励对象所得全部利益。

**二、激励对象个人情况发生变化的处理**

（一）当发生以下情况时，在情况发生之日，激励对象已获授但尚未解除限售的限制性股票不得解除限售，由公司以授予价格回购注销，并追回其已获得的股权激励收益，给公司造成的损失，由公司在回购总价款中予以扣除。

1. 经济责任审计等结果表明未有效履职或者严重失职、渎职的；

2. 违反国家有关法律法规、上市公司章程规定的；

3. 激励对象在任职期间，有受贿索贿、贪污盗窃、泄露上市公司商业和技术秘密、实施关联交易损害公司利益、声誉和对公司形象有重大负面影响等违法违纪行为，给公司造成损失的。

D11529

（二）激励对象因调动、退休、死亡、丧失民事行为能力等客观原因与公司解除或者终止劳动关系时，授予的权益当年达到可行使时间限制和业绩考核条件的，可行使部分可以在离职之日起半年内行使，半年后权益失效；尚未达到可行使时间限制和业绩考核条件的，原则上不再行使。尚未解锁的限制性股票，由公司按授予价格加上同期银行存款利息之和回购后注销。

激励对象因辞职、个人原因被解除劳动关系的，尚未行使的权益不再行使。尚未解锁的限制性股票由公司进行回购。[①]

（三）其他未说明的情况由董事会认定，并确定其处理方式。

**三、公司与激励对象之间争议的解决**

公司与激励对象发生争议，按照本计划和股权激励计划相关协议的规定解决；规定不明的，双方应按照国家法律和公平合理原则协商解决；协商不成，应提交公司住所所在地有管辖权的人民法院诉讼解决。

## 第九章　限制性股票回购注销原则

公司按本计划规定回购注销限制性股票的，除本计划另有约定外，回购价格按以下规则确定：

（一）回购价格的调整方法

激励对象获授的限制性股票完成股份登记后，若公司发生资本公积转增股本、派送股票红利、股份拆细、配股或缩股等影响公司股本总量或公司股票价格事项的，公司应对尚未解除限售的限制性股票的回购价格做相应的调整，调整方法如下：

1. 公积金转增股本、派送股票红利、股票拆细

$P = P0 \div (1 + n)$

其中：P为调整后的每股限制性股票回购价格，P0为每股限制性股票授予价格；n为每股公积金转增股本、派送股票红利、股票

①依据《关于规范国有控股上市公司实施股权激励制度有关问题的通知》第4条进一步强化股权激励计划的管理，科学规范实施股权激励中的第2项的相关规定。

拆细的比率（每股股票经转增、送股或股票拆细后增加的股票数量）。

2. 缩股

$$P = P0 \div n$$

其中：P为调整后的每股限制性股票回购价格，P0为每股限制性股票授予价格；n为每股的缩股比例（1股股票缩为n股股票）。

3. 配股

$$P = P0 \times (P1 + P2 \times n) \div [P1 \times (1 + n)]$$

其中：P1为股权登记日当天收盘价；P2为配股价格；n为配股的比例（配股的股数与配股前公司总股本的比例）。

4. 增发

公司在增发新股的情况下，限制性股票的回购价格不做调整。

（二）回购价格的调整程序

1. 公司股东大会授权公司董事会依上述已列明的原因调整限制性股票的回购价格。董事会根据上述规定调整回购价格后，应及时公告。

2. 因其他原因需要调整限制性股票回购价格的，应经董事会做出决议并经股东大会审议批准。

（三）回购注销的程序

公司按照本激励计划的规定实施回购时，应向证券交易所申请解锁该等限制性股票，在解锁后30个工作日内公司应将回购款项支付给激励对象并于登记结算公司完成相应股份的过户手续；在过户完成后的合理时间内，公司应注销该部分股票。

## 第十章 附 则

一、本计划在国务院国资委批准且公司股东大会审议通过

D11529

后生效。

二、本计划由公司董事会负责解释。

某某股份有限公司董事会

______年______月______日

**文本正文 2：http://www.fatianshi.cn/D11530**

## 某某股份有限公司
## 限制性股票激励计划考核管理实施办法

为保证某某股份有限公司（以下简称公司）长期激励计划的顺利进行，进一步建立、健全公司长期激励机制，吸引和保留优秀人才，充分调动公司高层管理人员及核心业务（技术）人员的积极性和创业激情，促进公司业绩持续增长，确保公司发展战略和经营目标的实现，根据《中华人民共和国公司法》《证券法中华人民共和国》《上市公司股权激励管理办法》《国有控股上市公司（境内）实施股权激励试行办法》《关于规范国有控股上市公司实施股权激励制度有关问题的通知》《某某股份有限公司章程》以及其他相关法律法规的规定制定本办法。

**一、考核原则**

本办法坚持公平、公开、公正的原则，通过对公司激励对象的业绩等工作绩效进行正确的评价，以实现长期激励计划与激励对象工作业绩、贡献紧密结合，从而积极地利用长期激励机制，提高管理绩效，实现公司和全体股东利益最大化。

**二、考核范围**

本办法适用于本次激励计划所确定的所有激励对象，包括公司董事、高级管理人员、核心技术人员。

三、考核机构

（一）公司董事会薪酬与考核委员会负责领导和组织考核工作，并负责对激励对象进行考核。

（二）公司人力资源部、财务管理部等相关部门负责相关考核数据的搜集和提供，并对数据的真实性和可靠性负责。

四、绩效考核评价指标及标准

（一）公司层面业绩考核

限制性股票授予前一个财务年度，公司业绩达到以下条件：

1. 净资产收益率不低于______%；

2. 净利润三年复合增长率不低于______%；

3. 完成经济增加值（EVA）考核目标。

上述净资产收益率和净利润增长率原则上不低于对标企业50分位值水平；对标企业从A股某某行业上市公司中，选取综合实力、盈利能力、资产规模等方面排名领先的企业，同时考虑业务相似性和稳定性，剔除了变动幅度异常的企业。若在年度考核过程中，对标企业出现偏离幅度过大的样本极值，则将由公司董事会薪酬委员会根据实际情况研究并更换样本。公司董事会有权根据公司战略、市场环境等相关因素，对上述业绩指标和水平进行调整和修改，但相应调整和修改需报国资委备案。

限制性股票解锁前一个财务年度公司业绩达到以下条件：

1. 净资产收益率不低于 ______%；

2. 净利润三年复合增长率不低于 ______%；

3. 完成经济增加值（EVA）考核目标。

上述净资产收益率和净利润增长率原则上不低于对标企业75分位值水平；对标企业从A股某某行业上市公司中，选取综合实力、盈利能力、资产规模等方面排名领先的企业，同时考

D11530

虑业务相似性和稳定性，剔除了变动幅度异常的企业。若在年度考核过程中，对标企业出现偏离幅度过大的样本极值，则将由公司董事会薪酬委员会根据实际情况研究并更换样本。公司董事会有权根据公司战略、市场环境等相关因素，对上述业绩指标和水平进行调整和修改，但相应调整和修改需报国资委备案。

上述指标所用的净资产收益率是指剔除非经常性损益后的加权平均净资产收益率；净利润是指剔除非经常性损益后归属于上市公司股东的净利润。

（二）个人层面绩效考核要求

激励对象个人考核按照《某某股份有限公司限制性股票激励计划实施考核管理办法》分年进行考核，根据个人的绩效考评评价指标确定考评结果，原则上绩效评价结果划分为良好（A）、合格（B）、不合格（C）三个档次。考核评价表适用于考核对象。

| 考核结果 | 良好（A） | 合格（B） | 不合格（C） |
|---|---|---|---|
| 标准系数 | 1.0 | 0.8 | 0 |

个人当年实际解锁额度＝标准系数 × 个人当年计划解锁额度

若激励对象上一年度个人绩效考核为不合格（C），则公司将按照限制性股票激励计划的规定，取消该激励对象限制性股票的当期解锁额度，由公司以授予价格进行回购注销。

若激励对象上一年度个人绩效考核为合格（B），则公司将按照限制性股票激励计划的规定，对该激励对象限制性股票当期未解锁额度以授予价格进行回购。

**五、考核期间与次数**

（一）考核期间

限制性股票授予及解除限售的前一会计年度。

（二）考核次数

自股东大会审议通过限制性股票激励计划之日起______日内进行授予条件是否成就的考核，限制性股票解除限售期间每年度进行一次解锁条件是否成就的考核。

**六、考核程序**

公司董事会薪酬与考核委员会负责具体的考核工作，负责激励对象考核分数的计算、考核结果的材料汇总，并在此基础上形成绩效考核报告，并提交董事会审核。

**七、考核结果的反馈及应用**

（一）被考核者有权了解自己的考核结果，薪酬与考核委员会应当在考核结束后______个工作日内向被考核者反馈考核结果。

（二）如被考核者对考核结果有异议，可在接到考核反馈的______个工作日内向董事会薪酬与考核委员会提出申诉，薪酬与考核委员会可根据实际情况对其考核结果进行复核，并根据复核结果对考核结果进行修正。

（三）考核结果作为限制性股票授予及解锁的依据。

**八、附则**

本办法由公司股东大会审议通过后生效，由董事会负责解释及修订。

D11530

关注法天使

**文本正文 3：**

## 国资监管机构关于某某股份有限公司年限制性股票激励计划的批复

国资考分〔______〕号

一、原则同意某某股份有限公司实施限制性股票激励计划；

二、原则同意某某股份有限公司限制性股票激励计划的业绩考核目标。

**文本正文 4：http://www.fatianshi.cn/D11540**

## 某某股份有限公司限制性股票激励计划协议书[①]

甲方：某某股份有限公司

地址：____________________________________________

法定代表人：______________________________________

联系电话：________________________________________

乙方：____________________________________________

地址：____________________________________________

身份证号码：______________________________________

联系电话：________________________________________

根据《某某股份有限公司______年限制性股票激励计划》《某某股份有限公司章程》的有关规定，按照甲方股东大会的有关决议，甲乙双方就限制性股票的授予、解除限售、回购等事项订立如下协议：

①此激励协议为首次授予的模板，若为授予预留权益，则授予价格条款应依据限制性股票激励计划进行相应调整。

**一、股票来源及数量**

本次股权激励的股票来源为甲方向乙方定向发行人民币普通股，甲方拟授予乙方的股票数量为______股。

**二、股票授予价格及付款安排**

甲方授予乙方的股票价格为不低于股票票面金额，且不低于下列价格较高者来确定（仅提供一种定价参考），经甲方董事会决议，定价为每股人民币______元，乙方购股资金需自筹解决。

1. 股权激励计划草案及摘要公布前1个交易日公司标的交易均价的50%，即 ______ 元；

2. 股权激励计划草案及摘要公布前1个交易日公司标的股票收盘价的50%，即 ______ 元；

3. 股权激励计划草案及摘要公布前20个交易日公司标的股票交易均价的50%，即 ______ 元；

4. 股权激励计划草案及摘要公布前30个交易日公司标的股票平均收盘价的50%即 ______ 元。

**三、限制性股票的授予条件**

乙方只有在下列条件同时满足时，才能获授限制性股票：

1. 甲方未发生以下任一情形：

（1）最近一个会计年度财务会计报告被注册会计师出具否定意见或者无法表示意见的审计报告；

（2）最近一个会计年度财务报告内部控制被注册会计师出具否定意见或者无法表示意见的审计报告；

（3）上市后最近36个月内出现过未按法律法规、公司章程、公开承诺进行利润分配的情形；

（4）法律法规规定不得实行股权激励的；

（5）中国证券监督管理委员会认定的其他情形。

D11540

2. 乙方未发生以下任一情形：

（1）最近 12 个月内被证券交易所认定为不适当人选；

（2）最近 12 个月内被中国证券监督管理委员会及其派出机构认定为不适当人选；

（3）最近 12 个月内因重大违法违规行为被中国证券监督管理委员会及其派出机构行政处罚或者采取市场禁入措施；

（4）具有《中华人民共和国公司法》规定的不得担任公司董事、高级管理人员情形的；

（5）法律法规规定不得参与上市公司股权激励的；

（6）中国证券监督管理委员会认定的其他情形。

3. 甲方达到以下业绩条件：

授予前一个财务年度，甲方业绩达到以下条件：

（1）净资产收益率不低于 ______%；

（2）净利润三年复合增长率不低于 ______%；

（3）完成经济增加值（EVA）考核目标。

上述净资产收益率和净利润增长率原则上不低于对标企业 50 分位值水平；对标企业从 A 股某某行业上市公司中，选取综合实力、盈利能力、资产规模等方面排名领先的企业，同时考虑业务相似性和稳定性，剔除了变动幅度异常的企业。若在年度考核过程中，对标企业出现偏离幅度过大的样本极值，则将由甲方董事会薪酬委员会根据实际情况研究并更换样本。甲方董事会有权根据甲方战略、市场环境等相关因素，对上述业绩指标和水平进行调整和修改，但相应调整和修改需报国资委备案。

上述指标所用的净资产收益率是指剔除非经常性损益后的加权平均净资产收益率；净利润是指剔除非经常性损益后归属于上市公司股东的净利润。

4. 公司认为的其他必要授予条件______________________。

**四、限制性股票的解锁条件**

解除限售期内，同时满足下列条件时，乙方已获授的限制性股票才能解除限售：

1. 甲方未发生以下任一情形：

（1）最近一个会计年度财务会计报告被注册会计师出具否定意见或者无法表示意见的审计报告；

（2）最近一个会计年度财务报告内部控制被注册会计师出具否定意见或者无法表示意见的审计报告；

（3）上市后最近 36 个月内出现过未按法律法规、公司章程、公开承诺进行利润分配的情形；

（4）法律法规规定不得实行股权激励的；

（5）中国证券监督管理委员会认定的其他情形。

甲方发生上述情形之一的，所有乙方根据本激励计划已获授但尚未解除限售的限制性股票应当由甲方回购注销。对该等情形负有个人责任的，回购价格不得高于授予价格。

2. 乙方未发生以下任一情形：

（1）最近 12 个月内被证券交易所认定为不适当人选；

（2）最近 12 个月内被中国证券监督管理委员会及其派出机构认定为不适当人选；

（3）最近 12 个月内因重大违法违规行为被中国证券监督管理委员会及其派出机构行政处罚或者采取市场禁入措施；

（4）具有《中华人民共和国公司法》规定的不得担任公司董事、高级管理人员情形的；

（5）法律法规规定不得参与上市公司股权激励的；

（6）中国证券监督管理委员会认定的其他情形。

乙方发生上述情形之一的，根据本激励计划已获授但尚未

D11540

解除限售的限制性股票应当由甲方回购注销，回购价格不得高于授予价格。

3. 甲方公司层面的业绩考核要求。

限制性股票解锁前一个财务年度甲方业绩达到以下条件：

（1）净资产收益率不低于 ______% ；

（2）净利润三年复合增长率不低于 ______% ；

（3）完成经济增加值（EVA）考核目标。

上述净资产收益率和净利润增长率原则上不低于对标企业75 分位值水平；对标企业从 A 股某某行业上市公司中，选取综合实力、盈利能力、资产规模等方面排名领先的企业，同时考虑业务相似性和稳定性，剔除了变动幅度异常的企业。若在年度考核过程中，对标企业出现偏离幅度过大的样本极值，则将由甲方董事会薪酬委员会根据实际情况研究并更换样本。甲方董事会有权根据甲方战略、市场环境等相关因素，对上述业绩指标和水平进行调整和修改，但相应调整和修改需报国资委备案。

上述指标所用的净资产收益率是指剔除非经常性损益后的加权平均净资产收益率；净利润是指剔除非经常性损益后归属于上市公司股东的净利润。

4. 乙方个人层面考核要求。

乙方个人层面考核按照《某某股份有限公司限制性股票激励计划实施考核管理办法》分年进行考核，根据个人的绩效考评评价指标确定考评结果，原则上绩效评价结果划分为良好（A）、合格（B）、不合格（C）三个档次。考核评价表适用于考核对象。

| 考核结果 | 良好（A） | 合格（B） | 不合格（C） |
| --- | --- | --- | --- |
| 标准系数 | 1.0 | 0.8 | 0 |

乙方个人当年实际解锁额度=标准系数 × 个人当年计划解锁额度

若乙方上一年度个人绩效考核为不合格（C），则甲方将按照限制性股票激励计划的规定，取消该激励对象限制性股票的当期解锁额度，由甲方以授予价格进行回购注销。

若乙方上一年度个人绩效考核为合格（B），则甲方将按照限制性股票激励计划的规定，对乙方限制性股票当期未解锁额度以授予价格进行回购。

5. 公司认为的其他必要解锁条件______________________。

**五、甲、乙双方的权利与义务**

（一）甲方的权利与义务

1. 甲方具有对本计划的解释和执行权，并按本计划规定对乙方进行绩效考核，若乙方未达到本计划所确定的解除限售条件，甲方将按本计划的规定回购并注销乙方相应尚未解除限售的限制性股票。

2. 甲方承诺不为乙方依限制性股票激励计划获取有关限制性股票提供贷款以及其他任何形式的财务资助，包括为其贷款提供担保。

3. 甲方应及时按照有关规定履行限制性股票激励计划申报、信息披露等义务。

4. 甲方应当根据限制性股票激励计划及中国证券监督管理委员会、证券交易所、中国证券登记结算有限责任公司等的有关规定，积极配合满足解除限售条件的乙方按规定解除限售。但若因中国证券监督管理委员会、证券交易所、中国证券登记结算有限责任公司的原因造成乙方未能按自身意愿解除限售并给乙方造成损失的，甲方不承担责任。

5. 法律、法规规定的其他相关权利义务。

D11540

（二）乙方的权利与义务

1. 乙方应当按甲方所聘岗位的要求，勤勉尽责、恪守职业道德，为甲方的发展做出应有贡献。

2. 乙方应当按照本计划规定限售其获授的限制性股票。

3. 乙方的资金来源为激励对象自筹资金。

4. 乙方所获授的限制性股票，经中国证券登记结算有限责任公司登记过户后便享有其股票应有的权利，包括但不限于该等股票的分红权、配股权、投票权等。在限制性股票解除限售之前，激励对象根据本计划获授的限制性股票（包含因该等限制性股票取得的股票股利）不得转让、用于担保或用于偿还债务。

5. 乙方因获授的限制性股票而取得的现金股利由公司代管，作为应付股利在解除限售时向激励对象支付；若根据本计划不能解除限售，则由公司收回。

6. 原则上，乙方限制性股票收益（不含个人出资部分）的增长幅度不高于业绩指标的增长幅度。

7. 乙方因激励计划获得的收益，应按国家税收法规交纳个人所得税及其他税费。

8. 法律、法规规定的其他相关权利义务。

**六、异动发生时的处理**

（一）甲方发生异动的处理

1. 甲方出现下列情形之一时，本计划即行终止：

（1）甲方最近一个会计年度财务会计报告被注册会计师出具否定意见或者无法表示意见的审计报告；

（2）甲方最近一个会计年度财务报告内部控制被注册会计师出具否定意见或者无法表示意见的审计报告；

（3）甲方上市后最近36个月内出现过未按法律法规、公司章程、公丌承诺进行利润分配的情形；

（4）甲方出现法律法规规定不得实行股权激励的情形；

（5）中国证券监督管理委员会认定的其他需要终止激励计划的情形。

当甲方出现终止本计划的上述情形时，乙方已获授但尚未解除限售的限制性股票不得解除限售，由甲方回购注销；对该等情形负有个人责任的，回购价格不得高于授予价格。

2. 甲方出现下列情形之一时，本计划不做变更，按本计划的规定继续执行：

（1）甲方控制权发生变更；

（2）甲方出现合并、分立等情形。

3. 甲方因信息披露文件有虚假记载、误导性陈述或者重大遗漏，导致不符合限制性股票授予条件或解除限售安排的，未解除限售的限制性股票由甲方回购注销处理，回购价格不得高于授予价格；乙方获授的限制性股票已解除限售的，应当将由本激励计划所获得的全部利益返还甲方。董事会应当按照本计划规定收回乙方所得全部利益。

（二）乙方个人情况发生变化的处理

1. 当发生以下情况时，在情况发生之日，乙方已获授但尚未解除限售的限制性股票不得解除限售，由甲方以授予价格回购注销，甲方并可追回乙方已获得的股权激励收益，给甲方造成的损失由甲方在回购总价款中予以扣除。

（1）经济责任审计等结果表明未有效履职或者严重失职、渎职的；

（2）违反国家有关法律法规、上市公司章程规定的；

（3）乙方在任职期间，有受贿索贿、贪污盗窃、泄露甲方商业和技术秘密、实施关联交易损害公司利益、声誉和对公司形象有重大负面影响等违法违纪行为，给甲方造成损失的。

2. 乙方因调动、免职、退休、死亡、丧失民事行为能力等客观原因与甲方解除或者终止劳动关系时，授予的权益当年达到可行使时间限制和业绩考核条件的，可行使部分可以在离职之日起半年内行使，半年后权益失效；尚未达到可行使时间限制和业绩考核条件的，原则上不再行使。尚未解锁的限制性股票，由公司按授予价格加上同期银行存款利息之和回购后注销。

乙方因辞职、个人原因被解除劳动关系的，尚未行使的权益不再行使。尚未解锁的限制性股票由公司以授予价格进行回购。

3. 其他未说明的情况由董事会认定，并确定其处理方式。

**七、聘用关系**

甲方与乙方签署本协议不构成甲方对乙方聘用期限和聘用关系的任何承诺，公司对乙方的聘用关系仍按劳动合同的有关约定执行。

**八、违约责任**

1. 任何一方违反协议约定，给他方造成经济损失的，应根据其责任大小给予他方经济补偿。本协议另有约定除外。

2. 一方违约致使对方采取诉讼的方式时，违约方应承担守约方为此支付的诉讼费、律师费、差旅费及其他费用。

**九、争议解决**

甲、乙双方对于本协议执行过程中发生的争议应协商解决；协商不成，可提交甲方住所地人民法院诉讼解决。

**十、其他**

1. 本协议未尽事宜，以《股权激励计划》规定内容为准。

2. 本协议经双方协商后可以增加补充协议，补充协议的内容为本协议的一部分，具有同等的法律效力。

3. 本协议有效期为______年，自______年______月______日起至______年______月______日止。

4. 本协议一式两份，甲、乙双方各执一份，具有同等法律效力。

5. 本协议自双方签字盖章之日起生效。

6. 本协议于______年______月______日签署。

甲方：某某股份有限公司（盖章）

乙方（签字）：________________________________

**文本正文 5：http://www.fatianshi.cn/D11550**

某某股份有限公司

激励对象限制性股票解锁申请书

本人____________，身份证号码：____________，本人截至目前，持有公司限制性股票共计______股。根据《公司______年限制性股票激励计划》的相关规定以及董事会、监事会相关决议，本人现有授予的限制性股票______股已符合行使权益条件，在此谨向公司申请如下：本人申请于______年______月______日按照《公司______年限制性股权激励计划》的规定对上述股票予以解锁。

特此申请！

申请人：____________

______年______月______日

D11550

# 4.私企新三板挂牌公司限制性股票全套文件

**文件名称用途：**

| 序号 | 名称 | 用途 | 网址 | 二维码 |
|---|---|---|---|---|
| 1 | 股权激励计划（草案） | 董事会会拟定，由股东大会审议通过的整套方案 | http://www.fatianshi.cn/D11551 | D11551 |
| 2 | 考核管理办法 | 董事会负责解释及修订，由公司股东大会审议通过后生效 | http://www.fatianshi.cn/D11554 | D11554 |
| 3 | 股权激励股票发行认购协议 | 用于公司向激励对象定向发行股票，明确双方权利义务 | http://www.fatianshi.cn/D11555 | D11555 |
| 4 | 董事会决议 | 用于董事会通过股权激励计划（草案）等议案 | http://www.fatianshi.cn/D11556 | D11556 |
| 5 | 监事会决议 | 用于监事会通过关于认定核心员工的议案 | http://www.fatianshi.cn/D11557 | D11557 |
| 6 | 股东大会决议 | 用于通过股权激励计划（草案）等议案 | http://www.fatianshi.cn/D11558 | D11558 |

续表

| 序号 | 名称 | 用途 | 网址 | 二维码 |
| --- | --- | --- | --- | --- |
| 7 | 限制性股票解锁申请书 | 用于激励对象向公司申请限制性股票解锁 | http://www.fatianshi.cn/D11559 | D11559 |
| 8 | 限制性股票解锁批准书 | 用于公司批准激励对象的申请 | http://www.fatianshi.cn/D11560 | D11560 |
| 9 | 限制性股票回购申请书 | 用于激励对象向公司申请限制性股票回购 | http://www.fatianshi.cn/D11561 | D11561 |
| 10 | 限制性股票回购批准书 | 用于公司批准激励对象的申请 | http://www.fatianshi.cn/D11562 | D11562 |
| 11 | 合伙企业持股平台激励模式 | | http://www.fatianshi.cn/D11563 | D11563 |

**该套文件的设计思路：**

该套文件的思路是公司向激励对象直接定向发行股票，资金来源为激励对象自筹资金。在激励对象达到授予条件时，公司向激励对象授予股票。股票授予后在中国证券登记结算有限责任公司进行登记并同时予以锁定，在经过一定的锁定期后进入解锁期，可以设定为在激励对象满足解锁条件后匀速或者非匀速地进行解锁，解锁后激励对象方可将股票转让获利，同时董事、高管在转让股票时还应符合其他禁售规定。当激励对象获授限制性股票后发生离职等多种情形时，公司将回购注销尚未解除限售的股票。

**该套文件设计思路的局限：**

根据《非上市公众公司监督管理办法》《常见问题解答》第24条，挂牌公司向特定对象发行股票，股东人数累计可以超过200人，但每次定向发行除公司股东之外的其他投资者合计不得超过35人。故当超过35人时，挂牌公司可以通过其持股平台（譬如有限合伙企业）的普通合伙人对激励对象转让份额的方式使其间接持股。由于篇幅有限，在此不列举间接持股的方式。

新三板相较上市公司而言，因为没有专门的法律法规来予以规定，所以新三板公司在实施股权激励时往往参照《上市公司股权激励管理办法》，但毕竟只是参照，在实施时有很大的灵活性。譬如：

1. 董事会不必非得设置薪酬与考核委员会来拟定股权激励草案以及领导与组织考核工作，而可以由董事会来拟定草案，由董事会领导和审核考核工作，具体的考核工作可由人力资源部实施。

2. 公司监事可以成为被激励的对象，但最近随着证监会对新三板挂牌公司的监管趋严，建议在设置激励对象范围时，将监事排除在外。

3. 授予激励对象的总数可以突破占公司已发行股票总股本10%以及授予单个激励对象的股票数量可以突破占公司已发行股票总股本1%的限制。

4. 授予价格一般多参照公司每股净资产价格等因素来确定。

5. 授予条件与解锁条件可以参照《上市公司股权激励管理办法》来设定。

6. 公司在转板 IPO 时，董事会、股东大会可以加速限制性股票的解锁或终止本计划。

7. 当发生回购的事项时，除了可以由公司可回购注销外，还可由公司实际控制人（大股东）或者其他激励对象或公司指定的第三方受让其股票。

**文本正文 1：http://www.fatianshi.cn/D11551**

# 某某股份有限公司限制性股票激励计划（草案）

## 第一章　实施激励计划的目的

为了进一步建立、健全公司长效激励机制，吸引和留住优秀人才，充分调动公司管理人员及核心员工的积极性，有效地将股东利益、公司利益和个人利益结合在一起，促进公司业绩持续增长，在充分保障股东利益的前提下，根据《中华人民共和国公司法》《中华人民共和国证券法》等有关法律、法规和规范性文件以及《公司章程》的规定，制订本计划。

## 第二章　本计划的管理机构

一、股东大会作为公司的最高权力机构，负责审议批准本计划的实施、变更和终止。

二、董事会是本计划的执行管理机构，负责拟订和修订本计划并报股东大会审议。董事会在股东大会授权范围内办理本计划的相关事宜。

三、监事会是本计划的监督机构，负责审核激励对象的名单，并对本计划的实施是否符合相关法律、行政法规、部门规章和相关业务规则进行监督。

D11551

关注法天使

## 第三章　激励对象的确定依据和范围

### 一、激励对象的确定依据

（一）激励对象确定的法律依据

本计划激励对象根据《中华人民共和国公司法》《中华人民共和国证券法》《非上市公众公司管理办法》等有关法律、法规、规范性文件和《公司章程》的相关规定，结合公司实际情况而确定。

（二）激励对象确定的职务依据

本计划激励对象为公司董事、监事、高层管理人员、核心员工。其中核心员工由公司董事会提名，并向全体员工公示和征求意见，由监事会发表明确意见后，经股东大会审议批准。①

（三）不得成为激励对象的情形

________________________________________。②

### 二、激励对象的范围

本计划涉及的激励对象共计人，包括：

1. 公司董事、高级管理人员；

2. 公司核心员工。

以上激励对象中，董事、监事必须经股东大会选举、高级管理人员需由公司董事会聘任。其他激励对象均须在本计划的考核期内与公司具有雇佣或劳务关系。

## 第四章　激励计划具体内容

### 一、激励计划的股票来源

本计划涉及的标的股票来源为公司向激励对象定向发行的某某 A 股普通股。

### 二、激励计划标的股票的数量

本次激励计划拟授予激励对象限制性股票数量 ______ 万股，约占本激励计划公告时公司股本总额的 ______%。

①依据《非上市公众公司监督管理办法》第 39 条：核心员工的认定，应当由公司董事会提名，并向全体员工公示和征求意见，由监事会发表明确意见后，经股东大会审议批准。

②由公司根据自身情况设置。

**三、限制性股票分配情况**

授予的限制性股票在各激励对象间的分配情况如下表所示：（以下百分比计算结果四舍五入，保留两位小数）

| 人员类型 | 姓名 | 职务 | 获授的限制性股票数量（万股） | 占授予限制性股票总数的比例 | 占目前总股本的比例 |
|---|---|---|---|---|---|
| 董事 | | | | | |
| | | | | | |
| | | | | | |
| 高级管理人员 | | | | | |
| | | | | | |
| | | | | | |
| | | | | | |
| 其他______名核心员工 | | | | | |
| 合计 | | | | | |

**四、激励计划的有效期、授予日、限售期、解除限售安排、禁售期**

（一）有效期

本计划的有效期为限制性股票授予之日起至所有限制性股票解除限售或回购注销完毕之日止，最长不超过______个月。

（二）授予日

公司向激励对象定向发行股票的日期，授予日需为交易日。公司需在股东大会审议通过本计划之日起______日内召开董事会并制定股票发行方案对激励对象授予限制性股票。本次激励对象获授股票资金以自筹方式解决，公司承诺不为激励对象依据本激励计划获得的有关权益提供贷款以及其他任何形式的财

D11551

务资助，包括为其贷款提供担保。

（三）限售期

限售期为限制性股票授予之日起 ______ 个月。激励对象根据本计划获授的限制性股票在解除限售前不得转让、用于担保或偿还债务。

（四）解除限售安排

在解除限售期内，公司为满足解除限售条件的激励对象办理解除限售事宜，未满足解除限售条件的激励对象持有的限制性股票由公司回购注销。

限制性股票的解除限售期及各期解除限售时间安排如下表所示：

| 解除限售期 | 解除限售时间 | 解除限售数量占获授限制性股票数量比例 |
|---|---|---|
| 第一个解除限售期 | 自首次授予日起______个月后的首个交易日起至首次授予日起______个月内的最后一个交易日当日止 | ______% |
| 第二个解除限售期 | 自首次授予日起______个月后的首个交易日起至首次授予日起______个月内的最后一个交易日当日止 | ______% |
| 第三个解除限售期 | 自首次授予日起______个月后的首个交易日起至首次授予日起______个月内的最后一个交易日当日止 | ______% |

激励对象因获授的限制性股票而取得的现金股利由公司代管，作为应付股利在解除限售时向激励对象支付；若根据本计划不能解除限售，则由公司收回。激励对象获授的限制性股票由于资本公积金转增股本、股票红利、股票拆细而取得的股份同

时限售，不得出售或以其他方式转让，该等股份的解除限售期与限制性股票解除限售期相同。

在上述约定期间内未申请解除限售的限制性股票或因未达到解除限售条件而不能申请解除限售的该期限制性股票，公司将按本计划规定的原则回购并注销激励对象相应尚未解除限售的限制性股票。

（五）禁售期

本计划的禁售期规定按照《中华人民共和国公司法》《中华人民共和国证券法》等相关法律、法规、规范性文件和《公司章程》执行，具体规定如下：

1. 激励对象为公司董事和高级管理人员的，其在任职期间每年转让的股份不得超过其所持有本公司股份总数的25%；在离职后半年内，不得转让其所持有的本公司股份。

2. 激励对象为公司董事和高级管理人员的，将其持有的本公司股票在买入后6个月内卖出，或者在卖出后6个月内又买入，由此所得收益归本公司所有，本公司董事会将收回其所得收益。

3. 在本计划有效期内，如果《中华人民共和国公司法》《中华人民共和国证券法》等相关法律、法规、规范性文件和《公司章程》中对公司董事和高级管理人员持有股份转让的有关规定发生了变化，则这部分激励对象转让其所持有的公司股票应当在转让时符合修改后的《中华人民共和国公司法》《中华人民共和国证券法》等相关法律、法规、规范性文件和《公司章程》的规定。

**五、限制性股票的授予价格和授予价格的确定方法**

限制性股票的授予价格为每股______元，即满足授予条件后，激励对象可以每股______元的价格购买公司向激励对象增发的公司限制性股票。本次股权激励授予价格综合考虑了公司每股净资产价格、静态、动态市盈率、公司成长性等多种因素核算确定。[①]

①仅提供一种定价参考。

## 六、限制性股票的授予与解除限售条件

（一）限制性股票的授予条件

激励对象只有在同时满足下列条件时，才能获授限制性股票：[①]

1. 公司未发生以下任一情形：

（1）最近一个会计年度财务会计报告被注册会计师出具否定意见或者无法表示意见的审计报告；

（2）最近一年内因重大违法违规行为被中国证券监督管理委员会予以行政处罚；

（3）中国证券监督管理委员会或股转系统认定的不得实行股权激励的其他情形；

2. 激励对象未发生以下任一情形：

（1）最近三年内被证券交易所公开谴责或直接宣布为不适当人选的；

（2）最近三年内因重大违规行为被中国证券监督管理委员会予以行政处罚未满三年的；

（3）最近三年内被全国中小企业股份转让系统有限责任公司处以纪律处分的；

（4）被列入失信被执行人名单、被执行联合惩戒对象等黑名单情形；

（5）具有《中华人民共和国公司法》规定的不得担任公司董事、高级管理人员情形的；

（6）公司董事会认定的其他情形。

3. 其他授予条件__________________________________。

（二）限制性股票的解除限售条件

解除限售期内，同时满足下列条件时，激励对象已获授的

①针对新三板挂牌企业的股权激励并没有详细的法律规定，只见于新三板法律法规中对股权激励计划的披露作出了相应的安排，故目前新三板股权激励计划的实施大多比照《上市公司股权激励管理办法》，在设定授予条件与解锁条件时，新三板挂牌公司可以参照《管理办法》的要求来进行设定，也可以自行设定其他条件，要考虑到新三板独有的特性。

限制性股票才能解除限售：

1. 公司未发生以下任一情形：

（1）最近一个会计年度财务会计报告被注册会计师出具否定意见或者无法表示意见的审计报告；

（2）最近一年内因重大违法违规行为被中国证券监督管理委员会予以行政处罚；

（3）中国证券监督管理委员会或股转系统认定的不得实行股权激励的其他情形；

公司发生上述情形之一的，所有激励对象根据本激励计划已获授但尚未解除限售的限制性股票应当由公司回购注销。对该等情形负有个人责任的，回购价格不得高于授予价格。

2. 激励对象未发生以下任一情形：

（1）最近3年内被证券交易所公开谴责或直接宣布为不适当人选的；

（2）最近3年内因重大违规行为被中国证券监督管理委员会予以行政处罚未满三年的；

（3）最近3年内被全国中小企业股份转让系统有限责任公司处以纪律处分的；

（4）被列入失信被执行人名单、被执行联合惩戒对象等黑名单情形；

（5）具有《中华人民共和国公司法》规定的不得担任公司董事、高级管理人员情形的；

（6）公司董事会认定的其他情形。

激励对象发生上述情形之一的，根据本激励计划已获授但尚未解除限售的限制性股票应当由公司回购注销，回购价格不得高于授予价格。

3. 公司层面的业绩考核要求。

D11551

关注法天使

①以下业绩指标的选取仅作为参考。

本激励计划首次授予限制性股票的解除限售考核年度为______年至______年______个会计年度，每个会计年度考核一次，各年度业绩考核目标如下表所示[①]：

| 解除限售期 | 业绩考核目标 |
| --- | --- |
| 第一个解除限售期 | ______年的净利润较______年增长______%及以上 |
| 第二个解除限售期 | ______年的净利润较______年增长______%及以上 |
| 第三个解除限售期 | ______年的净利润较______年增长______%及以上 |

公司未满足上述业绩考核目标的，所有激励对象考核当年可解除限售的限制性股票不得解除限售，对应的限制性股票由公司回购注销。由本次股权激励产生的激励成本将在经常性损益中列支。

4. 个人层面考核要求。

根据公司制定的《某某股份有限公司______年限制性股票激励计划实施考核办法》，激励对象只有在上一年度个人考核为“合格”及以上时，激励对象对应当年的限制性股票方可解除限售。

5. 其他解除限售条件________________________________。

**七、限制性股票激励计划的调整方法和程序**

股权激励计划公告后，至授予的限制性股票完成登记期间，公司有资本公积转增股本、派息等事项，则应对激励对象获授的限制性股票数量及授予价格作相应的调整。

公司股东大会授权公司董事会，当出现前述情况时由公司董事会决定调整限制性股票数量、授予价格。其他原因需要调整授予数量和价格的，应经董事会决议并报股东大会批准。

## 第五章　本计划的相关程序

### 一、激励计划实施程序

（一）公司董事会应当依法对本激励计划作出决议。董事会审议本激励计划时，作为激励对象的董事或与其存在关联关系的董事应当回避表决。董事会应当在审议通过本计划并履行公示、公告程序后，将本计划提交股东大会审议；同时提请股东大会授权，负责实施限制性股票的授予、解除限售和回购注销工作。

（二）本计划经公司股东大会审议通过后方可实施。公司股东大会审议股权激励计划时，作为激励对象的股东或者与激励对象存在关联关系的股东以及与激励计划存在利益关系的股东，应当回避表决。

（三）本激励计划经公司股东大会审议通过，且达到本激励计划规定的授予条件时，公司在规定时间内向激励对象授予限制性股票。经股东大会授权后，董事会负责实施限制性股票的授予、解除限售和回购。

### 二、限制性股票的授予程序

（一）公司与激励对象签署《股权激励股票发行认购协议》，以约定双方的权利义务关系，该协议经董事会、股东大会审议通过后生效。

（二）公司与激励对象签署《股权激励股票发行认购协议》之后，激励对象应当按照《股票发行认购公告》规定的认购价格、认购程序完成股票认购款的支付，并经会计师事务所验资确认。

（三）股票认购款完成支付后，公司将按照全国中小企业股份转让系统颁布的《全国中小企业股份转让系统股票发行业务细则（试行）》以及其他相关法律、法规等对授予的激励计划股票进行备案、登记。

**三、限制性股票的解除限售程序**

（一）在解除限售日前，公司应确认激励对象是否满足解除限售条件，对于满足解除限售条件的激励对象，由公司统一办理解除限售事宜，对于未满足条件的激励对象，由公司按照本计划的规定办理回购注销事宜。

（二）激励对象可对已解除限售的限制性股票进行转让，但公司董事、高级管理人员所持股份的转让应当符合有关法律、法规和规范性文件的规定。

（三）激励计划授予的股票解除限售应当向全国中小企业股份转让系统[①]申请，经全国中小企业股份转让系统确认后，由中国证券登记结算有限责任公司办理登记结算事宜。

①注意并非证券交易所，而是向全国中小企业股份转让系统进行申请。

## 第六章　公司与激励对象各自的权利义务

**一、公司的权利与义务**

（一）公司具有对本计划的解释和执行权，并按本计划规定对激励对象进行绩效考核，若激励对象未达到本计划所确定的解除限售条件，公司将按本计划的规定回购并注销激励对象相应尚未解除限售的限制性股票。

（二）公司承诺不为激励对象依限制性股票激励计划获取有关限制性股票提供贷款以及其他任何形式的财务资助，包括为其贷款提供担保。

（三）公司应及时按照有关规定履行限制性股票激励计划申报、信息披露等义务。

（四）公司应当根据限制性股票激励计划及中国证券监督管理委员会、全国中小企业股份转让系统、中国证券登记结算有限责任公司等的有关规定，积极配合满足解除限售条件的激励对象按规定解除限售。但若因中国证券监督管理委员会、全国中小企业股份转让系统、中国证券登记结算有限责任公司的原因造成激励对象未能按自身意愿解除限售并给激励对象造成损失的，公司不承担责任。

（五）法律、法规规定的其他相关权利义务。

**二、激励对象的权利与义务**

（一）激励对象应当按公司所聘岗位的要求，勤勉尽责、恪守职业道德，为公司的发展做出应有贡献。

（二）激励对象应当按照本计划规定限售其获授的限制性股票。

（三）激励对象的资金来源为激励对象自筹资金。

（四）激励对象所获授的限制性股票，经中国证券登记结算有限责任公司登记过户后便享有其股票应有的权利，包括但不限于该等股票的分红权、配股权、投票权等。在限制性股票解除限售之前，激励对象根据本计划获授的限制性股票（包含因该等限制性股票取得的股票股利）不得转让、用于担保或用于偿还债务。

（五）激励对象因获授的限制性股票而取得的现金股利由公司代管，作为应付股利在解除限售时向激励对象支付；若根据本计划不能解除限售，则由公司收回。

（六）激励对象因激励计划获得的收益，应按国家税收法规缴纳个人所得税及其他税费。

（七）法律、法规规定的其他相关权利义务。

## 第七章　公司/激励对象发生异动的处理

**一、公司发生异动的处理**

（一）公司出现下列情形之一时，本计划即行终止：

D11551

1. 公司最近一个会计年度财务会计报告被注册会计师出具否定意见或者无法表示意见的审计报告；

2. 最近一年内因重大违法违规行为被中国证券监督管理委员会予以行政处罚；

3. 中国证券监督管理委员会或股转系统认定的其他情形。

当公司出现终止本计划的上述情形时，激励对象已获授但尚未解除限售的限制性股票不得解除限售，由公司回购注销；对该等情形负有个人责任的，回购价格不得高于授予价格。公司在转板 IPO 时，董事会、股东大会有权加速限制性股票的解锁或终止本计划。

（二）公司出现下列情形之一时，本计划不做变更，按本计划的规定继续执行：

1. 公司控制权发生变更；

2. 公司出现合并、分立等情形。

（三）公司因信息披露文件有虚假记载、误导性陈述或者重大遗漏，导致不符合限制性股票授予条件或解除限售安排的，未解除限售的限制性股票由公司回购注销处理，回购价格不得高于授予价格；激励对象获授的限制性股票已解除限售的，所有激励对象应当将由本激励计划所获得的全部利益返还公司。董事会应当按照本计划规定收回激励对象所得全部利益。

**二、激励对象个人情况发生变化的处理**

（一）当发生以下情况时，在情况发生之日，激励对象已获授但尚未解除限售的限制性股票不得解除限售，由公司以授予价格回购注销：

1. 违反国家法律法规、《公司章程》或公司内部管理规章制度的规定，或发生劳动合同约定的失职、渎职行为，严重损害公司利益或声誉，或给公司造成直接或间接经济损失；给公司造成的损失由公司在回购总价款中予以扣除；

2. 公司有充分证据证明该激励对象在任职期间，存在受贿、索贿、贪污、盗窃、泄露经营和技术秘密等损害公司利益、声誉等违法违纪行为，直接或间接损害公司利益；给公司造成的损失由公司在回购总价款中予以扣除；

3. 因犯罪行为被依法追究刑事责任；

4. 单方面提出终止或解除与公司订立的劳动合同或聘用合同；

5. 与公司所签订的劳动合同或聘用合同期满，个人提出不再续签；

6. 因个人原因而致使公司提出解除或终止劳动合同（包括被公司辞退、除名等）；

7. 因考核不合格或董事会认定不能胜任工作岗位，经公司董事会批准；

8. 董事会认定的类似情形。

（二）当发生以下情况时，在情况发生之日，激励对象已获授但尚未解除限售的限制性股票不得解除限售，由公司以授予价格加上同期银行存款利息之和回购注销：

1. 成为独立董事、监事或其他不能持有公司股票或限制性股票的人员；

2. 因非执行职务的原因丧失劳动能力或身故；

3. 到法定年龄退休且退休后不继续在公司任职的；

4. 因公司经营调整（包括但不限于裁员），公司单方面终止或解除与激励对象订立的劳动合同、聘用合同的；

5. 董事会认定的类似情形。

（三）特殊情形处理

1. 激励对象在公司内部发生正常职务变更，其获授的权益完全按照本计划规定的程序进行；

D11551

2. 激励对象因执行职务负伤而导致丧失劳动能力的，其所获授的限制性股票不作变更，仍可按照本计划规定的程序进行。发生上述情形时，激励对象个人绩效考核条件不再纳入解除限售条件；

3. 激励对象因执行职务身故的，其获授的限制性股票将由其指定的财产继承人或法定继承人代为持有，并按照身故前本计划规定的程序进行。发生上述情形时，激励对象个人绩效考核条件不再纳入解除限售条件。

（四）其他未说明的情况由董事会认定，并确定其处理方式。

**三、公司与激励对象之间争议的解决**

公司与激励对象发生争议，按照本计划和股权激励计划相关协议的规定解决；规定不明的，双方应按照国家法律和公平合理原则协商解决；协商不成，应提交公司住所所在地有管辖权的人民法院诉讼解决。

## 第八章　限制性股票回购注销原则

公司按本计划规定回购注销限制性股票的，回购价格为授予价格，但根据本计划需对回购价格进行调整的除外。

（一）回购价格的调整方法

激励对象获授的限制性股票完成股份登记后，若公司发生资本公积转增股本、派送股票红利、股份拆细、配股或缩股等影响公司股本总量或公司股票价格事项的，公司应对尚未解除限售的限制性股票的回购价格做相应的调整，调整方法如下：

1. 公积金转增股本、派送股票红利、股票拆细

$P = P0 \div (1 + n)$

其中：P为调整后的每股限制性股票回购价格，P0为每股限制性股票授予价格；n为每股公积金转增股本、派送股票红利、股票

拆细的比率（每股股票经转增、送股或股票拆细后增加的股票数量）。

2. 缩股

$P = P0 \div n$

其中：P为调整后的每股限制性股票回购价格，P0为每股限制性股票授予价格；n为每股的缩股比例（1股股票缩为n股股票）。

3. 配股

$P = P0 \times (P1 + P2 \times n) \div [P1 \times (1 + n)]$

其中：P1为股权登记日当天收盘价；P2为配股价格；n为配股的比例（配股的股数与配股前公司总股本的比例）。

4. 派息

$P = P0 - V$

其中：P为调整后的每股限制性股票回购价格，P0为每股限制性股票授予价格；V为每股的派息额；经派息调整后，P仍须大于1。

5. 增发

公司在增发新股的情况下，限制性股票的回购价格不做调整。

（一）回购价格的调整程序

1. 公司股东大会授权公司董事会依上述已列明的原因调整限制性股票的回购价格。董事会根据上述规定调整回购价格后，应及时公告。

2. 因其他原因需要调整限制性股票回购价格的，应经董事会做出决议并经股东大会审议批准。

（三）回购注销的程序

公司按照本激励计划的规定实施回购时，应向全国中小企业股份转让系统申请解锁该等限制性股票，在解锁后 30 个工作日内公司应将回购款项支付给激励对象并于登记结算公司完成

D11551

相应股份的过户手续；在过户完成后的合理时间内，公司应注销该部分股票。

## 第九章　附　　则

一、本计划在公司股东大会审议通过后生效；

二、本计划由公司董事会负责解释。

某某股份有限公司董事会

______年______月______日

## 文本正文 2：http://www.fatianshi.cn/D11554

## 某某股份有限公司
## 限制性股票激励计划考核管理实施办法

为保证某某股份有限公司（以下简称公司）长期激励计划的顺利进行，进一步建立、健全公司长期激励机制，吸引和保留优秀人才，充分调动公司管理人员及核心业务（技术）人员的积极性，促进公司业绩持续增长，根据《中华人民共和国公司法》《中华人民共和国证券法》和《某某股份有限公司章程》以及其他相关法律法规的规定制定本办法。

**一、考核原则**

本办法坚持公平、公开、公正的原则，通过对公司、激励对象的业绩进行正确的评价，以实现长期激励计划与激励对象工作业绩、贡献紧密结合，最终实现公司和全体股东利益最大化。

**二、考核范围**

本办法适用于本次激励计划所确定的所有激励对象，包括公司董事、高级管理人员、核心员工。

**三、考核机构**

（一）公司董事会领导和审核考核工作

（二）人力资源部负责具体实施考核工作①

（三）公司人力资源部、财务管理部等相关部门负责相关考核数据的搜集和提供，并对数据的真实性和可靠性负责。

**四、绩效考核评价指标及标准**

（一）公司层面业绩考核

本激励计划授予限制性股票的解除限售考核年度为______年至______年______个会计年度，每个会计年度考核一次，各年度业绩考核目标如下表所示：

| 解除限售期 | 业绩考核目标 |
| --- | --- |
| 第一个解除限售期 | ______年的净利润较______年增长______%及以上 |
| 第二个解除限售期 | ______年的净利润较______年增长______%及以上 |
| 第三个解除限售期 | ______年的净利润较______年增长______%及以上 |

公司未满足上述业绩考核目标的，所有激励对象考核当年可解除限售的限制性股票不得解除限售，对应的限制性股票由公司回购注销。由本次股权激励产生的激励成本将在经常性损益中列支。

（二）个人层面绩效考核要求

根据公司的绩效考核管理办法，目前对个人绩效考核结果共有 A、B、C、D 四档，对应的考核结果如下，S 为分数：

A（优秀）：出色的、持续超过岗位标准要求，$S \geq 90$。

B（良好）：称职、达到岗位标准要求，$90 > S \geq 80$。

C（合格）：基本适合岗位标准要求，$80 > S \geq 60$。

①由于新三板不必设薪酬与考核委员会，所以此种情形下具体的考核工作便由人力资源部来实施。

D11554

D（不合格）：未能达到岗位标准要求，S < 60。

若激励对象上一年度个人绩效考核结果为 A/B/C 档，则上一年度激励对象个人绩效考核为“合格”及以上，激励对象当年的限制性股票可以进行解锁。

若激励对象上一年度个人绩效考核结果为 D 档，则上一年度激励对象个人绩效考核为“不合格”，激励对象当年的限制性股票不得解锁，由公司统一回购注销。

（三）与考核相关的其他解锁条件

______________________________________________。

**五、考核期间与次数**

（一）考核期间

解除限售的前一会计年度。

（二）考核次数

限制性股票解除限售期间每年度进行一次解锁条件是否成就的考核。

**六、考核程序**

公司人力资源部负责激励对象考核分数的计算、考核结果的材料汇总，并在此基础上形成绩效考核报告，并提交董事会审核。

**七、考核结果的反馈及应用**

（一）被考核者有权了解自己的考核结果，人力资源部会应当在考核结束后______个工作日内向被考核者反馈考核结果。

（二）如被考核者对考核结果有异议，可在接到考核反馈的______个工作日内向公司人力资源部提出申诉，人力资源部可根据实际情况对其考核结果进行复核，并根据复核结果对考核结果进行修正。

（三）考核结果作为限制性股票解锁的依据。

**八、附则**

本办法由公司股东大会审议通过后生效，由董事会负责解释及修订。

**文本正文 3：http://www.fatianshi.cn/D11555**

## 股权激励股票发行认购协议

甲方：____________股份有限公司（发行方）

法定代表人：________________________________

地址：________________________________

联系人：________________________________

电话：________________________________

乙方：（认购方）________________________________

身份证号码：________________________________

电话：________________________________

**鉴于：**

1. 甲方（以下简称公司）为全国中小企业股份转让系统有限责任公司（以下简称全国股转系统）的挂牌公司。

2. 乙方为甲方的（可选董事、监事、高级管理人员及核心员工），为此次股权激励的激励对象。

为了进一步建立、健全公司长效激励机制，吸引和留住优秀人才，充分调动公司管理人员及核心员工的积极性，有效地将股东利益、公司利益和个人利益结合在一起，促进公司业绩持续增长，甲、乙双方根据相关法律法规以及《股权激励计划》之规定，经自愿平等协商，就本次定向发行事宜达成本协议，

D11555

以资信守。

**第一条　定向发行价格和数量**

甲方同意向乙方定向发行______股，每股发行价格为______元，乙方同意以_______元/股的价格认购甲方本次定向发行的______股股份。

**第二条　认购方式**

支付方式：乙方应按照甲方确定的具体缴款日期将认购定向发行股份的认股款______元足额汇入甲方为本次定向发行专门开立的账户。

**第三条　限售期、解除限售期及禁售期**

1. 此次发行的股票的限售期为股票授予之日（乙方认购发行股票之日）起 ______ 个月。股票在授予给乙方并完成中证登公司登记后即行锁定，乙方根据本计划获授的股票（包括乙方因甲方转增股本、派送红股等原因而获得的新的股份）在解除限售前不得转让、用于担保或偿还债务。

2. 在解除限售期内，甲方为满足解除限售条件的乙方办理解除限售事宜，未满足解除限售条件的乙方持有的股票由甲方回购注销。解除限售可以设定为匀速或者非匀速进行分批解锁。

3. 股票解除限售后，担任公司董事、高级管理人员因本次股票发行而持有的股份按照《中华人民共和国公司法》《全国中小企业股份转让系统业务规则（试行）》及其他相关规定进行转让。核心员工因本次股票发行而持有的股份可以一次性进入全国中小企业股份转让系统进行股份报价转让。

**第四条　定向发行手续**

1. 本协议签署后乙方应按照甲方指定的日期，将足额的定向发行认缴款汇入甲方开立的定向发行账户。

2. 乙方应配合甲方提供办理验资、工商变更登记、股份登记所必须之资料并配合办理相关事宜。

**第五条　双方权利与义务**

1. 乙方应在约定期限内向甲方指定的银行账户一次性足额支付全部认购款项。

2. 甲方在收到乙方缴纳的本次定向发行的认股款后，应当聘请具有证券、期货相关从业资格的会计师事务所进行验资，并及时办理在中国证券监督管理委员会和全国股转让系统备案手续、新增股份登记手续、工商变更登记手续等相关事宜。

3. 经中国证券登记结算有限责任公司登记过户后乙方便享有其股票应有的权利，包括但不限于该等股票的分红权、配股权、投票权等。在股票解除限售之前，乙方获授的股票（包含因该等股票取得的股票股利）不得转让、用于担保或用于偿还债务。

4. 乙方因获授的股票而取得的现金股利由甲方代管，作为应付股利在解除限售时向乙方支付；若根据本计划不能解除限售，则由甲方收回。

5. 乙方因激励计划获得的收益，应按国家税收法规缴纳个人所得税及其他税费。

**第六条　股票回购**

1. 甲方发生下述情形之一的，乙方已获授但尚未解除限售的限制性股票应当由甲方回购注销。对该等情形负有个人责任的，回购价格不得高于授予价格。

（1）最近一个会计年度财务会计报告被注册会计师出具否定意见或者无法表示意见的审计报告；

（2）最近一年内因重大违法违规行为被中国证券监督管理委员会予以行政处罚；

（3）法律法规规定不得实行股权激励的；

D11555

（4）中国证券监督管理委员会认定的其他情形。

2. 乙方发生下述情形之一的，获授但尚未解除限售的限制性股票应当由甲方回购注销，回购价格不得高于授予价格。

（1）最近3年内被证券交易所公开谴责或直接宣布为不适当人选的。

（2）最近3年内因重大违规行为被中国证券监督管理委员会予以行政处罚未满3年的。

（3）最近3年内被全国中小企业股份转让系统有限责任公司处以纪律处分的。

（4）被列入失信被执行人名单、被执行联合惩戒对象等黑名单情形。

（5）具有《中华人民共和国公司法》规定的不得担任公司董事、高级管理人员情形的。

（6）中国证券监督管理委员会认定的其他情形。

3. 甲方业绩未达到考核指标或者乙方个人绩效未达到考核指标，乙方当年可解除限售的股票不得解除限售，对应的股票由甲方以授予价格回购注销。

4. 当发生以下情况时，在情况发生之日，乙方已获授但尚未解除限售的限制性股票不得解除限售，由甲方以授予价格回购注销：

（1）违反国家法律法规、《公司章程》或甲方内部管理规章制度的规定，或发生劳动合同约定的失职、渎职行为，严重损害甲方利益或声誉，或给甲方造成直接或间接经济损失，给甲方造成的损失由甲方在回购总价款中予以扣除；

（2）甲方有充分证据证明乙方在任职期间，存在受贿、索贿、贪污、盗窃、泄露经营和技术秘密等损害甲方利益、声誉等违法违纪行为，直接或间接损害甲方利益，给甲方造成的损失由甲方在回购总价款中予以扣除；

（3）因犯罪行为被依法追究刑事责任；

（4）单方面提出终止或解除与甲方订立的劳动合同或聘用合同；

（5）与甲方所签订的劳动合同或聘用合同期满，个人提出不再续签；

（6）因个人原因而致使甲方提出解除或终止劳动合同（包括被甲方辞退、除名等）；

（7）因考核不合格或董事会认定不能胜任工作岗位，经公司董事会批准；

（8）董事会认定的类似情形。

5. 当发生以下情况时，在情况发生之日，乙方已获授但尚未解除限售的限制性股票不得解除限售，由甲方回购注销：

（1）成为独立董事、监事或其他不能持有甲方股票或限制性股票的人员；

（2）因非执行职务的原因丧失劳动能力或身故；

（3）到法定年龄退休且退休后不继续在甲方任职的；

（4）因甲方经营调整（包括但不限于裁员），甲方单方面终止或解除与乙方订立的劳动合同、聘用合同的；

（5）董事会认定的类似情形。

6. 特殊情形处理

（1）乙方在甲方内部发生正常职务变更，其获授的权益完全按照本计划规定的程序进行；

（2）乙方因执行职务负伤而导致丧失劳动能力的，其所获授的限制性股票不作变更，仍可按照本计划规定的程序进行。发生上述情形时，乙方个人绩效考核条件不再纳入解除限售条件；

（3）乙方因执行职务身故的，其获授的限制性股票将由其指定的财产继承人或法定继承人代为持有，并按照身故前本计划规定的程序进行。发生上述情形时，乙方个人绩效考核条件不再纳入解除限售条件。

7. 其他未说明的情况由董事会认定，并确定其处理方式。

**第七条　保密**

双方一致确认，因履行本合同而取得对方信息及资料均为保密信息，未经披露方书面同意，接收方不得向任何第三方以任何方式进行传播，否则因此造成的全部损失，均由违约方承担。本保密期限为永久，直至相关信息以合法形式进入公众领域为止。否则，违约方应赔偿因此给守约方造成的全部损失。

**第八条　违约责任**

任何一方违反本协议的约定的义务的，违约方应依法承担相应的违约责任。违约金不足以弥补守约方损失的，还应继续赔偿守约方的损失。

**第九条　不可抗力**

1. 签约双方中的任何一方由于战争及严重的洪水、台风、地震、塌方等不可抗力事件而影响合同的执行时，应及时通知对方请求延迟相应受影响部分的履行期限，延迟的时间应相当于事件影响的时间。不可抗力事件系指双方在缔结合同时所不能预见的，并且它的发生及其后果是无法克服和无法避免的。

2. 对于本合同中未受不可抗力直接影响的其他义务，义务方应按合同继续履行。如不可抗力事件延续到 10 天以上时，双方可通过友好协商解决合同是否继续履行问题。

**第十条　争议解决**

双方在履行本协议过程中的一切争议，均应通过友好协商解决；如协商不成，任何一方可向有甲方所在地人民法院提起诉讼。

**第十一条　本协议的解除或终止**

若存在以下列任一情形的，本协议将解除：

（1）双方协商一致同意解除的；

（2）发生第八条的情形致使本协议无法继续履行的；

（3）乙方严重侵犯甲方利益，甲方解除本协议的；

（4）乙方未按约定缴纳股份认购款的，甲方有权解除本协议。

本协议的解除或终止，不影响守约向违约方追究违约责任。

**第十二条　其他**

1. 本协议经协议双方签字、盖章后生效。本协议未尽事宜，甲乙双方可通过协商签订补充协议，补充协议与本协议具有同等法律效力。

2. 本协议一式五份，甲、乙双方各执一份，其余供办理变更、备案手续使用。

3. 经双方签署之日起成立，并自股东大会批准本次拟定向发行股票之具体方案和相关事宜之日起生效。

甲方：股份有限公司

法定代表人或授权代表：______________________________

签署日期：______ 年 ______ 月 ______ 日

乙方：____________（签字）：__________________________

签署日期：______ 年 ______ 月 ______ 日

D11555

关注法天使

**文本正文 4：http://www.fatianshi.cn/D11559**

D11559

## 某某股份有限公司
## 激励对象限制性股票解锁申请书

本人___________，身份证号码：___________，本人截至目前，持有公司限制性股票共计_____股。根据《公司_____年限制性股票激励计划》的相关规定以及董事会、监事会相关决议，本人现有授予的限制性股票_____股已符合解锁条件，在此谨向公司申请如下：本人申请于_____年_____月_____日按照《公司_____年限制性股权激励计划》的规定对上述股票予以解锁。

特此申请！

申请人：___________

_____年_____月_____日

**文本正文 5：http://www.fatianshi.cn/D11560**

## 某某股份有限公司
## 限制性股票解锁批准书

___________先生/女士：

_____年_____月_____日，您向我司提交的《限制性股票解锁申请书》已收悉，经审核，就您本次限制性股票解锁事项予以批准，且通知如下：

姓名：___________________________________

性别：___________________________________

身份证号码：______________________________

本次解锁数量：____________________________

D11560

本次统一解锁日期：______ 年 ______ 月 ______ 日

D11561

某某股份有限公司

______ 年 ______ 月 ______ 日

**文本正文 6：http://www.fatianshi.cn/D11561**

## 某某股份有限公司
## 激励对象限制性股票回购申请书

本人 ______，身份证号码：__________，本人截至目前，持有公司限制性股票共计 ______ 股。根据《公司______年限制性股票激励计划》的相关规定，本人现有授予的限制性股票______股已符合回购条件，在此谨向公司申请如下：本人申请公司按照《公司______年限制性股票激励计划》的规定对上述股票予以回购。

特此申请！

申请人：__________

______ 年 ______ 月 ______ 日

**文本正文 7：http://www.fatianshi.cn/D11562**

## 某某股份有限公司
## 限制性股票回购批准书

__________先生/女士：

______ 年 ______ 月 ______ 日，您向我司提交的《限制性股票回购申请书》已收悉，经审核，就您本次限制性股票回购事项予以批准，且通知如下：

D11562

姓名：________________________________________

性别：________________________________________

身份证号码：__________________________________

本次回购数量：________________________________

本次公司统一回购日期：______ 年 ______ 月

某某股份有限公司

______ 年 ______ 月 ______ 日

# 5.有限公司限制性股票全套文件

**文件名称用途：**

| 序号 | 名称 | 用途 | 网址 | 二维码 |
| --- | --- | --- | --- | --- |
| 1 | 股权激励计划 | 薪酬与考核委员会拟定，由股东会审议通过的整套方案 | http://www.fatianshi.cn/D11734 | D11734 |
| 2 | 股权激励管理制度 | 薪酬与考核委员会拟定，由股东会审议通过的整套配套制度 | http://www.fatianshi.cn/D11735 | D11735 |
| 3 | 股权激励计划协议书 | 用于明确公司与激励对象之间的权利义务关系 | http://www.fatianshi.cn/D11736 | D11736 |
| 4 | 薪酬与考核委员会工作细则 | 用于明确薪酬与考核委员会的职责 | http://www.fatianshi.cn/D11737 | D11737 |
| 5 | 董事会决议 | 用于董事会通过股权激励计划等方案 | http://www.fatianshi.cn/D11739 | D11739 |
| 6 | 股东会决议 | 用于通过激励计划等方案 | http://www.fatianshi.cn/D11740 | D11740 |

续表

| 序号 | 名称 | 用途 | 网址 | 二维码 |
|---|---|---|---|---|
| 7 | 公司章程修正案 | 用于修改公司章程 | http://www.fatianshi.cn/D11741 | D11741 |
| 8 | 解锁申请书 | 用于激励对象向公司申请解锁 | http://www.fatianshi.cn/D11742 | D11742 |

**该套文件的设计思路：**

限制性股权的核心便是设定一定的限售期，经过限售期后进入解除限售期，此时激励对象获授的股权方可解锁（进行转让）。当激励对象满足授予条件时，公司实际控制人或大股东向其转让股权，此后进入限售期，限售期内股权不得转让、出售或进行担保贷款等。限售期过后便进入解除限售期，当满足解除限售条件后，激励对象可以在激励计划规定的窗口期向公司申请解锁，所获股权可以进行流通（包括对内转让和对外转让，但对外转让需遵循公司法的相关规定，在同等条件下，公司内部股东享有优先购买权）。当激励对象获授股权后出现离职等异动时，公司实际控制人或其指定主体将进行回购。

**文本正文 1：http://www.fatianshi.cn/D11734**

某某有限公司
限制性股权激励计划（草案）

**一、本次股权激励计划的目的**

为了进一步完善某某有限公司（以下简称公司）的治理结构，

实现对公司董事、高级管理人员及核心员工的激励与约束，充分调动其工作积极性和创造性，使其利益与公司长远发展更紧密地结合，防止人才流失，同时吸引更多优秀人才参与企业经营，实现企业可持续发展，公司根据有关法律、法规和规范性文件以及《公司章程》的规定，制定《某某有限公司股权激励计划（草案）》。

**二、本次股权激励计划的模式**

公司本次股权激励计划采用限制性股权的模式进行激励。

**三、本次股权激励计划的基本原则**

（一）依法依规的原则

公司实施股权激励计划，严格按照法律法规的规定履行程序，真实、准确、完整、及时地实施信息披露。

（二）公平、公正、公开的原则

公司实施股权激励计划，在激励对象的考核、筛选、确定以及股权的授予、解锁等方面，通过严格的法定程序操作，确保形式与结果公正。

（三）自愿参与的原则

公司实施股权激励计划遵循公司自主决定，激励对象自愿参加的原则。

（四）相结合、相对称的原则

公司实施股权激励计划遵循激励与约束相结合，风险与收益相对称的原则。

**四、本次股权激励计划的管理机构**

（一）公司股东会审议批准本次股权激励计划的实施、变更和终止。

（二）公司股东会决定成立薪酬与考核委员会，薪酬与考核委员会是本次股权激励计划的执行管理机构，负责拟定和修订

D11734

股权激励计划，报公司股东会决定，并在股东会授权范围内处理相关事宜。

（三）公司监事是本次股权激励计划的监督机构，负责核实激励对象的适合性，并对本计划的实施是否符合相关法律、行政法规、部门规章进行监督。

**五、本次股权激励计划的激励对象**

（一）确定激励对象的法律依据

本计划激励对象是根据《中华人民共和国公司法》《中华人民共和国证券法》及其他有关法律、法规和规范性文件以及《公司章程》的相关规定，结合公司实际情况而确定。

（二）激励对象的职务依据及范围

本计划激励对象为公司董事、高级管理人员、核心员工。

（三）不得成为激励对象的情形

1. 被证券交易所或股转公司公开谴责或直接宣布为不适当人选未满 3 年的。

2. 因重大违法违规行为被证券监督管理委员会及其派出机构、股转公司行政处罚未满 3 年的。

3. 其他具有《中华人民共和国公司法》规定的不得担任公司董事、监事、高级管理人员的情形。

4. 因违法违规行为被行政处罚或刑事处罚的。

5. 激励对象职务变更成为不能参与本次激励计划的人员。

6. 激励对象因不能胜任工作岗位、考核不合格、触犯法律、违法职业道德、泄露公司机密、失职或渎职等行为严重损害公司利益或声誉而导致的职务变更或者被公司解聘的。

7. 激励对象辞职。

8. 激励对象非因执行职务负伤而导致丧失劳动能力的。

9. 激励对象死亡（如激励对象因执行职务死亡，按照本计划相关规定执行)。

10. 公司章程规定或双方约定不得享受股权激励的其他情形。

如在本计划实施过程中，激励对象出现以上不得参与本计划情形的，公司有权终止其参与本计划的权利；若激励对象已经取得激励股权，则由公司实际控制人或实际控制人指定主体进行回购。

（四）具体激励对象名单见附件，以每年薪酬与考核委员会公布的名单为准。

（五）现有股东优先认购安排

《公司章程》未对现有股东的优先认购做出特别规定。

**六、本次股权激励计划所涉及股权的来源、数量及价格**

（一）本次股权激励计划股权的来源

本次股权激励计划的股权来源为公司实际控制人 / 大股东向激励对象转让的股权。

（二）本次股权激励计划股权的数量

本次股权激励拟向激励对象转让不超过 ______% 的股权，单个激励对象获授股权后的股权比例不超过 ______%。①

（三）本次股权激励计划的转让价格

本次股权计划的转让价格由公司实际控制人或大股东与激励对象协商确定。

**七、本次股权激励计划的时限**

（一）股权激励计划的有效期

股权激励计划的有效期为自股权转让之日起的______年时间。

（二）股权激励计划的授予日

本次股权激励计划的授予日为公司实际控制人或大股东与激励对象签订股权转让协议之日。

①由公司根据其实际情况来设置转让的股权比例限制，避免公司实际控制人或大股东的股权被过度稀释，从而导致丧失控制权的风险。

D11734

（三）限售期

本次股权激励计划的限售期为______个月[①]，限售期是指激励对象获授公司股权后不得进行转让的期间，包括对内转让和对外转让。[②]

（四）解除限售期

本激励计划的激励对象自获授股权日起满______月后可以对获授的限制性股权申请解锁。激励对象必须在本激励计划规定的解除限售期分 3 次申请解锁，具体解锁比例见如下规定，解锁后激励对象可以将股权进行转让，但对外转让应遵循公司法的相关规定。

| 解除限售期 | 解除限售时间[③] | 解除限售数量占获授限制性股票数量比例 |
| --- | --- | --- |
| 第一个解除限售期 | 自授予日起______个月后的次日起至第十日止 | ______% |
| 第二个解除限售期 | 自授予日起______个月后的次日起至第十日止 | ______% |
| 第三个解除限售期 | 自授予日起______个月后的次日起至第十日止 | ______% |

激励对象因获授的限制性股权而取得的分红由公司代管，在解除限售时向激励对象支付；若根据本计划不能解除限售，则由公司收回。在上述约定期间内未申请解除限售的限制性股权或因未达到解除限售条件而不能申请解除限售的该期限制性股权，则由公司实际控制人或实际控制人指定主体按照激励对象取得激励股权所支付的成本进行回购。

激励对象根据本激励计划所获授的限制性股权在解除限售



①对上市公司而言不少于 12 个月，有限公司可以参照适用，也可以根据自身情况灵活设置。

②限制性股票的核心所在便是约定了一定的限售期，限售期过后方能解锁或称转让股权。以此来降低激励对象拿到股权后立马变现离职的风险。

③解除限售时间即激励对象申请解锁的窗口期可由公司灵活设置，此处仅提供一种参考，上市公司规定了每期不得少于 12 个月，但有限公司可以根据自身情况来进行设置。

前不享有进行转让、用于担保或偿还债务等处置权。

**八、本次股权激励计划的授予条件和解锁条件**

（一）本激励计划激励对象限制性股权的授予条件

激励对象享受本次激励计划除满足上述关于资格的限定条件外，还需满足公司认为的其他必要的授予条件[①]。

（二）本次激励计划的解锁条件

1. 公司层面考核要求

本激励计划授予限制性股权的解除限售考核年度为______年至______年______个会计年度，每个会计年度考核一次，各年度业绩考核目标如下表所示[②]：

| 解除限售期 | 业绩考核目标 |
|---|---|
| 第一个解除限售期 | ______年的净利润较______年增长______%及以上 |
| 第二个解除限售期 | ______年的净利润较______年增长______%及以上 |
| 第三个解除限售期 | ______年的净利润较______年增长______%及以上 |

2. 个人层面考核要求

根据公司制定的《某某有限公司年限制性股权激励计划实施考核办法》，激励对象只有在上一年度个人考核为“合格”及以上时，激励对象对应当年的限制性股权方可解除限售。

**九、公司与激励对象的权利和义务**

（一）公司的权利与义务

1. 公司有权要求被激励对象按其所聘岗位的要求为公司工作。

2. 公司具有本次股权激励计划的解释权和执行权。

3. 公司不得为激励对象依本计划获取有关股票提供贷款以

①根据公司自身的情况来确定。

②此处净利润增长率指标仅作为参考。

D11734

及其他任何形式的财务资助，包括为其贷款提供担保。[1]

4. 公司根据国家税收法律法规的规定，代扣代缴激励对象应缴纳的个人所得税及其他税费（如有）。

5. 公司确定本计划的激励对象，并不构成对员工聘用期限的承诺。公司仍按与激励对象签订的《劳动合同书》确定对员工的聘用关系。

6. 法律、法规和公司章程规定的其他权利和义务。

（二）激励对象的权利与义务

1. 除本激励计划规定的限制性条件外，激励对象获得激励股权后可以拥有所持公司股份所对应的股东权利。

2. 激励对象在激励股权解禁后可对其持有的股权进行转让交易。

3. 激励对象应遵守本计划前述的关于激励股权限售的规定。在限售期内激励对象不得就限售股权进行出售、交换、担保、设定任何权利负担或用于偿还债务，或就处置激励股权订立任何口头或书面协议。

4. 激励对象（外部董事除外）在本计划规定的股权限售期内的绩效考核应当达到或者超过公司规定的绩效考核标准，否则应按本计划的规定承担相应不利后果。

5. 激励对象应当遵守法律法规、公司规章制度，积极维护公司利益，不得从事任何有损公司利益的行为，不得以任何方式直接或者间接参与公司业务相同或者相似的投资或经营活动。

6. 激励对象（外部董事除外）应当全职为公司工作，不得与其他用人单位建立劳动关系或者劳务关系。

7. 激励对象（外部董事除外）在本计划规定的限售期结束后离职的，应当在 2 年内不得从事与公司同业竞争相同或类似的相关工作；如果激励对象在本方案规定的限售期结束后离职，

①参照上市公司的规定。

并在2年内从事与公司同业竞争相同或类似工作的，激励对象应当将其因本计划所得全部收益返还给公司。

8. 法律、法规、公司章程或者其他法律文件规定的其他权利和义务。

**十、本激励计划异动发生时的处理**

（一）公司控制权变更、公司合并或分立

当公司控制权发生变更，合并或分立时，本计划不做变更，按本计划的规定继续执行。

（二）公司不具备实施股权激励计划的资格

公司如出现如下情形之一时，应终止实施股权激励计划，激励对象已获授但尚未解除限售的限制性股权不得解除限售，由实际控制人或其指定的主体进行回购；对该等情形负有个人责任的，回购价格不得高于激励对象购买限制性股权时的价格。

1. 最近一个会计年度财务会计报告被注册会计师出具否定意见或者无法表示意见的审计报告；

2. 最近一年内因重大违法违规行为被中国证券监督管理委员会予以行政处罚；

3. 中国证券监督管理委员会认定的其他无法实施股权激励计划的情形。

（三）激励对象个人情况发生变化的处理

1. 当发生以下情况时，在情况发生之日，激励对象已获授但尚未解除限售的限制性股权不得解除限售，由公司实际控制人或其指定主体回购：

（1）违反国家法律法规、《公司章程》或公司内部管理规章制度的规定，或发生劳动合同约定的失职、渎职行为，严重损害公司利益或声誉，或给公司造成直接或间接经济损失；

（2）激励对象在任职期间，存在受贿、索贿、贪污、盗窃、泄露经营和技术秘密等损害公司利益、声誉等违法违纪行为，直接或间接损害公司利益；

（3）因犯罪行为被依法追究刑事责任；

（4）单方面提出终止或解除与公司订立的劳动合同或聘用合同；

（5）与公司所签订的劳动合同或聘用合同期满，个人提出不再续签；

（6）因个人原因而致使公司提出解除或终止劳动合同（包括被公司辞退、除名等）；

（7）薪酬与考核委员会认定的类似情形。

2. 当发生以下情况时，在情况发生之日，激励对象已获授但尚未解除限售的限制性股权不得解除限售，由实际控制人或其指定的主体回购：

（1）因非执行职务的原因丧失劳动能力或身故；

（2）因公司经营调整（包括但不限于裁员），公司单方面终止或解除与激励对象订立的劳动合同、聘用合同的；

（3）因考核不合格或董事会认定不能胜任工作岗位，经公司董事会批准；

（4）薪酬与考核委员会认定的类似情形。

3. 特殊情形处理：

（1）激励对象在公司内部发生正常职务变更，其获授的权益完全按照本计划规定的程序进行。

（2）激励对象因执行职务负伤而导致丧失劳动能力的，其所获授的限制性股权不作变更，仍可按照本计划规定的程序进行。发生上述情形时，激励对象个人绩效考核条件不再纳入解除限售条件。

（3）激励对象因执行职务身故的，其获授的限制权股票将由其指定的财产继承人或法定继承人代为持有，并按照身故前本计划规定的程序进行。发生上述情形时，激励对象个人绩效考核条件不再纳入解除限售条件。

（4）激励对象因退休而离职，在情况发生之日，对激励对象已获授的限制性股票将完全按照退休前本计划规定的程序进行，且薪酬与考核委员会可以决定其个人绩效考核条件不再纳入解锁条件。

4. 如果在本股权激励方案公示之日至股权激励实施完成期间，公司成功登陆资本市场（包括但不限于国内主板市场、三板市场，及国外市场）对股权激励存在相关业务规则，本股权激励计划需按照业务规则要求修改，最终激励计划以修改且通过当时董事会和股东大会为准。

5. 其他未说明的情况由薪酬与考核委员会认定，并确定其处理方式。

**十一、本激励计划的实施部门**

（一）本股权激励计划由公司薪酬与考核委员会制定，经股东审议通过后实施。

（二）本股权激励计划的解释、实施权由公司薪酬与考核委员会享有。

**文本正文 2 ：http://www.fatianshi.cn/D11735**

## 某某有限公司
## 股权激励管理制度

**一、目的**

（1）加强员工与公司凝聚力；

（2）促进员工与公司共同发展；

（3）约束和规范短期行为；

D11735

（4）吸引和留住优秀人才；

（5）让员工分享公司发展带来的收益；

（6）奖励对公司有突出贡献的人员。

**二、职责**

2.1　公司成立薪酬与考核委员会。薪酬与考核委员会是本次股权激励计划的执行管理机构。

2.2　薪酬与考核委员会负责拟定和修订《股权激励计划》报公司股东会决定，并在股东会授权范围内处理相关事宜。

2.3　《股权激励计划》经董事会审核，报公司股东会审议。

2.4　公司股东会审议批准《股权激励计划》的实施、变更和终止。

2.5　公司监事是本次股权激励计划的监督机构，负责核实激励对象的适合性，并对本计划的实施是否符合相关法律、行政法规、部门规章进行监督。

**三、股权激励模式**

3.1　公司本次股权激励计划采用限制性股权的模式进行激励。

3.2　公司与激励对象签订《股权激励协议书》，激励对象依据《股权激励计划》与《股权激励协议书》的规定获得限制性股权，并可按规定申请解锁及申请回购。

**四、股权激励范围**

4.1　股权激励对象范围详见《股权激励计划》，具体激励对象名单以每年薪酬与考核委员会公布的名单为准。

4.2　股权激励仅适用于公司未上市前的股权激励。公司上市后将被新的股权激励制度取代。

**五、股权激励计划**

5.1 股权激励计划的编制

（1）公司薪酬与考核委员会对股权激励需求进行评估；

（2）薪酬与考核委员会对现阶段是否需要采取股权激励进行评估；

（3）薪酬与考核委员会对现阶段适用的股权激励方式进行评估；

（4）薪酬与考核委员会对现阶段哪些人要纳入本次股权激励及激励额度进行评估。

5.2 《股权激励计划》的审核和批准

薪酬与考核委员会编制《股权激励计划》，报股东会审议通过后发布执行。

**六、股权的授予与解锁**

6.1 公司与激励对象签署《股权激励计划协议书》后，授予相应的限制性股权（由公司实际控制人或大股东向激励对象转让股权）。

6.2 依据《股权激励计划》的规定，对激励对象授予的限制性股权的价格由公司实际控制人或大股东与激励对象协商确定。

6.3 激励对象根据本激励计划所获授的限制性股权在解除限售前不享有进行转让、用于担保或偿还债务等处置权。

6.4 激励对象获得的限制性股权的回购由《股权激励计划》规定，并按《股权激励计划》实施。

**七、其他条款**

7.1 《股权激励计划》不影响公司根据发展需要做出注册资本调整、合并、分立等行为。

7.2 本股权激励管理制度未涉及内容，以《股权激励计划》

D11735

规定为准。

7.3 本股权激励管理制度报公司股东会审议后发布执行。

7.4 股权激励不影响公司因发展需要做出注册资本调整、合并、分立、资产出售或购买、吸收以及其他合法行为。

7.5 股权激励不构成公司对激励对象的聘用期限和聘用关系的任何承诺，公司与激励对象的聘用关系按劳动合同执行。

7.6 本制度由薪酬与考核委员会拟定，报董事会审议，由股东会决定颁布实施。

7.7 本制度最终解释权由薪酬与考核委员会享有。

**文本正文 3：http://www.fatianshi.cn/D11736**

## 某某有限公司
## 股权激励计划协议书

甲方：某某有限公司

乙方：______________________________

根据《某某有限公司股权激励计划》《某某有限公司章程》的有关规定，按照甲方股东会的有关决议，就乙方参与甲方股权激励计划订立如下协议：

**一、资格**

（一）乙方须在甲方或甲方全资、控股子公司全职工作，已与甲方或其全资、控股子公司签订劳动合同并领取薪酬，并属于甲方的董事、高级管理人员、核心员工。

（二）符合下列条件之一的，乙方不得成为被激励对象：

1. 被证券交易所或股转公司公开谴责或直接宣布为不适当

人选不满 3 年的；

2. 因重大违法违规行为被证券监督管理委员会或股转公司行政处罚未满 3 年的；

3. 其他具有《中华人民共和国公司法》规定的不得担任公司董事、监事高级管理人员的情形；

4. 因违法为行为被行政处罚或刑事处罚的；

5. 乙方职务变更成为不能参与本次激励计划人员的；

6. 乙方因不能胜任工作岗位、考核不合格、触犯法律、违反职业道德、泄露公司机密、失职或渎职等行为严重损害公司利益或声誉而导致的职务变更或者被公司解聘的；

7. 乙方辞职的；

8. 乙方非因执行职务负伤而导致丧失劳动能力的；

9. 乙方死亡（如乙方因执行职务死亡，按照本计划相关规定执行）；

10. 公司章程规定或双方约定不得享受股权激励的其他情形。

如在本计划实施过程中，乙方出现以上不得参与本计划情形的，公司有权终止其参与本计划的权利；若乙方已经取得激励股权，则由公司实际控制人或其指定主体进行回购。

**二、授予价格**

本股权激励计划的授予价格由公司实际控制人或大股东与激励对象协商确定。

**三、限制性股权的授予条件与解除限售条件**

（一）本激励计划激励对象限制性股权的授予条件

激励对象享受本次激励计划除满足上述关于资格的限定条件外，还需满足公司认为的其他必要的授予条件[①]。

①根据公司自身的情况来确定。

D11736

（二）本次激励计划的解锁条件

1. 公司层面考核要求

本激励计划授予限制性股权的解除限售考核年度为______年至______年______个会计年度，每个会计年度考核一次，各年度业绩考核目标如下表所示[1]：

| 解除限售期 | 业绩考核目标 |
|---|---|
| 第一个解除限售期 | ______年的净利润较______年增长______%及以上 |
| 第二个解除限售期 | ______年的净利润较______年增长______%及以上 |
| 第三个解除限售期 | ______年的净利润较______年增长______%及以上 |

2. 个人层面考核要求

根据公司制定的《某某有限公司年限制性股权激励计划实施考核办法》，激励对象只有在上一年度个人考核为“合格”及以上时，激励对象对应当年的限制性股权方可解除限售。

**四、甲、乙双方的权利与义务**

（一）甲方的权利与义务

1. 甲方有权要求乙方按其所聘岗位的要求为公司工作。

2. 甲方具有本次股权激励计划的解释权和执行权。

3. 甲方不得为乙方依本计划获取有关股票提供贷款以及其他任何形式的财务资助，包括为其贷款提供担保。

4. 公司根据国家税收法律法规的规定，代扣代缴乙方应缴纳的个人所得税及其他税费（如有）。

5. 法律、法规、公司章程、《股权激励计划》规定的其他权利和义务。

①此处净利润增长率指标仅作为参考。

（二）乙方的权利和义务

1. 除本激励计划规定的限制性条件外，乙方获得激励股权后可以拥有所持公司股份所对应的股东权利。

2. 乙方在激励股权解禁后可对其持有的股权进行转让交易。

3. 乙方应遵守本计划前述的关于激励股权限售的规定。在限售期内乙方不得就限售股权进行出售、交换、担保、设定任何权利负担或用于偿还债务，或就处置激励股权订立任何口头或书面协议。

4. 乙方（外部董事除外）在本计划规定的股权限售期内的绩效考核应当达到或者超过公司规定的绩效考核标准，否则应按本计划的规定承担相应不利后果。

5. 乙方应当遵守法律法规、公司规章制度，积极维护公司利益，不得从事任何有损公司利益的行为，不得以任何方式直接或者间接参与公司业务相同或者相似的投资或经营活动。

6. 乙方（外部董事除外）应当全职为公司工作，不得与其他用人单位建立劳动关系或者劳务关系。

7. 乙方（外部董事除外）在本计划规定的限售期结束后离职的，应当在2年内不得从事与公司同业竞争相同或类似的相关工作；如果乙方在本方案规定的限售期结束后离职，并在2年内从事与公司同业竞争相同或类似工作的，激励对象应当将其因本计划所得全部收益返还给公司。

8. 法律、法规、公司章程或者其他法律文件规定的其他权利和义务。

**五、本激励计划异动发生时的处理**

（一）甲方控制权变更、甲方合并或分立

当甲方控制权发生变更、合并或分立时，本计划不做变更，按本计划的规定继续执行。

D11736

（二）甲方不具备实施股权激励计划的资格

甲方如出现如下情形之一时，应终止实施股权激励计划，乙方已获授但尚未解除限售的限制性股权不得解除限售，由实际控制人或其指定的主体进行回购；对该等情形负有个人责任的，回购价格不得高于乙方购买限制性股权时的价格。

1. 最近一个会计年度财务会计报告被注册会计师出具否定意见或者无法表示意见的审计报告；

2. 最近一年内因重大违法违规行为被中国证券监督管理委员会予以行政处罚；

3. 中国证券监督管理委员会认定的其他无法实施股权激励计划的情形。

（三）乙方个人情况发生变化的处理

1. 当发生以下情况时，在情况发生之日，乙方已获授但尚未解除限售的限制性股权不得解除限售，由公司实际控制人或其指定主体回购：

（1）违反国家法律法规、《公司章程》或公司内部管理规章制度的规定，或发生劳动合同约定的失职、渎职行为，严重损害公司利益或声誉，或给公司造成直接或间接经济损失；

（2）乙方在任职期间，存在受贿、索贿、贪污、盗窃、泄露经营和技术秘密等损害公司利益、声誉等违法违纪行为，直接或间接损害公司利益；

（3）因犯罪行为被依法追究刑事责任；

（4）单方面提出终止或解除与公司订立的劳动合同或聘用合同；

（5）与甲方所签订的劳动合同或聘用合同期满，个人提出不再续签；

（6）因个人原因而致使公司提出解除或终止劳动合同（包

括被公司辞退、除名等）；

（7）薪酬与考核委员会认定的类似情形。

2. 当发生以下情况时，在情况发生之日，乙方已获授但尚未解除限售的限制性股权不得解除限售，由实际控制人或其指定的主体回购：

（1）因非执行职务的原因丧失劳动能力或身故；

（2）因公司经营调整（包括但不限于裁员），公司单方面终止或解除与激励对象订立的劳动合同、聘用合同的；

（3）因考核不合格或董事会认定不能胜任工作岗位，经公司董事会批准；

（4）董事会认定的类似情形。

3. 特殊情形处理：

（1）乙方在公司内部发生正常职务变更，其获授的权益完全按照本计划规定的程序进行。

（2）乙方因执行职务负伤而导致丧失劳动能力的，其所获授的限制性股权不作变更，仍可按照本计划规定的程序进行。发生上述情形时，乙方个人绩效考核条件不再纳入解除限售条件。

（3）乙方因执行职务身故的，其获授的限制权股票将由其指定的财产继承人或法定继承人代为持有，并按照身故前本计划规定的程序进行。发生上述情形时，乙方个人绩效考核条件不再纳入解除限售条件。

（4）乙方因退休而离职，在情况发生之日，对激励对象已获授的限制性股票将完全按照退休前本计划规定的程序进行，且薪酬与考核委员会可以决定其个人绩效考核条件不再纳入解锁条件。

4. 如果在本股权激励方案公示之日至股权激励实施完成期

D11736

间，公司成功登陆资本市场（包括但不限于国内主板市场、三板市场及国外市场）对股权激励存在相关业务规则，本股权激励计划需按照业务规则要求修改，最终激励计划以修改且通过当时董事会和股东大会为准。

5. 其他未说明的情况由薪酬与考核委员会认定，并确定其处理方式。

**六、承诺**

（一）甲方承诺在《股权激励计划》有效期内，发生控制权变更、合并、分立等情形时，《股权激励计划》由甲方承继主体继续执行。

（二）乙方承诺了解甲方有效实施的限制性股权方面的规章制度，包括但不限于《股权激励计划》和《考核办法》，乙方将遵守上述规章制度；并且，本协议书生效后，甲方根据实际情况和监管部门的要求对本次股票期权激励计划制定新的规章制度，乙方应遵照执行。

（三）乙方承诺，乙方在本协议中所提供的资料真实、有效，并对其承担全部法律责任。

**七、聘用关系**

甲方与乙方签署本协议不构成甲方对乙方聘用期限和聘用关系的任何承诺，公司对乙方的聘用关系仍按劳动合同的有关约定执行。

**八、协议的终止**

（一）有下列情形之一的，本协议终止：

1. 协议到期；

2. 协议当事人协商同意；

3. 乙方死亡；

4. 乙方丧失行为能力时；

5.《股权激励计划》规定的其他情形。

（二）乙方违反本协议的有关规定，违反甲方关于股权激励计划的规章制度，或者国家的有关法律和政策要求甲方停止股权激励制度时，甲方有权视具体情况通知乙方终止本协议而不需承担任何责任。

**九、关于免责的声明**

属于下列情形之一的，甲、乙双方均不承担违约责任：

1. 甲、乙双方签订本限制性股权协议是依照协议签订时的国家现行政策、法律法规制定的。如果本协议履行过程中遇法律、政策等的变化致使甲方无法履行本协议的，甲方不负任何法律责任；

2. 本协议约定的行权期到来之前或者乙方尚未实际行使股权认购权，公司因破产、解散、注销、吊销营业执照等原因丧失民事主体资格或者不能继续营业的，本协议可不再履行；

3. 公司因并购、重组、改制、分立、合并、注册资本增减等原因致使甲方丧失公司实际控制人地位的，本协议可不再履行。

**十、争议解决**

（一）乙方出现本协议中未规定的事项，而又违背股权激励目的及《股权激励计划》时，由薪酬管理委员会确定最终处理方法。

（二）甲、乙双方对于本协议执行过程中发生的争议应协商解决；协商不成，可提交甲方住所地人民法院诉讼解决。

**十一、其他**

（一）本协议未尽事宜，以《股权激励计划》规定内容为准。

（二）本协议经双方协商后可以增加补充协议，补充协议的内容为本协议的一部分，具有同等的法律效力。

（三）本协议生效后，甲方根据实际情况和管理部门的要求

D11736

对本次股权激励计划所指定的新的规章制度适用于本协议，乙方应该遵照执行。

（四）本协议有效期为______年，自______年______月______日起至______年______月______日止。

（五）本协议一式两份，甲、乙双方各执一份，具有同等法律效力。

（六）本协议自双方签字盖章之日起生效。

（七）本协议于 2017 年______月______日签署。

甲方：某某有限公司

乙方（签字）：________________________________

（盖章）

**文本正文 4：http://www.fatianshi.cn/D11742**

## 某某股份有限公司
## 激励对象限制性股权解锁申请书

本人____________，身份证号：____________，本人截至目前，持有公司______% 限制性股权。根据《公司限制性股权激励计划》的相关规定，本人现有授予的第______期限制性股权已符合解锁条件，在此谨向公司申请如下：本人申请于______年______月______日按照《公司限制性股权激励计划》的规定对上述股权予以解锁。

特此申请！

申请人：____________

______年______月______日

# 第二章　股票期权

## 1.股票期权使用场景与要点提示

**使用场景：**

股票期权模式是指公司赋予激励对象的一种权利，该权利使得激励对象可以在未来的某个时间以事先确定的价格（行权价格）购买公司一定数量的股票，激励对象也可以选择放弃行使此种权利，但股票期权不可转让、抵押，用于担保还债。激励对象在行权条件成就时购买公司股票是需要支付对价的，故不支付对价的激励方式，则不能采用股票期权激励模式。此外，激励对象行权后将会实际获得公司股票，意味着激励对象将实际拥有公司的股权。故采用虚拟股权、股票增值权进行激励，则此激励模式不适用。

**要点提示：**

1. 股票期权有哪些优缺点？

股票期权激励模式的优点：激励对象满足行权条件后放弃行权，则没有任何额外的损失。另外由于股票期权根据二级市场股价波动实现收益，因此激励力度比较大。

股票期权模式的缺点：激励对象满足行权条件后行权，容易导致公司股权分散，影响到现有股东的权益。另外由于股票市场的价格波动，当股价下跌至行权价以下，激励对象将同时承担行权后纳税和股票跌破行权价的双重损失的风险。

2. 股票期权适合何种类型的公司？

股票期权适用于初始资本投入较少，资本增值较快，在资本增值过程中人力资本增值明显的初创期高科技公司。

关注法天使

3. 股票期权为实股激励，如何确定激励对象的范围？

股票期权激励对象行权后将实际拥有公司的股权，因此该类激励方式非现金性质，会增加企业股权结构的复杂性，甚至会对公司原始股东的控制权构成潜在威胁。该激励方式适用于对公司认同感强、忠诚服务公司且为最核心的员工。对于一般的激励对象，可以选择虚拟股权、股票增值权的激励模式。

4. 股票期权在适用过程中对公司而言的风险点有哪些？

股票期权在激励对象行权后会稀释公司原有股东的股权，若设计不合理会存在导致公司大股东丧失实际控制权的风险。此外，激励对象行权价格过于低于股票市价，若公司是采用从二级市场回购股份的方式进行股权激励，则仅能收回部分股权转让对价，会降低企业的现金流。

若公司是采用从二级市场回购的方式进行股权激励，则当激励对象向公司提出行权申请，公司从二级市场回购完股票准备授予激励对象时，激励对象离职或是受到证券监督管理委员会的处罚等异动情形出现，丧失激励对象的资格而无法行权时，则会导致公司减少注册资本。

防范风险的主要途径便是采用定向发行的方式进行股权激励，这样相较于公司从二级市场回购股份的方式进行股权激励的风险要小很多。

5. 当激励对象出现譬如离职等异动情形后，公司该如何处理？

激励对象出现离职等异动情形后，如何设计和处理是每种激励模式下要考虑的重点问题，而每种模式具有不同的特点导致每种模式下对异动的处理不尽相同。就私企上市公司及私企新三板挂牌公司股票期权模式而言，由于激励对象在行权后将实际拥有公司的股权，故在发生各种激励对象离职或者终止与公司劳动合同情形时，均设置为已获准行权但尚未行权的股票期权终止行权，未获准行权的股票期权作废。[1]就国有控股上市公司及国有控股新三板挂牌公司而言，由于《关于规范国有控股上市公司实施股权激励制度有关问题的通知》里对规范股权激励对象离职、退休等行为的处理方法做了明文规定[2]，故将依照此通知来设计和处理。

①激励对象因公负伤，其获授的权益将完全按照丧失劳动能力前本激励计划规定的程序进行；因公身亡的，其获授的权益将由其指定的财产继承人或法定继承人代为持有，其获授的权益按照身故前本激励计划规定的程序进行，两种情形下个人绩效考核结果不再纳入行权条件。

②股权激励对象正常调动、退休、死亡、丧失民事行为能力时，授予的股权当年已达到可行使时间限制和业绩考核条件的，可行使的部分可在离职之日起的半年内行使，尚未达到可行使时间限制和业绩考核条件的不再行使。股权激励对象辞职、被解雇时，尚未行使的股权不再行使。

关注法天使

## 2.私企上市公司股票期权全套文件

**文件名称用途：**

| 序号 | 名称 | 用途 | 网址 | 二维码 |
|---|---|---|---|---|
| 1 | 股权激励计划（草案） | 薪酬与考核委员会拟定，由股东大会审议通过的整套方案 | http://www.fatianshi.cn/D11285 | D11285 |
| 2 | 考核管理办法 | 董事会负责解释及修订，由公司股东大会审议通过后生效 | http://www.fatianshi.cn/D11289 | D11289 |
| 3 | 董事会决议 | 用于董事会通过股权激励计划（草案）等议案 | http://www.fatianshi.cn/D11291 | D11291 |
| 4 | 监事会决议 | 用于监事会通过股权激励计划（草案）等议案 | http://www.fatianshi.cn/D11292 | D11292 |
| 5 | 独立董事意见 | 用于对股权激励计划（草案）发表意见 | http://www.fatianshi.cn/D11293 | D11293 |
| 6 | 监事会意见 | 用于对股权激励计划（草案）发表意见 | http://www.fatianshi.cn/D11294 | D11294 |

续表

| 序号 | 名称 | 用途 | 网址 | 二维码 |
|---|---|---|---|---|
| 7 | 监事会公示情况说明及核查意见 | 用于对激励对象名单公示情况发表意见 | http://www.fatianshi.cn/D11295 | D11295 |
| 8 | 股东大会决议 | 用于通过股权激励计划（草案）等议案 | http://www.fatianshi.cn/D11296 | D11296 |
| 9 | 内幕信息知情人自查报告 | 用于公司披露是否存在内幕交易行为 | http://www.fatianshi.cn/D11297 | D11297 |
| 10 | 股票期权激励协议 | 用于明确公司与激励对象的权利义务 | http://www.fatianshi.cn/D11298 | D11298 |
| 11 | 调整及授予之董事会决议 | 用于董事会通过调整股票期权数量或价格及授予议案 | http://www.fatianshi.cn/D11299 | D11299 |
| 12 | 调整及授予之监事会决议 | 用于监事会通过调整股票期权数量或价格及授予议案 | http://www.fatianshi.cn/D11300 | D11300 |
| 13 | 调整及授予之独立董事意见 | 用于对调整及授予议案发表意见 | http://www.fatianshi.cn/D11301 | D11301 |

续表

| 序号 | 名称 | 用途 | 网址 | 二维码 |
|---|---|---|---|---|
| 14 | 调整及授予之监事会意见 | 用于对调整及授予议案发表意见 | http://www.fatianshi.cn/D11302 | D11302 |
| 15 | 注销、调整及行权之董事会决议 | 用于董事会通过注销、调整及行权议案 | http://www.fatianshi.cn/D11303 | D11303 |
| 16 | 注销、调整及行权之监事会决议 | 用于监事会通过注销、调整及行权议案 | http://www.fatianshi.cn/D11304 | D11304 |
| 17 | 注销、调整及行权之独立董事意见 | 用于独立董事对注销、调整及行权发表意见 | http://www.fatianshi.cn/D11305 | D11305 |
| 18 | 注销、调整及行权之监事会意见 | 用于监事会对注销、调整及行权发表意见 | http://www.fatianshi.cn/D11307 | D11307 |
| 19 | 股票期权行权申请书 | 用于激励对象向公司申请股票期权行权 | http://www.fatianshi.cn/D11308 | D11308 |
| 20 | 股票期权行权批准书 | 用于公司批准激励对象股票期权的行权 | http://www.fatianshi.cn/D11309 | D11309 |

**该套文件的设计思路：**

股权激励的股票来源为公司向激励对象定向发行股份，资金来源为激励对象合法自筹资金，在授予条件成就时公司授予激励对象一定数量的股票期权，经过一段时间的等待期，在行权条件成就时，激励对象可以在规定的时间段以事先确定好的行权价格分期行权（购买公司股票）。[①]获得公司股票后董事、高管还应当遵守《公司法》《证券法》等法律法规有关禁售的规定。当激励对象发生离职等事宜时，已获准行权但尚未行权的股票期权终止行权，其未获准行权的期权作废（注销处理）。

①为了使员工的热情和积极性能够具有较长的保鲜期，股票期权的行权建议采取分期、分批次的方式（上市公司规定了必须分期行权，依据《上市公司股权激励管理办法》第31条）。

**文本正文1：http://www.fatianshi.cn/D11285**

## 某某股份有限公司股票期权激励计划（草案）

### 声　明

本公司及全体董事、监事保证本计划及其摘要不存在虚假记载、误导性陈述或重大遗漏，并对其真实性、准确性、完整性承担个别和连带的法律责任。

本公司所有激励对象承诺，公司因信息披露文件中有虚假记载、误导性陈述或者重大遗漏，导致不符合授予权益或行使权益安排的，激励对象应当自相关信息披露文件被确认存在虚假记载、误导性陈述或者重大遗漏后，将由本激励计划所获得的全部利益返还公司。

D11285

## 特别提示

1. 本计划依据《中华人民共和国公司法》《中华人民共和国证券法》《上市公司股权激励管理办法》及其他有关法律、法规、规范性文件，以及《某某股份有限公司章程》制订。

2. 本计划所采用的激励形式为股票期权，股票来源为公司向激励对象定向发行的某某股份有限公司 A 股普通股。

3. 本计划授予的激励对象共计______人，包括董事、高级管理人员及核心技术（业务）人员（不包括独立董事、监事、单独或合计持有公司 5% 以上股份的股东或实际控制人及其配偶、父母和子女）。

4. 本激励计划拟向激励对象授予总量为______万份的股票期权，激励对象每份股票期权之行权将获得公司向激励对象定向发行的一股公司股票，全部行权所获股票约占公司股本总额万股的 ______%[①]。其中，首次授予已确定之激励对象万份股票期权，其全部行权所获公司股票约占公司股本总额的______%；预留万份股票期权，其全部行权所获公司股票约占公司股本总额的 ______%，预留部分占本次拟授予股票期权总量的 ______%[②]。公司全部在有效期内的本激励计划所涉及的公司股票总数累计不超过公司已发行股本总额万元的 10%。任何一名激励对象通过全部有效的股权激励计划获授的本公司股票累计不超过公司股本总额的 1%。预留部分的股票期权将在股东大会审议通过本激励计划后 12 个月内授予，到期未授予的不再授予。预留股票期权的授予条件与首次授予股票期权的授予条件相同。

5. 股票期权有效期内发生资本公积金转增股本、派送股票红利、股票拆细、缩股或派息等事项，股票期权的数量和行权

---

①不得超过 10%，为了防范公司控股股东或大股东股权被过度稀释从而导致丧失控制权的风险。

②不得超过 20%，其原因是出于对新进员工与老员工利益之间的平衡考量。

价格将做相应的调整。

6. 本计划有效期为首次授予股票期权之日起 ______ 个月①。本激励计划首次授予的股票期权从授权日开始经过______个月的等待期②，激励对象可在可行权日按照 ______%、______%、______% 的行权比例分三期行权。本激励计划预留股票期权，自股东大会审议通过本激励计划后 12 个月内授予，自预留股票期权授权日起满 ______ 个月后，激励对象可在可行权日按照 ______%、______%、______% 的行权比例分三期行权。③当期行权条件未成就的，股票期权不得行权或递延至下期行权，将由公司注销相关股票期权。股票期权各行权期结束后，激励对象未行权的当期股票期权应当终止行权，公司应当及时注销。

7. 公司承诺不为任何激励对象依本激励计划获取的有关权益提供贷款以及其他任何形式的财务资助，包括为其贷款提供担保。④

8. 本计划必须满足如下条件后方可实施：公司股东大会审议通过。

9. 自公司股东大会审议通过本计划且授予条件成就之日起 60 日内，公司按相关规定召开董事会对激励对象进行授予，并完成公告、登记。根据《管理办法》规定公司不得授出权益的期间不计算在 60 日内。公司未能在 60 日内完成上述工作的，披露未完成的原因并终止实施本计划。

10. 本计划的实施不会导致股权分布不具备上市条件。

## 第一章　释　　义

以下词语如无特殊说明，在本文中具有如下含义：

①一般为等待期和行权期之和，最长不超过 10 年。

②对于上市公司而言，等待期不得少于 12 个月。

③《上市公司股权激励管理办法》第 31 条规定了激励对象应当分期行权，且每期时限不得少于 12 个月。

④详见《上市公司股权激励管理办法》第 21 条。

D11285

| | | |
|---|---|---|
| 本公司、公司 | 指 | 某某股份有限公司 |
| 激励计划、本计划 | 指 | 以公司股票为标的，对公司董事、高级管理人员、核心技术（业务）人员进行长期性的激励计划 |
| 股票期权 | 指 | 根据本激励计划授予激励对象在未来一定期限内以预先确定的价格和条件购买一定数量公司股票的权利 |
| 激励对象 | 指 | 按照本计划规定获授股票期权的公司董事、高级管理人员以及核心技术（业务）人员 |
| 授予日 | 指 | 公司向激励对象授予股票期权的日期，授予日必须为交易日 |
| 等待期 | 指 | 指本激励计划中股票期权授权日与股票期权首个可行权日之间的期间 |
| 可行权日 | 指 | 指本激励计划中激励对象可以行权的日期，可行权日必须为交易日 |
| 行权价格 | 指 | 指本激励计划所确定的激励对象行使股票期权认购定向发行的公司股票的价格 |
| 有效期 | 指 | 指从股票期权首次授权日起至所有股票期权行权或注销为止的时间段，本激励计划有效期自股票期权首次授权日起______个月 |
| 《公司法》 | 指 | 《中华人民共和国公司法》 |
| 《证券法》 | 指 | 《中华人民共和国证券法》 |
| 《管理办法》 | 指 | 《上市公司股权激励管理办法》 |
| 《公司章程》 | 指 | 《某某股份有限公司章程》 |
| 证监会 | 指 | 中国证券监督管理委员会 |
| 元 | | 人民币元 |

## 第二章　实施激励计划的目的

为了进一步建立、健全公司长效激励机制，吸引和留住优秀人才，充分调动公司管理人员及核心技术（业务）人员的积极性，有效地将股东利益、公司利益和个人利益结合在一起，促进公司业绩持续增长，在充分保障股东利益的前提下，按照收益与贡献对等原则，根据《公司法》《证券法》《管理办法》等有关法律、法规和规范性文件以及《公司章程》的规定，制订本计划。

## 第三章　本计划的管理机构

一、股东大会作为公司的最高权力机构，负责审议批准本计划的实施、变更和终止。

二、董事会是本计划的执行管理机构，下设薪酬与考核委员会，负责拟订和修订本计划并报董事会审议，董事会对本计划审议通过后，报股东大会审议。董事会在股东大会授权范围内办理本计划的相关事宜。

三、监事会是本计划的监督机构，负责审核激励对象的名单，就本计划是否有利于公司的持续发展，是否存在明显损害公司及全体股东利益的情形发表意见；并对本计划的实施是否符合相关法律、行政法规、部门规章和相关业务规则进行监督。

四、独立董事应当就本计划是否有利于公司的持续发展，是否存在明显损害公司及全体股东的利益发表独立意见，并就本计划向所有股东征集委托投票权。独立董事或监事会认为有必要的，可以建议上市公司聘请独立财务顾问，对激励计划的可行性、是否有利于上市公司的持续发展、是否损害上市公司利益以及对股东利益的影响发表专业意见。

## 第四章　激励对象的确定依据和范围

### 一、激励对象的确定依据

（一）激励对象确定的法律依据

本计划激励对象根据《中华人民共和国公司法》《中华人民共和国证券法》《管理办法》等有关法律、法规、规范性文件和《公司章程》的相关规定，结合公司实际情况而确定。

（二）激励对象确定的职务依据

本计划激励对象为公司董事、高层管理人员以及核心技术（业务）人员[①]（不包括独立董事、监事及单独或合计持有公司5%以上股份的股东或实际控制人及其配偶、父母、子女[②]）。

### 二、激励对象的范围

本计划涉及的激励对象共计人，包括：

1. 公司董事、高级管理人员；

2. 核心技术（业务）人员。

以上激励对象中，董事、高级管理人员必须经股东大会选举或公司董事会聘任。其他激励对象均须在本计划的考核期内与公司具有雇佣或劳务关系。

预留部分的股票期权将在股东大会审议通过本激励计划后12个月内授予，到期未授予的不再授予。预留股票期权的授予条件与首次授予股票期权的授予条件相同。

### 三、激励对象的核实

（一）公司在股东大会召开前，在内部公示激励对象的姓名和职务，公示期不少于10天。

（二）公司监事会将对激励对象名单进行审核，充分听取公示意见，并在公司股东大会审议本计划前5日披露监事会对激

①《上市公司股权激励管理办法》规定激励对象可以包括上市公司的董事、高管、核心技术人员或者核心业务人员，以及公司认为对公司经营业绩和未来发展有直接影响的其他员工。

②为保证独立董事及监事的独立性，激励对象不包含独立董事及监事；至于5%以上股份的股东或实际控制人及其配偶、父母、子女若成为激励对象，便使公司的股权激励没有太大实际意义，股权激励的核心便是让公司经营者及核心员工等成为公司的股东，以此激发他们的工作热情和积极性。

励对象名单审核及公示情况的说明。经公司董事会调整的激励对象名单亦应经公司监事会核实。

## 第五章　激励计划具体内容

### 一、激励计划的股票来源

本计划涉及的标的股票来源为公司向激励对象定向发行的公司股票。

### 二、激励计划标的股票的数量

公司在本激励计划中拟授予激励对象 ______ 万份的股票期权，每份股票期权拥有在可行权日以行权价格和行权条件认购 1 股公司股票的权利，涉及的公司股票数量为 ______ 万股，约占公司已发行股本总额 ______ 万元的 ______%。其中首次授予的股票期权为 ______ 万份，占股票期权数量总额的 ______%；预留股票期权为 ______ 万份，占股票期权数量总额的 ______%。

### 三、股票期权分配情况

授予的股票期权在各激励对象间的分配情况如下表所示：（以下百分比计算结果四舍五入，保留两位小数）

| 人员类型 | 姓名 | 职务 | 获授的股票期权数量（万股） | 占授予股票期权总数的比例 | 占目前总股本的比 |
| --- | --- | --- | --- | --- | --- |
| 董事 | | | | | |
| | | | | | |
| | | | | | |

D11285

关注法天使

续表

| 人员类型 | 姓名 | 职务 | 获授的股票期权数量（万股） | 占授予股票期权总数的比例 | 占目前总股本的比 |
| --- | --- | --- | --- | --- | --- |
| 高级管理人员 | | | | | |
| | | | | | |
| | | | | | |
| | | | | | |
| 核心技术（业务）人员共计______人 | | | | | |
| 预留权益 | | | | | |
| 合计 | | | | | |

注：1. 本计划激励对象不包括独立董事、监事及单独或合计持有公司 5% 以上股份的股东或实际控制人及其配偶、父母、子女。

2. 上市公司全部在有效期内的股权激励计划所涉及的标的股票总数累计未超过公司股本总额的 10%，任何一名激励对象通过全部在有效期内的股权激励计划获授的本公司股票累计未超过公司股本总额的 1%。①

3. 预留部分的股票期权将在股东大会审议通过本激励计划后 12 个月内授予，到期未授予的不再授予。预留股票期权的授予条件与首次授予股票期权的授予条件相同。

## 四、激励计划的有效期、授予日、等待期、可行权日、禁售期

（一）有效期

本计划的有效期为首次授予股票期权之日起______个月。

（二）授予日

授权日在本激励计划经公司股东大会审议批准后由公司董事会确定，授权日应自公司股东大会审议通过本激励计划之日

①《上市公司股权激励管理办法》明确规定了激励对象获授的股票数量的限额，一个是总数不得超过 10%，单个激励对象不得超过 1%，其背后的原因便在于防控公司原有股东股权过度被稀释，公司大股东丧失控制权的风险。

起60日内确定，届时由公司召开董事会就本激励计划设定的激励对象获授股票期权的条件是否成就进行审议，公司独立董事及监事会应当发表明确意见；公司聘请的律师事务所应当对激励对象获授股票期权的条件是否成就出具法律意见。公司董事会对符合条件的激励对象授予股票期权，并完成登记、公告等相关程序。授权日必须为交易日。

（三）等待期

等待期为股票期权授权日至股票期权首个可行权日之间的期间，本激励计划的等待期为自股票期权授权日起的______个月。[①]

（四）可行权日

本激励计划授予的股票期权自授权日起满______个月后可以开始行权。激励对象在相应行权期内可按本激励计划规定的行权比例分期行权，可行权日必须为交易日，且不得在下列期间内进行行权：（1）公司定期报告公告前30日内，因特殊原因推迟定期报告公告日期的，自原预约公告日前30日起算，至公告前1日；（2）公司业绩预告、业绩快报公告前10日内；（3）自可能对公司股票及其衍生品种交易价格产生较大影响的重大事件发生之日或者进入决策程序之日，至依法披露后2个交易日内；（4）中国证券监督管理委员会及交易所规定的其他期间。[②]

（五）行权安排

在本激励计划的有效期内，本激励计划首次授予的股票期权从授权日开始经过______个月的等待期，激励对象可在下表所列各行权期内的可行权日按照______%、______%、______%的行权比例分三期行权。本次授予股票期权行权期安排如下：（根据《管理办法》等相关规定，该日不得行权的除外）

①至少为12个月，见《上市公司股权激励管理办法》第30条。

②但不得为下列区间日的规定见于证券交易所出台的《主板信息披露业务备忘录第3号——股权激励及员工持股计划》以及《中小企业板信息披露业务备忘录第4号——股权激励》及《创业板信息披露业务备忘录第8号——股权激励计划》。

D11285

| 阶段 | 时间安排 | 股票期权行权比例 |
|---|---|---|
| 第一个行权期 | 自首次授予日起______个月后的首个交易日起至首次授予日起______个月内的最后一个交易日当日止 | ______% |
| 第二个行权期 | 自首次授予日起______个月后的首个交易日起至首次授予日起______个月内的最后一个交易日当日止 | ______% |
| 第三个行权期 | 自首次授予日起______个月后的首个交易日起至首次授予日起______个月内的最后一个交易日当日止 | ______% |

本激励计划预留的股票期权，自股东大会审议通过本激励计划后______个月内授予，自预留期权授权日起满______个月后[1]，激励对象可在下表所列行权期内的可行权日按______%、______%、______%的行权比例分三期行权。

| 阶段 | 时间安排 | 股票期权行权比例 |
|---|---|---|
| 第一个行权期 | 自预留授予日起______个月后的首个交易日起至预留授予日起______个月内的最后一个交易日当日止 | ______% |
| 第二个行权期 | 自预留授予日起______个月后的首个交易日起至预留授予日起______个月内的最后一个交易日当日止 | ______% |
| 第三个行权期 | 自预留授予日起______个月后的首个交易日起至预留授予日起______个月的最后一个交易日止 | ______% |

①等待期不得少于12个月。

当期行权条件未成就的，股票期权不得行权或递延至下期行权，应由公司注销相关股票期权。股票期权各行权期结束后，激励对象在相应行权期未行权的当期股票期权应当终止行权，公司应当及时注销。相关法律、行政法规、部门规章对上市公司董事、高级管理人员买卖上市公司股票的期间有限制的，激励对象不得在相关限制期间行权。

（六）禁售期

禁售期是指对激励对象行权后所获股票进行售出限制的时间段。本激励计划的禁售规定按照《公司法》《证券法》等相关法律、法规、规范性文件和《公司章程》执行，具体规定如下：

1. 激励对象为公司董事和高级管理人员的，其在任职期间每年转让的股份不得超过其所持有本公司股份总数的25%；在离职后半年内，不得转让其所持有的本公司股份。

2. 激励对象为公司董事和高级管理人员的，将其持有的本公司股票在买入后6个月内卖出，或者在卖出后6个月内又买入，由此所得收益归本公司所有，本公司董事会将收回其所得收益。

3. 在本计划有效期内，如果《公司法》《证券法》等相关法律、法规、规范性文件和《公司章程》中对公司董事和高级管理人员持有股份转让的有关规定发生了变化，则这部分激励对象转让其所持有的公司股票应当在转让时符合修改后的《公司法》《证券法》等相关法律、法规、规范性文件和《公司章程》的规定。

**五、股票期权的行权价格和行权价格的确定方法**

（一）首次授予的股票期权的行权价格

本激励计划首次授予的每份股票期权的行权价格为_____元，

即满足行权条件后，激励对象可按其可行权的股票期权数量以每股公司股票______元的价格认购公司向激励对象定向增发的股票。

（二）首次授予的股票期权的行权价格的确定方法

股票期权的行权价格不低于股票票面金额，且不低于下列价格较高者：①

1. 本计划草案公告前 1 个交易日公司股票交易均价每股______元；

2. 本计划草案公告前______个（可选择 20 个、60 个或者 120 个交易日）交易日公司股票交易均价每股______元。

（三）预留股票期权的行权价格的确定方法

预留股票期权的行权价格在该部分股票期权授予时由董事会决定，向激励对象授予的预留股票期权的行权价格不低于下述两个价格中的较高者：

1. 授予该部分股票期权的董事会会议召开日前 1 个交易日的公司股票交易均价；

2. 授予该部分股票期权的董事会会议召开日前 20 个交易日、60 个交易日或者 120 个交易日的公司股票交易均价之一。

原则上预留股票期权的行权价格不低于首次授予的股票期权的行权价格。

**六、股票期权的授予与行权条件**

（一）股票期权的授予条件

只有在同时满足下列条件时，才能获授股票期权：②

1. 公司未发生以下任一情形：

（1）最近一个会计年度财务会计报告被注册会计师出具否定意见或者无法表示意见的审计报告；

（2）最近一个会计年度财务报告内部控制被注册会计师出具否定意见或者无法表示意见的审计报告；

（3）上市后最近 36 个月内出现过未按法律法规、公司章程、

---

①《上市公司股权激励管理办法》第 29 条对此作出了明确规定。

②第一点和第二点均为《上市公司股权激励管理办法》规定的必须要具备的授予条件，见于第 18 条，第三点为公司认为可以增加的其他必要授予条件，此条公司可以灵活设置。

公开承诺进行利润分配的情形；

（4）法律法规规定不得实行股权激励的；

（5）中国证券监督管理委员会认定的其他情形。

2. 激励对象未发生以下任一情形：

（1）最近 12 个月内被证券交易所认定为不适当人选；

（2）最近 12 个月内被中国证券监督管理委员会及其派出机构认定为不适当人选；

（3）最近 12 个月内因重大违法违规行为被中国证券监督管理委员会及其派出机构行政处罚或者采取市场禁入措施；

（4）具有《公司法》规定的不得担任公司董事、高级管理人员情形的；

（5）法律法规规定不得参与上市公司股权激励的；

（6）中国证券监督管理委员会认定的其他情形。

3. 公司认为的其他必要的授予条件____________________。

（二）股票期权的行权条件

行权期内，同时满足下列条件时，激励对象已获授的股票期权才能行权：①

1. 公司未发生以下任一情形：

（1）最近一个会计年度财务会计报告被注册会计师出具否定意见或者无法表示意见的审计报告；

（2）最近一个会计年度财务报告内部控制被注册会计师出具否定意见或者无法表示意见的审计报告；

（3）上市后最近 36 个月内出现过未按法律法规、公司章程、公开承诺进行利润分配的情形；

（4）法律法规规定不得实行股权激励的；

（5）中国证券监督管理委员会认定的其他情形。

公司发生上述情形之一的，所有激励对象根据本激励计划

① 《上市公司股权激励管理办法》第 32 条规定了股票期权注销的情形，反过来说未出现第一点和第二点的情形才可以行权不至于被注销，同时该办法第 10 条、第 11 条还规定了激励对象为董事、高管的，应当设立绩效考核指标作为激励对象行使权益的条件。绩效指标应当包括公司业绩指标和激励对象个人绩效指标。故前四点均为法律层面必须要具备的行权条件，第五点为公司认为的其他必要行权条件，可灵活进行设置。

D11285

关注法天使

已获授但尚未行权的股票期权应当由公司注销。

2. 激励对象未发生以下任一情形：

（1）最近 12 个月内被证券交易所认定为不适当人选；

（2）最近 12 个月内被中国证券监督管理委员会及其派出机构认定为不适当人选；

（3）最近 12 个月内因重大违法违规行为被中国证券监督管理委员会及其派出机构行政处罚或者采取市场禁入措施；

（4）具有《公司法》规定的不得担任公司董事、高级管理人员情形的；

（5）法律法规规定不得参与上市公司股权激励的；

（6）中国证券监督管理委员会认定的其他情形。

激励对象发生上述情形之一的，根据本激励计划已获授但尚未行权的股票期权应当由公司注销。

3. 公司层面的业绩考核要求。

对于本激励计划首次授予的股票期权，各年度业绩考核目标如下表所示：①

| 行权期 | 业绩考核目标 |
|---|---|
| 第一个行权期 | ______年的净利润较______年增长______%及以上 |
| 第二个行权期 | ______年的净利润较______年增长______%及以上 |
| 第三个行权期 | ______年的净利润较______年增长______%及以上 |

对于预留部分的股票期权，各年度业绩考核目标如下表所示：

①根据《上市公司股权激励管理办法》第 11 条的规定，上市公司在选取业绩考核指标时，可以采用净资产收益率等反映股东回报和公司价值创造的综合性指标，以及净利润增长率，主营业务收入增长率等能够反映公司盈利能力和市场价值的成长性指标。此处净利润增长率指标仅作为参考。

| 行权期 | 业绩考核目标 |
|---|---|
| 第一个行权期 | ______年的净利润较______年增长______%及以上 |
| 第二个行权期 | ______年的净利润较______年增长______%及以上 |
| 第三个行权期 | ______年的净利润较______年增长______%及以上 |

公司未满足上述业绩考核目标的，所有激励对象考核当年可行权的股票期权不得行权，对应的股票期权由公司注销。

4. 个人层面考核要求。

根据公司制定的《某某股份有限公司年股票期权激励计划实施考核办法》，激励对象只有在上一年度个人考核为“合格”及以上时，激励对象对应当年的股票期权方可行权。

5. 公司认为的其他必要的解锁条件__________________。

（三）考核指标设定的科学性和合理性说明

公司股票期权考核指标分为两个层次，分别为公司层面业绩考核与个人层面绩效考核。

公司层面业绩指标体系为净利润，净利润指标反映公司盈利能力的及企业成长性的最终体现，能够树立较好的资本市场形象；经过合理预测并兼顾本激励计划的激励作用，公司为本次股票期权激励计划设定了净利润的业绩考核目标。

除公司层面的业绩考核外，公司对个人还设置了严密的绩效考核体系，能够对激励对象的工作绩效作出较为准确、全面的综合评价。公司将根据激励对象前一年度绩效考核结果，确定激励对象个人是否达到行权的条件。

综上，公司本次激励计划的考核体系具有全面性、综合性及可操作性，考核指标设定具有良好的科学性和合理性，同时对激励对象具有约束效果，能够达到本次激励计划的考核目的。

D11285

**七、股票期权激励计划的调整方法和程序**

（一）股票期权数量的调整方法

在行权之前，若公司发生资本公积金转增股本、派送股票红利、股票拆细或缩股等事项，公司应对股票期权数量进行相应的调整。调整方法如下：

1. 资本公积转增股本、派送股票红利、股份拆细

$$Q = Q0 \times (1 + n)$$

其中：Q0为调整前的股票期权数量；n为每股的资本公积金转增股本、派送股票红利、股票拆细的比率（每股股票经转增、送股或拆细后增加的股票数量）；Q为调整后的股票期权数量。

2. 配股

$$Q = Q0 \times P1 \times (1 + n) \div (P1 + P2 \times n)$$

其中：Q0为调整前的股票期权数量；P1为股权登记日当日收盘价；P2为配股价格；n为配股的比例（配股的股数与配股前公司总股本的比例）；Q为调整后的股票期权数量。

3. 缩股

$$Q = Q0 \times n$$

其中：Q0为调整前的股票期权数量；n为缩股比例（1股公司股票缩为n股股票）；Q为调整后的股票期权数量。

4. 增发

公司发生增发时，股票期权数量不做调整。

（二）行权价格的调整方法

若在行权前公司发生资本公积金转增股本、派送股票红利、股票拆细、缩股、配股或派息等事项，公司应对行权价格进行相应的调整。调整方法如下：

1. 资本公积转增股本、派送股票红利、股份拆细

$$P = P0 \div (1 + n)$$

其中：$P0$为调整前的行权价格；$n$为每股的资本公积金转增股本、派送股票红利、股票拆细的比率；$P$为调整后的行权价格。

2. 配股

$$P = P0 \times (P1 + P2 \times n) \div [P1 \times (1 + n)]$$

其中：$P0$为调整前的行权价格；$P1$为股权登记日当天收盘价；$P2$为配股价格；$n$为配股的比例（配股的股数与配股前公司总股本的比例）；$P$为调整后的行权价格。

3. 缩股

$$P = P0 \div n$$

其中：$P0$为调整前的行权价格；$n$为缩股比例；$P$为调整后的行权价格。

4. 派息

$$P = P0 - V$$

其中：$P0$为调整前的行权价格；$V$为每股的派息额；$P$为调整后的行权价格。经派息调整后，$P$仍须大于1。

5. 增发

公司在发生增发新股的情况下，股票期权的行权价格不做调整。

（三）股票期权激励计划调整的程序

公司股东大会授权公司董事会，当出现前述情况时由公司董事会决定调整股票期权数量、行权价格。律师应当就上述调整是否符合《管理办法》《公司章程》和本计划的规定出具专业意见。调整议案经董事会审议通过后，公司应当及时披露董事会决议公告，同时公告律师事务所意见。

**八、股票期权会计处理**

按照《企业会计准则第 11 号——股份支付》的规定，公司将在等待期的每个资产负债表日，根据最新取得的可行权人数

D11285

变动、业绩指标完成情况等后续信息，修正预计可行权的股票期权数量，并按照股票期权授予日的公允价值，将当期取得的服务计入相关成本或费用和资本公积。

1. 期权价值的计算方法

财政部于2006年2月15日发布了《企业会计准则第11号——股份支付》和《企业会计准则第22号——金融工具确认和计量》，并于2007年1月1日起在上市公司范围内施行。根据《企业会计准则第22号——金融工具确认和计量》中关于公允价值确定的相关规定，需要选择适当的估值模型对股票期权的公允价值进行计算。公司选择Black-Scholes模型来计算期权的公允价值，并于______年______月______日用该模型对首次授予的万份股票期权进行测算，授予的万份股票期权总价值为______万元。

（1）标的股价：______元/股（年月日收盘价为______元/股，假设授予日公司收盘价为______元/股）；

（2）有效期分别为：______个月、______个月、______个月（授予日至每期首个行权日的期限）；

（3）波动率______%（采用上证或深证综指最近______年波动率的平均值）；

（4）无风险利率：______%、______%、______%（分别采用中国人民银行制定的金融机构1年期、2年期、3年期存款基准利率）；

（5）股息率：______%（取本激励计划公告前公司最近______年平均股息率）。

2. 期权费用的摊销方法

公司按照相关估值工具确定授予日股票期权的公允价值，并最终确认本计划的股份支付费用，该等费用将在本计划的实施过程中按行权比例摊销。由本激励计划产生的激励成本将在经常性损益中列支。根据中国会计准则要求，本激励计划首次授予的股票期权对年—年会计成本的影响如下表所示：

| 首次授予的股票期权的数量（万股） | 需摊销的总费用（万元） | 摊销费用（万元） | | | | |
|---|---|---|---|---|---|---|
| | | | | | | |
| | | | | | | |

公司以目前信息初步估计，在不考虑本激励计划对公司业绩的刺激作用情况下，股票期权费用的摊销对有效期内各年净利润有所影响，从而对业绩考核指标中的净利润增长率指标造成影响，但影响程度不大。若考虑股票期权激励计划对公司发展产生的正向作用，由此激发管理团队的积极性，提高经营效率，降低代理人成本，本激励计划带来的公司业绩提升将远高于因其带来的费用增加。预留股票期权的会计处理同首次授予股票期权的会计处理。

## 第六章　本计划的相关程序

### 一、激励计划实施程序

（一）公司董事会应当依法对本激励计划作出决议。董事会审议本激励计划时，作为激励对象的董事或与其存在关联关系的董事应当回避表决。董事会应当在审议通过本计划并履行公示、公告程序后，将本计划提交股东大会审议；同时提请股东大会授权，负责实施股票期权的授予、行权和注销工作。

（二）独立董事及监事会应当就激励计划草案是否有利于上市公司的持续发展，是否存在明显损害上市公司及全体股东利益的情形发表意见。独立董事或监事会认为有必要的，可以建议上市公司聘请独立财务顾问，对激励计划的可行性、是否有利于上市公司的持续发展、是否损害上市公司利益以及对股东利益的影响发表专业意见。

（三）本计划经公司股东大会审议通过后方可实施。本公司将在召开股东大会前，通过公司网站或者其他途径，在公司内部公示激励对象的姓名和职务，公示期不少于10天。监事会应当对激励名单进行审核，充分听取公示意见。上市公司应当在股东大会审议激励计划前5日披露监事会对激励名单审核及公示情况的说明。

（四）公司股东大会在对本次股票期权激励计划进行投票表决时，独立董事应当就本次股票期权激励计划向所有的股东征集委托投票权。股东大会应当对《管理办法》第9条规定的股权激励计划内容进行表决，并经出席会议的股东所持表决权的2/3以上通过，单独统计并披露除公司董事、监事、高级管理人员、单独或合计持有公司5%以上股份的股东以外的其他股东的投票情况。

公司股东大会审议股权激励计划时，作为激励对象的股东或者与激励对象存在关联关系的股东，应当回避表决。

（五）本激励计划经公司股东大会审议通过，且达到本激励计划规定的授予条件时，公司在规定时间内向激励对象授予股票期权。经股东大会授权后，董事会负责实施股票期权的授予、行权和注销。

**二、股票期权的授予程序**

（一）股东大会审议通过本计划后，公司与激励对象签署股权激励相关协议，以此约定双方的权利义务关系。公司董事会根据股东大会的授权办理股票期权的授予事宜。

（二）公司在向激励对象授出权益前，董事会应当就本计划设定的激励对象获授权益的条件是否成就进行审议并公告。

（三）独立董事及监事会应当同时发表明确意见。律师事务所应当对激励对象获授权益的条件是否成就出具法律意见。

（四）公司监事会应当对股票期权授予日及激励对象名单进行核实并发表意见。

（五）公司向激励对象授出权益与本计划的安排存在差异时，独立董事、监事会（当激励对象发生变化时）、律师事务所、独立财务顾问应当同时发表明确意见。

（六）本计划经股东大会审议通过后且授权条件成就后60日内，公司应当进行股票期权的授予，并完成公告、登记。根据《管理办法》规定上市公司不得授出权益的期间不计算在60日内。公司董事会应当在授予的股票期权登记完成后应及时披露相关实施情况的公告。若公司未能在60日内完成上述工作的，本计划终止实施，董事会应当及时披露未完成的原因且3个月内不得再次审议股权激励计划。

预留部分的股票期权将在股东大会审议通过本激励计划后12个月内授予，到期未授予的不再授予。

（七）公司授予股票期权前，应当向证券交易所提出申请，经证券交易所确认后，由证券登记结算机构办理登记结算事宜。

**三、股票期权的行权程序**

（一）在行权日前，公司应确认激励对象是否满足行权条件。董事会应当就本计划设定的行权条件是否成就进行审议，独立董事及监事会应当同时发表明确意见。律师事务所应当对激励对象行权的条件是否成就出具法律意见。对于满足行权条件的激励对象，由公司统一办理行权事宜，对于未满足条件的激励对象，由公司注销其持有的该次行权对应的股票期权。公司应当及时披露相关实施情况。

（二）激励对象可对已行权的公司股票进行转让，但公司董事和高级管理人员所持股份的转让应当符合有关法律、法规和规范性文件的规定。

D11285

（三）公司股票期权行权前，应当向证券交易所提出申请，经证券交易所确认后，由证券登记结算机构办理登记事宜。

**四、本计划的变更、终止程序**

（一）本计划的变更程序

1. 公司在股东大会审议本计划之前拟变更本计划的，需经董事会审议通过。

2. 公司在股东大会审议通过本计划之后变更本计划的，应当由股东大会审议决定，且不得包括下列情形：

（1）导致加速行权的情形；

（2）降低行权价格的情形。

独立董事、监事会应当就变更后的方案是否有利于上市公司的持续发展，是否存在明显损害上市公司及全体股东利益的情形发表独立意见。律师事务所应当就变更后的方案是否符合本办法及相关法律法规的规定、是否存在明显损害上市公司及全体股东利益的情形发表专业意见。

（二）本计划的终止程序

1. 公司在股东大会审议本计划之前拟终止实施本计划的，需经董事会审议通过。

2. 公司在股东大会审议通过本计划之后终止实施本计划的，应当由股东大会审议决定。

3. 律师事务所应当就公司终止实施激励是否符合本办法及相关法律法规的规定、是否存在明显损害公司及全体股东利益的情形发表专业意见。

## 第七章　公司/激励对象各自的权利义务

**一、公司的权利与义务**

（一）公司具有对本计划的解释和执行权，并按本计划规定对激励对象进行绩效考核，若激励对象未达到本计划所确定的股票期权行权条件，公司将按本计划的规定注销激励对象相应尚未行权的股票期权。

（二）公司承诺不为激励对象获取有关股票期权提供贷款以及其他任何形式的财务资助，包括为其贷款提供担保。

（三）公司应及时按照有关规定履行股票期权激励计划申报、信息披露等义务。

（四）公司应当根据股票期权激励计划及中国证券监督管理委员会、证券交易所、中国证券登记结算有限责任公司等的有关规定，积极配合满足行权条件的激励对象按规定行权。但若因中国证券监督管理委员会、证券交易所、中国证券登记结算有限责任公司的原因造成激励对象未能按自身意愿行权并给激励对象造成损失的，公司不承担责任。

（五）法律、法规规定的其他相关权利义务。

**二、激励对象的权利与义务**

（一）激励对象应当按公司所聘岗位的要求，勤勉尽责、恪守职业道德，为公司的发展做出应有贡献。

（二）激励对象的资金来源为激励对象自筹资金。

（三）激励对象有权且应当按照法律、法规、规章、《公司章程》、本激励计划的规定行权，并按规定锁定和买卖公司股票。

（四）激励对象按规定行权后持有公司股票的，享有股票带来的一切收益。①

（五）激励对象因激励计划获得的收益，应按国家税收法规交纳个人所得税及其他税费。

（六）法律、法规规定的其他相关权利义务。

①股票期权属于实股激励范畴，激励对象行权后便实际拥有公司股权。

D11285

## 第八章　公司/激励对象发生异动的处理

### 一、公司发生异动的处理

（一）公司出现下列情形之一时，本计划即行终止：

1. 公司最近一个会计年度财务会计报告被注册会计师出具否 定意见或者无法表示意见的审计报告；

2. 公司最近一个会计年度财务报告内部控制被注册会计师出具否定意见或者无法表示意见的审计报告；

3. 公司上市后最近 36 个月内出现过未按法律法规、公司章程、公开承诺进行利润分配的情形；

4. 公司出现法律法规规定不得实行股权激励的情形；

5. 中国证券监督管理委员会认定的其他需要终止激励计划的情形。

当公司出现终止本计划的上述情形时，激励对象已获授的尚未行权的股票期权不得行权，由公司注销。

（二）公司出现下列情形之一时，本计划不做变更，按本计划的规定继续执行：

1. 公司控制权发生变更；

2. 公司出现合并、分立等情形。

（三）公司因信息披露文件中有虚假记载、误导性陈述或者重大遗漏，导致不符合授予权益或行使权益安排的，激励对象应当自相关信息披露文件被确认存在虚假记载、误导性陈述或者重大遗漏后，将由本激励计划所获得的全部利益返还公司。

### 二、激励对象个人情况发生变化的处理

（一）激励对象在公司内发生正常职务变更，其获授的股票期权完全按照本激励计划相关规定进行。

（二）激励对象如因出现以下情形之一而失去参与本激励计划的资格，董事会可以决定对激励对象根据本激励计划在情况

发生之日，对激励对象已获准行权但尚未行权的股票期权终止行权，其未获准行权的期权作废。①

1. 最近 12 个月内被证券交易所认定为不适当人选的；

2. 最近 12 个月内被中国证券监督管理委员会及其派出机构认定为不适当人选的；

3. 最近 12 个月内因重大违法违规行为被中国证券监督管理委员会及其派出机构行政处罚或者采取市场禁入措施；

4. 具有《公司法》规定的不得担任公司董事、高级管理人员情形的；

5. 因不能胜任岗位工作、触犯法律、违反执业道德、泄露公司机密、失职或渎职等行为损害公司利益或声誉而导致的职务变更，或因前列原因导致公司解除与激励对象劳动关系的；

6. 公司董事会认定的其他严重违反公司有关规定或严重损害公司利益的情形；

7. 单方面提出终止或解除与公司订立的劳动合同或聘用合同；

8. 与公司所签订的劳动合同或聘用合同期满，个人提出不再续签；

9. 因个人原因而致使公司提出解除或终止劳动合同；

10. 达到法定退休条件且退休后不继续在公司任职的；

11. 因公司经营调整（包括但不限于裁员），公司单方面终止或解除与激励对象订立的劳动合同、聘用合同的；

12. 成为法律、法规规定的其他不得参与上市公司股权激励的人员；

13. 中国证券监督管理委员会认定的其他不符合激励对象资格的情形；

14.《劳动合同法》《劳动法》等法律法规规定的激励对象离职或与公司终止劳动合同的其他情形。

①由于激励对象行权后将实际获得公司股权，故激励对象出现离职等异动情形时应终止行权较为合情合理，而离职的情形又细分为多种，下述离职分类并非包含所有情形，故设置一个兜底条款很有必要。

D11285

（三）激励对象因丧失劳动能力而离职，应分以下两种情况处理：

1. 激励对象因执行公司职务而丧失劳动能力而离职的，其获授的权益将完全按照丧失劳动能力前本激励计划规定的程序进行，其个人绩效考核结果不再纳入行权条件。

2. 激励对象非因执行公司职务而丧失劳动能力而离职的，其已获准行权但尚未行使的股票期权终止行权，其未获准行权的股票期权作废。

（四）激励对象身故，应分以下两种情况处理：

1. 激励对象因执行公司职务身故时的，其获授的权益将由其指定的财产继承人或法定继承人代为持有，其获授的权益按照身故前本激励计划规定的程序进行，其个人绩效考核结果不再纳入行权条件。

2. 激励对象非因执行职务身故的，其已获准行权但尚未行使的股票期权终止行权，其未获准行权的股票期权作废。

（五）其他未说明的情况由董事会认定，并确定处理方式。

**三、公司与激励对象之间争议的解决**

公司与激励对象发生争议，按照本计划和股权激励计划相关协议的规定解决；规定不明的，双方应按照国家法律和公平合理原则协商解决；协商不成，应提交公司住所所在地有管辖权的人民法院诉讼解决。

## 第九章　附　　则

一、本计划在公司股东大会审议通过后生效；

二、本计划由公司董事会负责解释。

某某股份有限公司董事会

______ 年 ______ 月 ______ 日

**文本正文 2 ：http://www.fatianshi.cn/D11289**

# 某某股份有限公司
# 股票期权激励计划考核管理实施办法

为保证某某股份有限公司（以下简称公司）长期激励计划的顺利进行，进一步建立、健全公司长期激励机制，吸引和保留优秀人才，充分调动公司高层管理人员及核心业务（技术）人员的积极性和创业激情，促进公司业绩持续增长，确保公司发展战略和经营目标的实现，根据《中华人民共和国公司法》《中华人民共和国证券法》《上市公司股权激励管理办法》和《某某股份有限公司章程》以及其他相关法律法规的规定制定本办法。

**一、考核目的**

本办法坚持公平、公开、公正的原则，通过对公司激励对象的业绩等工作绩效进行正确的评价，以实现长期激励计划与激励对象工作业绩、贡献紧密结合，从而积极地利用长期激励机制，提高管理绩效，实现公司和全体股东利益最大化。

**二、考核范围**

本办法适用于本次激励计划所确定的所有激励对象，包括公司董事、高级管理人员、核心技术（业务）人员。

**三、考核机构**

（一）公司董事会薪酬与考核委员会负责领导和组织考核工作，并负责对激励对象进行考核。

（二）公司人力资源部、财务管理部等相关部门负责相关考核数据的搜集和提供，并对数据的真实性和可靠性负责。

**四、绩效考核评价指标及标准**

（一）公司层面业绩考核

对于本激励计划首次授予的股票期权，各年度业绩考核目

D11289

标如下表所示：[①]

| 行权期 | 业绩考核目标 |
| --- | --- |
| 第一个行权期 | ______年的净利润较______年增长______%及以上 |
| 第二个行权期 | ______年的净利润较______年增长______%及以上 |
| 第三个行权期 | ______年的净利润较______年增长______%及以上 |

对于预留部分的股票期权，各年度业绩考核目标如下表所示：[②]

| 行权期 | 业绩考核目标 |
| --- | --- |
| 第一个行权期 | ______年的净利润较______年增长______%及以上 |
| 第二个行权期 | ______年的净利润较______年增长______%及以上 |
| 第三个行权期 | ______年的净利润较______年增长______%及以上 |

公司未满足上述业绩考核目标的，所有激励对象考核当年可行权的股票期权不得行权，对应的股票期权由公司注销。

（二）个人层面绩效考核要求

根据公司的绩效考核管理办法，目前对个人绩效考核结果共有 A、B、C、D 四档[③]，对应的考核结果如下，S 为分数：

A（优秀）：出色的、持续超过岗位标准要求，S ≥ 90。

B（良好）：称职、达到岗位标准要求，90 > S ≥ 80。

C（合格）：基本适合岗位标准要求，80 > S ≥ 60。

D（不合格）：未能达到岗位标准要求，S < 60。

若激励对象上一年度个人绩效考核结果为 A/B/C 档，则上一年度激励对象个人绩效考核为“合格”及以上，激励对象对



①根据《上市公司股权激励管理办法》第 11 条的规定，上市公司在选取业绩考核指标时，可以采用净资产收益率等反映股东回报和公司价值创造的综合性指标，以及净利润增长率，主营业务收入增长率等能够反映公司盈利能力和市场价值的成长性指标。此处净利润增长率指标仅作为参考。

②根据《上市公司股权激励管理办法》第 11 条的规定，上市公司在选取业绩考核指标时，可以采用净资产收益率等反映股东回报和公司价值创造的综合性指标，以及净利润增长率，主营业务收入增长率等能够反映公司盈利能力和市场价值的成长性指标。此处净利润增长率指标仅作为参考。

③对激励对象可采用 KPI、360 度、平衡计分卡以及目标管理等绩效考核办法，考核完毕，激励对象无异议后，应要求每位激励对象对考核结果签字确认，以减少纠纷。

应当年的股票期权方可行权。

若激励对象上一年度个人绩效考核结果为D档，则上一年度激励对象个人绩效考核为“不合格”，激励对象当年的股票期权不可行权，由公司注销。

（三）公司认为的其他与考核相关的行权条件

________________________________________________。

**五、考核期间与次数**

（一）考核期间

股票期权每个行权期前一会计年度。

（二）考核次数

股票期权行权期每年度一次。

**六、考核程序**

公司董事会薪酬与考核委员会负责具体的考核工作，负责激励对象考核分数的计算[1]、考核结果的材料汇总，并在此基础上形成绩效考核报告，并提交董事会审核。

**七、考核结果的反馈及应用**

（一）被考核者有权了解自己的考核结果，薪酬与考核委员会应当在考核结束后______个工作日内向被考核者反馈考核结果。

（二）如被考核者对考核结果有异议，可在接到考核反馈的______个工作日内向董事会薪酬与考核委员会提出申诉，薪酬与考核委员会可根据实际情况对其考核结果进行复核，并根据复核结果对考核结果进行修正。

（三）考核结果作为股票期权行权的依据。

**八、附则**

本办法由公司股东大会审议通过后生效，由董事会负责解释及修订。

①上个注释提及的各种不同的绩效考核办法对应各种不同的计算方法，由公司根据自身实际情况选取和确定。

D11289

关注法天使

**文本正文3：http://www.fatianshi.cn/D11298**

## 某某股份有限公司
## 股票期权激励计划协议书[①]

甲方：某某股份有限公司

地址：________________________________

法定代表人：____________________________

联系电话：______________________________

乙方：________________________________

地址：________________________________

身份证号码：____________________________

联系电话：______________________________

根据《某某股份有限公司 ______ 年股票期权激励计划》《某某股份有限公司章程》的有关规定，按照甲方股东大会的有关决议，甲乙双方就股票期权的授予、行权、注销等事项订立如下协议：

**一、股票数量及来源**

本次股权激励的股票来源为甲方向乙方定向发行人民币普通股，甲方拟授予乙方的股票期权数量为 ______ 股。

**二、股票行权价格及付款安排**

甲方授予乙方的股票行权价格为草案公告前1个交易日公司股票交易均价每股 ______ 元；以及草案公告前 ______ 个（可选择20个、60个、120个交易日）交易日公司股票交易均价每股 ______ 元的较高者，且不低于股票票面金额。经甲方董事会

①该激励计划协议书以公司首次授予为例，并非包含授予预留权益，若授予预留权益时与激励对象签协议，则需依据股票期权激励计划对行权价格以及行权条件第三点进行修改。

决议，定价为每股 ______ 元，乙方购股资金需自筹解决。

**三、股票期权的授予条件**

只有在下列条件同时满足时，才能获授股票期权：

1. 甲方未发生以下任一情形：

（1）最近一个会计年度财务会计报告被注册会计师出具否定意见或者无法表示意见的审计报告；

（2）最近一个会计年度财务报告内部控制被注册会计师出具否定意见或者无法表示意见的审计报告；

（3）上市后最近 36 个月内出现过未按法律法规、公司章程、公开承诺进行利润分配的情形；

（4）法律法规规定不得实行股权激励的；

（5）中国证券监督管理委员会认定的其他情形。

2. 乙方未发生以下任一情形：

（1）最近 12 个月内被证券交易所认定为不适当人选；

（2）最近 12 个月内被中国证券监督管理委员会及其派出机构认定为不适当人选；

（3）最近 12 个月内因重大违法违规行为被中国证券监督管理委员会及其派出机构行政处罚或者采取市场禁入措施；

（4）具有《中华人民共和国公司法》规定的不得担任公司董事、高级管理人员情形的；

（5）法律法规规定不得参与上市公司股权激励的；

（6）中国证券监督管理委员会认定的其他情形。

3. 公司认为的其他必要授予条件______________________。

**四、股票期权的行权条件**

股票期权行权期内，同时满足下列条件时，乙方已获授的股票期权才能行权：

1. 甲方未发生以下任一情形：

D11298

（1）最近一个会计年度财务会计报告被注册会计师出具否定意见或者无法表示意见的审计报告；

（2）最近一个会计年度财务报告内部控制被注册会计师出具否定意见或者无法表示意见的审计报告；

（3）上市后最近36个月内出现过未按法律法规、公司章程、公开承诺进行利润分配的情形；

（4）法律法规规定不得实行股权激励的；

（5）中国证券监督管理委员会认定的其他情形。

甲方发生上述情形之一的，所有激励对象根据本激励计划已获授但尚未行权的股票期权应当由公司注销。

2. 乙方未发生以下任一情形：

（1）最近12个月内被证券交易所认定为不适当人选；

（2）最近12个月内被中国证券监督管理委员会及其派出机构认定为不适当人选；

（3）最近12个月内因重大违法违规行为被中国证券监督管理委员会及其派出机构行政处罚或者采取市场禁入措施；

（4）具有《中华人民共和国公司法》规定的不得担任公司董事、高级管理人员情形的；

（5）法律法规规定不得参与上市公司股权激励的；

（6）中国证券监督管理委员会认定的其他情形。

乙方发生上述情形之一的，根据本激励计划已获授但尚未行权的股票期权应当由公司注销。

3. 甲方公司层面的业绩考核要求。

对于本激励计划首次授予的股票期权，各年度业绩考核目标如下表所示：

| 行权期 | 业绩考核目标 |
| --- | --- |
| 第一个行权期 | ______年的净利润较______年增长______%及以上 |
| 第二个行权期 | ______年的净利润较______年增长______%及以上 |
| 第三个行权期 | ______年的净利润较______年增长______%及以上 |

公司未满足上述业绩考核目标的，所有激励对象考核当年可行权的股票期权不得行权，对应的股票期权由公司注销。

4. 乙方个人层面考核要求。

根据甲方制定的《某某股份有限公司年限制性股票激励计划实施考核办法》，只有在上一年度个人考核为“合格”及以上时，乙方对应当年的股票期权方可行权。若为“不合格”时，则乙方对应当年的股票期权由甲方注销。

5. 公司认为的其他必要的行权条件____________________。

**五、甲、乙双方的权利与义务**

（一）甲方的权利与义务

1. 甲方具有对本计划的解释和执行权，并按本计划规定对乙方进行绩效考核，若乙方未达到本计划所确定的股票期权行权条件，甲方将按本计划的规定注销乙方相应尚未行权的股票期权。

2. 甲方承诺不为乙方获取有关股票期权提供贷款以及其他任何形式的财务资助，包括为其贷款提供担保。

3. 甲方应及时按照有关规定履行股票期权激励计划申报、信息披露等义务。

4. 甲方应当根据股票期权激励计划及中国证券监督管理委员会、证券交易所、中国证券登记结算有限责任公司等的有关规定，积极配合满足行权条件的乙方按规定行权。但若因中国

D11298

证券监督管理委员会、证券交易所、中国证券登记结算有限责任公司的原因造成乙方未能按自身意愿行权并给激励对象造成损失的，甲方不承担责任。

5. 法律、法规规定的其他相关权利义务。

（二）乙方的权利与义务

1. 乙方应当按公司所聘岗位的要求，勤勉尽责、恪守职业道德，为公司的发展做出应有贡献。

2. 乙方的资金来源为激励对象自筹资金。

3. 乙方有权且应当按照法律、法规、规章、《公司章程》、本激励计划的规定行权，并按规定锁定和买卖公司股票。

（三）乙方按规定行权后持有公司股票的，享有股票带来的一切收益。

（四）乙方因激励计划获得的收益，应按国家税收法规交纳个人所得税及其他税费。

（五）法律、法规规定的其他相关权利义务。

**六、异动发生时的处理**

（一）甲方发生异动的处理

1. 甲方出现下列情形之一时，本计划即行终止：

（1）甲方最近一个会计年度财务会计报告被注册会计师出具否定意见或者无法表示意见的审计报告；

（2）甲方最近一个会计年度财务报告内部控制被注册会计师出具否定意见或者无法表示意见的审计报告；

（3）甲方上市后最近36个月内出现过未按法律法规、公司章程、公开承诺进行利润分配的情形；

（4）甲方出现法律法规规定不得实行股权激励的情形；

（5）中国证券监督管理委员会认定的其他需要终止激励计划的情形。

当甲方出现终止本计划的上述情形时，乙方已获授的尚未行权的股票期权不得行权，由公司注销。

2. 甲方出现下列情形之一时，本计划不做变更，按本计划的规定继续执行：

（1）甲方控制权发生变更；

（2）甲方出现合并、分立等情形。

3. 公司因信息披露文件中有虚假记载、误导性陈述或者重大遗漏，导致不符合授予权益或行使权益安排的，激励对象应当自相关信息披露文件被确认存在虚假记载、误导性陈述或者重大遗漏后，将由本激励计划所获得的全部利益返还公司。

（二）乙方个人情况发生变化的处理

1. 乙方在公司内发生正常职务变更，其获授的股票期权完全按照本激励计划相关规定进行。

2. 乙方如因出现以下情形之一而失去参与本激励计划的资格，董事会可以决定对乙方根据本激励计划在情况发生之日，对乙方已获准行权但尚未行权的股票期权终止行权，其未获准行权的期权作废。

（1）最近 12 个月内被证券交易所认定为不适当人选的；

（2）最近 12 个月内被中国证券监督管理委员会及其派出机构认定为不适当人选的；

（3）最近 12 个月内因重大违法违规行为被中国证券监督管理委员会及其派出机构行政处罚或者采取市场禁入措施；

（4）具有《公司法》规定的不得担任公司董事、高级管理人员情形的；

（5）因不能胜任岗位工作、触犯法律、违反执业道德、泄露公司机密、失职或渎职等行为损害公司利益或声誉而导致的

D11298

职务变更，或因前列原因导致公司解除与激励对象劳动关系的；

（6）公司董事会认定的其他严重违反公司有关规定或严重损害公司利益的情形；

（7）单方面提出终止或解除与公司订立的劳动合同或聘用合同；

（8）与公司所签订的劳动合同或聘用合同期满，个人提出不再续签；

（9）因个人原因而致使公司提出解除或终止劳动合同；

（10）达到法定退休条件且退休后不继续在公司任职的；

（11）因公司经营调整（包括但不限于裁员），公司单方面终止或解除与激励对象订立的劳动合同、聘用合同的；

（12）成为法律、法规规定的其他不得参与上市公司股权激励的人员；

（13）中国证券监督管理委员会认定的其他不符合激励对象资格的情形；

（14）《劳动合同法》《劳动法》等法律法规规定的激励对象离职或与公司终止劳动合同的其他情形。

3. 乙方因丧失劳动能力而离职，应分以下两种情况处理：

（1）乙方因执行公司职务而丧失劳动能力而离职的，其获授的权益将完全按照丧失劳动能力前本激励计划规定的程序进行，其个人绩效考核结果不再纳入行权条件。

（2）乙方非因执行公司职务而丧失劳动能力而离职的，其已获准行权但尚未行使的股票期权终止行权，其未获准行权的股票期权作废。

4. 乙方身故，应分以下两种情况处理：

（1）乙方因执行公司职务身故时的，其获授的权益将由其指定的财产继承人或法定继承人代为持有，其获授的权益按照身故前本激励计划规定的程序进行，其个人绩效考核结果不再纳入行权条件。[①]

（2）乙方非因执行职务身故的，其已获准行权但尚未行使的股票期权终止行权，其未获准行权的股票期权作废。

5. 其他未说明的情况由董事会认定，并确定处理方式。

**七、聘用关系**

甲方与乙方签署本协议不构成甲方对乙方聘用期限和聘用关系的任何承诺，公司对乙方的聘用关系仍按劳动合同的有关约定执行。

**八、违约责任**

1. 任何一方违反协议约定，给他方造成经济损失的，应根据其责任大小给予他方经济补偿。本协议另有约定除外。

2. 一方违约致使对方采取诉讼的方式时，违约方应承担守约方为此支付的诉讼费、律师费、差旅费及其他费用。

**九、争议解决**

甲、乙双方对于本协议执行过程中发生的争议应协商解决；协商不成，可提交甲方住所地人民法院诉讼解决。

**十、其他**

1. 本协议未尽事宜，以《股权激励计划》规定内容为准。

2. 本协议经双方协商后可以增加补充协议，补充协议的内容为本协议的一部分，具有同等的法律效力。

3. 本协议有效期为 ______ 年，自 ______ 年 ______ 月 ______ 日起至 ______ 年 ______ 月 ______ 日止。

4. 本协议一式两份，甲、乙双方各执一份，具有同等法律效力。

5. 本协议自双方签字盖章之日起生效。

6. 本协议于 ______ 年 ______ 月 ______ 日签署。

①股票期权可以继承，而虚拟股权一般而言不可以继承。

D11298

D11308

甲方：某某股份有限公司（盖章）

乙方（签字）：________________________________

**文本正文 4：http://www.fatianshi.cn/D11308**

某某股份有限公司
激励对象行权申请书

本人__________，身份证号码：__________，本人截至目前，持有公司股票期权共计_____股。根据《股票期权激励计划》以及董事会、监事会相关决议，本人现有授予的期权_____股已符合行权条件，在此谨向公司申请如下：本人申请于_____年_____月_____日按照《股票期权激励计划》的规定对上述股权予以行权。

特此申请！

申请人：__________

_____年_____月_____日

**文本正文 5：http://www.fatianshi.cn/D11309**

某某股份有限公司
股票期权行权批准书

__________先生/女士：

_____年_____月_____日，您向我司提交的《股票期权行权申请书》收悉，经审核，就您本次期权行权事项予以批准，且通知如下：

姓名：________________________________________

D11309

性别：________________________________________

身份证号码：________________________________________

本次期权行权数量：________________________________________

行权价：________________________________________

本次行权日期：______年______月______日至______年______月______日

某某股份有限公司

______年______月______日

D11309

# 3.国有控股上市公司股票期权全套文件

**文件名称用途：**

| 序号 | 名称 | 用途 | 网址 | 二维码 |
| --- | --- | --- | --- | --- |
| 1 | 股权激励计划（草案） | 薪酬与考核委员会拟定，由股东大会审议通过的整套方案 | http://www.fatianshi.cn/D11310 | D11310 |
| 2 | 考核管理办法 | 董事会负责解释及修订，由公司股东大会审议通过后生效 | http://www.fatianshi.cn/D11311 | D11311 |
| 3 | 董事会决议 | 用于董事会通过股权激励计划（草案）等议案 | http://www.fatianshi.cn/D11328 | D11328 |
| 4 | 监事会决议 | 用于监事会通过股权激励计划（草案）等议案 | http://www.fatianshi.cn/D11334 | D11334 |
| 5 | 独立董事意见 | 用于对股权激励计划（草案）发表意见 | http://www.fatianshi.cn/D11337 | D11337 |
| 6 | 监事会意见 | 用于对股权激励计划（草案）发表意见 | http://www.fatianshi.cn/D11339 | D11339 |

续表

| 序号 | 名称 | 用途 | 网址 | 二维码 |
|---|---|---|---|---|
| 7 | 国资监管机构之批复 | 用于国资监管机构批复股权激励计划（草案）及业绩考核目标 | http://www.fatianshi.cn/D12170 | D12170 |
| 8 | 监事会公示情况说明及核查意见 | 用于对激励对象名单公示情况发表意见 | http://www.fatianshi.cn/D11340 | D11340 |
| 9 | 股东大会决议 | 用于通过股权激励计划（草案）等议案 | http://www.fatianshi.cn/D11341 | D11341 |
| 10 | 内幕信息知情人自查报告 | 用于公司披露是否存在内幕交易行为 | http://www.fatianshi.cn/D11342 | D11342 |
| 11 | 股票期权激励协议 | 用于明确公司与激励对象的权利义务 | http://www.fatianshi.cn/D11343 | D11343 |
| 12 | 调整及授予之董事会决议 | 用于董事会通过调整股票期权数量或价格及授予议案 | http://www.fatianshi.cn/D11348 | D11348 |
| 13 | 调整及授予之监事会决议 | 用于监事会通过调整股票期权数量或价格及授予议案 | http://www.fatianshi.cn/D11349 | D11349 |
| 14 | 调整及授予之独立董事意见 | 用于对调整及授予议案发表意见 | http://www.fatianshi.cn/D11350 | D11350 |

续表

| 序号 | 名称 | 用途 | 网址 | 二维码 |
|---|---|---|---|---|
| 15 | 调整及授予之监事会意见 | 用于对调整及授予议案发表意见 | http://www.fatianshi.cn/D11351 | D11351 |
| 16 | 注销、调整及行权之董事会决议 | 用于董事会通过注销、调整及行权议案 | http://www.fatianshi.cn/D11353 | D11353 |
| 17 | 注销、调整及行权之监事会决议 | 用于监事会通过注销、调整及行权议案 | http://www.fatianshi.cn/D11356 | D11356 |
| 18 | 注销、调整及行权之独立董事意见 | 用于独立董事对注销、调整及行权发表意见 | http://www.fatianshi.cn/D11357 | D11357 |
| 19 | 注销、调整及行权之监事会意见 | 用于监事会对注销、调整及行权发表意见 | http://www.fatianshi.cn/D11358 | D11358 |
| 20 | 股票期权行权申请书 | 用于激励对象向公司申请股票期权行权 | http://www.fatianshi.cn/D11359 | D11359 |
| 21 | 股票期权行权批准书 | 用于公司批准激励对象股票期权的行权 | http://www.fatianshi.cn/D11360 | D11360 |

**该套文件的设计思路：**

国有控股上市公司的设计思路与私企上市公司一致，都是股权激励的股票来源为公司向激励对象定向发行股份，资金来源为激励对象合法自筹资金，在授予条件成就时公司授予激励对象一定数量的股票期权，经过一段时间的等待期，在行权条件成就时，激励对象可以在规定的时间段以事先确定好的行权价格分期行权（购买公司股票）。获得公司股票后进行转让时董事、高管还应当遵守《中华人民共和国公司法》《中华人民共和国证券法》等法律法规有关禁售的规定。当激励对象发生离职等事宜时，已获准行权但尚未行权的股票期权终止行权，其未获准行权的期权作废（注销处理）。只是在一些细节上比私企上市公司股权激励的设计更为严格。现将主要区别列明如下：

1. 所依据的法律法规除《上市公司股权激励管理办法》以外，还需依据《国有控股上市公司（境内）实施股权激励试行办法》《关于规范国有控股上市公司实施股权激励制度有关问题的通知》。

2. 实施程序上较私企上市公司而言多了国资委的审批。

3. 对于股票期权而言，等待期至少不得低于 2 年，行权有效期不得低于 3 年。

4. 授予董事、高级管理人员的股权，应根据任期考核或经济责任审计结果行权或兑现。授予的股票期权，应有不低于授予总量的 20% 留至任职（或任期）考核合格后行权。

5. 授予条件和行权条件更加严格：（1）国有控股上市公司实施股权激励，应建立完善的业绩考核体系和考核办法。业绩考核指标应包含反映股东回报和公司价值创造等综合性指标，如净资产收益率（ROE）、经济增加值（EVA）、每股收益等；反映公司赢利能力及市场价值等成长性指标，如净利润增长率、主营业务收入增长率、公司总市值增长率等；反映企业收益质量的指标，如主营业务利润占利润总额比重、现金营运指数等。上述三类业绩考核指标原则上至少各选一个。相关业绩考核指标的计算应符合现行会计准则等相关要求。（2）国有控股上市公司实施股权激励，其授予和行使环节均应设置应达到的业绩目标，业绩目标的设定应具有前瞻性和挑战性，并切实以业绩考核指标完成情况作为股权激励实施的条件：①上市公司授予激励对象股权时的业绩目标水平，应不低于公司近 3 年平均业绩水平及同行业平均业绩（或对标企业 50 分位值）水平；②上市公司激励对象行使权利时的业绩目标水平，应结合上市公司所处行业特点和自身战略发展定位，在授予时业绩水平的基础上有所提高，并不得低于公司同行业平均业绩（或对标企业 75 分位值）水平。

6. 收益有限制：在行权有效期内，激励对象股权激励收益占本期股票期权授予时薪酬总水平（含股权激励收益，下同）的最高比重，境内上市公司及境外 H 股公司原则上不得超过 40%。

7. 激励对象发生异动时的处理更加规范：股权激励对象正常调动、退休、死亡、丧失民事行为能力时，授予的股权当年已达到可行使时间限制和业绩考核条件的，可行使的部分可在离职之日起的半年内行使，尚未达到可行使时间限制和业绩考核条件的不再行使。股权激励对象辞职、被解雇时，尚未行使的股权不再行使。

**文本正文 1：http://www.fatianshi.cn/D11310**

# 某某股份有限公司股票期权激励计划（草案）

## 声　明

本公司及全体董事、监事保证本计划及其摘要不存在虚假记载、误导性陈述或重大遗漏，并对其真实性、准确性、完整性承担个别和连带的法律责任。

本公司所有激励对象承诺，公司因信息披露文件中有虚假记载、误导性陈述或者重大遗漏，导致不符合授予权益或行使权益安排的，激励对象应当自相关信息披露文件被确认存在虚假记载、误导性陈述或者重大遗漏后，将由本激励计划所获得的全部利益返还公司。

## 特别提示

1. 本计划依据《中华人民共和国公司法》、《中华人民共和国证券法》、《上市公司股权激励管理办法》、《国有控股上市公司（境内）实施股权激励试行办法》（175 号文）、《关于规范国有控股上市公司实施股权激励制度有关问题的通知》（171 号文）及其他有关法律、法规、规范性文件，以及《某某股份有限公司章程》制订。

2. 本计划所采用的激励形式为股票期权，股票来源为公司向激励对象定向发行的某某股份有限公司 A 股普通股。

3. 本计划授予的激励对象共计______人，包括董事、高级管理人员及核心技术人员（不包括独立董事、监事、单独或合计持有公司 5% 以上股份的股东或实际控制人及其配偶、父母

D11310

和子女）。

4. 本激励计划拟向激励对象授予总量为______万份的股票期权，激励对象每份股票期权之行权将获得公司向激励对象定向发行的一股公司股票，全部行权所获股票约占公司股本总额万股的______%。其中，首次授予已确定之激励对象万份股票期权，其全部行权所获公司股票约占公司股本总额的______%；预留万份股票期权，其全部行权所获公司股票约占公司股本总额的______%，预留部分占本次拟授予股票期权总量的______%。公司全部在有效期内的本激励计划所涉及的公司股票总数累计不超过公司已发行股本总额万元的10%。任何一名激励对象通过全部有效的股权激励计划获授的本公司股票累计不超过公司股本总额的1%。预留部分的股票期权将在股东大会审议通过本激励计划后12个月内授予，到期未授予的不再授予。预留股票期权的授予条件与首次授予股票期权的授予条件相同。

5. 股票期权有效期内发生资本公积金转增股本、派送股票红利、股票拆细、缩股或派息等事项，股票期权的数量和行权价格将做相应的调整。

6. 本计划有效期为首次授予股票期权之日起______个月。本激励计划首次授予的股票期权从授权日开始经过______个月的等待期[①]，激励对象可在可行权日按照______%、______%、______%的行权比例分三期行权。[②]本激励计划预留股票期权，自股东大会审议通过本激励计划后12个月内授予，自预留股票期权授权日起满______个月[③]后，激励对象可在可行权日按照______%、______%、______%的行权比例分三期[④]行权。当期行权条件未成就的，股票期权不得行权或递延至下期行权，将由公司注销相关股票期权。股票期权各行权期结束后，激励对象未行权的当期股票期权应当终止行权，公司应当及时注销。

①等待期不得少于24个月。

②行权有效期不得少于36个月。

③等待期不得少于24个月。

④行权有效期不得少于36个月。

7. 公司承诺不为任何激励对象依本激励计划获取的有关权益提供贷款以及其他任何形式的财务资助，包括为其贷款提供担保。

8. 本计划必须满足如下条件后方可实施：获得国务院国资委批准（以中央企业为例）、公司股东大会审议通过。①

9. 自公司股东大会审议通过本计划且授予条件成就之日起60日内，公司按相关规定召开董事会对激励对象进行授予，并完成公告、登记。根据《上市公司股权激励管理办法》规定公司不得授出权益的期间不计算在60日内。公司未能在60日内完成上述工作的，披露未完成的原因并终止实施本计划。

10. 本计划的实施不会导致股权分布不具备上市条件。

## 第一章　释　　义

以下词语如无特殊说明，在本文中具有如下含义：

| | | |
|---|---|---|
| 本公司、公司 | 指 | 某某股份有限公司 |
| 激励计划、本计划 | 指 | 以公司股票为标的，对公司董事、高级管理人员、核心技术人员进行长期性的激励计划 |
| 股票期权 | 指 | 根据本激励计划授予激励对象在未来一定期限内以预先确定的价格和条件购买一定数量公司股票的权利 |
| 激励对象 | 指 | 按照本计划规定获授股票期权的公司董事、高级管理人员以及核心技术人员 |

①相较私企上市公司而言，国有控股上市公司实施股权激励多了经国资委审批的程序。

D11310

续表

| | | |
|---|---|---|
| 授予日 | 指 | 公司向激励对象授予股票期权的日期，授予日必须为交易日 |
| 等待期 | 指 | 指本激励计划中股票期权授权日与股票期权首个可行权日之间的期间。 |
| 可行权日 | 指 | 指本激励计划中激励对象可以行权的日期，可行权日必须为交易日 |
| 行权价格 | 指 | 指本激励计划所确定的激励对象行使股票期权认购定向发行的公司股票的价格 |
| 有效期 | 指 | 指从股票期权首次授权日起至所有股票期权行权或注销为止的时间段，本激励计划有效期自股票期权首次授权日起　　　个月 |
| 《公司法》 | 指 | 《中华人民共和国公司法》 |
| 《证券法》 | 指 | 《中华人民共和国证券法》 |
| 《管理办法》 | 指 | 《上市公司股权激励管理办法》 |
| 《公司章程》 | 指 | 《某某股份有限公司章程》 |
| 国务院国资委 | 指 | 中华人民共和国国务院国有资产监督管理委员会 |
| 175 号文 | 指 | 《国有控股上市公司（境内）实施股权激励试行办法》（国资发分配〔2006〕175 号） |
| 171 号文 | 指 | 《关于规范国有控股上市公司实施股权激励制度有关问题的通知》（国资发分配〔2008〕171 号） |
| 证监会 | 指 | 中国证券监督管理委员会 |
| 元 | 指 | 人民币元 |

## 第二章 实施激励计划的目的

为了进一步建立、健全公司长效激励机制，吸引和留住优秀人才，充分调动公司管理人员及核心技术（业务）人员的积极性，有效地将股东利益、公司利益和个人利益结合在一起，促进公司业绩持续增长，在充分保障股东利益的前提下，按照收益与贡献对等原则，根据《公司法》、《证券法》、《管理办法》、175号文、171号文[1]等有关法律、法规和规范性文件以及《公司章程》的规定，制订本计划。

①相较私企不同的是，除需依据《上市公司股权激励管理办法外》，还需依据《国有控股上市公司（境内）实施股权激励试行办法》《关于规范国有控股上市公司实施股权激励制度有关问题的通知》。

## 第三章 本计划的管理机构

一、股东大会作为公司的最高权力机构，负责审议批准本计划的实施、变更和终止。

二、董事会是本激励计划的执行管理机构，董事会下设的薪酬与考核委员会负责拟订和修订本激励计划，报公司股东大会审批和主管部门审核，并在股东大会授权范围内办理本激励计划的相关事宜。

三、监事会是本计划的监督机构，负责审核激励对象的名单，就本计划是否有利于公司的持续发展，是否存在明显损害公司及全体股东利益的情形发表意见；并对本计划的实施是否符合相关法律、行政法规、部门规章和相关业务规则进行监督。

四、独立董事应当就本计划是否有利于公司的持续发展，是否存在明显损害公司及全体股东的利益发表独立意见，并就本计划向所有股东征集委托投票权。独立董事或监事会认为有必要的，可以建议上市公司聘请独立财务顾问，对激励计划的可行性、是否有利于上市公司的持续发展、是否损害上市公司利益以及对股东利益的影响发表专业意见。

D11310

## 第四章　激励对象的确定依据和范围

### 一、激励对象的确定依据

（一）激励对象确定的法律依据

本计划激励对象根据《公司法》《证券法》《管理办法》等有关法律、法规、规范性文件和《公司章程》的相关规定，结合公司实际情况而确定。

（二）激励对象确定的职务依据

本计划激励对象为公司董事、高层管理人员以及核心技术人员[①]（不包括独立董事、监事及单独或合计持有公司5%以上股份的股东或实际控制人及其配偶、父母、子女）。

### 二、激励对象的范围

本计划涉及的激励对象共计______人，包括：

1. 公司董事、高级管理人员；

2. 核心技术人员。

以上激励对象中，董事、高级管理人员必须经股东大会选举或公司董事会聘任。其他激励对象均须在本计划的考核期内与公司具有雇佣或劳务关系。

预留部分的股票期权将在股东大会审议通过本激励计划后12个月内授予，到期未授予的不再授予。预留股票期权的授予条件与首次授予股票期权的授予条件相同。

### 三、激励对象的核实

（一）本计划经董事会审议通过后，公司在内部公示激励对象的姓名和职务，公示期不少于10天。

（二）公司监事会将对激励对象名单进行审核，充分听取公示意见，并在公司股东大会审议本计划前5日披露监事会对激励对象名单审核及公示情况的说明。经公司董事会调整的激励

---

①《国有控股上市公司（境内）实施股权激励试行办法》第11条：股权激励对象原则上限于上市公司董事、高级管理人员以及对上市公司整体业绩和持续发展有直接影响的核心技术人员和管理骨干。

对象名单亦应经公司监事会核实。

## 第五章　激励计划具体内容

### 一、激励计划的股票来源

本计划涉及的标的股票来源为公司向激励对象定向发行的公司股票。

### 二、激励计划标的股票的数量

公司在本激励计划中拟授予激励对象 ______ 万份的股票期权，每份股票期权拥有在可行权日以行权价格和行权条件认购 1 股公司股票的权利，涉及的公司股票数量为______万股，约占公司已发行股本总额 ______ 万元的 ______%。其中首次授予的股票期权为______万份，占股票期权数量总额的 ______%；预留股票期权为______万份，占股票期权数量总额的 ______%。

### 三、股票期权分配情况

授予的股票期权在各激励对象间的分配情况如下表所示：（以下百分比计算结果四舍五入，保留两位小数）

| 人员类型 | 姓名 | 职务 | 获授的股票期权数量（万股） | 占授予股票期权总数的比例 | 占目前总股本的比例 |
|---|---|---|---|---|---|
| 董事 | | | | | |
| | | | | | |
| | | | | | |
| 高级管理人员 | | | | | |
| | | | | | |
| | | | | | |
| | | | | | |

D11310

续表

| 人员类型 | 姓名 | 职务 | 获授的股票期权数量（万股） | 占授予股票期权总数的比例 | 占目前总股本的比例 |
|---|---|---|---|---|---|
| 其他______名核心技术人员 | | | | | |
| 预留权益 | | | | | |
| 合计 | | | | | |

注：1. 本计划激励对象不包括独立董事、监事及单独或合计持有公司 5% 以上股份的股东或实际控制人及其配偶、父母、子女。

2. 任何一名激励对象通过全部在有效期内的股权激励计划获授的本公司股票累计未超过公司股本总额的 1%。

3. 预留部分的股票期权将在股东大会审议通过本激励计划后 12 个月内授予，到期未授予的不再授予。预留股票期权的授予条件与首次授予股票期权的授予条件相同。

## 四、激励计划的有效期、授予日、限售期、解除限售安排、禁售期

（一）有效期

本计划的有效期为首次授予股票期权之日起______个月。

（二）授予日

授权日在本激励计划经公司股东大会审议批准后由公司董事会确定，授权日应自公司股东大会审议通过本激励计划之日起 60 日内确定，届时由公司召开董事会就本激励计划设定的激励对象获授股票期权的条件是否成就进行审议，公司独立董事及监事会应当发表明确意见；公司聘请的律师事务所应当对激励对象获授股票期权的条件是否成就出具法律意见。公司董事会对符合条件的激励对象授予股票期权，并完成登记、公告等相

关程序。授权日必须为交易日。

（三）等待期

等待期为股票期权授权日至股票期权首个可行权日之间的期间，本激励计划的等待期为自股票期权授权日起的______个月（不得少于24个月）。

（四）可行权日

本激励计划授予的股票期权自授权日起满______个月后可以开始行权。激励对象在相应行权期内可按本激励计划规定的行权比例分期行权，可行权日必须为交易日，且不得在下列期间内进行行权：（1）公司定期报告公告前30日内，因特殊原因推迟定期报告公告日期的，自原预约公告日前30日起算，至公告前1日；（2）公司业绩预告、业绩快报公告前10日内；（3）自可能对公司股票及其衍生品种交易价格产生较大影响的重大事件发生之日或者进入决策程序之日，至依法披露后2个交易日内；（4）中国证券监督管理委员会及交易所规定的其他期间。

（五）行权安排

在本激励计划的有效期内，本激励计划首次授予的股票期权从授权日开始经过______个月的等待期，激励对象可在下表所列各行权期内的可行权日按照______%、______%、______%的行权比例分三期行权。本次授予股票期权行权期安排如下：（根据《管理办法》等相关规定，该日不得行权的除外）

| 阶段 | 时间安排 | 股票期权行权比例 |
| --- | --- | --- |
| 第一个行权期 | 自首次授予日起______个月后的首个交易日起至首次授予日起______个月内的最后一个交易日当日止 | ______% |

D11310

续表

| 阶段 | 时间安排 | 股票期权行权比例 |
| --- | --- | --- |
| 第二个行权期 | 自首次授予日起______个月后的首个交易日起至首次授予日起______个月内的最后一个交易日当日止 | ______% |
| 第三个行权期 | 自首次授予日起______个月后的首个交易日起至首次授予日起______个月内的最后一个交易日当日止 | ______% |

阶本激励计划预留的股票期权，自股东大会审议通过本激励计划后______个月内授予，自预留期权授权日起满______个月后，激励对象可在下表所列行权期内的可行权日按______%、______%、______%的行权比例分三期行权。

| 阶段 | 时间安排 | 股票期权行权比例 |
| --- | --- | --- |
| 第一个行权期 | 自预留授予日起______个月后的首个交易日起至预留授予日起______个月内的最后一个交易日当日止 | ______% |
| 第二个行权期 | 自预留授予日起______个月后的首个交易日起至预留授予日起______个月内的最后一个交易日当日止 | ______% |
| 第三个行权期 | 自预留授予日起______个月后的首个交易日起至预留授予日起______个月的最后一个交易日止 | ______% |

当期行权条件未成就的，股票期权不得行权或递延至下期行权，应由公司注销相关股票期权。股票期权各行权期结束后，

激励对象在相应行权期未行权的当期股票期权应当终止行权，公司应当及时注销。相关法律、行政法规、部门规章对上市公司董事、高级管理人员买卖上市公司股票的期间有限制的，激励对象不得在相关限制期间行权。

（六）禁售期

禁售期是指对激励对象行权后所获股票进行售出限制的时间段。本激励计划的禁售规定按照《公司法》《证券法》等相关法律、法规、规范性文件和《公司章程》执行，具体规定如下：

1. 激励对象为公司董事和高级管理人员的，其在任职期间每年转让的股份不得超过其所持有本公司股份总数的25%；在离职后半年内，不得转让其所持有的本公司股份。

2. 激励对象为公司董事和高级管理人员的，将其持有的本公司股票在买入后6个月内卖出，或者在卖出后6个月内又买入，由此所得收益归本公司所有，本公司董事会将收回其所得收益。

3. 在本计划有效期内，如果《公司法》《证券法》等相关法律、法规、规范性文件和《公司章程》中对公司董事和高级管理人员持有股份转让的有关规定发生了变化，则这部分激励对象转让其所持有的公司股票应当在转让时符合修改后的《公司法》《证券法》等相关法律、法规、规范性文件和《公司章程》的规定。

4. 向董事、高级管理人员授予的股票期权，应保留不低于授予总量的20%至任期考核合格后行权。若本计划本期有效期结束时，作为激励对象的董事、高级管理人员任期未满，则参照计划本期有效期结束年度对应的考核结果作为其行权条件，在有效期内行权完毕。[1]

①依据《国有控股上市公司（境内）实施股权激励试行办法》第33条之规定。

D11310

关注法天使

**五、股票期权的行权价格和行权价格的确定方法**

（一）首次授予的股票期权的行权价格

本激励计划首次授予的每份股票期权的行权价格为______元，即满足行权条件后，激励对象可按其可行权的股票期权数量以每股公司股票______元的价格认购公司向激励对象定向增发的股票。

（二）首次授予的股票期权的行权价格的确定方法[①]

本次授予的股票期权的行权价格取下列两个价格中的较高者：

1. 股票期权激励计划草案摘要公布前 1 交易日的公司标的股票收盘价______元 / 股；

2. 股票期权激励计划草案摘要公布前 30 个交易日内的公司标的股票平均收盘价______元 / 股。

（三）预留股票期权的行权价格的确定方法

预留股票期权的行权价格在该部分股票期权授予时由董事会决定，向激励对象授予的预留股票期权的行权价格不低于下述两个价格中的较高者：

1. 授予该部分股票期权的董事会会议召开日前 1 个交易日的公司股票收盘价；

2. 授予该部分股票期权的董事会会议召开日前 30 个交易日的公司股票平均收盘价。

原则上预留股票期权的行权价格不低于首次授予的股票期权的行权价格。

**六、股票期权的授予与行权条件**

（一）股票期权的授予条件

激励对象只有在同时满足下列条件时，才能获授股票期权：

1. 公司未发生以下任一情形：

（1）最近一个会计年度财务会计报告被注册会计师出具否定意见或者无法表示意见的审计报告；

①依据国有控股上市公司（境内）实施股权激励试行办法第 18 条的定价方法。

（2）最近一个会计年度财务报告内部控制被注册会计师出具否定意见或者无法表示意见的审计报告；

（3）上市后最近36个月内出现过未按法律法规、公司章程、公开承诺进行利润分配的情形；

（4）法律法规规定不得实行股权激励的；

（5）中国证券监督管理委员会认定的其他情形。

2. 激励对象未发生以下任一情形：

（1）最近12个月内被证券交易所认定为不适当人选；

（2）最近12个月内被中国证券监督管理委员会及其派出机构认定为不适当人选；

（3）最近12个月内因重大违法违规行为被中国证券监督管理委员会及其派出机构行政处罚或者采取市场禁入措施；

（4）具有《公司法》规定的不得担任公司董事、高级管理人员情形的；

（5）法律法规规定不得参与上市公司股权激励的；

（6）中国证券监督管理委员会认定的其他情形。

3. 公司达到以下业绩条件：①

授予前一个财务年度，公司业绩达到以下条件：

（1）净资产收益率不低于______%；

（2）净利润三年复合增长率不低于______%；

（3）完成经济增加值（EVA）考核目标。

上述净资产收益率和净利润增长率原则上不低于对标企业50分位值水平；对标企业从A股某某行业上市公司中，选取综合实力、盈利能力、资产规模等方面排名领先的企业，同时考虑业务相似性和稳定性，剔除了变动幅度异常的企业。若在年度考核过程中，对标企业出现偏离幅度过大的样本极值，则将由公司董事会薪酬委员会根据实际情况研究并更换样本。公司

①提供一种业绩组合指标模式作为参考，其选取及设置依据在于《关于规范国有控股上市公司实施股权激励制度有关问题的通知》第2项：完善股权激励业绩考核体系，科学设置业绩指标和水平。

D11310

董事会有权根据公司战略、市场环境等相关因素，对上述业绩指标和水平进行调整和修改，但相应调整和修改需报国资委备案。

本计划在计算上述指标时所用的净资产收益率是指剔除非经常性损益后的加权平均净资产收益率；净利润是指剔除非经常性损益后归属于上市公司股东的净利润。

4. 公司认为的其他必要授予条件______________________。

（二）股票期权的行权条件

行权期内，同时满足下列条件时，激励对象已获授的股票期权才能行权：

1. 公司未发生以下任一情形：

（1）最近一个会计年度财务会计报告被注册会计师出具否定意见或者无法表示意见的审计报告；

（2）最近一个会计年度财务报告内部控制被注册会计师出具否定意见或者无法表示意见的审计报告；

（3）上市后最近 36 个月内出现过未按法律法规、公司章程、公开承诺进行利润分配的情形；

（4）法律法规规定不得实行股权激励的；

（5）中国证券监督管理委员会认定的其他情形。

公司发生上述情形之一的，所有激励对象根据本激励计划已获授但尚未行权的股票期权应当由公司注销。

2. 激励对象未发生以下任一情形：

（1）最近 12 个月内被证券交易所认定为不适当人选；

（2）最近 12 个月内被中国证券监督管理委员会及其派出机构认定为不适当人选；

（3）最近 12 个月内因重大违法违规行为被中国证券监督管理委员会及其派出机构行政处罚或者采取市场禁入措施；

（4）具有《公司法》规定的不得担任公司董事、高级管理人员情形的；

（5）法律法规规定不得参与上市公司股权激励的；

（6）中国证券监督管理委员会认定的其他情形。

激励对象发生上述情形之一的，根据本激励计划已获授但尚未行权的股票期权应当由公司注销。

3. 公司层面的业绩考核要求[1]

股票期权行权前一个财务年度公司业绩达到以下条件：

（1）净资产收益率不低于______%；

（2）净利润 3 年复合增长率不低于______%；

（3）完成经济增加值（EVA）考核目标。

上述净资产收益率和净利润增长率原则上不低于对标企业 75 分位值水平；对标企业从 A 股某某行业上市公司中，选取综合实力、盈利能力、资产规模等方面排名领先的企业，同时考虑业务相似性和稳定性，剔除了变动幅度异常的企业。若在年度考核过程中，对标企业出现偏离幅度过大的样本极值，则将由公司董事会薪酬委员会根据实际情况研究并更换样本。公司董事会有权根据公司战略、市场环境等相关因素，对上述业绩指标和水平进行调整和修改，但相应调整和修改需报国资委备案。

本计划在计算上述指标时所用的净资产收益率是指剔除非经常性损益后的加权平均净资产收益率；净利润是指剔除非经常性损益后归属于上市公司股东的净利润。

公司未满足上述业绩考核目标的，所有激励对象考核当年可行权的股票期权不得行权，对应的股票期权由公司注销。

4. 个人层面考核要求

激励对象个人考核按照《某某股份有限公司股票期权激励计划实施考核管理办法》分年进行考核，根据个人的绩效考评评价指标确定考评结果，原则上绩效评价结果划分为良好（A）、

①提供一种业绩组合指标模式作为参考，其选取及设置依据在于《关于规范国有控股上市公司实施股权激励制度有关问题的通知》第 2 项：完善股权激励业绩考核体系，科学设置业绩指标和水平。

D11310

合格（B）、不合格（C）三个档次。考核评价表适用于考核对象。

| 考核结果 | 良好（A） | 合格（B） | 不合格（C） |
|---|---|---|---|
| 标准系数 | 1.0 | 0.8 | 0 |

个人当年实际行权额度＝标准系数 × 个人当年计划行权额度

若激励对象上一年度个人绩效考核为不合格（C），则公司将按照股票期权激励计划的规定，取消该激励对象股票期权的当期可行权额度，由公司进行注销。

若激励对象上一年度个人绩效考核为合格（B），则公司将按照股票期权激励计划的规定，对该激励对象股票期权当期未行权额度予以注销。

5. 公司认为的其他必要行权条件________________________。

**七、股票期权激励计划的调整方法和程序**

（一）股票期权数量的调整方法

在行权之前，若公司发生资本公积金转增股本、派送股票红利、股票拆细或缩股等事项，公司应对股票期权数量进行相应的调整。调整方法如下：

1. 资本公积转增股本、派送股票红利、股份拆细

$$Q = Q0 \times (1 + n)$$

其中：Q0为调整前的股票期权数量；n为每股的资本公积金转增股本、派送股票红利、股票拆细的比率（每股股票经转增、送股或拆细后增加的股票数量）；Q为调整后的股票期权数量。

2. 配股

$$Q = Q0 \times P1 \times (1 + n) \div (P1 + P2 \times n)$$

其中：Q0为调整前的股票期权数量；P1为股权登记日当日收盘价；P2为配股价格；n为配股的比例（配股的股数与配股前公司总股本的比例）；Q为调整后的股票期权数量。

3. 缩股

$Q = Q0 \times n$

其中：Q0为调整前的股票期权数量；n为缩股比例（1股公司股票缩为n股股票）；Q为调整后的股票期权数量。

4. 增发

公司发生增发时，股票期权数量不做调整。

（二）行权价格的调整方法

若在行权前公司发生资本公积金转增股本、派送股票红利、股票拆细、缩股、配股或派息等事项，公司应对行权价格进行相应的调整。调整方法如下：

1. 资本公积转增股本、派送股票红利、股份拆细

$P = P0 \div (1 + n)$

其中：P0为调整前的行权价格；n为每股的资本公积金转增股本、派送股票红利、股票拆细的比率；P为调整后的行权价格。

2. 配股

$P = P0 \times (P1 + P2 \times n) \div [P1 \times (1 + n)]$

其中：P0为调整前的行权价格；P1为股权登记日当天收盘价；P2为配股价格；n为配股的比例（配股的股数与配股前公司总股本的比例）；P为调整后的行权价格。

3. 缩股

$P = P0 \div n$

其中：P0为调整前的行权价格；n为缩股比例；P为调整后的行权价格。

4. 派息

$P = P0 - V$

其中：P0为调整前的行权价格；V为每股的派息额；P为调整后的行权价格。经派息调整后，P仍须大于1。

5. 增发

公司在发生增发新股的情况下，股票期权的行权价格不做调整。

（三）股票期权激励计划调整的程序

公司股东大会授权公司董事会，当出现前述情况时由公司董事会决定调整股票期权数量、行权价格。律师应当就上述调整是否符合《管理办法》《公司章程》和本计划的规定出具专业意见。调整议案经董事会审议通过后，公司应当及时披露董事会决议公告，同时公告律师事务所意见。

**八、股票期权会计处理**

按照《企业会计准则第 11 号——股份支付》的规定，公司将在等待期的每个资产负债表日，根据最新取得的可行权人数变动、业绩指标完成情况等后续信息，修正预计可行权的股票期权数量，并按照股票期权授予日的公允价值，将当期取得的服务计入相关成本或费用和资本公积。

1. 期权价值的计算方法

财政部于 2006 年 2 月 15 日发布了《企业会计准则第 11 号——股份支付》和《企业会计准则第 22 号——金融工具确认和计量》，并于 2007 年 1 月 1 日起在上市公司范围内施行。根据《企业会计准则第 22 号——金融工具确认和计量》中关于公允价值确定的相关规定，需要选择适当的估值模型对股票期权的公允价值进行计算。公司选择 Black-Scholes 模型来计算期权的公允价值，并于______年______月______日用该模型对首次授予的万份股票期权进行测算，授予的万份股票期权总价值为______万元。

（1）标的股价：______元 / 股（______年______月______日收盘价为______元 / 股，假设授予日公司收盘价为______元 / 股）；

（2）有效期分别为：______个月、______个月、______个月（授予日至每期首个行权日的期限）；

（3）波动率______%（采用上证或深证综指最近______年波动率的平均值）；

（4）无风险利率：______%、______%、______%（分别采用中国人民银行制定的金融机构 1 年期、2 年期、3 年期存款基准利率）；

（5）股息率：______%（取本激励计划公告前公司最近______年平均股息率）。

2. 期权费用的摊销方法

公司按照相关估值工具确定授予日股票期权的公允价值，并最终确认本计划的股份支付费用，该等费用将在本计划的实施过程中按行权比例摊销。由本激励计划产生的激励成本将在经常性损益中列支。根据中国会计准则要求，本激励计划首次授予的股票期权对______年至______年会计成本的影响如下表所示：

| 首次授予的股票期权的数量（万股） | 需摊销的总费用（万元） | 摊销费用（万元） | | | | |
|---|---|---|---|---|---|---|
| | | | | | | |
| | | | | | | |

公司以目前信息初步估计，在不考虑本激励计划对公司业绩的刺激作用情况下，股票期权费用的摊销对有效期内各年净利润有所影响，从而对业绩考核指标中的净利润增长率指标造成影响，但影响程度不大。若考虑股票期权激励计划对公司发展产生的正向作用，由此激发管理团队的积极性，提高经营效率，降低代理人成本，本激励计划带来的公司业绩提升将远高于因其带来的费用增加。预留股票期权的会计处理同首次授予股票期权的会计处理。

D11310

## 第六章　本计划的相关程序

### 一、激励计划实施程序

（一）公司董事会应当依法对本激励计划作出决议。董事会审议本激励计划时，作为激励对象的董事或与其存在关联关系的董事应当回避表决。董事会应当在审议通过本计划并提交国务院国资委批准以及履行公示、公告程序后，将本计划提交股东大会审议；同时提请股东大会授权，负责实施股票期权的授予、行权和注销工作。

（二）独立董事及监事会应当就激励计划草案是否有利于上市公司的持续发展，是否存在明显损害上市公司及全体股东利益的情形发表意见。独立董事或监事会认为有必要的，可以建议上市公司聘请独立财务顾问，对激励计划的可行性、是否有利于上市公司的持续发展、是否损害上市公司利益以及对股东利益的影响发表专业意见。

（三）本计划经公司股东大会审议通过后方可实施。本公司将在召开股东大会前，通过公司网站或者其他途径，在公司内部公示激励对象的姓名和职务，公示期不少于 10 天。监事会应当对激励名单进行审核，充分听取公示意见。上市公司应当在股东大会审议激励计划前 5 日披露监事会对激励名单审核及公示情况的说明。

（四）公司股东大会在对本次股票期权激励计划进行投票表决时，独立董事应当就本次股票期权激励计划向所有的股东征集委托投票权。股东大会应当对《管理办法》第 9 条规定的股权激励计划内容进行表决，并经出席会议的股东所持表决权的 2/3 以上通过，单独统计并披露除公司董事、监事、高级管理人员、单独或合计持有公司 5% 以上股份的股东以外的其他股东的投票情况。

公司股东大会审议股权激励计划时，作为激励对象的股东或者与激励对象存在关联关系的股东，应当回避表决。

（五）本激励计划经公司股东大会审议通过，且达到本激励计划规定的授予条件时，公司在规定时间内向激励对象授予股票期权。经股东大会授权后，董事会负责实施股票期权的授予、行权和注销。

**二、股票期权的授予程序**

（一）股东大会审议通过本计划后，公司与激励对象签署股权激励相关协议，以此约定双方的权利义务关系。公司董事会根据股东大会的授权办理股票期权的授予事宜。

（二）公司在向激励对象授出权益前，董事会应当就本计划设定的激励对象获授权益的条件是否成就进行审议并公告。

（三）独立董事及监事会应当同时发表明确意见。律师事务所应当对激励对象获授权益的条件是否成就出具法律意见。

（四）公司监事会应当对股票期权授予日及激励对象名单进行核实并发表意见。

（五）公司向激励对象授出权益与本计划的安排存在差异时，独立董事、监事会（当激励对象发生变化时）、律师事务所、独立财务顾问应当同时发表明确意见。

（六）本计划经股东大会审议通过后且授权条件成就后60日内，公司应当进行股票期权的授予，并完成公告、登记。根据《管理办法》规定上市公司不得授出权益的期间不计算在60日内。公司董事会应当在授予的股票期权登记完成后应及时披露相关实施情况的公告。若公司未能在60日内完成上述工作的，本计划终止实施，董事会应当及时披露未完成的原因且3个月内不得再次审议股权激励计划。

预留部分的股票期权将在股东大会审议通过本激励计划后12个月内授予，到期未授予的不再授予。

D11310

（七）公司授予股票期权前，应当向证券交易所提出申请，经证券交易所确认后，由证券登记结算机构办理登记结算事宜。

**三、股票期权的行权程序**

（一）在行权日前，公司应确认激励对象是否满足行权条件。董事会应当就本计划设定的行权条件是否成就进行审议，独立董事及监事会应当同时发表明确意见。律师事务所应当对激励对象行权的条件是否成就出具法律意见。对于满足行权条件的激励对象，由公司统一办理行权事宜，对于未满足条件的激励对象，由公司注销其持有的该次行权对应的股票期权。公司应当及时披露相关实施情况。

（二）激励对象可对已行权的公司股票进行转让，但公司董事和高级管理人员所持股份的转让应当符合有关法律、法规和规范性文件的规定。

（三）公司股票期权行权前，应当向证券交易所提出申请，经证券交易所确认后，由证券登记结算机构办理登记事宜。

**四、本计划的变更、终止程序**

（一）本计划的变更程序

1. 公司在股东大会审议本计划之前拟变更本计划的，需经董事会审议通过。

2. 公司在股东大会审议通过本计划之后变更本计划的，应当由股东大会审议决定，且不得包括下列情形：

（1）导致加速行权的情形；

（2）降低行权价格的情形。

独立董事、监事会应当就变更后的方案是否有利于上市公司的持续发展，是否存在明显损害上市公司及全体股东利益的情形发表独立意见。律师事务所应当就变更后的方案是否符合本办法及相关法律法规的规定、是否存在明显损害上市公司及全体股东利益的情形发表专业意见。

（二）本计划的终止程序

1. 公司在股东大会审议本计划之前拟终止实施本计划的，需经董事会审议通过。

2. 公司在股东大会审议通过本计划之后终止实施本计划的，应当由股东大会审议决定。

3. 律师事务所应当就公司终止实施激励是否符合本办法及相关法律法规的规定、是否存在明显损害公司及全体股东利益的情形发表专业意见。

## 第七章　公司与激励对象各自的权利义务

### 一、公司的权利与义务

（一）公司具有对本计划的解释和执行权，并按本计划规定对激励对象进行绩效考核，若激励对象未达到本计划所确定的股票期权行权条件，公司将按本计划的规定注销激励对象相应尚未行权的股票期权。

（二）公司承诺不为激励对象获取有关股票期权提供贷款以及其他任何形式的财务资助，包括为其贷款提供担保。

（三）公司应及时按照有关规定履行股票期权激励计划申报、信息披露等义务。

（四）公司应当根据股票期权激励计划及中国证券监督管理委员会、证券交易所、中国证券登记结算有限责任公司等的有关规定，积极配合满足行权条件的激励对象按规定行权。但若因中国证券监督管理委员会、证券交易所、中国证券登记结算有限责任公司的原因造成激励对象未能按自身意愿行权并给激励对象造成损失的，公司不承担责任。

D11310

（五）法律、法规规定的其他相关权利义务。

**二、激励对象的权利与义务**

（一）激励对象应当按公司所聘岗位的要求，勤勉尽责、恪守职业道德，为公司的发展做出应有贡献。

（二）激励对象的资金来源为激励对象自筹资金。

（三）激励对象有权且应当按照法律、法规、规章、《公司章程》、本激励计划的规定行权，并按规定锁定和买卖公司股票。

（四）本次激励计划的实际行权收益原则上不超过激励对象薪酬总水平（含股权激励收益）的40%。对行权有效期内股票价格偏高，致使股权激励实际收益超出上述比重的，超过部分归公司所有。①

（五）激励对象因激励计划获得的收益，应按国家税收法规交纳个人所得税及其他税费。

（六）法律、法规规定的其他相关权利义务。

## 第八章　公司/激励对象发生异动的处理

**一、公司发生异动的处理**

（一）公司出现下列情形之一时，本计划即行终止：

1. 公司最近一个会计年度财务会计报告被注册会计师出具否定意见或者无法表示意见的审计报告；

2. 公司最近一个会计年度财务报告内部控制被注册会计师出具否定意见或者无法表示意见的审计报告；

3. 公司上市后最近36个月内出现过未按法律法规、公司章程、公开承诺进行利润分配的情形；

4. 公司出现法律法规规定不得实行股权激励的情形；

5. 中国证券监督管理委员会认定的其他需要终止激励计划

①依据《关于规范国有控股上市公司实施股权激励制度有关问题的通知》第3条合理控制股权激励收益水平，实行股权激励收益与业绩指标增长挂钩浮动第二点。

的情形。

当公司出现终止本计划的上述情形时，激励对象已获授的尚未行权的股票期权不得行权，由公司注销。

（二）公司出现下列情形之一时，本计划不做变更，按本计划的规定继续执行：

1. 公司控制权发生变更；

2. 公司出现合并、分立等情形。

（三）公司因信息披露文件中有虚假记载、误导性陈述或者重大遗漏，导致不符合授予权益或行使权益安排的，激励对象应当自相关信息披露文件被确认存在虚假记载、误导性陈述或者重大遗漏后，将由本激励计划所获得的全部利益返还公司。

**二、激励对象个人情况发生变化的处理**

（一）激励对象在公司内发生正常职务变更，其获授的股票期权完全按照本激励计划相关规定进行。

（二）激励对象如因出现以下情形之一而失去参与本激励计划的资格，董事会可以决定对激励对象根据本激励计划在情况发生之日，对激励对象已获准行权但尚未行权的股票期权终止行权，其未获准行权的期权作废。

1. 最近 12 个月内被证券交易所认定为不适当人选的；

2. 最近 12 个月内被中国证券监督管理委员会及其派出机构认定为不适当人选的；

3. 最近 12 个月内因重大违法违规行为被中国证券监督管理委员会及其派出机构行政处罚或者采取市场禁入措施；

4. 具有《公司法》规定的不得担任公司董事、高级管理人员情形的；

5. 因不能胜任岗位工作、触犯法律、违反执业道德、泄露公司机密、失职或渎职等行为损害公司利益或声誉而导致的职

D11310

务变更，或因前列原因导致公司解除与激励对象劳动关系的；

6. 公司董事会认定的其他严重违反公司有关规定或严重损害公司利益的情形；

7. 单方面提出终止或解除与公司订立的劳动合同或聘用合同；

8. 与公司所签订的劳动合同或聘用合同期满，个人提出不再续签；

9. 因个人原因而致使公司提出解除或终止劳动合同（包括被公司辞退、除名等）；

10. 因公司经营调整（包括但不限于裁员），公司单方面终止或解除与激励对象订立的劳动合同、聘用合同的；[①]

11. 成为法律、法规规定的其他不得参与上市公司股权激励的人员；

12. 中国证券监督管理委员会认定的其他情形。

（三）当发生以下情况时，当发生以下情况时，激励对象已获准行权但尚未行使的股票期权应在六个月内完成行权，其未获准行权的期权予以作废。[②]

1. 死亡或丧失民事行为能力；

2. 退休；

3. 工作正常调动。

（四）其他未说明的情况由董事会认定，并确定处理方式。

**三、公司与激励对象之间争议的解决**

公司与激励对象发生争议，按照本计划和股权激励计划相关协议的规定解决；规定不明的，双方应按照国家法律和公平合理原则协商解决；协商不成，应提交公司住所所在地有管辖权的人民法院诉讼解决。

①将激励对象离职情形进行细化，降低激励对象离职后与公司股票期权的纠纷的法律风险。

②此条依据《关于规范国有控股上市公司实施股权激励制度有关问题的通知》第4条进一步强化股权激励计划的管理，科学规范实施股权激励中的第2项的相关规定。

## 第九章 附　　则

一、本计划在国务院国资委批准，且公司股东大会审议通过后生效。

二、本计划由公司董事会负责解释。

某某股份有限公司董事会

______年______月______日

**文本正文 2：http://www.fatianshi.cn/D11311**

# 某某股份有限公司<br>股票期权激励计划考核管理实施办法

为保证某某股份有限公司（以下简称公司）长期激励计划的顺利进行，进一步建立、健全公司长期激励机制，吸引和保留优秀人才，充分调动公司管理人员及核心业务（技术）人员的积极性，促进公司业绩持续增长，根据《公司法》《证券法》《上市公司股权激励管理办法》《国有控股上市公司（境内）实施股权激励试行办法》《关于规范国有控股上市公司实施股权激励制度有关问题的通知》和《某某股份有限公司章程》以及其他相关法律法规的规定制定本办法。

**一、考核目的**

本办法坚持公平、公开、公正的原则，通过对公司激励对象的业绩等工作绩效进行正确的评价，以实现长期激励计划与激励对象工作业绩、贡献紧密结合，从而积极地利用长期激励机制，提高管理绩效，实现公司和全体股东利益最大化。

**二、考核范围**

本办法适用于本次激励计划所确定的所有激励对象，包括

D11311

公司董事、高级管理人员、核心技术人员。

**三、考核机构**

（一）公司董事会薪酬与考核委员会负责领导和组织考核工作，并负责对激励对象进行考核。

（二）公司人力资源部、财务管理部等相关部门负责相关考核数据的搜集和提供，并对数据的真实性和可靠性负责。

**四、绩效考核评价指标及标准**

（一）授予条件之公司层面业绩考核

授予前一个财务年度，公司业绩达到以下条件：

1. 净资产收益率不低于______%；

2. 净利润三年复合增长率不低于______%；

3. 完成经济增加值（EVA）考核目标。

上述净资产收益率和净利润增长率原则上不低于对标企业50分位值水平；对标企业从A股某某行业上市公司中，选取综合实力、盈利能力、资产规模等方面排名领先的企业，同时考虑业务相似性和稳定性，剔除了变动幅度异常的企业。若在年度考核过程中，对标企业出现偏离幅度过大的样本极值，则将由公司董事会薪酬委员会根据实际情况研究并更换样本。公司董事会有权根据公司战略、市场环境等相关因素，对上述业绩指标和水平进行调整和修改，但相应调整和修改需报国资委备案。

（二）行权条件之公司层面业绩考核

股票期权行权前一个财务年度公司业绩达到以下条件：

1. 净资产收益率不低于______%；

2. 净利润三年复合增长率不低于______%；

3. 完成经济增加值（EVA）考核目标。

上述净资产收益率和净利润增长率原则上不低于对标企业

75 分位值水平；对标企业从 A 股某某行业上市公司中，选取综合实力、盈利能力、资产规模等方面排名领先的企业，同时考虑业务相似性和稳定性，剔除了变动幅度异常的企业。若在年度考核过程中，对标企业出现偏离幅度过大的样本极值，则将由公司董事会薪酬委员会根据实际情况研究并更换样本。公司董事会有权根据公司战略、市场环境等相关因素，对上述业绩指标和水平进行调整和修改，但相应调整和修改需报国资委备案。

上述指标所用的净资产收益率是指剔除非经常性损益后的加权平均净资产收益率；净利润是指剔除非经常性损益后归属于上市公司股东的净利润。

（三）行权条件之个人层面绩效考核要求

激励对象个人考核按照《某某股份有限公司股票期权激励计划实施考核管理办法》分年进行考核，根据个人的绩效考评评价指标确定考评结果，原则上绩效评价结果划分为良好（A）、合格（B）、不合格（C）三个档次。考核评价表适用于考核对象。

| 考核结果 | 良好（A） | 合格（B） | 不合格（C） |
|---|---|---|---|
| 标准系数 | 1.0 | 0.8 | 0 |

个人当年实际行权额度＝标准系数 × 个人当年计划行权额度

若激励对象上一年度个人绩效考核为不合格（C），则公司将按照股票期权激励计划的规定，取消该激励对象股票期权的当期可行权额度，由公司进行注销。

若激励对象上一年度个人绩效考核为合格（B），则公司将按照股票期权激励计划的规定，对该激励对象股票期权当期未行权额度予以注销。

（四）其他公司认为的与考核相关的行权条件

**五、考核期间与次数**

（一）考核期间

股票期权授予前及每个行权期前一会计年度。

（二）考核次数

股权激励计划经股东大会审议通过后 ______ 日内进行授予条件是否成就的考核及股票期权行权期每年度进行一次行权条件是否成就的考核。

**六、考核程序**

公司董事会薪酬与考核委员会负责具体的考核工作，负责激励对象考核分数的计算、考核结果的材料汇总，并在此基础上形成绩效考核报告，并提交董事会审核。

**七、考核结果的反馈及应用**

（一）被考核者有权了解自己的考核结果，薪酬与考核委员会应当在考核结束后______个工作日内向被考核者反馈考核结果。

（二）如被考核者对考核结果有异议，可在接到考核反馈的______个工作日内向董事会薪酬与考核委员会提出申诉，薪酬与考核委员会可根据实际情况对其考核结果进行复核，并根据复核结果对考核结果进行修正。

（三）考核结果作为股票期权授予及行权的依据。

**八、附则**

本办法由公司股东大会审议通过后生效，由董事会负责解释及修订。

**文本正文 3：**

## 国资监管机构关于某某股份有限公司<br>______年股票期权股票激励计划的批复

国资考分〔______〕号

一、原则同意某某股份有限公司实施股票期权股票激励计划；

二、原则同意某某股份有限公司股票期权股票激励计划的业绩考核目标。

**文本正文 4：http://www.fatianshi.cn/D11343**

## 某某股份有限公司<br>股票期权激励计划协议书[①]

①此激励协议为首次授予的模板，若为授予预留权益，则行权价格条款应依据股票期权激励计划进行相应调整。

甲方：某某股份有限公司

地址：________________________________________

法定代表人：__________________________________

联系电话：____________________________________

乙方：________________________________________

地址：________________________________________

身份证号码：__________________________________

联系电话：____________________________________

根据《某某股份有限公司 ______ 年股票期权激励计划》《某某股份有限公司章程》的有关规定，按照甲方股东大会的有关决议，甲乙双方就股票期权的授予、行权、注销等事项订立如下协议：

D11343

**一、授予数量及来源**

本次股权激励的股票来源为甲方向乙方定向发行人民币普通股，甲方拟授予乙方的股票数量为______股。

**二、股票行权价格及付款安排**

甲方授予乙方的股票行权价格为下列两个价格中的较高者：

1. 股票期权激励计划草案摘要公布前 1 交易日的公司标的股票收盘价______元 / 股；

2. 股票期权激励计划草案摘要公布前 30 个交易日内的公司标的股票平均收盘价______元 / 股。经甲方董事会决议，定价为每股______元人民币，乙方购股资金需自筹解决。

**三、股票期权的授予条件**

乙方只有在下列条件同时满足时，才能获授股票期权：

1. 甲方未发生以下任一情形：

（1）最近一个会计年度财务会计报告被注册会计师出具否定意见或者无法表示意见的审计报告；

（2）最近一个会计年度财务报告内部控制被注册会计师出具否定意见或者无法表示意见的审计报告；

（3）上市后最近 36 个月内出现过未按法律法规、公司章程、公开承诺进行利润分配的情形；

（4）法律法规规定不得实行股权激励的；

（5）中国证券监督管理委员会认定的其他情形。

2. 乙方未发生以下任一情形：

（1）最近 12 个月内被证券交易所认定为不适当人选；

（2）最近 12 个月内被中国证券监督管理委员会及其派出机构认定为不适当人选；

（3）最近 12 个月内因重大违法违规行为被中国证券监督管理委员会及其派出机构行政处罚或者采取市场禁入措施；

（4）具有《公司法》规定的不得担任公司董事、高级管理人员情形的；

（5）法律法规规定不得参与上市公司股权激励的；

（6）中国证券监督管理委员会认定的其他情形。

3. 公司达到以下业绩条件：

授予前一个财务年度，公司业绩达到以下条件：

（1）净资产收益率不低于______%；

（2）净利润三年复合增长率不低于______%；

（3）完成经济增加值（EVA）考核目标。

上述净资产收益率和净利润增长率原则上不低于对标企业50分位值水平；对标企业从A股某某行业上市公司中，选取综合实力、盈利能力、资产规模等方面排名领先的企业，同时考虑业务相似性和稳定性，剔除了变动幅度异常的企业。若在年度考核过程中，对标企业出现偏离幅度过大的样本极值，则将由公司董事会薪酬委员会根据实际情况研究并更换样本。公司董事会有权根据公司战略、市场环境等相关因素，对上述业绩指标和水平进行调整和修改，但相应调整和修改需报国资委备案。

上述指标所用的净资产收益率是指剔除非经常性损益后的加权平均净资产收益率；净利润是指剔除非经常性损益后归属于上市公司股东的净利润。

**四、股票期权的行权条件**

股票期权行权期内，同时满足下列条件时，乙方已获授的股票期权才能行权：

1. 甲方未发生以下任一情形：

（1）最近一个会计年度财务会计报告被注册会计师出具否定意见或者无法表示意见的审计报告；

（2）最近一个会计年度财务报告内部控制被注册会计师出具否定意见或者无法表示意见的审计报告；

（3）上市后最近36个月内出现过未按法律法规、公司章程、公开承诺进行利润分配的情形；

（4）法律法规规定不得实行股权激励的；

（5）中国证券监督管理委员会认定的其他情形。

甲方发生上述情形之一的，所有激励对象根据本激励计划已获授但尚未行权的股票期权应当由公司注销。

2. 乙方未发生以下任一情形：

（1）最近12个月内被证券交易所认定为不适当人选；

（2）最近12个月内被中国证券监督管理委员会及其派出机构认定为不适当人选；

（3）最近12个月内因重大违法违规行为被中国证券监督管理委员会及其派出机构行政处罚或者采取市场禁入措施；

（4）具有《公司法》规定的不得担任公司董事、高级管理人员情形的；

（5）法律法规规定不得参与上市公司股权激励的；

（6）中国证券监督管理委员会认定的其他情形。

乙方发生上述情形之一的，根据本激励计划已获授但尚未行权的股票期权应当由公司注销。

3. 甲方公司层面的业绩考核要求

股票期权行权前一个财务年度公司业绩达到以下条件：

（1）净资产收益率不低于 ______%；

（2）净利润三年复合增长率不低于 ______%；

（3）完成经济增加值（EVA）考核目标。

上述净资产收益率和净利润增长率原则上不低于对标企业75分位值水平；对标企业从A股某某行业上市公司中，选取综合实力、盈利能力、资产规模等方面排名领先的企业，同时考虑业务相似性和稳定性，剔除了变动幅度异常的企业。若在年度考核过程中，对标企业出现偏离幅度过大的样本极值，则将由公司董事会薪酬委员会根据实际情况研究并更换样本。公司董事会有权根据公司战略、市场环境等相关因素，对上述业绩指标和水平进行调整和修改，但相应调整和修改需报国资委备案。

上述指标所用的净资产收益率是指剔除非经常性损益后的加权平均净资产收益率；净利润是指剔除非经常性损益后归属于上市公司股东的净利润。

公司未满足上述业绩考核目标的，所有激励对象考核当年可行权的股票期权不得行权，对应的股票期权由公司注销。

4. 乙方个人层面考核要求

激励对象个人考核按照《某某股份有限公司股票期权激励计划实施考核管理办法》分年进行考核，根据个人的绩效考评评价指标确定考评结果，原则上绩效评价结果划分为良好（A）、合格（B）、不合格（C）三个档次。考核评价表适用于考核对象。

| 考核结果 | 良好（A） | 合格（B） | 不合格（C） |
| --- | --- | --- | --- |
| 标准系数 | 1.0 | 0.8 | 0 |

个人当年实际行权额度＝标准系数 × 个人当年计划行权额度

若激励对象上一年度个人绩效考核为不合格（C），则公司将按照股票期权激励计划的规定，取消该激励对象股票期权的当期可行权额度，由公司进行注销。

若激励对象上一年度个人绩效考核为合格（B），则公司将按照股票期权激励计划的规定，对该激励对象股票期权当期未行权额度予以注销。

D11343

五、甲、乙双方的权利与义务

1. 甲方的权利与义务

（1）甲方具有对本计划的解释和执行权，并按本计划规定对乙方进行绩效考核，若乙方未达到本计划所确定的股票期权行权条件，甲方将按本计划的规定注销乙方相应尚未行权的股票期权。

（2）甲方承诺不为乙方获取有关股票期权提供贷款以及其他任何形式的财务资助，包括为其贷款提供担保。

（3）甲方应及时按照有关规定履行股票期权激励计划申报、信息披露等义务。

（4）甲方应当根据股票期权激励计划及中国证券监督管理委员会、证券交易所、中国证券登记结算有限责任公司等的有关规定，积极配合满足行权条件的乙方按规定行权。但若因中国证券监督管理委员会、证券交易所、中国证券登记结算有限责任公司的原因造成乙方未能按自身意愿行权并给激励对象造成损失的，甲方不承担责任。

（5）法律、法规规定的其他相关权利义务。

2. 乙方的权利与义务

（1）激励对象应当按公司所聘岗位的要求，勤勉尽责、恪守职业道德，为公司的发展做出应有贡献。

（2）激励对象的资金来源为激励对象自筹资金。

（3）激励对象有权且应当按照法律、法规、规章、《公司章程》、本激励计划的规定行权，并按规定锁定和买卖公司股票。

（4）本次激励计划的实际行权收益原则上不超过激励对象薪酬总水平（含股权激励收益）的40%。对行权有效期内股票价格偏高，致使股权激励实际收益超出上述比重的，超过部分归公司所有。

（5）激励对象因激励计划获得的收益，应按国家税收法规交纳个人所得税及其他税费。

（6）法律、法规规定的其他相关权利义务。

**六、异动发生时的处理**

（一）甲方发生异动的处理

1. 甲方出现下列情形之一时，本计划即行终止：

（1）甲方最近一个会计年度财务会计报告被注册会计师出具否定意见或者无法表示意见的审计报告；

（2）甲方最近一个会计年度财务报告内部控制被注册会计师出具否定意见或者无法表示意见的审计报告；

（3）甲方上市后最近 36 个月内出现过未按法律法规、公司章程、公开承诺进行利润分配的情形；

（4）甲方出现法律法规规定不得实行股权激励的情形；

（5）中国证券监督管理委员会认定的其他需要终止激励计划的情形。

当甲方出现终止本计划的上述情形时，乙方已获授的尚未行权的股票期权不得行权，由公司注销。

2. 甲方出现下列情形之一时，本计划不做变更，按本计划的规定继续执行：

（1）甲方控制权发生变更；

（2）甲方出现合并、分立等情形。

3. 公司因信息披露文件中有虚假记载、误导性陈述或者重大遗漏，导致不符合授予权益或行使权益安排的，激励对象应当自相关信息披露文件被确认存在虚假记载、误导性陈述或者重大遗漏后，将由本激励计划所获得的全部利益返还公司。

（二）乙方个人情况发生变化的处理

1. 乙方在公司内发生正常职务变更，其获授的股票期权完

D11343

全按照本激励计划相关规定进行。

2. 乙方如因出现以下情形之一而失去参与本激励计划的资格，董事会可以决定对乙方根据本激励计划在情况发生之日，对乙方已获准行权但尚未行权的股票期权终止行权，其未获准行权的期权作废。

（1）最近12个月内被证券交易所认定为不适当人选的；

（2）最近12个月内被中国证券监督管理委员会及其派出机构认定为不适当人选的；

（3）最近12个月内因重大违法违规行为被中国证券监督管理委员会及其派出机构行政处罚或者采取市场禁入措施；

（4）具有《公司法》规定的不得担任公司董事、高级管理人员情形的；

（5）因不能胜任岗位工作、触犯法律、违反执业道德、泄露公司机密、失职或渎职等行为损害公司利益或声誉而导致的职务变更，或因前列原因导致公司解除与激励对象劳动关系的；

（6）甲方董事会认定的其他严重违反公司有关规定或严重损害公司利益的情形；

（7）单方面提出终止或解除与公司订立的劳动合同或聘用合同；

（8）与甲方所签订的劳动合同或聘用合同期满，个人提出不再续签；

（9）因个人原因而致使甲方提出解除或终止劳动合同（包括被公司辞退、除名等）；

（10）因甲方经营调整（包括但不限于裁员），甲方单方面终止或解除与激励对象订立的劳动合同、聘用合同的；

（11）成为法律、法规规定的其他不得参与上市公司股权激励的人员；

（12）中国证券监督管理委员会认定的其他情形。

3. 当发生以下情况时，激励对象已获准行权但尚未行使的股票期权应在六个月内完成行权，其未获准行权的期权予以作废。

（1）死亡或丧失民事行为能力；

（2）退休；

（3）工作正常调动。

4. 其他未说明的情况由董事会认定，并确定处理方式。

**七、聘用关系**

甲方与乙方签署本协议不构成甲方对乙方聘用期限和聘用关系的任何承诺，公司对乙方的聘用关系仍按劳动合同的有关约定执行。

**八、违约责任**

1. 任何一方违反协议约定，给他方造成经济损失的，应根据其责任大小给予他方经济补偿。本协议另有约定除外。

2. 一方违约致使对方采取诉讼的方式时，违约方应承担守约方为此支付的诉讼费、律师费、差旅费及其他费用。

**九、争议解决**

甲、乙双方对于本协议执行过程中发生的争议应协商解决；协商不成，可提交甲方住所地人民法院诉讼解决。

**十、其他**

1. 本协议未尽事宜，以《股权激励计划》规定内容为准。

2. 本协议经双方协商后可以增加补充协议，补充协议的内容为本协议的一部分，具有同等的法律效力。

3. 本协议有效期为______年，自______年______月______日起，至______年______月______日止。

4. 本协议一式两份，甲、乙双方各执一份，具有同等法律

D11343

D11359

效力。

5. 本协议自双方签字盖章之日起生效。

6. 本协议于______年______月______日签署。

甲方：某某股份有限公司（盖章）

乙方（签字）：________________________________

**文本正文 5：http://www.fatianshi.cn/D11359**

某某股份有限公司

激励对象行权申请书

本人____________，身份证号码：____________，本人截至目前，持有公司股票期权共计______股。根据《股票期权激励计划》以及董事会、监事会相关决议，本人现有授予的期权股已符合行权条件，在此谨向公司申请如下：

本人申请于______年______月______日按照《股票期权激励计划》的规定对上述股权予以行权。

特此申请！

申请人：____________

______年______月______日

**文本正文 6：http://www.fatianshi.cn/D11360**

某某股份有限公司

股票期权行权批准书

D11360

____________先生/女士：

______年______月______日，您向我司提交的《股票期权行权申请书》收悉，经审核，就您本次期权行权事项予以批准，且通知如下：

姓名：________________________________________

性别：________________________________________

身份证号码：__________________________________

本次期权行权数量：____________________________

行权价：______________________________________

本次统一行权日期：_____年_____月_____日至_____年_____月_____日

某某股份有限公司

_____年_____月_____日

D11360

# 4.私企新三板挂牌公司股票期权全套文件

**文件名称用途：**

| 序号 | 名称 | 用途 | 网址 | 二维码 |
|---|---|---|---|---|
| 1 | 股权激励计划（草案） | 董事会拟定，由股东大会审议通过的整套方案 | http://www.fatianshi.cn/D11361 | D11361 |
| 2 | 考核管理办法 | 董事会负责解释及修订，由公司股东大会审议通过后生效 | http://www.fatianshi.cn/D11363 | D11363 |
| 3 | 董事会决议 | 用于董事会通过股权激励计划（草案）等议案 | http://www.fatianshi.cn/D11364 | D11364 |
| 4 | 监事会决议 | 用于监事会通过认定核心员工的议案 | http://www.fatianshi.cn/D11365 | D11365 |
| 5 | 股东大会决议 | 用于通过股权激励计划（草案）等议案 | http://www.fatianshi.cn/D11367 | D11367 |
| 6 | 股票期权激励协议 | 用于明确公司与激励对象的权利义务 | http://www.fatianshi.cn/D11368 | D11368 |

续表

| 序号 | 名称 | 用途 | 网址 | 二维码 |
| --- | --- | --- | --- | --- |
| 7 | 股票期权行权申请书 | 用于激励对象向公司申请股票期权行权 | http://www.fatianshi.cn/D11369 | D11369 |
| 8 | 股票期权行权批准书 | 用于公司批准激励对象行权 | http://www.fatianshi.cn/D11371 | D11371 |
| 9 | 股权激励股票发行认购协议 | 用于公司向激励对象定向发行股票，明确双方权利义务 | http://www.fatianshi.cn/D11372 | D11372 |
| 10 | 行权之董事会决议 | 用于董事会通过股票期权行权等议案 | http://www.fatianshi.cn/D11373 | D11373 |
| 11 | 行权之股东大会决议 | 用于股东大会通过股票期权行权等议案 | http://www.fatianshi.cn/D11374 | D11374 |

**该套文件的设计思路：**

股权激励的股票来源为公司向激励对象定向发行股份，资金来源为激励对象合法自筹资金，在授予条件成就时公司授予激励对象一定数量的股票期权，经过一段时间的等待期，在行权条件成就时，激励对象可以在规定的时间段以事先确定好的行权价格内分期行权（购买公司股票）。获得公司股票后董事、高管若要出售公司股票还应当遵守《中华人民共和国公司法》《中华人民共和国证券法》等法律法规有关禁售的规定。当激励对象发生离职等事宜时，已获准行权但尚未行权的股票期权终止行权，其未获准行权的期权作废（注销处理）。

该套文件设计思路的局限：根据《非上市公众公司监督管理办法》《常见问题解答》第24条，挂牌公司向特定对象发行股票，股东人数累计可以超过200人，但每次定向发行除公司股东之外的其他投资者合计不得超过35人。故当超过35人时，挂牌公司可以通过其持股平台（譬如有限合伙企业）的普通合伙人对激励对象转让份额的方式使其间接持股。由于篇幅有限，在此不列举间接持股的方式。

新三板相较上市公司而言，因为没有专门的法律法规来予以规定，所以新三板公司在实施股权激励时往往参照《上市公司股权激励管理办法》，但毕竟只是参照，在实施时有很大的灵活性。譬如：

1. 董事会不必非得设置薪酬与考核委员会来拟定股权激励草案以及领导与组织考核工作，而可以由董事会来拟定草案，由董事会领导和审核考核工作，具体的考核工作可由人力资源部实施；

2. 公司监事可以成为被激励的对象，但随着最近证监会监管趋势，建议设定激励对象范围时，将监事排除在外。

3. 授予激励对象的总数可以突破占公司已发行股票总股本10%以及授予单个激励对象的股票数量可以突破占公司已发行股票总股本1%的限制。

4. 行权价格一般多参照公司每股净资产价格等因素来确定。

5. 授予条件与行权条件可以参照《上市公司股权激励管理办法》来设定，还可以在此之外设定其他条件。

**文本正文 1：http://www.fatianshi.cn/D11361**

# 某某股份有限公司股权激励计划（草案）

## 第一章　实施激励计划的目的

为了进一步建立、健全公司长效激励机制，吸引和留住优秀人才，充分调动公司管理人员及核心员工的积极性，有效地将股东利益、公司利益和个人利益结合在一起，促进公司业绩持续增长，在充分保障股东利益的前提下，按照收益与贡献对等原则，根据《中华人民共和国公司法》《中华人民共和国证券法》《非上市公众公司监督管理办法》等有关法律、法规和规范性文件以及《公司章程》的规定，制订本计划。

## 第二章　本计划的管理机构

一、股东大会作为公司的最高权力机构，负责审议批准本计划的实施、变更和终止。

二、董事会是本计划的执行管理机构，负责拟订和修订本计划并报董事会审议，董事会对本计划审议通过后，报股东大会审议。董事会在股东大会授权范围内办理本计划的相关事宜。

三、监事会是本计划的监督机构，负责审核激励对象的名单，并对本计划的实施是否符合相关法律、行政法规、部门规章和相关业务规则进行监督。

## 第三章　激励对象的确定依据和范围

### 一、激励对象的确定依据

（一）激励对象确定的法律依据

本计划激励对象根据《中华人民共和国公司法》《中华人民

D11361

共和国证券法》《管理办法》等有关法律、法规、规范性文件和《公司章程》的相关规定，结合公司实际情况而确定。

（二）激励对象确定的职务依据

本计划激励对象为公司董事、高级管理人员以及核心员工[①]

（三）不得成为激励对象的情形

**二、激励对象的范围**

本计划涉及的激励对象共计______人，包括：

（一）公司董事；

（二）高级管理人员；

（三）核心员工。

以上激励对象中，董事必须经股东大会选举，高级管理人员需经公司董事会聘任。其他激励对象均须在本计划的考核期内与公司具有雇佣或劳务关系。

## 第四章 激励计划具体内容

**一、激励计划的股票来源**

本计划涉及的标的股票来源为公司向激励对象定向发行的公司股票。

**二、激励计划标的股票的数量**

公司在本激励计划中拟授予激励对象 ______ 万份的股票期权，每份股票期权拥有在可行权日以行权价格和行权条件认购1股公司股票的权利，涉及的公司股票数量为______万股，约占公司股权激励计划公告时已发行股本总额 ______ 万元的 ______%。

**三、股票期权分配情况**

授予的股票期权在各激励对象间的分配情况如下表所示：（以下百分比计算结果四舍五入，保留两位小数）



①依据《非上市公众公司监督管理办法》第39条，核心员工的认定，应当由公司董事会提名，并向全体员工公示和征求意见，由监事会发表明确意见后，经股东大会审议批准。

| 人员类型 | 姓名 | 职务 | 获授的股票期权数量（万股） | 占授予股票期权总数的比例 | 占目前总股本的比例 |
|---|---|---|---|---|---|
| 董事、监事 | | | | | |
| | | | | | |
| | | | | | |
| 高级管理人员 | | | | | |
| | | | | | |
| | | | | | |
| | | | | | |
| 其他______名核心技术（业务）人员 | | | | | |
| 合计 | | | | | |

**四、激励计划的有效期、授予日、等待期、可行权日、禁售期**

（一）有效期

本计划的有效期为首次授予股票期权之日起______个月。

（二）授予日

授权日在本激励计划经公司股东大会审议批准后由公司董事会确定，①授权日应自公司股东大会审议通过本激励计划之日起______日内确定，届时由公司召开董事会就本激励计划设定的激励对象获授股票期权的条件是否成就进行审议，公司董事会对符合条件的激励对象授予股票期权，并完成登记、公告等相关程序。授权日必须为交易日。

（三）等待期

等待期为股票期权授权日至股票期权首个可行权日之间的期间，本激励计划的等待期为自股票期权授权日起的______个月。②

①此日期没有限制性要求，公司可以灵活设置。

②对于上市公司而言，有明文规定为不得少于12个月的等待期，但对于新三板公司而言，可以参照实施。也可以少于12个月。

D11361

（四）可行权日

本激励计划授予的股票期权自授权日起满______个月后可以开始行权。激励对象在相应行权期内可按本激励计划规定的行权比例分期行权，可行权日必须为交易日，且不得在下列期间内进行行权（1）公司定期报告公告前30日至公告后2个交易日内，因特殊原因推迟定期报告公告日期的，自原预约公告日前30日起算；（2）公司业绩预告、业绩快报公告前10日至公告后2个交易日内；（3）重大交易或重大事项决定过程中至该事项公告后2个交易日；（4）其他可能影响股价的重大事件发生之日起至公告后2个交易日。

（五）行权安排

在本激励计划的有效期内，本激励计划首次授予的股票期权从授权日开始经过______个月的等待期，激励对象可在下表所列各行权期内的可行权日按照______%、______%、______%的行权比例分三期行权。本次授予股票期权行权期安排如下：（根据《管理办法》等相关规定，该日不得行权的除外）

| 阶段 | 时间安排 | 股票期权行权比例 |
| --- | --- | --- |
| 第一个行权期 | 自授予日起______个月后的首个交易日起至授予日起______个月内的最后一个交易日当日止 | ______% |
| 第二个行权期 | 自授予日起______个月后的首个交易日起至授予日起______个月内的最后一个交易日当日止 | ______% |
| 第三个行权期 | 自授予日起______个月后的首个交易日起至授予日起______个月内的最后一个交易日当日止 | ______% |

当期行权条件未成就的，股票期权不得行权或递延至下期

行权，应由公司注销相关股票期权。股票期权各行权期结束后，激励对象在相应行权期未行权的当期股票期权应当终止行权，公司应当及时注销。相关法律、行政法规、部门规章对上市公司董事、高级管理人员买卖上市公司股票的期间有限制的，激励对象不得在相关限制期间行权。

（六）禁售期

禁售期是指对激励对象行权后所获股票进行售出限制的时间段。本激励计划的禁售规定按照《中华人民共和国公司法》《中华人民共和国证券法》等相关法律、法规、规范性文件和《公司章程》执行，具体规定如下：

1. 激励对象为公司董事和高级管理人员的，其在任职期间每年转让的股份不得超过其所持有本公司股份总数的25%；在离职后半年内，不得转让其所持有的本公司股份。

2. 激励对象为公司董事和高级管理人员的，将其持有的本公司股票在买入后6个月内卖出，或者在卖出后6个月内又买入，由此所得收益归本公司所有，本公司董事会将收回其所得收益。

3. 在本计划有效期内，如果《中华人民共和国公司法》《中华人民共和国证券法》等相关法律、法规、规范性文件和《公司章程》中对公司董事和高级管理人员持有股份转让的有关规定发生了变化，则这部分激励对象转让其所持有的公司股票应当在转让时符合修改后的《中华人民共和国公司法》《中华人民共和国证券法》等相关法律、法规、规范性文件和《公司章程》的规定。

**五、股票期权的行权价格和行权价格的确定方法**

本次授予的股票期权的行权价格为某某年每股净资产的价格即 ______ 元每股。

D11361

六、股票期权的授予与行权条件

（一）股票期权的授予条件

激励对象只有在同时满足下列条件时，才能获授股票期权：

1. 公司未发生以下任一情形：

（1）最近一个会计年度财务会计报告被注册会计师出具否定意见或者无法表示意见的审计报告；

（2）最近一年内因重大违法违规行为被中国证券监督管理委员会予以行政处罚；

（3）中国证券监督管理委员会或股转系统认定的不得实行股权激励的其他情形。

2. 激励对象未发生以下任一情形：

（1）最近三年内因重大违法违规行为被中国证券监督管理委员会予以行政处罚；

（2）具有《中华人民共和国公司法》规定的不得担任公司董事、监事及高级管理人员情形；

（3）公司董事会认定其他严重违反公司有关规定的。

其他授予条件：

（二）股票期权的行权条件

行权期内，同时满足下列条件时，激励对象已获授的股票期权才能行权：

1. 公司未发生以下任一情形：

（1）最近一个会计年度财务会计报告被注册会计师出具否定意见或者无法表示意见的审计报告；

（2）最近一年内因重大违法违规行为被中国证券监督管理委员会予以行政处罚；

（3）中国证券监督管理委员会或股转系统认定的不得实行股权激励的其他情形。

公司发生上述情形之一的，所有激励对象根据本激励计划已获授但尚未行权的股票期权应当由公司注销。

2. 激励对象未发生以下任一情形：

（1）最近三年内因重大违法违规行为被中国证券监督管理委员会予以行政处罚；

（2）具有《中华人民共和国公司法》规定的不得担任公司董事、监事及高级管理人员情形；

（3）公司董事会认定其他严重违反公司有关规定的。

激励对象发生上述情形之一的，根据本激励计划已获授但尚未行权的股票期权应当由公司注销。

3. 公司层面的业绩考核要求

对于本激励计划授予的股票期权，各年度业绩考核目标如下表所示：

| 行权期 | 业绩考核目标 |
|---|---|
| 第一个行权期 | ______年的净利润较______年增长______%及以上 |
| 第二个行权期 | ______年的净利润较______年增长______%及以上 |
| 第三个行权期 | ______年的净利润较______年增长______%及以上 |

公司未满足上述业绩考核目标的，所有激励对象考核当年可行权的股票期权不得行权，对应的股票期权由公司注销。

4. 个人层面考核要求

根据公司制定的《某某股份有限公司______年股票期权激励计划实施考核办法》，激励对象只有在上一年度个人考核为“合格”及以上时，激励对象对应当年的股票期权方可行权。

5. 其他行权条件

**七、股票期权激励计划的调整方法和程序**

（一）股票期权数量的调整方法

在行权之前，若公司发生资本公积金转增股本、派送股票红利、股票拆细或缩股等事项，公司应对股票期权数量进行相应的调整。调整方法如下：

1. 资本公积转增股本、派送股票红利、股份拆细

$Q = Q0 \times (1 + n)$

其中：Q0为调整前的股票期权数量；n为每股的资本公积金转增股本、派送股票红利、股票拆细的比率（每股股票经转增、送股或拆细后增加的股票数量）；Q为调整后的股票期权数量。

2. 配股

$Q = Q0 \times P1 \times (1 + n) \div (P1 + P2 \times n)$

其中：Q0为调整前的股票期权数量；P1为股权登记日当日收盘价；P2为配股价格；n为配股的比例（配股的股数与配股前公司总股本的比例）；Q为调整后的股票期权数量。

3. 缩股

$Q = Q0 \times n$

其中：Q0为调整前的股票期权数量；n为缩股比例（1股公司股票缩为n股股票）；Q为调整后的股票期权数量。

4. 增发

公司发生增发时，股票期权数量不做调整。

（二）行权价格的调整方法

若在行权前公司发生资本公积金转增股本、派送股票红利、股票拆细、缩股、配股或派息等事项，公司应对行权价格进行相应的调整。调整方法如下：

1. 资本公积转增股本、派送股票红利、股份拆细

P = P0÷（1 + n）

其中：P0为调整前的行权价格；n为每股的资本公积金转增股本、派送股票红利、股票拆细的比率；P为调整后的行权价格。

2. 配股

P = P0×（P1 + P2×n）÷[P1×（1 + n）]

其中：P0为调整前的行权价格；P1为股权登记日当天收盘价；P2为配股价格；n为配股的比例（配股的股数与配股前公司总股本的比例）；P为调整后的行权价格。

3. 缩股

P = P0÷n

其中：P0为调整前的行权价格；n为缩股比例；P为调整后的行权价格。

4. 派息

P = P0−V

其中：P0为调整前的行权价格；V为每股的派息额；P为调整后的行权价格。经派息调整后，P仍须大于1。

5. 增发

公司在发生增发新股的情况下，股票期权的行权价格不做调整。

（三）股票期权激励计划调整的程序

公司股东大会授权公司董事会，当出现前述情况时由公司董事会决定调整股票期权数量、行权价格。

## 第五章　本计划的相关程序

### 一、激励计划实施程序

（一）公司董事会应当依法对本激励计划作出决议。董事会

D11361

审议本激励计划时，作为激励对象的董事或与其存在关联关系的董事应当回避表决。董事会应当在审议通过本计划并履行公示、公告程序后，将本计划提交股东大会审议；同时提请股东大会授权，负责实施股票期权的授予、行权和注销工作。

（二）本激励计划经公司股东大会审议通过，且达到本激励计划规定的授予条件时，公司在规定时间内向激励对象授予股票期权。经股东大会授权后，董事会负责实施股票期权的授予、行权和注销。

**二、股票期权的授予程序**

股东大会审议通过本计划后，公司与激励对象签署股权激励相关协议，以此约定双方的权利义务关系。公司董事会根据股东大会的授权办理股票期权的授予事宜。

**三、股票期权的行权程序**

（一）激励对象在可行权日内，以《行权申请书》向公司确认行权的数量和价格，并交付相应的购股款项。

（二）公司在对激励对象的行权申请做出核实和认定后，按申请行权数量向激励对象定向发行股票。

## 第六章　公司/激励对象各自的权利义务

**一、公司的权利与义务**

（一）公司具有对本计划的解释和执行权，并按本计划规定对激励对象进行绩效考核，若激励对象未达到本计划所确定的股票期权行权条件，公司将按本计划的规定注销激励对象相应尚未行权的股票期权。

（二）公司承诺不为激励对象获取有关股票期权提供贷款以及其他任何形式的财务资助，包括为其贷款提供担保。

（三）公司应及时按照有关规定履行股票期权激励计划申报、

信息披露等义务。

（四）公司应当根据股票期权激励计划及中国证券监督管理委员会、中国证券登记结算有限责任公司等的有关规定，积极配合满足行权条件的激励对象按规定行权。但若因中国证券监督管理委员会、中国证券登记结算有限责任公司的原因造成激励对象未能按自身意愿行权并给激励对象造成损失的，公司不承担责任。

（五）法律、法规规定的其他相关权利义务。

**二、激励对象的权利与义务**

（一）激励对象应当按公司所聘岗位的要求，勤勉尽责、恪守职业道德，为公司的发展做出应有贡献。

（二）激励对象的资金来源为激励对象自筹资金。

（三）激励对象有权且应当按照法律、法规、规章、《公司章程》、本激励计划的规定行权，并按规定锁定和买卖公司股票。

（四）激励对象按规定行权后持有公司股票的，享有股票带来的一切收益。

（五）激励对象因激励计划获得的收益，应按国家税收法规交纳个人所得税及其他税费。

（六）法律、法规规定的其他相关权利义务。

## 第七章　公司/激励对象发生异动的处理

**一、公司发生异动的处理**

（一）公司出现下列情形之一时，本计划即行终止：

1. 公司最近一个会计年度财务会计报告被注册会计师出具否定意见或者无法表示意见的审计报告；

2. 最近一年内因重大违法违规行为被中国证券监督管理委员会予以行政处罚；

3. 公司股东大会决定终止本计划；

4. 其他法律法规、证券监督管理委员会以及股转系统认定的情形。

当公司出现终止本计划的上述情形时，激励对象已获授的尚未行权的股票期权不得行权，由公司注销。

（二）公司出现下列情形之一时，本计划不做变更，按本计划的规定继续执行：

1. 公司控制权发生变更；

2. 公司出现合并、分立等情形。

（三）公司因信息披露文件中有虚假记载、误导性陈述或者重大遗漏，导致不符合授予权益或行使权益安排的，激励对象应当自相关信息披露文件被确认存在虚假记载、误导性陈述或者重大遗漏后，将由本激励计划所获得的全部利益返还公司。

**二、激励对象个人情况发生变化的处理**

（一）激励对象在公司内发生正常职务变更，其获授的股票期权完全按照本激励计划相关规定进行。

（二）激励对象如因出现以下情形之一而失去参与本激励计划的资格，董事会可以决定对激励对象根据本激励计划在情况发生之日，对激励对象已获准行权但尚未行权的股票期权终止行权，其未获准行权的期权作废。

1. 最近三年内被股转系统认定为不适当人选的；

2. 最近三年内被中国证券监督管理委员会及其派出机构认定为不适当人选的；

3. 最近三年内因重大违法违规行为被中国证券监督管理委员会及其派出机构行政处罚或者采取市场禁入措施；

4. 具有《中华人民共和国公司法》规定的不得担任公司董事、高级管理人员情形的；

5. 因不能胜任岗位工作、触犯法律、违反执业道德、泄露公司机密、失职或渎职等行为损害公司利益或声誉而导致的职务变更，或因前列原因导致公司解除与激励对象劳动关系的；

6. 公司董事会认定的其他严重违反公司有关规定或严重损害公司利益的情形；

7. 单方面提出终止或解除与公司订立的劳动合同或聘用合同；

8. 与公司所签订的劳动合同或聘用合同期满，个人提出不再续签；

9. 因个人原因而致使公司提出解除或终止劳动合同；

10. 达到法定退休条件且退休后不继续在公司任职的；

11. 因公司经营调整（包括但不限于裁员），公司单方面终止或解除与激励对象订立的劳动合同、聘用合同的；

12. 董事会认定的其他情形；

13.《中华人民共和国劳动法》《中华人民共和国劳动合同法》等法律法规规定的激励对象离职或与公司劳动合同终止的其他情形。

（三）激励对象因丧失劳动能力而离职，应分以下两种情况处理：

1. 激励对象因执行公司职务而丧失劳动能力而离职的，其获授的权益将完全按照丧失劳动能力前本激励计划规定的程序进行，其个人绩效考核结果不再纳入行权条件。

2. 激励对象非因执行公司职务而丧失劳动能力而离职的，其已获准行权但尚未行使的股票期权终止行权，其未获准行权的股票期权作废。

（四）激励对象身故，应分以下两种情况处理：

1. 激励对象因执行公司职务身故时的，其获授的权益将由其指定的财产继承人或法定继承人代为持有，其获授的权益按照身故前本激励计划规定的程序进行，其个人绩效考核结果不再纳入行权条件。

D11361

2. 激励对象非因执行职务身故的，其已获准行权但尚未行使的股票期权终止行权，其未获准行权的股票期权作废。

（五）其他未说明的情况由董事会认定，并确定处理方式。

**三、公司与激励对象之间争议的解决**

公司与激励对象发生争议，按照本计划和股权激励计划相关协议的规定解决；规定不明的，双方应按照国家法律和公平合理原则协商解决；协商不成，应提交公司住所所在地有管辖权的人民法院诉讼解决。

## 第八章　附　　则

一、本计划在公司股东大会审议通过后生效；

二、本计划由公司董事会负责解释。

某某股份有限公司董事会

______年______月______日

**文本正文 2：http://www.fatianshi.cn/D11363**

# 某某股份有限公司
# 股票期权激励计划考核管理实施办法

为保证某某股份有限公司（以下简称公司）长期激励计划的顺利进行，进一步建立、健全公司长期激励机制，吸引和保留优秀人才，充分调动公司管理人员及核心员工的积极性，促进公司业绩持续增长，根据《中华人民共和国公司法》《中华人民共和国证券法》和《某某股份有限公司章程》以及其他相关法律法规的规定制定本办法。

**一、考核目的**

本办法坚持公平、公开、公正的原则，通过对公司激励对象的业绩等工作绩效进行正确的评价，以实现长期激励计划与激励对象工作业绩、贡献紧密结合，从而积极地利用长期激励机制，提高管理绩效，实现公司和全体股东利益最大化。

**二、考核范围**

本办法适用于本次激励计划所确定的所有激励对象，包括公司董事、监事、高级管理人员、核心员工。

**三、考核机构**

（一）公司董事会会负责领导和审核考核工作

（二）人力资源部负责具体实施考核工作[1]

（三）公司人力资源部、财务管理部等相关部门负责相关考核数据的搜集和提供，并对数据的真实性和可靠性负责

**四、绩效考核评价指标及标准**

（一）行权条件之公司层面业绩考核

对于本激励计划授予的股票期权，各年度业绩考核目标如下表所示：

| 行权期 | 业绩考核目标 |
|---|---|
| 第一个行权期 | ______年的净利润较______年增长______%及以上 |
| 第二个行权期 | ______年的净利润较______年增长______%及以上 |
| 第三个行权期 | ______年的净利润较______年增长______%及以上 |

（二）行权条件之个人层面绩效考核要求

根据公司的绩效考核管理办法，目前对个人绩效考核结果共有 A、B、C、D 四档，[2]对应的考核结果如下，S 为分数：

A（优秀）：出色的、持续超过岗位标准要求，$S \geq 90$。

B（良好）：称职、达到岗位标准要求，$90 > S \geq 80$。

C（合格）：基本适合岗位标准要求，$80 > S \geq 60$。

①由于新三板不必设薪酬与考核委员会，所以此种情形下具体的考核工作便由人力资源部来实施。

②绩效考核管理有多种办法，如 KPI，360 度，目标管理以及平衡计分卡等。

D11363

D（不合格）：未能达到岗位标准要求，S ＜ 60。

若激励对象上一年度个人绩效考核结果为 A/B/C 档，则上一年度激励对象个人绩效考核为“合格”及以上，激励对象对应当年的股票期权方可行权。

若激励对象上一年度个人绩效考核结果为 D 档，则上一年度激励对象个人绩效考核为“不合格”，激励对象当年的股票期权不可行权，由公司注销。

（三）与考核相关的其他行权条件

**五、考核期间与次数**

（一）考核期间

股票期权每个行权期前一会计年度。

（二）考核次数

股票期权行权期每年度一次。

**六、考核程序**

公司人力资源部负责激励对象考核分数的计算、考核结果的材料汇总，并在此基础上形成绩效考核报告，并提交董事会审核。

**七、考核结果的反馈及应用**

（一）被考核者有权了解自己的考核结果，人力资源部会应当在考核结束后______个工作日内向被考核者反馈考核结果。

（二）如被考核者对考核结果有异议，可在接到考核反馈的______个工作日内向公司人力资源部提出申诉，人力资源部可根据实际情况对其考核结果进行复核，并根据复核结果对考核结果进行修正。

（三）考核结果作为股票期权行权的依据。

**八、附则**

本办法由公司股东大会审议通过后生效，由董事会负责解释及修订。

**文本正文 3：http://www.fatianshi.cn/D11368**

某某股份有限公司

股票期权激励计划协议书

甲方：某某股份有限公司

地址：________________________________________

法定代表人：__________________________________

联系电话：____________________________________

乙方：________________________________________

地址：________________________________________

身份证号码：__________________________________

联系电话：____________________________________

根据《某某股份有限公司 ______ 年股票期权激励计划》《某某股份有限公司章程》的有关规定，按照甲方股东大会的有关决议，甲乙双方就股票期权的授予、行权、注销等事项订立如下协议：

**一、股票来源及数量**

本次股权激励的股票来源为甲方向乙方定向发行公司普通股，甲方拟授予乙方的股票期权数量为 ______ 股。

**二、股票行权价格及付款安排**

甲方授予乙方的股票的行权价格为某某年每股净资产的价格即______元每股，乙方购股资金需自筹解决。

**三、股票期权的授予条件**

乙方只有在下列条件同时满足时，才能获授股票期权：

1. 公司未发生以下任一情形：

D11368

（1）最近一个会计年度财务会计报告被注册会计师出具否定意见或者无法表示意见的审计报告；

（2）最近一年内因重大违法违规行为被中国证券监督管理委员会予以行政处罚；

（3）中国证券监督管理委员会或股转系统认定的不得实行股权激励的其他情形。

2. 激励对象未发生以下任一情形：

（1）最近三年内因重大违法违规行为被中国证券监督管理委员会予以行政处罚；

（2）具有《中华人民共和国公司法》规定的不得担任公司董事、监事及高级管理人员情形；

（3）公司董事会认定其他严重违反公司有关规定的。

3. 其他授予条件__________________________________。

**四、股票期权的行权条件**

股票期权行权期内，同时满足下列条件时，乙方已获授的股票期权才能行权：

1. 公司未发生以下任一情形：

（1）最近一个会计年度财务会计报告被注册会计师出具否定意见或者无法表示意见的审计报告；

（2）最近一年内因重大违法违规行为被中国证券监督管理委员会予以行政处罚；

（3）中国证券监督管理委员会或股转系统认定的不得实行股权激励的其他情形。

公司发生上述情形之一的，所有激励对象根据本激励计划已获授但尚未行权的股票期权应当由公司注销。

2. 激励对象未发生以下任一情形：

（1）最近三年内因重大违法违规行为被中国证券监督管理委员会予以行政处罚；

委员会予以行政处罚；

（2）具有《中华人民共和国公司法》规定的不得担任公司董事、监事及高级管理人员情形；

（3）公司董事会认定其他严重违反公司有关规定的。

激励对象发生上述情形之一的，根据本激励计划已获授但尚未行权的股票期权应当由公司注销。

3. 公司层面的业绩考核要求

对于本激励计划授予的股票期权，各年度业绩考核目标如下表所示：

| 行权期 | 业绩考核目标 |
| --- | --- |
| 第一个行权期 | ______年的净利润较______年增长______%及以上 |
| 第二个行权期 | ______年的净利润较______年增长______%及以上 |
| 第三个行权期 | ______年的净利润较______年增长______%及以上 |

公司未满足上述业绩考核目标的，所有激励对象考核当年可行权的股票期权不得行权，对应的股票期权由公司注销。

4. 个人层面考核要求

根据公司制定的《某某股份有限公司年股票期权激励计划实施考核办法》，激励对象只有在上一年度个人考核为“合格”及以上时，激励对象对应当年的股票期权方可行权。

5. 其他行权条件______________________________。

**五、甲、乙双方的权利与义务**

（一）甲方的权利与义务

1. 甲方具有对本计划的解释和执行权，并按本计划规定对乙方进行绩效考核，若乙方未达到本计划所确定的股票期权行权条件，甲方将按本计划的规定注销乙方相应尚未行权的股票期权。

2. 甲方承诺不为乙方获取有关股票期权提供贷款以及其他任何形式的财务资助，包括为其贷款提供担保。

3. 甲方应及时按照有关规定履行股票期权激励计划申报、信息披露等义务。

4. 甲方应当根据股票期权激励计划及中国证券监督管理委员会、中国证券登记结算有限责任公司等的有关规定，积极配合满足行权条件的乙方按规定行权。但若因中国证券监督管理委员会、中国证券登记结算有限责任公司的原因造成乙方未能按自身意愿行权并给激励对象造成损失的，甲方不承担责任。

5. 法律、法规规定的其他相关权利义务。

（二）乙方的权利与义务

1. 乙方应当按公司所聘岗位的要求，勤勉尽责、恪守职业道德，为公司的发展做出应有贡献。

2. 乙方的资金来源为激励对象自筹资金。

3. 乙方有权且应当按照法律、法规、规章、《公司章程》、本激励计划的规定行权，并按规定锁定和买卖公司股票。

4. 乙方按规定行权后持有公司股票的，享有股票带来的一切收益。

5. 乙方因激励计划获得的收益，应按国家税收法规交纳个人所得税及其他税费。

6. 法律、法规规定的其他相关权利义务。

**六、异动发生时的处理**

（一）甲方发生异动的处理

1. 甲方出现下列情形之一时，本计划即行终止：

（1）甲方最近一个会计年度财务会计报告被注册会计师出

具否定意见或者无法表示意见的审计报告；

（2）最近一年内因重大违法违规行为被中国证券监督管理委员会予以行政处罚；

（3）甲方股东大会决定终止本计划；

（4）其他法律法规、证券监督管理委员会以及股转系统认定的情形。

当甲方出现终止本计划的上述情形时，乙方已获授的尚未行权的股票期权不得行权，由甲方注销。

2. 甲方出现下列情形之一时，本计划不做变更，按本计划的规定继续执行：

（1）甲方控制权发生变更；

（2）甲方出现合并、分立等情形。

3. 公司因信息披露文件中有虚假记载、误导性陈述或者重大遗漏，导致不符合授予权益或行使权益安排的，激励对象应当自相关信息披露文件被确认存在虚假记载、误导性陈述或者重大遗漏后，将由本激励计划所获得的全部利益返还公司。

（二）乙方个人情况发生变化的处理

1. 激励对象在公司内发生正常职务变更，其获授的股票期权完全按照本激励计划相关规定进行。

2. 激励对象如因出现以下情形之一而失去参与本激励计划的资格，董事会可以决定对激励对象根据本激励计划在情况发生之日，对激励对象已获准行权但尚未行权的股票期权终止行权，其未获准行权的期权作废。

（1）最近三年内被股转系统认定为不适当人选的；

（2）最近三年内被中国证券监督管理委员会及其派出机构认定为不适当人选的；

（3）最近三年内因重大违法违规行为被中国证券监督管理

D11368

委员会及其派出机构行政处罚或者采取市场禁入措施；

（4）具有《中华人民共和国公司法》规定的不得担任公司董事、高级管理人员情形的；

（5）因不能胜任岗位工作、触犯法律、违反执业道德、泄露公司机密、失职或渎职等行为损害公司利益或声誉而导致的职务变更，或因前列原因导致公司解除与激励对象劳动关系的；

（6）公司董事会认定的其他严重违反公司有关规定或严重损害公司利益的情形；

（7）单方面提出终止或解除与公司订立的劳动合同或聘用合同；

（8）与公司所签订的劳动合同或聘用合同期满，个人提出不再续签；

（9）因个人原因而致使公司提出解除或终止劳动合同；

（10）达到法定退休条件且退休后不继续在公司任职的；

（11）因公司经营调整（包括但不限于裁员），公司单方面终止或解除与激励对象订立的劳动合同、聘用合同的；

（12）董事会认定的其他情形；

（13）《中华人民共和国劳动法》《中华人民共和国劳动合同法》等法律法规规定的激励对象离职或与公司劳动合同终止的其他情形。

3. 激励对象因丧失劳动能力而离职，应分以下两种情况处理：

（1）激励对象因执行公司职务而丧失劳动能力而离职的，其获授的权益将完全按照丧失劳动能力前本激励计划规定的程序进行，其个人绩效考核结果不再纳入行权条件。

（2）激励对象非因执行公司职务而丧失劳动能力而离职的，其已获准行权但尚未行使的股票期权终止行权，其未获准行权的股票期权作废。

4. 激励对象身故，应分以下两种情况处理：

（1）激励对象因执行公司职务身故时的，其获授的权益将由其指定的财产继承人或法定继承人代为持有，其获授的权益按照身故前本激励计划规定的程序进行，其个人绩效考核结果不再纳入行权条件。

（2）激励对象非因执行职务身故的，其已获准行权但尚未行使的股票期权终止行权，其未获准行权的股票期权作废。

5. 其他未说明的情况由董事会认定，并确定处理方式。

**七、聘用关系**

甲方与乙方签署本协议不构成甲方对乙方聘用期限和聘用关系的任何承诺，公司对乙方的聘用关系仍按劳动合同的有关约定执行。

**八、违约责任**

1. 任何一方违反协议约定，给他方造成经济损失的，应根据其责任大小给予他方经济补偿。本协议另有约定除外。

2. 一方违约致使对方采取诉讼的方式时，违约方应承担守约方为此支付的诉讼费、律师费、差旅费及其他费用。

**九、争议解决**

甲、乙双方对于本协议执行过程中发生的争议应协商解决；协商不成，可提交甲方住所地人民法院诉讼解决。

**十、其他**

1. 本协议未尽事宜，以《股权激励计划》规定内容为准。

2. 本协议经双方协商后可以增加补充协议，补充协议的内容为本协议的一部分，具有同等的法律效力。

3. 本协议有效期为 ______ 年，自 ______ 年 ______ 月 ______ 日起，至 ______ 年 ______ 月 ______ 日止。

4. 本协议一式两份，甲、乙双方各执一份，具有同等法律

D11368

D11369

效力。

5. 本协议自双方签字盖章之日起生效。

6. 本协议于年______月______日______签署。

甲方：某某股份有限公司

乙方（签字）：________________________________________

（盖章）

**文本正文 4：http://www.fatianshi.cn/D11369**

某某股份有限公司

行权申请书

本人____________，身份证号码：____________，本人截至目前，持有公司股票期权共计______股。根据《股票期权激励计划》，本人现有授予的期权股已符合行权条件，在此谨向公司申请如下：本人申请于______年______月______日按照《股票期权激励计划》的规定对上述股权予以行权。

特此申请！

申请人：____________

______年______月______日

**文本正文 5：http://www.fatianshi.cn/D11371**

D11371

某某股份有限公司

股票期权行权批准书

____________先生/女士：

______年______月______日，您向我司提交的《股票期权行权申请书》已收悉，经审核，就您本次期权行权事项予以批准，且通知如下：

D11371

姓名：________________________________

性别：________________________________

身份证号码：____________________________

本次期权行权数量：________________________

行权价：______________________________

本次统一行权日期：_____年_____月_____日至_____年_____月_____日

某某股份有限公司

_____年_____月_____日

**文本正文 6：http://www.fatianshi.cn/D11372**

## 股权激励股票发行认购协议

甲方：__________股份有限公司（发行方）

法定代表人：____________________________

地址：________________________________

联系人：______________________________

电话：________________________________

乙方：（认购方）__________________________

身份证号码：____________________________

电话：________________________________

**鉴于：**

1. 甲方（以下简称公司）为全国中小企业股份转让系统有

D11372

限责任公司（以下简称全国股转系统）的挂牌公司。

2. 乙方为甲方的＿＿＿＿＿＿（可选董事、高级管理人员及核心员工），为此次股权激励的激励对象。

为了进一步建立、健全公司长效激励机制，吸引和留住优秀人才，充分调动公司管理人员及核心员工的积极性，有效地将股东利益、公司利益和个人利益结合在一起，促进公司业绩持续增长，甲、乙双方根据相关法律法规以及《股权激励计划》之规定，经自愿平等协商，就本次定向发行事宜达成本协议，以资信守。

**第一条　定向发行价格和数量**

甲方同意向乙方定向发行股，每股发行价格为＿＿＿元，乙方同意以＿＿＿元 / 股的价格认购甲方本次定向发行的股股份。

**第二条　认购方式**

支付方式：乙方应按照甲方确定的具体缴款日期将认购定向发行股份的认股款元足额汇入甲方为本次定向发行专门开立的账户。

**第三条　禁售期**

股票期权行权后，担任公司董事、高级管理人员因本次股票发行而持有的股份按照《中华人民共和国公司法》《中华人民共和国证券法》《全国中小企业股份转让系统业务规则（试行）》及其他相关规定进行转让。核心员工因本次股票发行而持有的股份可以一次性进入全国中小企业股份转让系统进行股份报价转让。

**第四条　定向发行手续**

1. 本协议签署后乙方应按照甲方指定的日期，将足额的定向发行认缴款汇入甲方开立的定向发行账户。

2. 乙方应配合甲方提供办理验资、工商变更登记、股份登记所必须之资料并配合办理相关事宜。

**第五条　双方权利与义务**

1. 乙方应在约定期限内向甲方指定的银行账户一次性足额支付全部认购款项。

2. 甲方在收到乙方缴纳的本次定向发行的认股款后，应当聘请具有证券、期货相关从业资格的会计师事务所进行验资，并及时办理在中国证券监督管理委员会和全国股转让系统备案手续、新增股份登记手续、工商变更登记手续等相关事宜。

3. 经中国证券登记结算有限责任公司登记过户后乙方便享有其股票应有的权利。

4. 乙方因激励计划获得的收益，应按国家税收法规缴纳个人所得税及其他税费。

**第六条　保密**

双方一致确认，因履行本合同而取得对方信息及资料均为保密信息，未经披露方书面同意，接收方不得向任何第三方以任何方式进行传播，否则因此造成的全部损失，均由违约方承担。本保密期限为永久，直至相关信息以合法形式进入公众领域为止。否则，违约方应赔偿因此给守约方造成的全部损失。

**第七条　违约责任**

任何一方违反本协议的约定的义务的，违约方应依法承担相应的违约责任。违约金不足以弥补守约方损失的，还应继续赔偿守约方的损失。

**第八条　不可抗力**

1. 签约双方中的任何一方由于战争及严重的洪水、台风、地震、塌方等不可抗力事件而影响合同的执行时，应及时通知对方请求延迟相应受影响部分的履行期限，延迟的时间应相当于事件影响的时间。不可抗力事件系指双方在缔结合同时所不能预见的，并且它的发生及其后果是无法克服和无法避免的。

D11372

2. 对于本合同中未受不可抗力直接影响的其他义务，义务方应按合同继续履行。如不可抗力事件延续到10天以上时，双方可通过友好协商解决合同是否继续履行问题。

**第九条　争议解决**

双方在履行本协议过程中的一切争议，均应通过友好协商解决；如协商不成，任何一方可向有甲方所在地人民法院提起诉讼。

**第十条　本协议的解除或终止**

若存在以下列任一情形的，本协议将解除：

（1）双方协商一致同意解除的；

（2）发生第八条的情形致使本协议无法继续履行的；

（3）乙方严重侵犯甲方利益，甲方解除本协议的；

（4）乙方未按约定缴纳股份认购款的，甲方有权解除本协议。

本协议的解除或终止，不影响守约向违约方追究违约责任。

**第十一条　其他**

1. 本协议经协议双方签字、盖章后生效。本协议未尽事宜，甲乙双方可通过协商签订补充协议，补充协议与本协议具有同等法律效力。

2. 本协议一式五份，甲乙双方各执一份，其余供办理变更、备案手续使用。

3. 经双方签署之日起成立，并自股东大会批准本次拟定向发行股票之具体方案和相关事宜之日起生效。

甲方：股份有限公司

法定代表人或授权代表：______________________

签署日期：______ 年 ______ 月 ______ 日

乙方：（签字）：________________________________________

签署日期：______ 年 ______ 月 ______ 日

# 5.有限公司股票期权全套文件

**文件名称用途：**

| 序号 | 名称 | 用途 | 网址 | 二维码 |
|---|---|---|---|---|
| 1 | 股权激励计划 | 由薪酬与考核委员会拟定，由股东会审议通过的整套方案 | http://www.fatianshi.cn/D11715 | D11715 |
| 2 | 股权激励管理制度 | 由薪酬与考核委员会拟定，由股东会审议通过的整套配套制度 | http://www.fatianshi.cn/D11724 | D11724 |
| 3 | 股权激励计划协议 | 用于明确公司与激励对象之间的权利义务关系 | http://www.fatianshi.cn/D11725 | D11725 |
| 4 | 薪酬与考核委员会工作细则 | 用于明确薪酬与考核委员会的职责 | http://www.fatianshi.cn/D11726 | D11726 |
| 5 | 董事会决议 | 用于董事会通过股权激励计划等方案 | http://www.fatianshi.cn/D11727 | D11727 |
| 6 | 股东会决议 | 用于通过激励计划等方案 | http://www.fatianshi.cn/D11728 | D11728 |

续表

| 序号 | 名称 | 用途 | 网址 | 二维码 |
|---|---|---|---|---|
| 7 | 公司章程修正案 | 用于修改公司章程 | http://www.fatianshi.cn/D11729 | D11729 |
| 8 | 激励对象承诺书 | 用于激励对象向公司做出承诺 | http://www.fatianshi.cn/D11730 | D11730 |
| 9 | 行权申请书 | 用于激励对象向公司申请行权 | http://www.fatianshi.cn/D11731 | D11731 |
| 10 | 行权批准书 | 用于公司批准激励对象行权 | http://www.fatianshi.cn/D11732 | D11732 |

**该套文件的设计思路：**

该套文件的设计思路是有限公司设立一个有限合伙企业作为股权激励的载体，该有限合伙仅作为实现本股权激励计划而设立，不从事任何经营活动，不做任何其他用途。通过有限公司对该有限合伙企业增发股份，再由有限合伙企业的普通合伙人（一般是公司实际控制人）向激励对象转让合伙份额从而实现激励对象间接持有公司股权的目的。当发生激励对象离职等情形时，由合伙企业普通合伙人或其他第三方回购激励对象的激励股权。

文本正文 1：http://www.fatianshi.cn/D11715

# 某某有限公司
# 股权激励计划（草案）

目　录



## 一、本次股权激励计划的目的

为了进一步完善某某有限公司（以下简称公司）的治理结构，实现对公司董事、高级管理人员及核心员工的激励与约束，充分调动其工作积极性和创造性，使其利益与公司长远发展更紧密地结合，防止人才流失，同时吸引更多优秀人才参与企业经营，实现企业可持续发展，公司根据有关法律、法规和规范性文件以及《公司章程》的规定，制定《某某有限公司股权激励计划（草案）》。

**二、本次股权激励计划的模式**

公司本次股权激励计划采用股票期权的模式进行激励。

**三、本次股权激励计划载体**

某某有限公司有限公司股权激励拟以某某有限合伙（以下简称有限合伙）为载体。

该有限合伙仅作为实现本股权激励计划而设立，不从事任何经营活动，不做任何其他用途。

**四、本次股权激励计划的基本原则**

（一）依法依规的原则

公司实施股权激励计划，严格按照法律法规的规定履行程序，真实、准确、完整、及时地实施信息披露。

（二）公平、公正、公开的原则

公司实施股权激励计划，在激励对象的考核、筛选、确定、股票数量的授予、行权的条件等方面，通过严格的法定程序操作，确保形式与结果公正。

（三）自愿参与的原则

公司实施股权激励计划遵循公司自主决定，激励对象自愿参加的原则，公司不以摊派、强行分配等方式强制激励对象参与本次股权激励计划。

（四）相结合、相对称的原则

公司实施股权激励计划遵循激励与约束相结合，风险与收益相对称的原则。

**五、本次股权激励计划的管理机构**

（一）公司股东会作为公司的最高权力机构，负责审议批准本次股权激励计划的实施、变更和终止。

（二）公司董事会决定成立薪酬与考核委员会，是本次股权激励计划的执行管理机构，负责拟订和修订股权激励计划，报

D11715

公司股东会决定，并在股东会授权范围内办理股权激励计划的其他相关事宜。

（三）公司监事是本次股权激励计划的监督机构，负责核实激励对象的适合性，并对本计划的实施是否符合相关法律、行政法规、部门规章进行监督。

**六、本次股权激励计划的激励对象**

（一）确定激励对象的法律依据

本计划激励对象是根据《中华人民共和国公司法》《中华人民共和国证券法》及其他有关法律、法规和规范性文件以及《公司章程》的相关规定，结合公司实际情况而确定。

（二）激励对象的职务依据及范围

本计划激励对象为目前公司董事、高级管理人员、核心员工。

激励对象中，董事须经公司股东会选举产生；高级管理人员须公司董事会聘任；核心员工由公司董事会提名；薪酬与考核委员会制定激励名单，经公司监事核实确定并经股东会审议批准。所有激励对象必须在本计划的考核期内在本公司或公司的全资、控股子公司全职工作，已与公司或公司的全资、控股子公司签署劳动合同并在本公司或公司全资、控股子公司领取薪酬。

（三）不得成为激励对象的情形

1. 被证券交易所或股转公司公开谴责或直接宣布为不适当人选未满三年的。

2. 因重大违法违规行为被证券监督管理委员会及其派出机构、股转公司行政处罚未满三年的。

3. 其他具有《中华人民共和国公司法》规定的不得担任公司董事、监事、高级管理人员的情形。

4. 因违法违规行为被行政处罚或刑事处罚的。

5. 激励对象职务变更成为不能参与本次激励计划的人员。

6. 激励对象因不能胜任工作岗位、考核不合格、触犯法律、违法职业道德、泄露公司机密、失职或渎职等行为严重损害公司利益或声誉而导致的职务变更或者被公司解聘的。

7. 激励对象辞职。

8. 激励对象非因执行职务负伤而导致丧失劳动能力的。

9. 激励对象死亡（如激励对象因执行职务死亡，按照本计划相关规定执行）。

10. 公司章程规定或双方约定不得享受股权激励的其他情形。

如在本计划实施过程中，激励对象出现以上不得参与本计划情形的，公司有权撤销未行权的股票期权资格并终止其参与本计划的权利；若激励对象已经取得激励股权，则由公司实际控制人或其指定主体按照激励对象取得激励股权所支付的成本进行回购。

（四）具体激励对象名单见附件，以每年薪酬与考核委员会公布的名单为准

（五）现有股东优先认购安排

《公司章程》未对现有股东的优先认购做出特别规定。

**七、本次股权激励计划所涉及股份的来源、数量及价格**

（一）本次股权激励计划股份的来源

激励股权由某某有限公司向某某有限合伙定向增发，待董事会通过考核确定激励人员及股份数量后由有限合伙中的合伙人免费赠送其在有限合伙中的份额。

（二）本次股权激励计划股份的数量

本次股权激励拟向股权激励载体定向发行 / 转让不超过 ______ 万股普通股 , 占公司发行 / 转让后总股本的 ______%。

（三）本次股权激励计划的行权价格

本次股权激励计划行权价格为人民币 ______ 元 / 股。

D11715

本次股权激励计划被激励人员认购激励股份的资金应当自行筹措，公司不得向其提供任何财务资助，包括但不限于向激励对象提供贷款或为激励对象的贷款提供担保。

激励对象获授的股票期权不得转让、用于担保或偿还债务。

**八、本次股权激励计划的时限**

（一）股权激励计划的有效期

股权激励计划的有效期为股票期权授予之日起的 4 年时间。如在此期限内，经董事会、股东会审议决定加速行权，则本股票期权激励计划的有效期为股票期权授予之日起至所有股票期权行权后止。

（二）股权激励计划的授权日

股票期权授权日为公司股东会同意本次股权激励计划之日。

（三）等待期

本次股权激励计划设等待期 1 年，自激励股权授予之日起。被激励对象在等待期满后，经审核符合首批股票期权行权条件即可行权。

（四）可行权日

本激励计划的激励对象自授权日起满 1 年后可对股票期权予以行权。激励对象必须在本激励计划规定的行权期限（首次授权日期满 1 年至首次授权日起满 4 年）分 3 次行权，具体行权比例见如下规定。

（五）行权期

本计划行权期限为 3 年，激励对象以年为单位分次行权。行权期的起算及行权比例如下：

（1）第一个行权期，于授权日满 1 年的次日起至第 10 日止，此期间可行权比例为______%；

（2）第二个行权期，于授权日满 2 年的次日起至第 10 日止，此期间可行权比例为______%；

（3）第三个行权期，于授权日满 3 年的次日起至第 10 日止，此期间可行权比例为______%。

激励对象应当在薪酬与考核委员会设定的行权窗口期内申请行权。行权窗口期是指据首个行权日或上一次行权日满 1 年的次日起至第 10 日。

在行权期内，若当期达到行权条件，激励对象可在当期薪酬与考核委员会确定的行权窗口期内对相应比例的股票期权申请行权，未按期申请行权的部分自动顺延至下一年，在下一年达到行权条件时一并行权，但是行权期不得超过本计划的有效期，如被激励对象在本激励计划最后一次行权期的窗口期仍未行权则不得再行权，其享受本次股权激励计划资格取消。

**九、本次股权激励计划的授予条件和行权条件**

（一）本激励计划激励对象期权授予条件

激励对象享受本次激励计划除满足上述关于资格的限定条件外，还需同时满足如下条件方可获授本激励计划的股票期权：

1. 公司未发生以下任一情形：

（1）最近一个会计年度财务会计报告被注册会计师出具否定意见或者无法表示意见的审计报告；

（2）最近一年内因重大违法违规行为被行政处罚。

2. 激励对象未发生以下任一情形：

（1）严重违反公司管理制度，给公司造成巨大经济损失，或给公司造成严重消极影响，受到公司处罚的；

（2）存在本计划第 6 条第 3 项不得成为激励对象的情形。

（二）股票期权的行权条件

激励对象在等待行权期内须持续在岗，且没有出现以下情形：

1. 严重违反公司管理制度，或给公司造成巨大损失，或给

D11715

公司造成严重消极影响，受到公司处罚的；

2. 自行辞职的；

3. 被公司解除劳动合同的；

4. 激励对象个人上一年度未达到绩效考核指标的（绩效考核指标由薪酬与考核委员会制定并报董事会审核）；

5. 本激励计划规定的第 6 条第 3 项的其他情形。

**十、公司实施激励计划、授予权益、激励对象行权的程序**

（一）实施激励计划的程序

1. 董事会薪酬与考核委员会负责制订本激励计划；

2. 监事核查激励对象名单；

3. 股东会审议本激励计划，监事应当就激励对象名单核实情况在股东大会上进行说明；

4. 股东会批准本激励计划后即可实施；

5. 董事会薪酬与考核委员会根据股东会的授权办理具体的股票期权授予、行权等事宜。

（二）股票期权的授予程序

1. 薪酬与考核委员会制定股票期权授予方案；

2. 监事核查激励对象的名单是否与股东会批准的激励计划中规定的对象相符；

3. 本计划经股东会审议通过，授予条件满足后，董事会薪酬与考核委员会对激励对象进行权益的授予，并完成登记等相关程序。

4. 激励对象应与公司签署《股权激励协议书》。

（三）股票期权行权程序

1. 激励对象在可行权期内，向公司薪酬与考核委员会提交《股票期权行权申请书》确认行权的数量和价格；

2. 公司薪酬与考核委员会在对每个期权持有人的行权申请做出核实和认定后，与期权持有人签订相应的股票认购合同，并按申请行权数量制定向激励对象定向发行股票的方案，经董事会、股东会审议通过后实施；

3. 在公司薪酬与考核委员发布的定向发行认购公告规定的时间内交付相应的购股款项；

4. 由公司薪酬与考核委员办理后续登记手续。

## 十一、公司与激励对象的权利和义务

（一）公司的权利与义务

1. 公司有权要求被激励对象按其所聘岗位的要求为公司工作。

2. 公司具有本次股权激励计划的解释权和执行权。

3. 公司不得为激励对象依本计划获取有关股票提供贷款以及其他任何形式的财务资助，包括为其贷款提供担保。

4. 若激励对象因触犯法律、违反职业道德、泄漏公司机密、失职或渎职等行为严重损害公司利益或声誉，经公司董事会批准，公司注销激励对象尚未行权的股票期权，并且有权要求激励对象返还其已经行权的股票。

5. 公司根据国家税收法律法规的规定，代扣代缴激励对象应缴纳的个人所得税及其他税费（如有）。

6. 公司应及时按照有关规定履行本计划的申报、信息披露等义务。

7. 公司确定本计划的激励对象，并不构成对员工聘用期限的承诺。公司仍按与激励对象签订的《劳动合同书》确定对员工的聘用关系。

8. 法律、法规和公司章程规定的其他权利和义务。

（二）激励对象的权利与义务

1. 激励对象应当按公司所聘岗位的要求，勤勉尽责、恪守职业道德，为公司的发展做出应有贡献。

2. 激励对象按照本激励计划的规定获取有关权益的资金来

D11715

源于激励对象的自筹资金。

3. 激励对象有权且应当按照本激励计划的规定认购获授股票期权到期行权。

4. 激励对象获授的股票期权不得转让、用于担保或偿还债务；股票期权在行权前不享受投票权和表决权，同时也不参与股票红利、股息的分配；激励对象行权后获得的股票不得用于担保或偿还债务。

5. 激励对象因本激励计划获得的收益，应按国家规定缴纳个人所得税及其他相关税费。

6. 除本激励计划规定的限制性条件外，激励对象获得激励股份后可以拥有所持公司股份所对应的股东权利。

7. 激励对象应当遵守法律法规、公司规章制度，积极维护公司利益，不得从事任何有损公司利益的行为，不得以任何方式直接或者间接参与公司业务相同或者相似的投资或经营活动。

8. 激励对象（外部董事除外）应当全职为公司工作，不得与其他用人单位建立劳动关系或者劳务关系。

9. 激励对象（外部董事除外）在本计划规定的限售期结束后离职的，应当在 2 年内不得从事与公司同业竞争相同或类似的相关工作；如果激励对象在本方案规定的限售期结束后离职，并在 2 年内从事与公司同业竞争相同或类似工作的，激励对象应当将其因本计划所得全部收益返还给公司。

10. 法律、法规、公司章程或者其他法律文件规定的其他权利和义务。

**十二、股权回购条款**

（一）除本计划有除外规定，被激励对象持有公司激励股权满五年，其符合本计划规定的回购条件后可按相应比例向公司实际控制人申请要求实际控制人或其指定的第三方按照本激励计划约定的回购价格回购被激励股权。

（二）如本计划授予被激励对象的激励股权遇有本激励计划及其相关文件的任何约定导致被激励对象丧失资格或不能行权。其所持有的已行权的激励股权应当按照其授予价格出售给有限合伙企业执行事务合伙人或其指定的有限合伙人或第三方，该部分股权将作为以后符合员工股权激励计划的人员的股权激励的股权。未行权部分不再安排行权。

（三）如公司发生以下重大事项变更，公司实际控制人有权对所授予股票进行强制回购。

1. 涉及企业的发展方向、经营方针，中长期发展规划等重大战略管理事项；

2. 企业上市、改制重组、兼并、破产、合并、分立、解散或者变更公司，国（境）外注册公司、投资参股、重大收购或购买上市公司股票；

3. 企业薪酬分配，以及涉及职工重大切身利益等重大利益调配事项；

4. 其他有关企业全局性、方向性、战略性的重大事项。

（四）回购程序

1. 回购窗口期

被激励对象持有公司股权满 5 年之次日至第十日为股权回购的窗口期。

2. 回购期

本计划激励对象以年为单位分次申请回购。回购期的起算及行权比例如下：

（1）首次回购期，激励对象于首个授权日满 5 年次日起至第 10 日止，可将持有的期权申请回购______%；

（2）第二个回购期，于首个授权日起满 6 年次日起至第 10

D11715

日止，此期间可申请回购比例为______%；

（3）第三个回购期，于首个授权日起满 7 年次日起至第 10 日止，此期间可申请回购比例为______%；

在 回购期内，若当期达到回购条件（回购条件由薪酬与考核委员会制定并报董事会审核），激励对象可在当期薪酬与考核委员会确定的回购窗口期内对相应比例的股票期权申请实际控制人或其指定的第三方进行回购，未按期申请回购的部分自动顺延至下一年，且下一年的回购比例不得超过回购期规定的比例，直至被激励对象所持公司股权全部回购完毕。

**十三、本激励计划的变更、中止、终止**

（一）公司控制权变更、公司合并或分立

当公司控制权发生变更，仍按规定时间解锁。当公司发生合并或分立时，按照本激励计划进行处理。

（二）公司不具备实施股权激励计划的资格

若公司最近一个会计年度财务会计报告被注册会计师出具否定意见或者无法表示意见的审计报告，应终止实施股权激励计划，激励对象已行权的股票期权继续有效，尚未行权的股票期权终止行权。

（三）激励对象发生职务变更、离职或死亡等情况

1. 职务变更

激励对象职务发生变更，但仍属于本次激励计划激励范围内人员的，其获授的股票期权仍然按照本计划规定的程序进行授予、行权或申请回购。但是，激励对象触犯法律、违反执业道德、泄露公司机密、因失职或渎职等行为损害公司利益或声誉而导致职务变更，或因前列原因导致公司解除与激励对象劳动关系的，薪酬与考核委员会可以决定对激励对象根据本计划已获授但尚未行权的股票期权不再继续行权，取消激励对象股

权激励资格。

若激励对象因职务变更成为不能享受本次激励计划的人员，则取消其激励对象资格，激励对象已行权的股票继续有效，尚未行权的股票期权终止行权。

2. 离职

激励对象因下列原因离职的，则激励对象已行权的激励股权按照行权价格由公司实际控制人或其指定的第三方予以回购，被激励对象应配合办理相关手续，离职后尚未行权的股票期权不得再行权：

（1）激励对象与公司的聘用合同到期，双方不再续约的；

（2）激励对象与公司的聘用合同未到期，因个人绩效未达到《考核管理办法》规定的标准被辞退的；

（3）激励对象与公司的聘用合同未到期，向公司提出辞职并经公司同意的；

（4）激励对象与公司的聘用合同未到期，未经公司同意擅自离职的，或因触犯法律、违反职业道德、泄露公司机密、失职或渎职等行为严重损害公司利益或声誉的行为被公司辞退的。

3. 丧失劳动能力

激励对象因丧失劳动能力而离职，应分以下两种情况处理：

（1）当激励对象因工伤丧失劳动能力而离职时，其丧失劳动能力后的个人年度考核被视为合格，尚未行权的股票期权仍可根据本计划规定的条件申请行权；

（2）当激励对象非因工伤丧失劳动能力而离职时，薪酬与考核委员会可以决定对激励对象根据本计划已获授但尚未行权的股票期权终止行权。

4. 退休

激励对象在本计划有效期内退休的，其因本计划获授之股

D11715

票期权仍然按照本计划规定的条件和程序行权，且其个人绩效考核条件不再纳入行权或回购条件。

5. 死亡

激励对象若死亡，其获授的股票期权已行权部分将由其指定的财产继承人或法定继承人代为持有，并按照死亡前本计划规定的程序进行，且其个人绩效考核条件不再纳入行权条件。未予行权部分，薪酬与考核委员会可以决定对激励对象根据本计划已获授但尚未行权的股票期权终止行权。

6. 其他未说明的情况由薪酬与考核委员会认定，并确定其处理方式

（四）激励对象不具备参与股权激励计划的资格

在股权激励计划实施过程中，激励对象出现如下情形之一的，激励对象已行权的股票期权继续有效，尚未行权的股票期权终止行权：

1. 最近三年内被证券交易所公开谴责或宣布为不适当人选的；

2. 最近三年内因重大违法违规行为被中国证券监督管理委员会予以行政处罚的；

3. 具有《中华人民共和国公司法》规定的不得担任公司董事、高级管理人员情形的。

（五）其他影响本激励计划正常实施的事件

1. 经董事会决议、股东会 / 股东大会审议，可以变更或终止股权激励计划。但变更或终止不影响已经授予激励对象的股份。

2. 公司遇到不可抗力情况，可以暂时中止或终止股权激励计划。

3. 有限合伙企业持有的公司股份在激励完毕时，本股权激励计划终止。经公司执行董事决定，并报请股东决定通过，亦

可向有限合伙另行增发股份用于股权激励。

4. 如果在本股权激励方案公示之日至股权激励实施完成期间，公司成功登陆资本市场（包括但不限于国内主板市场，三板市场及国外市场）对股权激励存在相关业务规则，本股权激励计划需按照业务规则要求修改，最终激励计划以修改且通过当时董事会和股东大会为准。

（六）上述员工可继续持有公司股票或已行权的股票期权继续有效或可继续行权的股票期权仍应受本激励计划强制回赎条款限制。

**十四、本激励计划的实施部门**

（一）本股权激励计划由公司薪酬与考核委员会制订，经股东会审议通过后生效实施。

（二）本股权激励计划的解释、实施权由公司薪酬与考核委员会享有。

**附件：**

**激励人员名单**

| 序号 | 姓名 | 职位 | 身份证号码 |
|---|---|---|---|
| 1 | | | |
| 2 | | | |
| 3 | | | |
| 4 | | | |
| 5 | | | |
| 6 | | | |

D11715

文本正文 2：http://www.fatianshi.cn/D11724

## 某某有限公司
## 股权激励管理制度

**一、目的**

1.1 加强员工与公司凝聚力；

1.2 促进员工与公司共同发展；

1.3 约束和规范短期行为；

1.4 吸引和留住优秀人才；

1.5 让员工分享公司发展带来的收益；

1.6 奖励对公司有突出贡献的人员。

**二、职责**

2.1 公司成立薪酬与考核委员会。薪酬与考核委员会是本次股权激励计划的执行管理机构；

2.2 薪酬与考核委员会负责拟定和修订《股权激励计划》报公司股东会决定，并在股东会授权范围内处理相关事宜。

2.3 《股权激励计划》经董事会审核，报公司股东会审议。

2.4 公司股东会审议批准《股权激励计划》的实施、变更和终止。

2.5 公司监事是本次股权激励计划的监督机构，负责核实激励对象的适合性，并对本计划的实施是否符合相关法律、行政法规、部门规章进行监督。

**三、股权激励模式**

3.1 公司股东会决定设立某某（有限合伙）作为股权激励的载体。该有限合伙仅作为实现本股权激励计划而设立，不从事任何经营活动，不做任何其他用途。

3.2 公司与激励对象签订“股权激励协议书”，激励对象依据“股权激励计划”与“股权激励协议书”的规定行权。

**四、股权激励范围**

4.1　股权激励对象范围详见《股权激励计划》，具体激励对象名单以每年薪酬与考核委员会公布的名单为准。

4.2　股权激励仅适用于公司未上市前的股权激励。公司上市后将被新的股权激励制度取代。

**五、股权激励计划**

5.1　股权激励计划的编制

（1）公司薪酬与考核委员会对股权激励需求进行评估；

（2）薪酬与考核委员会对现阶段是否需要采取股权激励进行评估；

（3）薪酬与考核委员会对现阶段适用的股权激励方式进行评估；

（4）薪酬与考核委员会对现阶段哪些人要纳入本次股权激励及激励额度进行评估。

5.2　《股权激励计划》的审核和批准

薪酬与考核委员会编制《股权激励计划》，报股东会审议通过后发布执行。

**六、股权的授予与行权**

6.1　公司授予激励对象的股权原则上不超过公司注册资本的，授予激励对象的股权数量由公司股东会决定；

6.2　公司与受激励对象签署《股权激励计划协议书》后，授予相应的股票期权；

6.3　依据《股权激励计划》的规定，对激励对象授予的期权不设行权价格；

6.4　激励对象根据本激励计划所获授的未行权股票期权不享有进行转让、用于担保或偿还债务等处置权。

D11724

6.5 激励对象获得的股票期权的回购由《股权激励计划》规定，并按《股权激励计划》实施。

6.6 如公司发生以下重大事项变更，公司实际控制人有权被激励对象因享受股权激励对所授予股票进行强制回购。

（1）涉及企业的发展方向、经营方针，中长期发展规划等重大战略管理事项；

（2）企业上市、改制重组、兼并、破产、合并、分立、解散或者变更公司，国（境）外注册公司、投资参股、重大收购或购买上市公司股票；

（3）企业薪酬分配，以及涉及职工重大切身利益等重大利益调配事项；

（4）其他有关企业全局性、方向性、战略性的重大事项；

（5）股权激励计划规定的其他情形。

**七、其他条款**

7.1 《股权激励计划》不影响公司根据发展需要做出注册资本调整、合并、分立等行为。

7.2 本股权激励管理制度未涉及内容，以《股权激励计划》规定为准。

7.3 本股权激励管理制度报公司股东会审议后发布执行。

7.4 股权激励不影响公司因发展需要做出注册资本调整、合并、分立、资产出售或购买、吸收以及其他合法行为。

7.5 股权激励不构成公司对激励对象的聘用期限和聘用关系的任何承诺，公司与激励对象的聘用关系按劳动合同执行。

7.6 本制度由薪酬与考核委员会拟定，报董事会审议，由股东会决定颁布实施。

7.7 本制度最终解释权由薪酬与考核委员会享有。

**文本正文 3：http://www.fatianshi.cn/D11725**

## 某某有限公司
## 股权激励计划协议书

甲方：某某有限公司

乙方：________________________________________

根据《某某有限公司股权激励计划》《某某有限公司章程》的有关规定，按照甲方股东会的有关决议，就乙方参与甲方年度股权激励计划订立如下协议：

**一、资格**

1.1　乙方须在甲方或甲方全资、控股子公司全职工作，已与甲方或其全资、控股子公司签订劳动合同并领取薪酬，并属于甲方的董事、高级管理人员、核心管理人员及技术业务骨干。

1.2　符合下列条件之一的，乙方不得成为被激励对象：

（1）被证券交易所或股转公司公开谴责或直接宣布为不适当人选不满 3 年的；

（2）因重大违法违规行为被证券监督管理委员会或股转公司行政处罚未满 3 年的；

（3）其他具有《中华人民共和国公司法》规定的不得担任公司董事、监事高级管理人员的情形；

（4）因违法为行为被行政处罚或刑事处罚的；

（5）乙方职务变更成为不能参与本次激励计划人员的；

（6）乙方因不能胜任工作岗位、考核不合格、触犯法律、违反职业道德、泄露公司机密、失职或渎职等行为严重损害公司利益或声誉而导致的职务变更或者被公司解聘的；

（7）乙方辞职的；

D11725

（8）乙方非因执行职务负伤而导致丧失劳动能力的。

（9）乙方死亡（如乙方因执行职务死亡，按照本计划相关规定执行）。

（10）公司章程规定或双方约定不得享受股权激励的其他情形。

（11）依据《股权激励计划》规定的其他情形。

如在本计划实施过程中，激励对象出现以上不得参与本计划情形的，公司有权撤销未行权的股票期权资格并终止其参与本计划的权利；若激励对象已经取得激励股权，则由公司实际控制人或其指定主体按照激励对象取得激励股权所支付的成本进行回购。

**二、股权激励载体**

公司股权激励以某某（有限合伙）（以下简称有限合伙）为载体。由该载体按照股权激励计划的规定持有甲方股权，并按激励计划授予乙方激励股票期权。

**三、股票期权的行权价格**

本股权激励计划行权价格为人民币 ______ 元 / 股。

**四、等待期**

本次股权激励计划设等待期 1 年，自激励股权授予之日起。被激励对象在等待期满后，经审核符合首批股票期权行权条件即可行权。

**五、股票期权的行权**

5.1　本计划行权期限为 3 年，乙方以年为单位分次行权。行权期的起算及行权比例如下：

（1）第一个行权期，于授权日满 1 年的次日起至第 10 日止，此期间可行权比例为 ______%；

（2）第二个行权期，于授权日满 2 年的次日起至第 10 日止，此期间可行权比例为 ______%；

（3）第三个行权期，于授权日满 3 年的次日起至第 10 日止，此期间可行权比例为 ______%。

激励对象应当在薪酬与考核委员会设定的行权窗口期内申请行权。行权窗口期是指据首个行权日或上一次行权日满 1 年的次日起至第 10 日。

5.2　在行权期内，若当期达到行权条件，激励对象可在当期薪酬与考核委员会确定的行权窗口期内对相应比例的股票期权申请行权，未按期申请行权的部分自动顺延至下一年，在下一年达到行权条件时一并行权，但是行权期不得超过本计划的有效期，如被激励对象在本激励计划最后一次行权期的窗口期仍未行权则不得再行权，其享受本次股权激励计划资格取消。

**六、股票期权的回购**

6.1　在《股权激励计划》行权期内。若甲方考核未达到《股权激励计划》规定的行权条件的，乙方不得对授予的股票期权申请行权，甲方将按照《股权激励计划》的规定对相应股票期权进行处理。

6.2　在《股权激励计划》行权期内，若甲方出现按照《股权激励计划》的规定属于不得成为激励对象的或属于终止、取消股权激励计划资格的，应终止实施《股权激励计划》，乙方已获授但尚未行权的股票期权按照《股权激励计划》的规定处理。

6.3　《股权激励计划》对股票期权回购和注销有其他约定的，从其约定。

**七、回购价格和数量**

7.1　尚未行权的激励股权不再安排行权。

7.2　若激励对象已经取得激励股权，则由公司实际控制人刘育涛或其指定主体按照激励对象取得激励股权所支付的成本进行回购。

八、甲、乙双方的权利与义务

8.1 甲方的权利与义务

（1）有权要求被激励对象按其所聘岗位的要求为甲方工作。

（2）具有本次股权激励计划的解释权和执行权。

（3）甲方不得为激励对象依本计划获取有关股票提供贷款以及其他任何形式的财务资助，包括为其贷款提供担保。

（4）若激励对象因触犯法律、违反职业道德、泄漏公司机密、失职或渎职等行为严重损害公司利益或声誉，经甲方董事会批准，甲方注销激励对象尚未行权的股票期权，并且有权要求激励对象返还其已经行权的股票。

（5）甲方根据国家税收法律法规的规定，代扣代缴激励对象应缴纳的个人所得税及其他税费（如有）。

（6）甲方应及时按照有关规定履行本计划的申报、信息披露等义务。

（7）甲方确定本计划的激励对象，并不构成对员工聘用期限的承诺。甲方仍按与激励对象签订的《劳动合同书》确定对员工的聘用关系。

（8）法律、法规和公司章程规定的其他权利和义务。

8.2 乙方的权利和义务

（1）乙方应当按公司所聘岗位的要求，勤勉尽责、恪守职业道德，为甲方的发展做出应有贡献。

（2）乙方按照本激励计划的规定获取有关权益的资金来源于乙方的自筹资金。

（3）乙方有权且应当按照本激励计划的规定认购获授股票期权到期行权。

（4）乙方获授的股票期权不得转让、用于担保或偿还债务；

股票期权在行权前不享受投票权和表决权，同时也不参与股票红利、股息的分配；乙方行权后获得的股票不得用于担保或偿还债务。

（5）乙方因本激励计划获得的收益，应按国家规定缴纳个人所得税及其他相关税费。

（6）除本激励计划规定的限制性条件外，乙方获得激励股份后可以拥有所持甲方股份所对应的股东权利。

（7）乙方应当遵守法律法规、甲方规章制度，积极维护甲方利益，不得从事任何有损甲方利益的行为，不得以任何方式直接或者间接参与甲方业务相同或者相似的投资或经营活动。

（8）乙方应当全职为甲方工作，不得与其他用人单位建立劳动关系或者劳务关系。

（9）乙方在本计划规定的限售期结束后离职的，应当在2年内不得从事与甲方同业竞争相同或类似的相关工作；如果乙方在本方案规定的限售期结束后离职，并在2年内从事与甲方同业竞争相同或类似工作的，乙方应当将其因本计划所得全部收益返还给甲方。

（10）法律、法规、公司章程或者其他法律文件规定的其他权利和义务。

**九、承诺**

9.1　甲方承诺在《股权激励计划》有效期内，发生控制权变更、合并分立等情形时，《股权激励计划》由甲方承继主体继续执行。

9.2　乙方承诺了解甲方有效实施的股票期权方面的规章制度，包括但不限于《股权激励计划》和《考核办法》，乙方将遵守上述规章制度；并且，本协议书生效后，甲方根据实际情况和监管部门的要求对本次股票期权激励计划制定新的规章制度，

D11725

乙方应遵照执行。

9.3　乙方承诺，乙方在本协议中所提供的资料真实、有效，并对其承担全部法律责任。

**十、聘用关系**

甲方与乙方签署本协议不构成甲方对乙方聘用期限和聘用关系的任何承诺，公司对乙方的聘用关系仍按劳动合同的有关约定执行。

**十一、协议的终止**

11.1　有下列情形之一的，本协议终止：

（1）协议到期；

（2）协议当事人协商同意；

（3）乙方死亡；

（4）乙方丧失行为能力时；

（5）《股权激励计划》规定的其他情形。

11.2　乙方违反本协议的有关规定，违反甲方关于股权激励计划的规章制度，或者国家的有关法律和政策要求甲方停止股权激励制度时，甲方有权视具体情况通知乙方终止本协议而不需承担任何责任。

**十二、关于免责的声明**

属于下列情形之一的，甲、乙双方均不承担违约责任：

12.1　甲、乙双方签订本股权期权协议是依照协议签订时的国家现行政策、法律法规制定的。如果本协议履行过程中遇法律、政策等的变化致使甲方无法履行本协议的，甲方不负任何法律责任；

12.2　本协议约定的行权期到来之前或者乙方尚未实际行使股权认购权，公司因破产、解散、注销、吊销营业执照等原因丧失民事主体资格或者不能继续营业的，本协议可不再履行；

12.3 公司因并购、重组、改制、分立、合并、注册资本增减等原因致使甲方丧失公司实际控制人地位的，本协议可不再履行。

**十三、争议解决**

13.1 乙方出现本协议中未规定的事项，而又违背股权激励目的及《股权激励计划》时，由薪酬管理委员会确定最终处理方法。

13.2 甲、乙双方对于本协议执行过程中发生的争议应协商解决；协商不成，可提交甲方住所地人民法院诉讼解决。

**十四、其他**

14.1 本协议未尽事宜，以《股权激励计划》规定内容为准。

14.2 本协议经双方协商后可以增加补充协议，补充协议的内容为本协议的一部分，具有同等的法律效力。

14.3 本协议生效后，甲方根据实际情况和管理部门的要求对本次股权激励计划所指定的新的规章制度适用于本协议，乙方应该遵照执行。

14.4 本协议有效期为 ______ 年，自 ______ 年 ______ 月 ______ 日始，至 ______ 年 ______ 月 ______ 日止。

14.5 本协议一式两份，甲、乙双方各执一份，具有同等法律效力。

14.6 本协议自双方签字盖章之日起生效。

14.7 本协议于 2017 年 ______ 月 ______ 日签署。

甲方：某某有限公司

乙方（签字）：____________________________

（盖章）

D11725

D11731

**文本正文 4：http://www.fatianshi.cn/D11731**

## 某某有限公司
## 激励对象行权申请书

本人__________，身份证号码：__________；本人截至目前，持有公司股票期权共计______股。根据《股权激励计划》等相关规定，本人现有授予的期权股已符合行权条件。

在此谨向公司申请如下：本人申请于______年______月______日按照《股权激励计划》的规定对上述股权予以行权。

特此申请！

申请人：__________

______年______月______日

D11732

**文本正文 5：http://www.fatianshi.cn/D11732**

## 某某有限公司
## 股票期权行权批准书

__________先生/女士：

______年______月______日，您向我司提交的《股权期权行权申请书》已收悉，经审核，就您本次期权行权事项予以批准，且通知如下：

姓名：________________________________

性别：________________________________

身份证号码：____________________________

期权证书号：____________________________

本次期权行权数：__________________________

本次行权日期：______年______月______日起至______

年______月______日止。

请于行权期内持本批准书办理相关手续。

某某有限公司

_____年______月______日

# 第三章　股票增值权

## 1.股票增值权使用场景与要点提示

**使用场景：**

股票增值权是指公司在授予条件成就后，授予激励对象一定数量的股票增值权，经过一段时间的等待期，在行权条件成就后公司兑付一定数量的现金给激励对象，该现金是行权当日市场价与行权价格之间的差额。股票增值权实质是股票期权的现金结算，比照实施期权计划可获得的收益，由公司以现金形式支付给激励对象。股票增值权不得转让和用于担保、偿还债务。股票增值权不属于实股范畴，激励对象不实际拥有股权，且股票增值权激励对象无需支付对价，所以公司若要采用实股或者对价的方式实施股权激励，则股票增值权不适用。

**要点提示：**

1. 股票增值权有哪些优缺点？

股票增值权激励模式的优点在于这种模式简单易于操作，股祟增值权持有人在行权时，直接获得行权日市场价与行权价之间的差价。

股票增值权激励模式的缺点在于激励对象不能获得实股，激励的效果相对较差；股票增值权需要公司支付现金，因此公司的现金支付压力较大。

2. 股票增值权适用于何种类型的公司？

依据股票增值权的定义及优缺点可以分析得出股票增值权适用于现金流量比较充裕且发展稳定的成熟型企业。

关注法天使

3. 股票增值权的适用对象?

实践中，股票增值权多适用于外籍管理人员及核心技术（业务）人员。

4. 股票增值权适用时有哪些风险点?

股票增值权对员工而言没有风险，因为员工行权不需要支付对价，只要业绩达到条件公司就给予员工相应的股票增值收益，但对公司而言，激励对象在行权时，需支付一笔现金给员工，在会计处理上为提取管理费用，对公司的现金流有一定的影响，进而减少了公司当期净利润数额。此外，在激励对象发生异动譬如诸多种离职情形出现时，该如何处理与设计是公司需要考虑的，科学的设计能够减少激励对象与公司之间的纠纷与摩擦，后文将详细阐述。

## 2.私企上市公司股票增值权全套文件

**文件名称用途：**

| 序号 | 名称 | 用途 | 网址 | 二维码 |
|---|---|---|---|---|
| 1 | 股权激励计划（草案） | 由薪酬与考核委员会拟定，由股东大会审议通过的整套方案 | http://www.fatianshi.cn/D11395 | D11395 |
| 2 | 考核管理办法 | 董事会负责解释及修订，由公司股东大会审议通过后生效 | http://www.fatianshi.cn/D11397 | D11397 |
| 3 | 董事会决议 | 用于董事会通过股权激励计划（草案）等议案 | http://www.fatianshi.cn/D11398 | D11398 |
| 4 | 监事会决议 | 用于监事会通过股权激励计划（草案）等议案 | http://www.fatianshi.cn/D11399 | D11399 |
| 5 | 独立董事意见 | 用于对股权激励计划（草案）发表意见 | http://www.fatianshi.cn/D11400 | D11400 |
| 6 | 监事会意见 | 用于对股权激励计划（草案）发表意见 | http://www.fatianshi.cn/D11401 | D11401 |

续表

| 序号 | 名称 | 用途 | 网址 | 二维码 |
|---|---|---|---|---|
| 7 | 监事会公示情况说明及核查意见 | 用于对激励对象名单公示情况发表意见 | http://www.fatianshi.cn/D11402 | D11402 |
| 8 | 股东大会决议 | 用于通过股权激励计划（草案）等议案 | http://www.fatianshi.cn/D11403 | D11403 |
| 9 | 股票增值权激励协议 | 用于明确公司与激励对象的权利义务 | http://www.fatianshi.cn/D11404 | D11404 |
| 10 | 授予之董事会决议 | 用于董事会通过授予议案 | http://www.fatianshi.cn/D11405 | D11405 |
| 11 | 授予之监事会决议 | 用于监事会通过授予议案 | http://www.fatianshi.cn/D11406 | D11406 |
| 12 | 授予之独立董事意见 | 用于对授予议案发表意见 | http://www.fatianshi.cn/D11408 | D11408 |
| 13 | 授予之监事会意见 | 用于对授予议案发表意见 | http://www.fatianshi.cn/D11409 | D11409 |

续表

| 序号 | 名称 | 用途 | 网址 | 二维码 |
| --- | --- | --- | --- | --- |
| 14 | 行权之董事会决议 | 用于董事会通过行权议案 | http://www.fatianshi.cn/D11411 | D11411 |
| 15 | 行权之监事会决议 | 用于监事会通过行权议案 | http://www.fatianshi.cn/D11412 | D11412 |
| 16 | 行权之独立董事意见 | 用于独立董事对行权发表意见 | http://www.fatianshi.cn/D11413 | D11413 |
| 17 | 行权之监事会意见 | 用于监事会对行权发表意见 | http://www.fatianshi.cn/D11414 | D11414 |
| 18 | 股票期权行权申请书 | 用于激励对象向公司申请股票增值权行权 | http://www.fatianshi.cn/D11415 | D11415 |
| 19 | 股票增值权行权批准书 | 用于公司批准激励对象股票增值权的行权 | http://www.fatianshi.cn/D11417 | D11417 |

**该套文件的设计思路：**

公司预先设定授予条件及行权条件，当授予条件成就后，公司授予激励对象一定份额的股票增值权，经过一段时间的等待期，在行权条件成就后，激励对象可以在规定的时间段内行

关注法天使

权（此处的行权指的是激励对象获得公司兑付的行权日市场价与行权价格之间差额的行为）。当激励对象发生离职等多种情形时，公司可以将股票增值权作废处理。另外，该套文件所参照的法律法规主要为《上市公司股权激励管理办法》，虽然该办法明确规定了上市公司限制性股票与股票期权模式适用于该办法，但其他法律法规允许的激励模式也可以参照该办法适用。

文本正文 1：http://www.fatianshi.cn/D11396

## 某某股份有限公司股票增值权<br>年激励计划（草案）

### 声　明

本公司及全体董事、监事保证本计划及其摘要不存在虚假记载、误导性陈述或重大遗漏，并对其真实性、准确性、完整性承担个别和连带的法律责任。

本公司所有激励对象承诺，公司因信息披露文件中有虚假记载、误导性陈述或者重大遗漏，导致不符合授予权益或行使权益安排的，激励对象应当自相关信息披露文件被确认存在虚假记载、误导性陈述或者重大遗漏后，将由本激励计划所获得的全部利益返还给公司。

### 特别提示

1. 本计划依有关法律、法规、规范性文件以及《某某股份有限公司章程》制订。

2. 本计划所采用股票增值权工具，以某某股份有限公司股票为虚拟标的股票，在满足业绩考核标准的前提下，由公司以现金方式支付行权价格与兑付价格之间的差额。

3. 本计划授予的激励对象共计______人，为外籍管理人员及核心技术（业务）人员[①]（不包括独立董事、监事及单独或合计持有公司5%以上股份的股东或实际控制人及其配偶、父母、子女）。

①股票增值权多适用于对外籍管理人员及员工的激励，但也可以适用于国内的激励对象，此处的激励对象范围仅作为参考，后文对此不再赘述。

4. 股票增值权行权价格的确定：股票票面金额、公告前1个交易日公司股票交易均价（可选20、60及120，参照上市公司股权激励管理办法中关于股票期权行权价格的确定规则）和前个交易日公司股票交易均价的较高者确定，为______元/股。

5. 对于股票增值权，由公司直接支付现金给激励对象，无需激励对象出资。

6. 股份来源：股票增值权不涉及实际股份，以某某股份有限公司股票作为虚拟股票标的。

7. 本次股票增值权激励计划的考核依据《某某股份有限公司年股票增值权激励计划实施考核管理办法》中有关规定进行。

8. 本计划由董事会审议通过，并经股东大会批准方可生效。

## 第一章　释　　义

以下词语如无特殊说明，在本文中具有如下含义：

| | | |
|---|---|---|
| 本公司、公司 | 指 | 某某股份有限公司 |
| 激励计划、本计划 | 指 | 以公司股票为虚拟股票标的，对公司外籍管理人员及核心技术（业务）人员进行长期性的激励计划 |
| 股票增值权 | 指 | 公司授予激励对象在一定条件下获得由公司支付的行权日市场价格与行权价格之间差额的权利。 |

D11395

续表

| | | |
|---|---|---|
| 激励对象 | 指 | 按照本计划规定获得股票增值权的公司外籍管理人员以及核心技术（业务）人员 |
| 授予日 | 指 | 公司向激励对象授予股票增值权的日期，授予日必须为交易日 |
| 行权 | 指 | 激励对象按照激励计划设定的条件获得由公司支付的行权日市场价格与行权价格之间差额的行为 |
| 可行权日 | 指 | 指本激励计划中激励对象可以行权的日期，可行权日必须为交易日 |
| 行权价格 | 指 | 指本公司向激励对象授予股票增值权时确定的，用于计算每股股票增值权收益的基准价格 |
| 有效期 | 指 | 指从股票增值权授予日开始至股票增值权失效日为止的一段时期 |
| 《公司法》 | 指 | 《中华人民共和国公司法》 |
| 《证券法》 | 指 | 《中华人民共和国证券法》 |
| 《公司章程》 | 指 | 《某某股份有限公司章程》 |
| 证监会 | 指 | 中国证券监督管理委员会 |
| 元 | 指 | 人民币元 |

## 第二章　实施激励计划的目的

为了进一步建立、健全公司长效激励机制，吸引和留住优秀人才，充分调动公司外籍管理人员及核心技术（业务）人员的积极性，有效地将股东利益、公司利益和个人利益结合在一起，促进公司业绩持续增长，在充分保障股东利益的前提下，按照收益与贡献对等原则，根据《中华人民共和国公司法》《中华人民共和国证券法》《上市公司股权激励管理办法》[1]等有关法律、法规和规范性文件以及《公司章程》的规定，制订本计划。

①《上市公司股权激励管理办法》针对限制性股票和股票期权，但其他合法的股权激励形式也可以参照适用。

## 第三章　本计划的管理机构

一、股东大会作为公司的最高权力机构，负责审议、批准本计划的实施、变更和终止。

二、董事会是本计划的执行管理机构，下设薪酬与考核委员会，负责拟订和修订本计划并报董事会审议，董事会通过本计划审议后，报股东大会审议。董事会在股东大会授权范围内办理本计划的相关事宜。

三、监事会是本计划的监督机构，负责审核激励对象的名单，并对本计划的实施是否符合相关法律、行政法规、部门规章和相关业务规则进行监督。

四、独立董事应当就本计划是否有利于公司的持续发展，是否存在明显损害公司及全体股东的利益发表独立意见。

## 第四章　激励对象的确定依据和范围

### 一、激励对象的确定依据

（一）激励对象确定的法律依据

本计划激励对象根据《中华人民共和国公司法》《中华人民共和国证券法》等有关法律、法规、规范性文件和《公司章程》的相关规定，结合公司实际情况而确定。

（二）激励对象确定的职务依据

本计划激励对象为公司外籍管理人员以及核心技术（业务）人员（不包括独立董事、监事及单独或合计持有公司5%以上

D11395

股份的股东或实际控制人及其配偶、父母、子女）。[①]

**二、激励对象的范围**

本计划涉及的激励对象共计______人，包括：

1. 公司外籍管理人员；

2. 公司的外籍核心技术（业务）人员；

以上激励对象均须在本计划的考核期内与公司具有雇佣或劳务关系。

**三、激励对象的核实**

（一）公司将在股东大会召开前，在内部公示激励对象的姓名和职务，公示期不少于 10 天。

（二）公司监事会将对激励对象名单进行审核，[②]充分听取公示意见，并在公司股东大会审议本计划前 5 日披露监事会对激励对象名单审核及公示情况的说明。经公司董事会调整的激励对象名单亦应经公司监事会核实。

## 第五章　激励计划具体内容

**一、激励计划的股票来源**

股票增值权不涉及实股，以某某股份有限公司的股票为虚拟标的股票。[③]

**二、激励计划标的股票的数量**

公司在本激励计划中拟授予激励对象 ______ 万份的股票增值权，占公司已发行股本总额的 ______%。

**三、股票增值权分配情况**

授予的股票增值权在各激励对象间的分配情况如下表所示：（以下百分比计算结果四舍五入，保留两位小数）

①为保证独立董事及监事的独立性，激励对象不包含独立董事及监事；至于5%以上股份的股东或实际控制人及其配偶、父母、子女若成为激励对象，便使公司的股权激励没有太大实际意义，股权激励的核心便是让公司经营者及核心员工等成为公司的股东，以此激发他们的工作热情和积极性。

②审核的要点在于激励对象是否具备《公司法》《上市公司股权激励管理办法》《公司章程》等法律、法规和规范性文件规定的任职资格，不存在最近 12 个月内被证券交易所认定为不适当人选的情形；不存在最近 12 个月内被中国证券监督管理委员会及其派出机构认定为不适当人选的情形；不存在最近 12 个月内因重大违法违规行为被中国证券监督管理委员会及其派出机构行政处罚或者采取市场禁入措施的情形；以及不存在具有《中华人民共和国公司法》规定的不得担任公司董事、高级管理人员情形的情形。

③由于股票增值权不涉及实际股票，因此均以公司股票作为虚拟股票标的。

| 人员类型 | 姓名 | 职务 | 获授的股票增值权数量（万股） | 占授予股票增值权总数的比例 | 占目前总股本的比例 |
|---|---|---|---|---|---|
| 外籍管理人员 | | | | | |
| | | | | | |
| | | | | | |
| | | | | | |
| 外籍核心技术（业务）人员共计______人 | | | | | |
| 合计 | | | | | |

注：本计划激励对象不包括独立董事、监事及单独或合计持有公司5%以上股份的股东或实际控制人及其配偶、父母、子女。

## 四、激励计划的有效期、授予日、限售期、解除限售安排、禁售期

（一）有效期

本计划的有效期为首次授予股票增值权之日起______个月。[①]

（二）授予日

授予日应自公司股东大会审议通过本激励计划之日起______日内确定，[②]届时由公司召开董事会就本激励计划设定的激励对象获授股票增值权的条件是否成就进行审议，公司董事会对符合条件的激励对象授予股票增值权，授予日必须为交易日。

（三）等待期

等待期为股票增值权授予日至股票增值权首个可行权日之间的期间，本激励计划的等待期为自股票增值权授权日起______个月。[③]

（四）可行权日

本激励计划授予的股票增值权自授予日起满______个月后

①为等待期与行权期之和。

②因为是参照《上市公司股权激励管理办法》，故可以不为明文规定的60天，而设定为一段合理的日期，可由公司灵活确定。但多数情况下与该办法保持一致。

③《上市公司股权激励管理办法》规定了等待期不得少于12个月，为确保激励作用的发挥，应参照此规定执行，合理设置等待期。

D11395

可以开始行权。激励对象在相应行权期内可按本激励计划规定的行权比例分期行权，可行权日必须为交易日，且不得在下列期间内进行行权：（1）公司定期报告公告前30日内，因特殊原因推迟定期报告公告日期的，自原预约公告日前30日起算，至公告前1日；（2）公司业绩预告、业绩快报公告前10日内；（3）自可能对公司股票及其衍生品种交易价格产生较大影响的重大事件发生之日或者进入决策程序之日，至依法披露后2个交易日内；（4）中国证券监督管理委员会及交易所规定的其他期间。

（五）行权安排

在本激励计划的有效期内，本激励计划授予的股票增值权从授予日开始经过______个月的等待期，激励对象可在下表所列各行权期内的可行权日按照______%、______%、______%的行权比例分三期行权。①本次授予股票增值权行权期安排如下：

| 阶段 | 时间安排 | 股票增值权行权比例 |
| --- | --- | --- |
| 第一个行权期 | 自授予日起______个月后的首个交易日起至授予日起______个月内的最后一个交易日当日止 | ______% |
| 第二个行权期 | 自授予日起______个月后的首个交易日起至授予日起______个月内的最后一个交易日当日止 | ______% |
| 第三个行权期 | 自授予日起______个月后的首个交易日起至授予日起______个月内的最后一个交易日当日止 | ______% |

本激励计划有效期结束后，已获授但尚未行权的股票增值权不得行权，未行权的该部分股票增值权由公司作废处理。

①同样，为了确保激励作用的发挥，应参照《上市公司股权激励管理办法》设置分期分批行权，每期时限不得少于12个月，每期行权比例不得超过激励对象获授股票增值权的50%，以达到良好的激励效果。

**五、股票增值权的行权价格**

（一）股票增值权的行权价格

本激励计划授予的每份股票增值权的行权价格为元，满足行权条件后，激励对象可获得行权日市场价格与该行权价格之间的差额收益。

（二）授予的股票增值权的行权价格的确定方法

股票增值权的行权价格不低于股票票面金额，且不低于下列价格较高者：[1]

1. 本计划草案公告前 1 个交易日公司股票交易均价，为每股元；

2. 本计划草案公告前个（可选择 20、60 或者 120 个交易日）交易日公司股票交易均价，为每股______元。

**六、股票增值权的授予与行权条件**

（一）股票增值权的授予条件

激励对象只有在同时满足下列条件时，才能获授股票增值权：[2]

1. 公司未发生以下任一情形：

（1）最近一个会计年度财务会计报告被注册会计师出具否定意见或者无法表示意见的审计报告；

（2）最近一个会计年度财务报告内部控制被注册会计师出具否定意见或者无法表示意见的审计报告；

（3）上市后最近 36 个月内出现过未按法律法规、公司章程、公开承诺进行利润分配的情形；

（4）法律法规规定不得实行股权激励的；

（5）中国证券监督管理委员会认定的其他情形。

2. 激励对象未发生以下任一情形：

（1）最近 12 个月内被证券交易所认定为不适当人选；

①此为参照上市公司股票期权的定价方法，仅作为一种定价参考。

②获授条件为公司与激励对象均合法合规，这是最基础的条件要求，若公司认为还有其他必要的授予条件，则可灵活进行设置。

D11395

（2）最近12个月内被中国证券监督管理委员会及其派出机构认定为不适当人选；

（3）最近12个月内因重大违法违规行为被中国证券监督管理委员会及其派出机构行政处罚或者采取市场禁入措施；

（4）具有《中华人民共和国公司法》规定的不得担任公司董事、高级管理人员情形的；

（5）法律法规规定不得参与上市公司股权激励的；

（6）中国证券监督管理委员会认定的其他情形。

3. 其他授予条件

（二）股票增值权的行权条件[①]

在行权期内，同时满足下列条件时，激励对象已获授的股票增值权才能行权：

1. 公司未发生以下任一情形：

（1）最近一个会计年度财务会计报告被注册会计师出具否定意见或者无法表示意见的审计报告；

（2）最近一个会计年度财务报告内部控制被注册会计师出具否定意见或者无法表示意见的审计报告；

（3）上市后最近36个月内出现过未按法律法规、公司章程、公开承诺进行利润分配的情形；

（4）法律法规规定不得实行股权激励的；

（5）中国证券监督管理委员会认定的其他情形。

公司发生上述情形之一的，所有激励对象根据本激励计划已获授但尚未行权的股票增值权应当由公司做作废处理。

2. 激励对象未发生以下任一情形：

（1）最近12个月内被证券交易所认定为不适当人选；

（2）最近12个月内被中国证券监督管理委员会及其派出机构认定为不适当人选；

①除激励对象与公司要合法合规外，还需满足绩效考核指标达标的要求。具体而言，激励对象绩效考核合格，符合行权安排；公司业绩考核合格，等待期内净利润达到要求（此处净利润仅作为一种指标，还可以选取营业收入等指标）。

（3）最近12个月内因重大违法违规行为被中国证券监督管理委员会及其派出机构行政处罚或者采取市场禁入措施；

（4）具有《中华人民共和国公司法》规定的不得担任公司董事、高级管理人员情形的；

（5）法律法规规定不得参与上市公司股权激励的；

（6）中国证券监督管理委员会认定的其他情形。

激励对象发生上述规定情形之一的，该激励对象根据本激励计划已获授但尚未行权的股票增值权应当由公司做作废处理。

3. 公司层面的业绩考核要求

对于本激励计划授予的股票增值权，各年度业绩考核目标如下表所示：[①]

| 行权期 | 业绩考核目标 |
|---|---|
| 第一个行权期 | ______年的净利润较______年增长______%及以上 |
| 第二个行权期 | ______年的净利润较______年增长______%及以上 |
| 第三个行权期 | ______年的净利润较______年增长______%及以上 |

公司未满足上述业绩考核目标的，所有激励对象考核当年可行权的股票增值权不得行权，对应的股票增值权由公司做作废处理。

4. 个人层面考核要求

根据公司制定的《某某股份有限公司年股票增值权激励计划实施考核办法》，激励对象只有在上1年度个人考核为“合格”及以上时，激励对象对应当年的股票增值权方可行权。

①参照《上市公司股权激励管理办法》第11条的规定，可以采用净资产收益率等反映股东回报和公司价值创造的综合性指标，以及净利润增长率、主营业务收入增长率等能够反映公司盈利能力和市场价值的成长性指标。此处净利润增长率指标仅作为参考。

D11395

5. 其他行权条件

**七、股票增值权激励计划的调整方法和程序**

（一）股票增值权数量的调整方法

在行权前，若公司发生资本公积金转增股本、派送股票红利、股票拆细或缩股等事项，公司应对股票增值权数量进行相应的调整。调整方法如下：

1. 资本公积转增股本、派送股票红利、股份拆细

$$Q = Q0 \times (1 + n)$$

其中：Q0为调整前的股票增值权数量；n为每股的资本公积金转增股本、派送股票红利、股票拆细的比率（每股股票经转增、送股或拆细后增加的股票数量）；Q为调整后的股票增值权数量。

2. 配股

$$Q = Q0 \times P1 \times (1 + n) \div (P1 + P2 \times n)$$

其中：Q0为调整前的股票增值权数量；P1为股权登记日当日收盘价；P2为配股价格；n为配股的比例（配股的股数与配股前公司总股本的比例）；Q为调整后的股票增值权数量。

3. 缩股

$$Q = Q0 \times n$$

其中：Q0为调整前的股票增值权数量；n为缩股比例（1股公司股票缩为n股股票）；Q为调整后的股票增值权数量。

4. 增发

公司发生增发时，股票增值权数量不做调整。

（二）行权价格的调整方法

若在行权前公司发生资本公积金转增股本、派送股票红利、股票拆细、缩股、配股或派息等事项，公司应对行权价格进行相应的调整。调整方法如下：

1. 资本公积转增股本、派送股票红利、股份拆细

$P = P0 \div (1 + n)$

其中：P0为调整前的行权价格；n为每股的资本公积金转增股本、派送股票红利、股票拆细的比率；P为调整后的行权价格。

2. 配股

$P = P0 \times (P1 + P2 \times n) \div [P1 \times (1 + n)]$

其中：P0为调整前的行权价格；P1为股权登记日当天收盘价；P2为配股价格；n为配股的比例（配股的股数与配股前公司总股本的比例）；P为调整后的行权价格。

3. 缩股

$P = P0 \div n$

其中：P0为调整前的行权价格；n为缩股比例；P为调整后的行权价格。

4. 派息

$P = P0 - V$

其中：P0为调整前的行权价格；V为每股的派息额；P为调整后的行权价格。经派息调整后，P仍须大于1。

5. 增发

公司在发生增发新股的情况下，股票增值权的行权价格不做调整。

（三）股票增值权激励计划调整的程序

公司股东大会授权公司董事会，当出现前述情况时由公司董事会决定调整股票增值权数量、行权价格。律师应当就上述调整是否符合《公司章程》和本计划的规定出具专业意见。调整议案经董事会审议通过后，公司应当及时披露董事会决议公告，同时公告律师事务所意见。

八、股票增值权会计处理

1. 依照《企业会计准则第22号——金融工具确认和计量》中关于公允价值确定的相关规定，需要选择适当的估值模型对股票增值权的公允价值进行计算。公司选择Black-Scholes模型（B-S模型）来计算股票增值权的公允价值，并于______年______月______日用该模型对授予的股票增值权进行预测算（授予时进行正式测算）。

2. 股票增值权费用的摊销方法

公司按照相关估值工具确定授予日股票增值权的公允价值，并最终确认本计划的股份支付费用，该等费用将在本计划的实施过程中按行权比例摊销。由本激励计划产生的激励成本将在经常性损益中列支。根据中国会计准则要求，本激励计划授予的股票增值权对______年至______年会计成本的影响如下表所示：

| 授予的股票增值权的数量（万股） | 需摊销的总费用（万元） | 摊销费用（万元） | | | | |
|---|---|---|---|---|---|---|
| | | | | | | |
| | | | | | | |

公司以目前信息初步估计，在不考虑本激励计划对公司业绩的刺激作用的情况下，股票增值权费用的摊销对有效期内各年净利润有所影响，从而对业绩考核指标中的净利润增长率指标造成影响，但影响程度不大。若考虑股票增值权激励计划对公司发展产生的正向作用，由此激发管理团队的积极性，提高经营效率，降低代理人成本，本激励计划带来的公司业绩提升将远高于因其带来的费用增加。

## 第六章　本计划的相关程序

### 一、激励计划实施程序

（一）公司董事会应当依法对本激励计划作出决议。董事会审议本激励计划时，作为激励对象的董事或与其存在关联关系的董事应当回避表决。董事会应当在审议通过本计划并履行公示、公告程序后，将本计划提交股东大会审议；同时提请股东大会授权，负责实施股票增值权的授予、行权和作废处理工作。

（二）独立董事及监事会应当就激励计划草案是否有利于上市公司的持续发展，是否存在明显损害上市公司及全体股东利益的情形发表意见。

（三）本计划经公司股东大会审议通过后方可实施。本公司将在召开股东大会前，通过公司网站或者其他途径，在公司内部公示激励对象的姓名和职务，公示期不少于10天。监事会应当对激励名单进行审核，充分听取公示意见。上市公司应当在股东大会审议激励计划前5日披露监事会对激励名单审核及公示情况的说明。

（四）公司股东大会在对本次股票增值权激励计划进行投票表决时，独立董事应当就本次股票增值权激励计划向所有的股东征集委托投票权。股东大会应当对本股票增值权激励计划内容进行表决，并经出席会议的股东所持表决权的2/3以上通过，单独统计并披露除公司董事、监事、高级管理人员、单独或合计持有公司5%以上股份的股东以外的其他股东的投票情况。

公司股东大会审议股权激励计划时，作为激励对象的股东或者与激励对象存在关联关系的股东，应当回避表决。

（五）本激励计划经公司股东大会审议通过，且达到本激励计划规定的授予条件时，公司在规定时间内向激励对象授予股票增值权。经股东大会授权后，董事会负责实施股票增值权的授予、行权和作废处理。

**二、股票增值权的授予程序**

（一）股东大会审议通过本计划后，公司与激励对象签署《股票增值权激励协议》，以此约定双方的权利义务关系。公司

D11395

董事会根据股东大会的授权办理股票增值权的授予事宜。

（二）公司在向激励对象授出权益前，董事会应当就本计划设定的激励对象获授权益的条件是否成就进行审议并公告。

（三）独立董事及监事会应当同时发表明确意见。律师事务所应当对激励对象获授权益的条件是否成就出具法律意见。

（四）公司监事会应当对股票增值权授予日及激励对象名单进行核实并发表意见。

（五）公司向激励对象授出权益与本计划的安排存在差异时，独立董事、监事会（当激励对象发生变化时）、律师事务所、独立财务顾问应当同时发表明确意见。

（六）公司于授予日向激励对象发出《股票增值权授予通知书》，激励对象在个工作日内签署《股票增值权授予通知书》。

**三、股票增值权的行权程序**

（一）在行权日前，公司应确认激励对象是否满足行权条件。董事会应当就本计划设定的行权条件是否成就进行审议，独立董事及监事会应当同时发表明确意见。律师事务所应当对激励对象行权的条件是否成就出具法律意见。对于满足行权条件的激励对象，由公司办理行权事宜，对于未满足条件的激励对象，由公司对其所获授的股票增值权做作废处理。公司应当及时披露相关实施情况。

（二）股票增值权持有人在可行权日内，以《行权申请书》向公司确认行权的数量和价格等。

（三）公司董事会薪酬与考核委员会对申请人的行权数额、行权资格与行权条件审查确认。

（四）激励对象的行权申请经董事会薪酬与考核委员会确定后，公司交付现金给予激励对象。①

①此条便印证了前述的风险点所在，因为公司要支付现金给激励对象，所以会影响到公司的现金流。

**四、本计划的变更、终止程序**

（一）本计划的变更程序

1. 公司在股东大会审议本计划之前拟变更本计划的，需经董事会审议通过。

2. 公司在股东大会审议通过本计划之后变更本计划的，应当由股东大会审议决定，且不得包括下列情形：

（1）导致加速行权的情形；

（2）降低行权价格的情形。

独立董事、监事会应当就变更后的方案是否有利于上市公司的持续发展，是否存在明显损害上市公司及全体股东利益的情形发表独立意见。律师事务所应当就变更后的方案是否符合本办法及相关法律法规的规定、是否存在明显损害上市公司及全体股东利益的情形发表专业意见。

（二）本计划的终止程序

1. 公司在股东大会审议本计划之前拟终止实施本计划的，需经董事会审议通过。

2. 公司在股东大会审议通过本计划之后终止实施本计划的，应当由股东大会审议决定。

3. 律师事务所应当就公司终止实施激励是否符合本办法及相关法律法规的规定、是否存在明显损害公司及全体股东利益的情形发表专业意见。

## 第七章　公司/激励对象各自的权利义务

**一、公司的权利与义务**

（一）公司具有对本计划的解释和执行权，并按本计划规定对激励对象进行绩效考核，若激励对象未达到本计划所确定的股票增值权行权条件，公司将按本计划的规定对激励对象尚未

D11395

行权的股票增值权做作废处理。

（二）公司根据国家税收法律法规的规定，代扣代缴激励对象应缴纳的个人所得税及其他税费。

（三）公司应当根据本激励计划积极配合满足行权条件的激励对象按规定行权。但若因其他不可抗拒的因素造成激励对象未能按自身意愿行权并给激励对象造成损失的，公司不承担责任。

（四）法律、法规规定的其他相关权利义务。

**二、激励对象的权利与义务**

（一）激励对象应当按公司所聘岗位的要求，勤勉尽责、恪守职业道德，为公司的发展做出应有贡献。

（二）激励对象有权且应当按照本激励计划的规定行权。

（三）在行权期内，激励对象应当分次行权，且须及时向公司提交《行权申请书》。

（四）激励对象获授的股票增值权不得转让、用于担保或偿还债务。

（五）激励对象因激励计划获得的收益，应按国家税收法律法规缴纳个人所得税及其他税费。

（六）法律、法规及本激励计划规定的其他相关权利义务。

## 第八章　公司/激励对象发生异动的处理

**一、公司发生异动的处理**

（一）公司出现下列情形之一时，本计划即行终止：

1. 公司最近一个会计年度财务会计报告被注册会计师出具否定意见或者无法表示意见的审计报告；

2. 公司最近一个会计年度财务报告内部控制被注册会计师出具否定意见或者无法表示意见的审计报告；

3. 公司上市后最近 36 个月内出现过未按法律法规、公司章程、公开承诺进行利润分配的情形；

4. 公司出现法律法规规定不得实行股权激励的情形；

5. 中国证券监督管理委员会认定的其他需要终止激励计划的情形。

当公司出现终止本计划的上述情形时，激励对象已获授的尚未行权的股票增值权不得行权，由公司做作废处理。

（二）公司出现下列情形之一时，本计划不做变更，按本计划的规定继续执行：

1. 公司控制权发生变更；

2. 公司出现合并、分立等情形。

（三）公司因信息披露文件中有虚假记载、误导性陈述或者重大遗漏，导致不符合授予权益或行使权益安排的，激励对象应当自相关信息披露文件被确认存在虚假记载、误导性陈述或者重大遗漏后，将由本激励计划所获得的全部利益返还公司。

**二、激励对象个人情况发生变化的处理**

（一）激励对象在公司内发生正常职务变更，其获授的股票增值权完全按照本激励计划相关规定进行。[1]

（二）激励对象如因出现以下情形之一而失去参与本激励计划的资格，董事会可以决定对激励对象根据本激励计划在情况发生之日，对激励对象已获准行权但尚未行权的股票增值权终止行权，其未获准行权的股票增值权作废。

1. 最近 12 个月内被证券交易所认定为不适当人选；

2. 最近 12 个月内被中国证券监督管理委员会及其派出机构认定为不适当人选；

3. 最近 12 个月内因重大违法违规行为被中国证券监督管理委员会及其派出机构行政处罚或者采取市场禁入措施；

4. 具有《中华人民共和国公司法》规定的不得担任公司董

①减少激励对象与公司之间的纠纷。

D11395

事、高级管理人员情形；

5. 因不能胜任岗位工作、触犯法律、违反执业道德、泄露公司机密、失职或渎职等行为损害公司利益或声誉而导致的职务变更，或因前列原因导致公司解除与激励对象劳动关系；

6. 公司董事会认定的其他严重违反公司有关规定或严重损害公司利益的情形；

7. 单方面提出终止或解除与公司订立的劳动合同或聘用合同；

8. 与公司所签订的劳动合同或聘用合同期满，个人提出不再续签；

9. 因个人原因而致使公司提出解除或终止劳动合同（包括被公司辞退、除名等）；①

10. 成为法律、法规规定的其他不得参与上市公司股权激励的人员；

11. 中国证券监督管理委员会认定的其他情形。

（三）当发生以下情况时，在情况发生之日，对激励对象已获准行权但尚未行使的股票增值权继续保留行权权利，并在6个月内完成行权，其未获准行权的增值权作废：

1. 劳动合同、聘用合同到期后，双方不再续签合同的；

2. 经和公司协商一致提前解除劳动合同、聘用合同的；

3. 到法定年龄退休且退休后不继续在公司任职的；

4. 因公司经营调整（包括但不限于裁员），公司单方面终止或解除与激励对象订立的劳动合同、聘用合同的；②

（四）激励对象因丧失劳动能力而离职，应分以下两种情况处理：

1. 激励对象因执行公司职务而丧失劳动能力而离职的，其获授的权益将完全按照丧失劳动能力前本激励计划规定的程序

①将离职情形进行细化，减少与公司纠纷的风险，将该3种离职情形纳入到对激励对象已获准行权但尚未行权的股票增值权终止行权，其未获准行权的股票增值权作废之中是合情合理的。毕竟该3种离职情形激励对象有一定的过错或者给公司造成了一定的不利影响。

②对比上述3种离职情形，这4种离职或终止与公司的劳动合同的情形，激励对象并无过错或者并无给公司带来一定的负面影响，所以约定为对激励对象已获准行权但尚未行使的股票增值权继续保留行权权利，并在6个月内完成行权，其未获准行权的增值权作废是合情合理的，也能降低激励对象与公司之间纠纷的风险。另一方面，这样设计也是出于股票增值权并非实股，而是给予现金的考虑。

进行，其个人绩效考核结果不再纳入行权条件。

2. 激励对象非因执行公司职务而丧失劳动能力而离职的，其已获准行权但尚未行使的股票增值权继续保留行权权利，其未获准行权的股票增值权作废。

（五）激励对象身故，应分以下两种情况处理：

1. 激励对象因执行公司职务身故时的，其获授的权益将由其指定的财产继承人或法定继承人代为持有，其获授的权益按照身故前本激励计划规定的程序进行，其个人绩效考核结果不再纳入行权条件。

2. 激励对象非因执行职务身故的，其已获准行权但尚未行使的股票增值权继续保留行权权利，其未获准行权的股票增值权作废。

（六）其他未说明的情况由董事会薪酬与考核委员会认定，并确定处理方式。

**三、公司与激励对象之间争议的解决**

公司与激励对象发生争议，按照本计划和股权激励计划相关协议的规定解决；规定不明的，双方应按照国家法律和公平合理原则协商解决；协商不成，应提交公司住所所在地有管辖权的人民法院诉讼解决。

## 第九章　附　　则

一、本计划在公司股东大会审议通过后生效；

二、本计划由公司董事会负责解释。

某某股份有限公司董事会

______年______月______日

D11395

文本正文 2：http://www.fatianshi.cn/D11397

# 某某股份有限公司
# 股票增值权激励计划考核管理实施办法

为保证某某股份有限公司（以下简称公司）长期激励计划的顺利进行，进一步建立、健全公司长期激励机制，吸引和保留优秀人才，充分调动公司高层管理人员及核心业务（技术）人员的积极性和创业激情，促进公司业绩持续增长，确保公司发展战略和经营目标的实现，根据《中华人民共和国公司法》《中华人民共和国证券法》《某某股份有限公司章程》以及其他相关法律法规的规定制定本办法。

**一、考核目的**

本办法坚持公平、公开、公正的原则，通过对公司激励对象的业绩等工作绩效进行正确的评价，以实现长期激励计划与激励对象工作业绩、贡献紧密结合，从而积极地利用长期激励机制，提高管理绩效，实现公司和全体股东利益最大化。

**二、考核范围**

本办法适用于本次激励计划所确定的所有激励对象，包括公司外籍管理人员与核心技术（业务）人员。

**三、考核机构**

（一）公司董事会薪酬与考核委员会负责领导和组织考核工作，并负责对激励对象进行考核。

（二）公司人力资源部、财务管理部等相关部门负责相关考核数据的搜集和提供，并对数据的真实性和可靠性负责。

**四、绩效考核评价指标及标准**

（一）公司层面业绩考核

对于本激励计划授予的股票增值权，各年度业绩考核目标如下表所示：

| 行权期 | 业绩考核目标 |
| --- | --- |
| 第一个行权期 | ______年的净利润较______年增长______%及以上 |
| 第二个行权期 | ______年的净利润较______年增长______%及以上 |
| 第三个行权期 | ______年的净利润较______年增长______%及以上 |

（二）个人层面绩效考核要求

根据公司的绩效考核管理办法，目前对个人绩效考核结果共有A、B、C、D四档，对应的考核结果如下，S为分数：

A（优秀）：出色的、持续超过岗位标准要求，S ≥ 90。

B（良好）：称职、达到岗位标准要求，90 ＞ S ≥ 80。

C（合格）：基本适合岗位标准要求，80 ＞ S ≥ 60。

D（不合格）：未能达到岗位标准要求，S ＜ 60。

若激励对象上一年度个人绩效考核结果为A/B/C档，则上一年度激励对象个人绩效考核为“合格”及以上，激励对象对应当年的股票增值权方可行权。

若激励对象上一年度个人绩效考核结果为D档，则上一年度激励对象个人绩效考核为“不合格”，激励对象当年的股票增值权不可行权，由公司注销。

（三）其他与考核相关的行权条件

**五、考核期间与次数**

（一）考核期间

股票增值权每个行权期前一会计年度。

（二）考核次数

股票增值权行权期每年度一次。

D11397

关注法天使

六、考核程序

公司董事会薪酬与考核委员会负责具体的考核工作，负责激励对象考核分数的计算、考核结果的材料汇总，并在此基础上形成绩效考核报告，并提交董事会审核。

七、考核结果的反馈及应用

（一）被考核者有权了解自己的考核结果，薪酬与考核委员会应当在考核结束后______个工作日内向被考核者反馈考核结果。

（二）如被考核者对考核结果有异议，可在接到考核反馈的______个工作日内向董事会薪酬与考核委员会提出申诉，薪酬与考核委员会可根据实际情况对其考核结果进行复核，并根据复核结果对考核结果进行修正。

（三）考核结果作为股票增值权行权的依据。

八、附则

本办法由公司股东大会审议通过后生效，由董事会负责解释及修订。

**文本正文 3：http://www.fatianshi.cn/D11404**

## 某某股份有限公司
## 股票增值权激励计划协议书[①]

甲方：某某股份有限公司

地址：______________________________

法定代表人：______________________________

联系电话：______________________________

乙方：______________________________

地址：______________________________

①激励计划协议书用于明确公司与激励对象双方的权利义务，是对激励计划的进一步阐述与说明。

身份证号码：________________________________

联系电话：__________________________________

根据《某某股份有限公司年股票增值权激励计划》《某某股份有限公司章程》的有关规定，按照甲方股东大会的有关决议，甲乙双方就股票增值权的授予、行权、作废处理等事项订立如下协议：

**一、股票增值权数量及来源**

股票增值权不涉及实股，以甲方的股票为虚拟标的股票，甲方拟授予乙方份股票增值权。

**二、股票增值权的行权价格**

股票增值权的行权价格不低于股票票面金额，且不低于下列价格较高者：（提供一种定价参考，此种定价也是参照股票期权的定价得出）

1. 本计划草案公告前 1 个交易日公司股票交易均价，为每股______元；

2. 本计划草案公告前______个（可选择 20 个、60 个或者 120 个交易日）交易日公司股票交易均价，为每股______元。

**三、股票增值权的授予条件**

乙方只有在下列条件同时满足时，才能获授股票增值权：

1. 甲方未发生以下任一情形：

（1）最近一个会计年度财务会计报告被注册会计师出具否定意见或者无法表示意见的审计报告；

（2）最近一个会计年度财务报告内部控制被注册会计师出具否定意见或者无法表示意见的审计报告；

（3）上市后最近 36 个月内出现过未按法律法规、公司章程、公开承诺进行利润分配的情形；

D11404

（4）法律法规规定不得实行股权激励的；

（5）中国证券监督管理委员会认定的其他情形。

2. 乙方未发生以下任一情形：

（1）最近12个月内被证券交易所认定为不适当人选；

（2）最近12个月内被中国证券监督管理委员会及其派出机构认定为不适当人选；

（3）最近12个月内因重大违法违规行为被中国证券监督管理委员会及其派出机构行政处罚或者采取市场禁入措施；

（4）具有《中华人民共和国公司法》规定的不得担任公司董事、高级管理人员情形的；

（5）法律法规规定不得参与上市公司股权激励的；

（6）中国证券监督管理委员会认定的其他情形。

3. 其他授予条件

**四、股票增值权的行权条件**

在股票增值权行权期内，同时满足下列条件时，乙方已获授的股票增值权才能行权：

1. 甲方未发生以下任一情形：

（1）最近一个会计年度财务会计报告被注册会计师出具否定意见或者无法表示意见的审计报告；

（2）最近一个会计年度财务报告内部控制被注册会计师出具否定意见或者无法表示意见的审计报告；

（3）上市后最近36个月内出现过未按法律法规、公司章程、公开承诺进行利润分配的情形；

（4）法律法规规定不得实行股权激励的；

（5）中国证券监督管理委员会认定的其他情形。

甲方发生上述情形之一的，所有激励对象根据本激励计划已获授但尚未行权的股票增值权应当由公司做作废处理。

2. 乙方未发生以下任一情形：

（1）最近 12 个月内被证券交易所认定为不适当人选；

（2）最近 12 个月内被中国证券监督管理委员会及其派出机构认定为不适当人选；

（3）最近 12 个月内因重大违法违规行为被中国证券监督管理委员会及其派出机构行政处罚或者采取市场禁入措施；

（4）具有《中华人民共和国公司法》规定的不得担任公司董事、高级管理人员情形的；

（5）法律法规规定不得参与上市公司股权激励的；

（6）中国证券监督管理委员会认定的其他情形。

乙方发生上述情形之一的，根据本激励计划已获授但尚未行权的股票增值权应当由公司做作废处理。

3. 甲方公司层面的业绩考核要求

对于本激励计划授予的股票增值权，各年度业绩考核目标如下表所示：

| 行权期 | 业绩考核目标 |
|---|---|
| 第一个行权期 | ______年的净利润较______年增长______%及以上 |
| 第二个行权期 | ______年的净利润较______年增长______%及以上 |
| 第三个行权期 | ______年的净利润较______年增长______%及以上 |

公司未满足上述业绩考核目标的，所有激励对象考核当年可行权的股票增值权不得行权，对应的股票增值权由公司做作废处理。

4. 乙方个人层面考核要求

根据甲方制定的《某某股份有限公司年股票增值权激励计

D11404

划实施考核办法》，只有在上一年度个人考核为“合格”及以上时，乙方对应当年的股票增值权方可行权。若为“不合格”，则乙方对应当年的股票增值权由甲方做作废处理。

5. 其他行权条件

**五、甲、乙双方的权利与义务**

（一）甲方的权利与义务

1. 甲方具有对本计划的解释和执行权，并按本计划规定对乙方进行绩效考核，若乙方未达到本计划所确定的股票增值权行权条件，甲方将按本计划的规定作废乙方相应尚未行权的股票增值权。

2. 甲方根据国家税收法律法规的规定，代扣代缴激励对象应缴纳的个人所得税及其他税费。

3. 甲方应当根据本激励计划积极配合满足行权条件的激励对象按规定行权。但若因其他不可抗拒因素造成激励对象未能按自身意愿行权并给激励对象造成损失的，甲方不承担责任。

4. 法律、法规规定的其他相关权利义务。

（二）乙方的权利与义务

1. 乙方应当按甲方所聘岗位的要求，勤勉尽责、恪守职业道德，为甲方的发展做出应有贡献。

2. 乙方有权且应当按照本激励计划的规定行权。

3. 在行权期内，乙方应当分次行权，且须及时向公司提交《行权申请书》。

4. 乙方获授的股票增值权不得转让、用于担保或偿还债务。

5. 乙方因激励计划获得的收益，应按国家税收法律法规缴纳个人所得税及其他税费。

6. 法律、法规及本激励计划规定的其他相关权利义务。

## 六、异动发生时的处理

（一）甲方发生异动的处理

1. 甲方出现下列情形之一时，本计划即行终止：

（1）甲方最近一个会计年度财务会计报告被注册会计师出具否定意见或者无法表示意见的审计报告；

（2）甲方最近一个会计年度财务报告内部控制被注册会计师出具否定意见或者无法表示意见的审计报告；

（3）甲方上市后最近 36 个月内出现过未按法律法规、公司章程、公开承诺进行利润分配的情形；

（4）甲方出现法律法规规定不得实行股权激励的情形；

（5）中国证券监督管理委员会认定的其他需要终止激励计划的情形。

当甲方出现终止本计划的上述情形时，乙方已获授的尚未行权的股票增值权不得行权，由公司做作废处理。

2. 甲方出现下列情形之一时，本计划不做变更，按本计划的规定继续执行：

（1）甲方控制权发生变更；

（2）甲方出现合并、分立等情形。

3. 公司因信息披露文件中有虚假记载、误导性陈述或者重大遗漏，导致不符合授予权益或行使权益安排的，激励对象应当自相关信息披露文件被确认存在虚假记载、误导性陈述或者重大遗漏后，将由本激励计划所获得的全部利益返还公司。

（二）乙方个人情况发生变化的处理

1. 乙方在公司内发生正常职务变更，其获授的股票增值权完全按照本激励计划相关规定进行。

2. 乙方如因出现以下情形之一而失去参与本激励计划的资格，董事会可以根据本激励计划决定在情况发生之日，对乙方

D11404

已获准行权但尚未行权的股票增值权终止行权，其未获准行权的股票增值权作废：

（1）最近12个月内被证券交易所认定为不适当人选的；

（2）最近12个月内被中国证券监督管理委员会及其派出机构认定为不适当人选的；

（3）最近12个月内因重大违法违规行为被中国证券监督管理委员会及其派出机构行政处罚或者采取市场禁入措施；

（4）具有《中华人民共和国公司法》规定的不得担任公司董事、高级管理人员情形的；

（5）因不能胜任岗位工作、触犯法律、违反执业道德、泄露公司机密、失职或渎职等行为损害公司利益或声誉而导致的职务变更，或因前列原因导致公司解除与激励对象劳动关系的；

（6）公司董事会认定的其他严重违反公司有关规定或严重损害公司利益的情形；

（7）单方面提出终止或解除与公司订立的劳动合同或聘用合同；

（8）与公司所签订的劳动合同或聘用合同期满，个人提出不再续签；

（9）因个人原因而致使公司提出解除或终止劳动合同（包括被公司辞退、除名等）；

（10）成为法律、法规规定的其他不得参与上市公司股权激励的人员；

（11）中国证券监督管理委员会认定的其他情形。

3. 当发生以下情况时，在情况发生之日，对激励对象已获准行权但尚未行使的股票增值权继续保留行权权利，并在6个月内完成行权，其未获准行权的增值权作废：

（1）劳动合同、聘用合同到期后，双方不再续签合同的；

（2）经和公司协商一致提前解除劳动合同、聘用合同的；

（3）到法定年龄退休且退休后不继续在公司任职的；

（4）因公司经营调整（包括但不限于裁员），公司单方面终止或解除与激励对象订立的劳动合同、聘用合同的；

4. 乙方因丧失劳动能力而离职，应分以下两种情况处理：

（1）乙方因执行公司职务而丧失劳动能力而离职的，其获授的权益将完全按照丧失劳动能力前本激励计划规定的程序进行，其个人绩效考核结果不再纳入行权条件。

（2）乙方非因执行公司职务而丧失劳动能力而离职的，其已获准行权但尚未行使的股票增值权继续保留行权权利，其未获准行权的股票增值权作废。

5. 乙方身故，应分以下两种情况处理：

（1）乙方因执行公司职务身故的，其获授的权益将由其指定的财产继承人或法定继承人代为持有，其获授的权益按照身故前本激励计划规定的程序进行，其个人绩效考核结果不再纳入行权条件。

（2）乙方非因执行职务身故的，其已获准行权但尚未行使的股票增值权继续保留行权权利，其未获准行权的股票增值权作废。

6. 其他未说明的情况由董事会薪酬与考核委员会认定，并确定处理方式。

**七、聘用关系**

甲方与乙方签署本协议不构成甲方对乙方聘用期限和聘用关系的任何承诺，公司对乙方的聘用关系仍按劳动合同的有关约定执行。

**八、违约责任**

1. 任何一方违反协议约定，给他方造成经济损失的，应根

D11404

据其责任大小给予他方经济补偿。本协议另有约定除外。

2. 一方违约致使对方采取诉讼的方式时，违约方应承担守约方为此支付的诉讼费、律师费、差旅费及其他费用。

**九、争议解决**

甲、乙双方对于本协议执行过程中发生的争议应协商解决；协商不成，可提交甲方住所地人民法院诉讼解决。

**十、其他**

1. 本协议未尽事宜，以《股权激励计划》规定内容为准。

2. 本协议经双方协商后可以增加补充协议，补充协议的内容为本协议的一部分，具有同等的法律效力。

3. 本协议有效期为 ______ 年，自 ______ 年 ______ 月 ______ 日起，至 ______ 年 ______ 月 ______ 日止。

4. 本协议一式两份，甲、乙双方各执一份，具有同等法律效力。

5. 本协议自双方签字盖章之日起生效。

6. 本协议于 ______ 年 ______ 月 ______ 日签署。

甲方：某某股份有限公司

乙方（签字）：________________________________

（盖章）

**文本正文 4：http://www.fatianshi.cn/D11415**

某某股份有限公司

激励对象行权申请书



本人 ____________，身份证号码：____________，本人截至目前，持有公司股票增值权共计 ______ 股。根据《股票增值权激励计划》以及董事会、监事会相关决议，本人现有授予的股票增值权股已符合行权条件，在此谨向公司申请如下：本人申请于_____年_____月_____日按照《股票增值权激励计划》的规定对上述股权予以行权。

特此申请！

申请人：___________

_____年_____月_____日

**文本正文 5：http://www.fatianshi.cn/D11417**

## 某某股份有限公司
## 股票增值权行权批准书

__________先生/女士：

_____年_____月_____日，您向我司提交的《股票增值权行权申请书》已收悉，经审核，就您本次股票增值权行权事项予以批准，且通知如下：

姓名：______________________________

性别：______________________________

身份证号码：________________________

本次股票增值权行权数量：____________

行权价：____________________________

行权当日市场价：____________________

本次行权日期：_____年_____月_____日。

某某股份有限公司

_____年_____月_____日

D11417

# 3.国有控股上市公司股票增值权全套文件

文件名称用途：

| 序号 | 名称 | 用途 | 网址 | 二维码 |
|---|---|---|---|---|
| 1 | 股权激励计划（草案） | 由薪酬与考核委员会拟定，由股东大会审议通过的整套方案 | http://www.fatianshi.cn/D11420 | D11420 |
| 2 | 考核管理办法 | 董事会负责解释及修订，由公司股东大会审议通过后生效 | http://www.fatianshi.cn/D11426 | D11426 |
| 3 | 董事会决议 | 用于董事会通过股权激励计划（草案）等议案 | http://www.fatianshi.cn/D11427 | D11427 |
| 4 | 监事会决议 | 用于监事会通过股权激励计划（草案）等议案 | http://www.fatianshi.cn/D11429 | D11429 |
| 5 | 独立董事意见 | 用于对股权激励计划（草案）发表意见 | http://www.fatianshi.cn/D11430 | D11430 |
| 6 | 监事会意见 | 用于对股权激励计划（草案）发表意见 | http://www.fatianshi.cn/D11432 | D11432 |

续表

| 序号 | 名称 | 用途 | 网址 | 二维码 |
|---|---|---|---|---|
| 7 | 国资监管机构之批复意见 | 用于国资监管机构对激励计划及业绩考核目标进行批复 | http://www.fatianshi.cn/D12171 | D12171 |
| 8 | 监事会公示情况说明及核查意见 | 用于对激励对象名单公示情况发表意见 | http://www.fatianshi.cn/D11433 | D11433 |
| 9 | 股东大会决议 | 用于通过股权激励计划（草案）等议案 | http://www.fatianshi.cn/D11435 | D11435 |
| 10 | 股票增值权激励协议 | 用于明确公司与激励对象的权利义务 | http://www.fatianshi.cn/D11436 | D11436 |
| 11 | 授予之董事会决议 | 用于董事会通过授予议案 | http://www.fatianshi.cn/D11437 | D11437 |
| 12 | 授予之监事会决议 | 用于监事会通过授予议案 | http://www.fatianshi.cn/D11438 | D11438 |
| 13 | 授予之独立董事意见 | 用于对授予议案发表意见 | http://www.fatianshi.cn/D11440 | D11440 |

续表

| 序号 | 名称 | 用途 | 网址 | 二维码 |
| --- | --- | --- | --- | --- |
| 14 | 授予之监事会意见 | 用于对授予议案发表意见 | http://www.fatianshi.cn/D11441 | D11441 |
| 15 | 行权之董事会决议 | 用于董事会通过行权议案 | http://www.fatianshi.cn/D11442 | D11442 |
| 16 | 行权之监事会决议 | 用于监事会通过行权议案 | http://www.fatianshi.cn/D11443 | D11443 |
| 17 | 行权之独立董事意见 | 用于独立董事对行权发表意见 | http://www.fatianshi.cn/D11444 | D11444 |
| 18 | 行权之监事会意见 | 用于监事会对行权发表意见 | http://www.fatianshi.cn/D11445 | D11445 |
| 19 | 股票期权行权申请书 | 用于激励对象向公司申请股票增值权行权 | http://www.fatianshi.cn/D11446 | D11446 |
| 20 | 股票增值权行权批准书 | 用于公司批准激励对象股票增值权的行权 | http://www.fatianshi.cn/D11447 | D11447 |

国有控股上市公司的设计思路与私企上市公司一致，都是公司预先设定授予条件及行权条件，当授予条件成就后，公司授予激励对象一定份额的股票增值权，经过一段时间的等待期，在行权条件成就后，激励对象可以在规定的时间段内行权（此处的行权指的是激励对象获得公司兑付的行权日市场价与行权价格之间差额的行为）。当激励对象发生离职等多种情形时，公司可以将股票增值权做作废处理。只是在一些细节上比私企上市公司股权激励的设计更为严格。现将主要区别列明如下：

1. 所参照的法律法规除《上市公司股权激励管理办法》以外，还需依据《国有控股上市公司（境内）实施股权激励试行办法》《关于规范国有控股上市公司实施股权激励制度有关问题的通知》。

2. 实施程序上较私企上市公司而言多了国资委的审批。

3. 等待期至少不得低于 2 年，行权有效期不得低于 3 年（参照股票期权）。

4. 授予条件与行权条件更加严格：（1）国有控股上市公司实施股权激励，应建立完善的业绩考核体系和考核办法。业绩考核指标应包含反映股东回报和公司价值创造等因素的综合性指标，如净资产收益率（ROE）、经济增加值（EVA）、每股收益等；反映公司赢利能力及市场价值等因素的成长性指标，如净利润增长率、主营业务收入增长率、公司总市值增长率等；反映企业收益质量的指标，如主营业务利润占利润总额比重、现金营运指数等。上述三类业绩考核指标原则上至少各选一个。相关业绩考核指标的计算应符合现行会计准则等相关要求。（2）国有控股上市公司实施股权激励，其授予和行使环节均应设置应达到的业绩目标，业绩目标的设定应具有前瞻性和挑战性，并切实以业绩考核指标完成情况作为股权激励实施的条件：①上市公司授予激励对象股权时的业绩目标水平，应不低于公司近3年平均业绩水平及同行业平均业绩（或对标企业50分位值）水平；②上市公司激励对象行使权利时的业绩目标水平，应结合上市公司所处行业特点和自身战略发展定位，在授予时业绩水平的基础上有所提高，并不得低于公司同行业平均业绩（或对标企业75分位值）水平。

5. 收益有限制：在行权有效期内，激励对象股权激励收益占本期股票期权（或股票增值权）授予时薪酬总水平（含股权激励收益，下同）的最高比重，境内上市公司及境外H股公司原则上不得超过40%。

6. 激励对象发生异动时的处理更加规范：股权激励对象正常调动、退休、死亡、丧失民事行为能力时，授予的股权当年已达到可行使时间限制和业绩考核条件的，可行使的部分可在离职之日起的半年内行使，尚未达到可行使时间限制和业绩考核条件的不再行使。股权激励对象辞职、被解雇时，尚未行使的股权不再行使。

**文本正文1：http://www.fatianshi.cn/D11420**

## 某某股份有限公司股票增值权
## 年激励计划（草案）

### 声　明

本公司及全体董事、监事保证本计划及其摘要不存在虚假记载、误导性陈述或重大遗漏，并对其真实性、准确性、完整性承担个别和连带的法律责任。

本公司所有激励对象承诺，公司因信息披露文件中有虚假记载、误导性陈述或者重大遗漏，导致不符合授予权益或行使权益安排的，激励对象应当自相关信息披露文件被确认存在虚假记载、误导性陈述或者重大遗漏后，将由本激励计划所获得的全部利益返还公司。

## 特别提示

1. 本计划依有关法律、法规、规范性文件以及《某某股份有限公司章程》制订。

2. 本计划所采用股票增值权工具，以某某股份有限公司股票为虚拟标的股票，在满足业绩考核标准的前提下，由公司以现金方式支付行权价格与兑付价格之间的差额。

3. 本计划授予的激励对象共计______人，为外籍管理人员及核心技术（业务）人员（不包括独立董事、监事及单独或合计持有公司 5% 以上股份的股东或实际控制人及其配偶、父母、子女）。

4. 本计划下授予的股票增值权行权价格为______元，为不低于下列价格较高者：[1]

（1）本计划草案公告前 1 个交易日，公司标的股票收盘价；

（2）本计划草案公告前 30 个交易日，公司标的股票平均收盘价。

5. 对于股票增值权，由公司直接支付现金给激励对象，无需激励对象出资。

6. 股份来源：股票增值权不涉及实际股份，以某某股份有限公司股票作为虚拟股票标的。

7. 本次股票增值权激励计划的考核依据《某某股份有限公司年股票增值权激励计划实施考核管理办法》中有关规定进行。

8. 本计划由董事会审议通过，报国资委批准，[2] 并经股东大

①依据国有控股上市公司（境内）实施股权激励试行办法第 18 条。

②相较私企上市公司而言，国有控股上市公司需要经国资委审批。

D11420

会批准方可生效。

## 第一章　释　　义

以下词语如无特殊说明，在本文中具有如下含义：

| | | |
|---|---|---|
| 本公司、公司 | 指 | 某某股份有限公司 |
| 激励计划、本计划 | 指 | 以公司股票为虚拟股票标的，对公司外籍管理人员及核心技术（业务）人员进行长期性的激励计划 |
| 股票增值权 | 指 | 公司授予激励对象在一定条件下获得由公司支付的行权日市场价格与行权价格之间差额的权利 |
| 激励对象 | 指 | 按照本计划规定获得股票增值权的公司外籍管理人员以及核心技术（业务）人员 |
| 授予日 | 指 | 公司向激励对象授予股票增值权的日期，授予日必须为交易日 |
| 行权 | 指 | 激励对象按照激励计划设定的条件获得由公司支付的行权日市场价格与行权价格之间差额的行为 |
| 可行权日 | 指 | 指本激励计划中激励对象可以行权的日期，可行权日必须为交易日 |
| 行权价格 | 指 | 指本公司向激励对象授予股票增值权时确定的，用于计算每股股票增值权收益的基准价格 |
| 有效期 | 指 | 指从股票增值权授予日开始至股票增值权失效日为止的一段时期 |

续表

| | | |
|---|---|---|
| 《公司法》 | 指 | 《中华人民共和国公司法》 |
| 国资委 | 指 | 国务院资产监督管理委员会 |
| 175 号文 | 指 | 《国有控股上市公司（境内）实施股权激励试行办法》（国资发分配〔2006〕175 号） |
| 171 号文 | 指 | 《关于规范国有控股上市公司实施股权激励制度有关问题的通知》（国资发分配〔2008〕171 号） |
| 《证券法》 | 指 | 《中华人民共和国证券法》 |
| 《公司章程》 | 指 | 《某某股份有限公司章程》 |
| 证监会 | 指 | 中国证券监督管理委员会 |
| 元 | 指 | 人民币元 |

## 第二章　实施激励计划的目的

为了进一步建立、健全公司长效激励机制，吸引和留住优秀人才，充分调动公司外籍管理人员及核心技术（业务）人员的积极性，有效地将股东利益、公司利益和个人利益结合在一起，促进公司业绩持续增长，在充分保障股东利益的前提下，按照收益与贡献对等原则，根据《公司法》《证券法》《上市公司股权激励管理办法》《国有控股上市公司（境内）实施股权激励试行办法》《关于规范国有控股上市公司实施股权激励制度有关问题的通知》等有关法律、法规和规范性文件以及《公司章

D11420

程》的规定，制订本计划。

## 第三章　本计划的管理机构

一、股东大会作为公司的最高权力机构，负责审议批准本计划的实施、变更和终止。

二、董事会是本计划的执行管理机构，下设薪酬与考核委员会，负责拟订和修订本计划并报董事会审议，董事会对本计划审议通过后，报国资委审批和股东大会审议。董事会在股东大会授权范围内办理本计划的相关事宜。

三、监事会是本计划的监督机构，负责审核激励对象的名单，并对本计划的实施是否符合相关法律、行政法规、部门规章和相关业务规则进行监督。

四、独立董事应当就本计划是否有利于公司的持续发展，是否存在明显损害公司及全体股东的利益发表独立意见。

## 第四章　激励对象的确定依据和范围

**一、激励对象的确定依据**

（一）激励对象确定的法律依据

本计划激励对象根据《公司法》《证券法》等有关法律、法规、规范性文件和《公司章程》的相关规定，结合公司实际情况而确定。

（二）激励对象确定的职务依据

本计划激励对象为公司外籍管理人员以及核心技术（业务）人员（不包括独立董事、监事及单独或合计持有公司5%以上股份的股东或实际控制人及其配偶、父母、子女）。

**二、激励对象的范围**

本计划涉及的激励对象共计人，包括：

（一）公司外籍管理人员

（二）公司的外籍核心技术（业务）人员；

以上激励对象均须在本计划的考核期内与公司具有雇佣或劳务关系。

**三、激励对象的核实**

（一）本计划经董事会审议通过后，公司在内部公示激励对象的姓名和职务，公示期不少于10天。

（二）公司监事会将对激励对象名单进行审核，充分听取公示意见，并在公司股东大会审议本计划前5日披露监事会对激励对象名单审核及公示情况的说明。经公司董事会调整的激励对象名单亦应经公司监事会核实。

## 第五章　激励计划具体内容

**一、激励计划的股票来源**

股票增值权不涉及实股，以某某股份有限公司的股票为虚拟标的股票。

**二、激励计划标的股票的数量**

公司在本激励计划中拟授予激励对象 ______ 万份的股票增值权，占公司已发行股本总额的______%。

**三、股票增值权分配情况**

授予的股票增值权在各激励对象间的分配情况如下表所示：（以下百分比计算结果四舍五入，保留两位小数）

D11420

关注法天使

| 人员类型 | 姓名 | 职务 | 获授的股票增值权数量（万股） | 占授予股票增值权总数的比例 | 占目前总股本的比例 |
| --- | --- | --- | --- | --- | --- |
| 外籍管理人员 | | | | | |
| | | | | | |
| | | | | | |
| | | | | | |
| 外籍核心技术（业务）人员共计______人 | | | | | |
| 合计 | | | | | |

注：本计划激励对象不包括独立董事、监事及单独或合计持有公司5%以上股份的股东或实际控制人及其配偶、父母、子女。

**四、激励计划的有效期、授予日、限售期、解除限售安排、禁售期**

（一）有效期

本计划的有效期为首次授予股票增值权之日起______个月。

（二）授予日

授予日应自公司股东大会审议通过本激励计划之日起______日内确定，届时由公司召开董事会就本激励计划设定的激励对象获授股票增值权的条件是否成就进行审议，公司董事会对符合条件的激励对象授予股票增值权，授予日必须为交易日。

（三）等待期

等待期为股票增值权授予日至股票增值权首个可行权日之间的期间，本激励计划的等待期为自股票增值权授权日起______个月。[①]

（四）可行权日

本激励计划授予的股票增值权自授予日起满______个月后

①参照股票期权，即国有控股上市公司（境内）实施股权激励试行办法第21条，国有控股上市公司股票增值权等待期不得少于24个月。

可以开始行权。激励对象在相应行权期内可按本激励计划规定的行权比例分期行权，可行权日必须为交易日，且不得在下列期间内进行行权：（1）公司定期报告公告前30日内，因特殊原因推迟定期报告公告日期的，自原预约公告日前30日起算，至公告前1日；（2）公司业绩预告、业绩快报公告前10日内；（3）自可能对公司股票及其衍生品种交易价格产生较大影响的重大事件发生之日或者进入决策程序之日，至依法披露后2个交易日内；（4）中国证券监督管理委员会及交易所规定的其他期间。

（五）行权安排

在本激励计划的有效期内，本激励计划授予的股票增值权从授予日开始经过______个月的等待期，①激励对象可在下表所列各行权期内的可行权日按照______%、______%、______%的行权比例分三期（行权期有效期至少为36个月）行权。②本次授予股票增值权行权期安排如下：

| 阶段 | 时间安排 | 股票增值权行权比例 |
| --- | --- | --- |
| 第一个行权期 | 自首次授予日起______个月后的首个交易日起至首次授予日起______个月内的最后一个交易日当日止 | ______% |
| 第二个行权期 | 自首次授予日起______个月后的首个交易日起至首次授予日起______个月内的最后一个交易日当日止 | ______% |
| 第三个行权期 | 自首次授予日起______个月后的首个交易日起至首次授予日起______个月内的最后一个交易日当日止 | ______% |

本激励计划有效期结束后，已获授但尚未行权的股票增值权不得行权，未行权的该部分股票增值权由公司作废处理。

①注释同上，至少为24个月。

②行权期不得少于36个月，国有控股上市公司原则上采用匀速分批行权方式。

D11420

**五、股票增值权的行权价格**

（一）股票增值权的行权价格

本激励计划授予的每份股票增值权的行权价格为______元，满足行权条件后，激励对象可获得行权日市场价格与该行权价格之间的差额收益。

（二）授予的股票增值权的行权价格的确定方法

股票增值权的行权价格不低于股票票面金额，且不低于下列价格较高者：

1. 股权激励计划草案摘要公布前一个交易日的公司标的股票收盘价；

2. 股权激励计划草案摘要公布前 30 个交易日内的公司标的股票平均收盘价。

**六、股票增值权的授予与行权条件**

（一）股票增值权的授予条件

激励对象只有在同时满足下列条件时，才能获授股票增值权：

1. 公司未发生以下任一情形：

（1）最近一个会计年度财务会计报告被注册会计师出具否定意见或者无法表示意见的审计报告；

（2）最近一个会计年度财务报告内部控制被注册会计师出具否定意见或者无法表示意见的审计报告；

（3）上市后最近 36 个月内出现过未按法律法规、公司章程、公开承诺进行利润分配的情形；

（4）法律法规规定不得实行股权激励的；

（5）中国证券监督管理委员会认定的其他情形。

2. 激励对象未发生以下任一情形：

（1）最近 12 个月内被证券交易所认定为不适当人选；

（2）最近 12 个月内被中国证券监督管理委员会及其派出机构认定为不适当人选；

（3）最近 12 个月内因重大违法违规行为被中国证券监督管理委员会及其派出机构行政处罚或者采取市场禁入措施；

（4）具有《公司法》规定的不得担任公司董事、高级管理人员情形的；

（5）法律法规规定不得参与上市公司股权激励的；

（6）中国证券监督管理委员会认定的其他情形。

3. 公司达到以下业绩条件：

（1）年营业收入增长率不低于 ______%，且不低于对标企业 50 分位水平；

（2）年加权平均净资产收益率不低于 ______%，且不低于对标企业 50 分位水平。

（二）股票增值权的行权条件

行权期内，同时满足下列条件时，激励对象已获授的股票增值权才能行权：

1. 公司未发生以下任一情形：

（1）最近一个会计年度财务会计报告被注册会计师出具否定意见或者无法表示意见的审计报告；

（2）最近一个会计年度财务报告内部控制被注册会计师出具否定意见或者无法表示意见的审计报告；

（3）上市后最近 36 个月内出现过未按法律法规、公司章程、公开承诺进行利润分配的情形；

（4）法律法规规定不得实行股权激励的；

（5）中国证券监督管理委员会认定的其他情形。

公司发生上述规定情形之一的，所有激励对象根据本激励计划已获授但尚未行权的股票增值权应当由公司作废处理。

D11420

2. 激励对象未发生以下任一情形：

（1）最近12个月内被证券交易所认定为不适当人选；

（2）最近12个月内被中国证券监督管理委员会及其派出机构认定为不适当人选；

（3）最近12个月内因重大违法违规行为被中国证券监督管理委员会及其派出机构行政处罚或者采取市场禁入措施；

（4）具有《公司法》规定的不得担任公司董事、高级管理人员情形的；

（5）法律法规规定不得参与上市公司股权激励的；

（6）中国证券监督管理委员会认定的其他情形。

激励对象发生上述规定情形之一的，该激励对象根据本激励计划已获授但尚未行权的股票增值权应当由公司作废处理。

3. 公司层面的业绩考核要求

公司达到以下业绩条件：

（1）在各批股票增值权生效的前一会计年度，以______年为基准年，营业收入年复合增长率不低于 ______%，且不低于对标企业同期75分位水平；

（2）在各批股票增值权生效的前一会计年度，净资产收益率不低于______%，且不低于对标企业同期75分位水平。净资产收益率指归属于上市公司股东的扣除非经常性损益的加权平均净资产收益率。①

公司未满足上述业绩考核目标的，所有激励对象考核当年可行权的股票增值权不得行权，对应的股票增值权由公司作废处理。

4. 个人层面考核要求

激励对象个人考核按照《某某股份有限公司股票增值权激励计划实施考核管理办法》分年进行考核，根据个人的绩效考

①公司选取了主营业务与公司相关的家某某行业A股上市公司作为对标企业。在业绩考核过程中，除非对标企业样本主营业务发生重大变化或出现偏离幅度过大的样本极值，不可剔除或更换样本。当对标企业样本出现上述情况时，如需剔除或更换样本，须经董事会批准，报国资委备案。

评评价指标确定考评结果，原则上绩效评价结果划分为良好（A）、合格（B）、不合格（C）三个档次。考核评价表适用于考核对象。

| 考核结果 | 良好（A） | 合格（B） | 不合格（C） |
|---|---|---|---|
| 标准系数 | 1.0 | 0.8 | 0 |

个人当年实际行权额度＝标准系数 × 个人当年计划行权额度。

若激励对象上一年度个人绩效考核为不合格（C），则公司将按照股票增值权激励计划的规定，取消该激励对象股票增值权的当期可行权额度，由公司进行注销或作废处理。

若激励对象上一年度个人绩效考核为合格（B），则公司将按照股票增值权激励计划的规定，对该激励对象股票增值权当期未行权额度予以注销或作废处理。

**七、股票增值权激励计划的调整方法和程序**

（一）股票增值权数量的调整方法

若在行权前，若公司发生资本公积金转增股本、派送股票红利、股票拆细或缩股等事项，公司应对股票增值权数量进行相应的调整。调整方法如下：

1. 资本公积转增股本、派送股票红利、股份拆细

$Q = Q0 \times (1 + n)$

其中：Q0为调整前的股票增值权数量；n为每股的资本公积金转增股本、派送股票红利、股票拆细的比率（每股股票经转增、送股或拆细后增加的股票数量）；Q为调整后的股票增值权数量。

2. 配股

$Q = Q0 \times P1 \times (1 + n) \div (P1 + P2 \times n)$

D11420

其中：Q0为调整前的股票增值权数量；P1为股权登记日当日收盘价；P2为配股价格；n为配股的比例（配股的股数与配股前公司总股本的比例）；Q为调整后的股票增值权数量。

3. 缩股

$Q = Q0 \times n$

其中：Q0为调整前的股票增值权数量；n为缩股比例（1股公司股票缩为n股股票）；Q为调整后的股票增值权数量。

4. 增发

公司发生增发时，股票增值权数量不做调整。

（二）行权价格的调整方法

若在行权前公司发生资本公积金转增股本、派送股票红利、股票拆细、缩股、配股或派息等事项，公司应对行权价格进行相应的调整。调整方法如下：

1. 资本公积转增股本、派送股票红利、股份拆细

$P = P0 \div (1 + n)$

其中：P0为调整前的行权价格；n为每股的资本公积金转增股本、派送股票红利、股票拆细的比率；P为调整后的行权价格。

2. 配股

$P = P0 \times (P1 + P2 \times n) \div [P1 \times (1 + n)]$

其中：P0为调整前的行权价格；P1为股权登记日当天收盘价；P2为配股价格；n为配股的比例（配股的股数与配股前公司总股本的比例）；P为调整后的行权价格。

3. 缩股

$P = P0 \div n$

其中：P0为调整前的行权价格；n为缩股比例；P为调整后的行权价格。

4. 派息

P = P0–V

其中：P0为调整前的行权价格；V为每股的派息额；P为调整后的行权价格。经派息调整后，P仍须大于1。

5. 增发

公司在发生增发新股的情况下，股票增值权的行权价格不做调整。

（三）股票增值权激励计划调整的程序

公司股东大会授权公司董事会，当出现前述情况时由公司董事会决定调整股票增值权数量、行权价格。律师应当就上述调整是否符合《公司章程》和本计划的规定出具专业意见。调整议案经董事会审议通过后，公司应当及时披露董事会决议公告，同时公告律师事务所意见。

**八、股票增值权会计处理**

1. 依照《企业会计准则第22号——金融工具确认和计量》中关于公允价值确定的相关规定，需要选择适当的估值模型对股票增值权的公允价值进行计算。公司选择Black-Scholes模型（B-S模型）来计算股票增值权的公允价值，并于______年______月______日用该模型对授予的股票增值权进行预测算（授予时进行正式测算）。

2. 股票增值权费用的摊销方法

公司按照相关估值工具确定授予日股票增值权的公允价值，并最终确认本计划的股份支付费用，该等费用将在本计划的实施过程中按行权比例摊销。由本激励计划产生的激励成本将在经常性损益中列支。根据中国会计准则要求，本激励计划授予的股票增值权对______年至______年会计成本的影响如下表所示：

| 授予的股票增值权的数量（万股） | 需摊销的总费用（万元） | 摊销费用（万元） | | | | |
|---|---|---|---|---|---|---|
| | | | | | | |
| | | | | | | |

公司以目前信息初步估计，在不考虑本激励计划对公司业绩的刺激作用情况下，股票增值权费用的摊销对有效期内各年净利润有所影响，从而对业绩考核指标中的净利润增长率指标造成影响，但影响程度不大。若考虑股票增值权激励计划对公司发展产生的正向作用，由此激发管理团队的积极性，提高经营效率，降低代理人成本，本激励计划带来的公司业绩提升将远高于因其带来的费用增加。

## 第六章　本计划的相关程序

### 一、激励计划实施程序

（一）公司董事会应当依法对本激励计划作出决议。董事会审议本激励计划时，作为激励对象的董事或与其存在关联关系的董事应当回避表决。董事会应当在审议通过本计划并提交国资委批准以及履行公示、公告程序后，将本计划提交股东大会审议；同时提请股东大会授权，负责实施股票增值权的授予、行权和作废处理工作。

（二）独立董事及监事会应当就激励计划草案是否有利于上市公司的持续发展，是否存在明显损害上市公司及全体股东利益的情形发表意见。

（三）本计划经公司股东大会审议通过后方可实施。本公司将在召开股东大会前，通过公司网站或者其他途径，在公司内部公示激励对象的姓名和职务，公示期不少于10天。监事会应当对激励名单进行审核，充分听取公示意见。上市公司应当在股东大会审议激励计划前5日披露监事会对激励名单审核及公示情况的说明。

（四）公司股东大会在对本次股票增值权激励计划进行投票表决时，独立董事应当就本次股票增值权激励计划向所有的股东征集委托投票权。股东大会应当对本股票增值权激励计划内容进行表决，并经出席会议的股东所持表决权的2/3以上通过，单独统计并披露除公司董事、监事、高级管理人员、单独或合计持有公司5%以上股份的股东以外的其他股东的投票情况。

公司股东大会审议股权激励计划时，作为激励对象的股东或者与激励对象存在关联关系的股东，应当回避表决。

（五）本激励计划经公司股东大会审议通过，且达到本激励计划规定的授予条件时，公司在规定时间内向激励对象授予股票增值权。经股东大会授权后，董事会负责实施股票增值权的授予、行权和作废处理。

**二、股票增值权的授予程序**

（一）股东大会审议通过本计划后，公司与激励对象签署《股票增值权授予协议》，以此约定双方的权利义务关系。公司董事会根据股东大会的授权办理股票增值权的授予事宜。

（二）公司在向激励对象授出权益前，董事会应当就本计划设定的激励对象获授权益的条件是否成就进行审议并公告。

（三）独立董事及监事会应当同时发表明确意见。律师事务所应当对激励对象获授权益的条件是否成就出具法律意见。

（四）公司监事会应当对股票增值权授予日及激励对象名单进行核实并发表意见。

D11420

（五）公司向激励对象授出权益与本计划的安排存在差异时，独立董事、监事会（当激励对象发生变化时）、律师事务所、独立财务顾问应当同时发表明确意见。

（六）公司于授予日向激励对象发出《股票增值权授予通知书》，激励对象在个工作日内签署《股票增值权授予通知书》。

**三、股票增值权的行权程序**

（一）在行权日前，公司应确认激励对象是否满足行权条件。董事会应当就本计划设定的行权条件是否成就进行审议，独立董事及监事会应当同时发表明确意见。律师事务所应当对激励对象行权的条件是否成就出具法律意见。对于满足行权条件的激励对象，由公司办理行权事宜，对于未满足条件的激励对象，由公司对其所获授的股票增值权做作废处理。公司应当及时披露相关实施情况。

（二）股票增值权持有人在可行权日内，以《行权申请书》向公司确认行权的数量和价格等。

（三）公司董事会薪酬与考核委员会对申请人的行权数额、行权资格与行权条件审查确认。

（四）激励对象的行权申请经董事会薪酬与考核委员会确定后，公司交付现金给予激励对象。

**四、本计划的变更、终止程序**

（一）本计划的变更程序

1. 公司在股东大会审议本计划之前拟变更本计划的，需经董事会审议通过。

2. 公司在股东大会审议通过本计划之后变更本计划的，应当由股东大会审议决定，且不得包括下列情形：

（1）导致加速行权的情形；

（2）降低行权价格的情形。

独立董事、监事会应当就变更后的方案是否有利于上市公司的持续发展，是否存在明显损害上市公司及全体股东利益的情形发表独立意见。律师事务所应当就变更后的方案是否符合本办法及相关法律法规的规定、是否存在明显损害上市公司及全体股东利益的情形发表专业意见。

（二）本计划的终止程序

1. 公司在股东大会审议本计划之前拟终止实施本计划的，需经董事会审议通过。

2. 公司在股东大会审议通过本计划之后终止实施本计划的，应当由股东大会审议决定。

3. 律师事务所应当就公司终止实施激励是否符合本办法及相关法律法规的规定、是否存在明显损害公司及全体股东利益的情形发表专业意见。

## 第七章　公司/激励对象各自的权利义务

### 一、公司的权利与义务

（一）公司具有对本计划的解释和执行权，并按本计划规定对激励对象进行绩效考核，若激励对象未达到本计划所确定的股票增值权行权条件，公司将按本计划的规定对激励对象尚未行权的股票增值权做作废处理。

（二）公司根据国家税收法律法规的规定，代扣代缴激励对象应缴纳的个人所得税及其他税费。

（三）公司应当根据本激励计划积极配合满足行权条件的激励对象按规定行权。但若因其他不可抗拒因素造成激励对象未能按自身意愿行权并给激励对象造成损失的，公司不承担责任。

（四）法律、法规规定的其他相关权利义务。

D11420

## 二、激励对象的权利与义务

（一）激励对象应当按公司所聘岗位的要求，勤勉尽责、恪守职业道德，为公司的发展做出应有贡献。

（二）激励对象有权且应当按照本激励计划的规定行权。

（三）在行权期内，激励对象应当分次行权，且须及时向公司提交《行权申请书》。

（四）激励对象获授的股票增值权不得转让、用于担保或偿还债务。

（五）激励对象因激励计划获得的收益，应按国家税收法律法规缴纳个人所得税及其他税费。

（六）激励对象个人实际激励收益最高不超过本期激励授予时其薪酬总水平的40%。个人实际激励收益水平超出上述水平的，超过部分的奖金不予发放。[①]

（七）法律、法规及本激励计划规定的其他相关权利义务。

# 第八章　公司/激励对象发生异动的处理

## 一、公司发生异动的处理

（一）公司出现下列情形之一时，本计划即行终止：

1. 公司最近一个会计年度财务会计报告被注册会计师出具否定意见或者无法表示意见的审计报告；

2. 公司最近一个会计年度财务报告内部控制被注册会计师出具否定意见或者无法表示意见的审计报告；

3. 公司上市后最近36个月内出现过未按法律法规、公司章程、公开承诺进行利润分配的情形；

4. 公司出现法律法规规定不得实行股权激励的情形；

5. 中国证券监督管理委员会认定的其他需要终止激励计划的情形。

①依据在于《关于规范国有控股上市公司实施股权激励制度有关问题的通知》第3条合理控制股权激励收益水平，实行股权激励收益与业绩指标增长挂钩浮动中的第二点。

当公司出现终止本计划的上述情形时，激励对象已获授的尚未行权的股票增值权不得行权，由公司作废处理。

（二）公司出现下列情形之一时，本计划不做变更，按本计划的规定继续执行：

1. 公司控制权发生变更；

2. 公司出现合并、分立等情形。

（三）公司因信息披露文件中有虚假记载、误导性陈述或者重大遗漏，导致不符合授予权益或行使权益安排的，激励对象应当自相关信息披露文件被确认存在虚假记载、误导性陈述或者重大遗漏后，将由本激励计划所获得的全部利益返还公司。

**二、激励对象个人情况发生变化的处理**

（一）激励对象有下列情形之一的，公司终止授予新的权益、取消其尚未行使权益的行使资格、并追回已获得的股权激励收益：

1. 经济责任审计等结果表明未有效履职或者严重失职、渎职的；

2. 违反国家有关法律法规、公司章程规定的；

3. 激励对象在任职期间，有受贿索贿、贪污盗窃、泄露公司商业和技术秘密、实施关联交易损害公司利益、声誉和对公司形象有重大负面影响等违法违纪行为，给公司造成损失的。

（二）如激励对象因调动、退休、死亡、丧失民事行为能力等原因与公司解除或者终止劳动关系时，则其获授的股票增值权中：

1. 未获准行权的股票增值权自离职之日起原则上即时失效；

2. 已获准行权的股票增值权在离职之日起 6 个月内可继续行权，超过 6 个月未行权的部分即时失效。①

（三）如激励对象因主动提出离职或由于行为失当、发生重

①依据《关于规范国有控股上市公司实施股权激励制度有关问题的通知》第 4 条进一步强化股权激励计划的管理，科学规范实施股权激励第二点。

D11420

大过失或违反国家法律法规和公司章程规定的行为而与公司解除或终止劳动关系时，则自终止劳动关系之日起，激励对象已获授尚未行权的股票增值权不得行权，由公司做作废处理。

（四）其他未说明的情况由董事会认定，并确定处理方式。

**三、公司与激励对象之间争议的解决**

公司与激励对象发生争议，按照本计划和股权激励计划相关协议的规定解决；规定不明的，双方应按照国家法律和公平合理原则协商解决；协商不成，应提交公司住所所在地有管辖权的人民法院诉讼解决。

## 第九章　附　　则

一、本计划在公司股东大会审议通过后生效；

二、本计划由公司董事会负责解释。

某某股份有限公司董事会

______年______月______日

**文本正文 2：http://www.fatianshi.cn/D11426**

# 某某股份有限公司
# 股票增值权激励计划考核管理实施办法

为保证某某股份有限公司（以下简称公司）长期激励计划的顺利进行，进一步建立、健全公司长期激励机制，吸引和保留优秀人才，充分调动公司外籍管理人员及核心业务（技术）人员的积极性和创业激情，促进公司业绩持续增长，确保公司发展战略和经营目标的实现，根据《公司法》《证券法》《上市公司股权激励管理办法》和《某某股份有限公司章程》以及其他相关法律法规的规定制定本办法。

**一、考核目的**

本办法坚持公平、公开、公正的原则，通过对公司激励对象的业绩等工作绩效进行正确的评价，以实现长期激励计划与激励对象工作业绩、贡献紧密结合，从而积极地利用长期激励机制，提高管理绩效，实现公司和全体股东利益最大化。

**二、考核范围**

本办法适用于本次激励计划所确定的所有激励对象，包括公司董事、高级管理人员、核心技术（业务）人员。

**三、考核机构**

（一）公司董事会薪酬与考核委员会负责领导和组织考核工作，并负责对激励对象进行考核。

（二）公司人力资源部、财务管理部等相关部门负责相关考核数据的搜集和提供，并对数据的真实性和可靠性负责。

**四、绩效考核评价指标及标准**

（一）授予条件之公司层面业绩考核

1. 年营业收入增长率不低于 ______%，且不低于对标企业 50 分位水平；

2. 年加权平均净资产收益率不低于 ______%，且不低于对标企业 50 分位水平。

（二）行权条件之公司层面业绩考核

1. 在各批股票增值权生效的前一会计年度，以 ______ 年为基准年，营业收入年复合增长率不低于 ______%，且不低于对标企业同期 75 分位水平；

2. 在各批股票增值权生效的前一会计年度，净资产收益率不低于 ______%，且不低于对标企业同期 75 分位水平。净资产

关注法天使

收益率指归属于上市公司股东的扣除非经常性损益的加权平均净资产收益率。[①]

（三）行权条件之个人层面绩效考核要求

激励对象个人考核按照《某某股份有限公司股票增值权激励计划实施考核管理办法》分年进行考核，根据个人的绩效考评评价指标确定考评结果，原则上绩效评价结果划分为良好（A）、合格（B）、不合格（C）三个档次。考核评价表适用于考核对象。

| 考核结果 | 良好（A） | 合格（B） | 不合格（C） |
|---|---|---|---|
| 标准系数 | 1.0 | 0.8 | 0 |

个人当年实际行权额度＝标准系数 × 个人当年计划行权额度。

若激励对象上一年度个人绩效考核为不合格（C），则公司将按照股票增值权激励计划的规定，取消该激励对象股票增值权的当期可行权额度，由公司进行注销或作废处理。

若激励对象上一年度个人绩效考核为合格（B），则公司将按照股票增值权激励计划的规定，对该激励对象股票增值权当期未行权额度予以注销或作废处理。

（四）其他与考核相关的行权条件

______________________________________________。

**五、考核期间与次数**

（一）考核期间

股票增值权授予前及每个行权期前一会计年度。

（二）考核次数

股权激励计划经股东大会审议通过后进行授予条件是否成就的考核，股票增值权行权期每年度进行一次行权条件是否成

①公司选取了主营业务与公司相关的家某某行业A股上市公司作为对标企业。在业绩考核过程中，除非对标企业样本主营业务发生重大变化或出现偏离幅度过大的样本极值，不可剔除或更换样本。当对标企业样本出现上述情况时，如需剔除或更换样本，须经董事会批准，报国资委备案。

就的考核。

**六、考核程序**

公司董事会薪酬与考核委员会负责具体的考核工作，负责激励对象考核分数的计算、考核结果的材料汇总，并在此基础上形成绩效考核报告，并提交董事会审核。

**七、考核结果的反馈及应用**

（一）被考核者有权了解自己的考核结果，薪酬与考核委员会应当在考核结束后 5 个工作日内向被考核者反馈考核结果。

（二）如被考核者对考核结果有异议，可在接到考核反馈的五个工作日内向董事会薪酬与考核委员会提出申诉，薪酬与考核委员会可根据实际情况对其考核结果进行复核，并根据复核结果对考核结果进行修正。

（三）考核结果作为股票增值权授予及行权的依据。

**八、附则**

本办法由公司股东大会审议通过后生效，由董事会负责解释及修订。

**文本正文 3：http://www.fatianshi.cn/D12171**

## 国资监管机构关于某某股份有限公司年股票增值权激励计划的批复

国资考分〔______〕号

一、原则同意某某股份有限公司实施股票增值权激励计划；

二、原则同意某某股份有限公司股票增值权激励计划的业绩考核目标。

D12171

**文本正文 4：http://www.fatianshi.cn/D11436**

## 某某股份有限公司<br>股票增值权激励计划协议书

甲方：某某股份有限公司

地址：______________________________

法定代表人：__________________________

联系电话：___________________________

乙方：______________________________

地址：______________________________

身份证号码：__________________________

联系电话：___________________________

根据《某某股份有限公司年股票增值权激励计划》《某某股份有限公司章程》的有关规定，按照甲方股东大会的有关决议，甲乙双方就股票增值权的授予、行权、作废处理等事项订立如下协议：

**一、股票增值权数量及来源**

股票增值权不涉及实股，以甲方的股票为虚拟标的股票，甲方拟授予乙方______份股票增值权。

**二、股票增值权的行权价格**

股票增值权的行权价格不低于股票票面金额，且不低于下列价格较高者，经董事会决议，确定为______元每股。

1. 股权激励计划草案摘要公布前一个交易日的公司标的股票收盘价；

2. 股权激励计划草案摘要公布前 30 个交易日内的公司标的

股票平均收盘价。

**三、股票增值权的授予条件**

乙方只有在下列条件同时满足时，才能获授股票增值权：

1. 甲方未发生以下任一情形：

（1）最近一个会计年度财务会计报告被注册会计师出具否定意见或者无法表示意见的审计报告；

（2）最近一个会计年度财务报告内部控制被注册会计师出具否定意见或者无法表示意见的审计报告；

（3）上市后最近36个月内出现过未按法律法规、公司章程、公开承诺进行利润分配的情形；

（4）法律法规规定不得实行股权激励的；

（5）中国证券监督管理委员会认定的其他情形。

2. 乙方未发生以下任一情形：

（1）最近12个月内被证券交易所认定为不适当人选；

（2）最近12个月内被中国证券监督管理委员会及其派出机构认定为不适当人选；

（3）最近12个月内因重大违法违规行为被中国证券监督管理委员会及其派出机构行政处罚或者采取市场禁入措施；

（4）具有《公司法》规定的不得担任公司董事、高级管理人员情形的；

（5）法律法规规定不得参与上市公司股权激励的；

（6）中国证券监督管理委员会认定的其他情形。

3. 公司达到以下业绩条件：

（1）年营业收入增长率不低于______%，且不低于对标企业50分位水平；

（2）年加权平均净资产收益率不低于______%，且不低于对标企业50分位水平。

D11436

4. 其他授予条件

**四、股票增值权的行权条件**

股票增值权行权期内，同时满足下列条件时，乙方已获授的股票增值权才能行权：

1. 甲方未发生以下任一情形：

（1）最近一个会计年度财务会计报告被注册会计师出具否定意见或者无法表示意见的审计报告；

（2）最近一个会计年度财务报告内部控制被注册会计师出具否定意见或者无法表示意见的审计报告；

（3）上市后最近 36 个月内出现过未按法律法规、公司章程、公开承诺进行利润分配的情形；

（4）法律法规规定不得实行股权激励的；

（5）中国证券监督管理委员会认定的其他情形。

甲方发生上述情形之一的，所有激励对象根据本激励计划已获授但尚未行权的股票增值权应当由公司做作废处理。

2. 乙方未发生以下任一情形：

（1）最近 12 个月内被证券交易所认定为不适当人选；

（2）最近 12 个月内被中国证券监督管理委员会及其派出机构认定为不适当人选；

（3）最近 12 个月内因重大违法违规行为被中国证券监督管理委员会及其派出机构行政处罚或者采取市场禁入措施；

（4）具有《公司法》规定的不得担任公司董事、高级管理人员情形的；

（5）法律法规规定不得参与上市公司股权激励的；

（6）中国证券监督管理委员会认定的其他情形。

乙方发生上述情形之一的，根据本激励计划已获授但尚未行权的股票增值权应当由公司作废处理。

3. 甲方公司层面的业绩考核要求

（1）在各批股票增值权生效的前一会计年度，以______年为基准年，营业收入年复合增长率不低于 ______%，且不低于对标企业同期 75 分位水平；

（2）在各批股票增值权生效的前一会计年度，净资产收益率不低于 ______%，且不低于对标企业同期 75 分位水平。净资产收益率指归属于上市公司股东的扣除非经常性损益的加权平均净资产收益率。①

公司未满足上述业绩考核目标的，所有激励对象考核当年可行权的股票增值权不得行权，对应的股票增值权由公司作废处理。

4. 乙方个人层面考核要求

激励对象个人考核按照《某某股份有限公司股票增值权激励计划实施考核管理办法》分年进行考核，根据个人的绩效考评评价指标确定考评结果，原则上绩效评价结果划分为良好（A）、合格（B）、不合格（C）三个档次。考核评价表适用于考核对象。

| 考核结果 | 良好（A） | 合格（B） | 不合格（C） |
| --- | --- | --- | --- |
| 标准系数 | 1.0 | 0.8 | 0 |

个人当年实际行权额度＝标准系数 × 个人当年计划行权额度。

若激励对象上一年度个人绩效考核为不合格（C），则公司将按照股票增值权激励计划的规定，取消该激励对象股票增值权的当期可行权额度，由公司进行注销或作废处理。

若激励对象上一年度个人绩效考核为合格（B），则公司将

①公司选取了主营业务与公司相关的家某某行业 A 股上市公司作为对标企业。在业绩考核过程中，除非对标企业样本主营业务发生重大变化或出现偏离幅度过大的样本极值，不可剔除或更换样本。当对标企业样本出现上述情况时，如需剔除或更换样本，须经董事会批准，报国资委备案。

D11436

按照股票增值权激励计划的规定，对该激励对象股票增值权当期未行权额度予以注销或作废处理。

5. 其他行权条件

**五、甲、乙双方的权利与义务**

（一）甲方的权利与义务

1. 甲方具有对本计划的解释和执行权，并按本计划规定对乙方进行绩效考核，若乙方未达到本计划所确定的股票增值权行权条件，甲方将按本计划的规定作废乙方相应尚未行权的股票增值权。

2. 甲方根据国家税收法律法规的规定，代扣代缴激励对象应缴纳的个人所得税及其他税费。

3. 甲方应当根据本激励计划积极配合满足行权条件的激励对象按规定行权。但若因其他不可抗拒因素造成激励对象未能按自身意愿行权并给激励对象造成损失的，甲方不承担责任。

4. 法律、法规规定的其他相关权利义务。

（二）乙方的权利与义务

1. 乙方应当按甲方所聘岗位的要求，勤勉尽责、恪守职业道德，为甲方的发展做出应有贡献。

2. 乙方有权且应当按照本激励计划的规定行权。

3. 在行权期内，乙方应当分次行权，且须及时向公司提交《行权申请书》。

4. 乙方获授的股票增值权不得转让、用于担保或偿还债务。

5. 乙方因激励计划获得的收益，应按国家税收法律法规缴纳个人所得税及其他税费。

6. 激励对象个人实际激励收益最高不超过本期激励授予时其薪酬总水平的40%。个人实际激励收益水平超出上述水平的，超过部分的奖金不予发放。

7. 法律、法规及本激励计划规定的其他相关权利义务。

**六、异动发生时的处理**

（一）甲方发生异动的处理

1. 甲方出现下列情形之一时，本计划即行终止：

（1）甲方最近一个会计年度财务会计报告被注册会计师出具否定意见或者无法表示意见的审计报告；

（2）甲方最近一个会计年度财务报告内部控制被注册会计师出具否定意见或者无法表示意见的审计报告；

（3）甲方上市后最近 36 个月内出现过未按法律法规、公司章程、公开承诺进行利润分配的情形；

（4）甲方出现法律法规规定不得实行股权激励的情形；

（5）中国证券监督管理委员会认定的其他需要终止激励计划的情形。

当甲方出现终止本计划的上述情形时，乙方已获授的尚未行权的股票增值权不得行权，由公司作废处理。

2. 甲方出现下列情形之一时，本计划不做变更，按本计划的规定继续执行：

（1）甲方控制权发生变更；

（2）甲方出现合并、分立等情形。

3. 公司因信息披露文件中有虚假记载、误导性陈述或者重大遗漏，导致不符合授予权益或行使权益安排的，激励对象应当自相关信息披露文件被确认存在虚假记载、误导性陈述或者重大遗漏后，将由本激励计划所获得的全部利益返还公司。

（二）乙方个人情况发生变化的处理

1. 激励对象有下列情形之一的，公司终止授予新的权益、取消其尚未行使权益的行使资格、并追回已获得的股权激励收益：

（1）经济责任审计等结果表明未有效履职或者严重失职、渎职的；

（2）违反国家有关法律法规、公司章程规定的；

（3）激励对象在任职期间，有受贿索贿、贪污盗窃、泄露公司商业和技术秘密、实施关联交易损害公司利益、声誉和对公司形象有重大负面影响等违法违纪行为，给公司造成损失的。

2. 如激励对象因调动、退休、死亡、丧失民事行为能力等原因与公司解除或者终止劳动关系时，则其获授的股票增值权中：

（1）未获准行权的股票增值权自离职之日起原则上即时失效；

（2）已获准行权的股票增值权在离职之日起 6 个月内可继续行权，超过 6 个月未行权的部分即时失效。[①]

3. 如激励对象因主动提出离职或由于行为失当、发生重大过失或违反国家法律法规和公司章程规定的行为而与公司解除或终止劳动关系时，则自终止劳动关系之日起，激励对象已获授但尚未行权的股票增值权不得行权，由公司做作废处理。

4. 其他未说明的情况由董事会认定，并确定处理方式。

**七、聘用关系**

甲方与乙方签署本协议不构成甲方对乙方聘用期限和聘用关系的任何承诺，公司对乙方的聘用关系仍按劳动合同的有关约定执行。

①依据《关于规范国有控股上市公司实施股权激励制度有关问题的通知》第 4 条进一步强化股权激励计划的管理，科学规范实施股权激励第二点。

**八、违约责任**

1. 任何一方违反协议约定，给他方造成经济损失的，应根据其责任大小给予他方经济补偿。本协议另有约定除外。

2. 一方违约致使对方采取诉讼的方式时，违约方应承担守约方为此支付的诉讼费、律师费、差旅费及其他费用。

**九、争议解决**

甲、乙双方对于本协议执行过程中发生的争议应协商解决；协商不成，可提交甲方住所地人民法院诉讼解决。

**十、其他**

1. 本协议未尽事宜，以《股权激励计划》规定内容为准。

2. 本协议经双方协商后可以增加补充协议，补充协议的内容为本协议的一部分，具有同等的法律效力。

3. 本协议有效期为______年，自______年______月______日起，至______年______月______日止。

4. 本协议一式两份，甲、乙双方各执一份，具有同等法律效力。

5. 本协议自双方签字盖章之日起生效。

6. 本协议于______年______月______日签署。

甲方：某某股份有限公司

乙方（签字）：________________________________

（盖章）

D11436

D11446

**文本正文 5：http://www.fatianshi.cn/D11446**

## 某某股份有限公司
## 激励对象行权申请书

本人___________，身份证号码：___________，本人截至目前，持有公司股票增值权共计_____股。根据《股票增值权激励计划》以及董事会、监事会相关决议，本人现有授予的股票增值权股已符合行权条件，在此谨向公司申请如下：本人申请于_____年_____月_____日按照《股票增值权激励计划》的规定对上述股权予以行权。

特此申请！

申请人：___________

_____年_____月_____日

**文本正文 6：http://www.fatianshi.cn/D11447**

## 某某股份有限公司
## 股票增值权行权批准书

___________先生/女士：

_____年_____月_____日，您向我司提交的《股票增值权行权申请书》已收悉，经审核，就您本次股票增值权行权事项予以批准，且通知如下：

姓名：___________________________________________

性别：___________________________________________

身份证号码：_____________________________________

本次股票增值权行权数量：__________________________

D11447

行权价：________________________________________

行权当日市场价：________________________________

本次行权日期：______ 年 ______ 月 ______ 日。

某某股份有限公司

______ 年 ______ 月 ______ 日

# 4.私企新三板挂牌公司股票增值权全套文件

文件名称用途：

| 序号 | 名称 | 用途 | 网址 | 二维码 |
|---|---|---|---|---|
| 1 | 股权激励计划（草案） | 董事会拟定，由股东大会审议通过的整套方案 | http://www.fatianshi.cn/D11451 | D11451 |
| 2 | 考核管理办法 | 董事会负责解释及修订，由公司股东大会审议通过后生效 | http://www.fatianshi.cn/D11453 | D11453 |
| 3 | 董事会决议 | 用于董事会通过股权激励计划（草案）等议案 | http://www.fatianshi.cn/D11452 | D11452 |
| 4 | 监事会决议 | 用于监事会通过股权激励计划（草案）等议案 | http://www.fatianshi.cn/D11455 | D11455 |
| 5 | 股东大会决议 | 用于通过股权激励计划（草案）等议案 | http://www.fatianshi.cn/D11456 | D11456 |
| 6 | 股票增值权激励协议 | 用于明确公司与激励对象的权利义务 | http://www.fatianshi.cn/D11457 | D11457 |

续表

| 序号 | 名称 | 用途 | 网址 | 二维码 |
|---|---|---|---|---|
| 7 | 授予之董事会决议 | 用于董事会通过授予议案 | http://www.fatianshi.cn/D11460 | D11460 |
| 8 | 授予之监事会决议 | 用于监事会通过授予议案 | http://www.fatianshi.cn/D11461 | D11461 |
| 9 | 行权之董事会决议 | 用于董事会通过行权议案 | http://www.fatianshi.cn/D11463 | D11463 |
| 10 | 行权之监事会决议 | 用于监事会通过行权议案 | http://www.fatianshi.cn/D11464 | D11464 |
| 11 | 股票期权行权申请书 | 用于激励对象向公司申请股票增值权行权 | http://www.fatianshi.cn/D11465 | D11465 |
| 12 | 股票增值权行权批准书 | 用于公司批准激励对象股票增值权的行权 | http://www.fatianshi.cn/D11466 | D11466 |

**该套文件的设计思路：**

公司预先设定授予条件及行权条件，当授予条件成就后，公司授予激励对象一定份额的股票增值权，经过一段时间的等待期，在行权条件成就后，激励对象可以在规定的时间段内行权（此处的行权指的是激励对象获得公司兑付的行权日市场价与行权价格之间差额的行为）。当激励对象发生离职等多种情形时，公司可以将股票增值权作废处理。

新三板相较上市公司而言，因为没有专门的法律法规来予以规定，所以新三板公司在实施股权激励时往往参照《上市公司股权激励管理办法》，但毕竟只是参照，在实施时有很大的灵活性。譬如：

1. 董事会不必非得设置薪酬与考核委员会来拟定股权激励草案以及领导与组织考核工作，而可以由董事会来拟定草案，由董事会领导和审核考核工作，具体的考核工作可由人力资源部实施；

2. 公司监事可以成为被激励的对象，但最近随着证监会监管趋势，建议设定激励对象范围时，将监事排除在外。

3. 行权价格的确定有比较大的灵活性。

4. 授予条件与行权条件可以参照《上市公司股权激励管理办法》来设定，还可以在此之外设定其他条件，授予条件甚至还可以设定为股东大会审议通过激励计划草案后自动授予。

**文本正文 1：http://www.fatianshi.cn/D11451**

## 某某股份有限公司股权激励计划（草案）

### 第一章　实施激励计划的目的

为了进一步建立、健全公司长效激励机制，吸引和留住优秀人才，充分调动公司管理人员及核心技术（业务）人员的积极性，有效地将股东利益、公司利益和个人利益结合在一起，促进公司业绩持续增长，在充分保障股东利益的前提下，按照收益与贡献对等原则，根据《中华人民共和国公司法》《中华人民共和国证券法》《上市公司股权激励管理办法》等有关法律、法规和规范性文件以及《公司章程》的规定，制订本计划。

## 第二章　本计划的管理机构

一、股东大会作为公司的最高权力机构，负责审议批准本计划的实施、变更和终止。

二、董事会是本计划的执行管理机构，负责拟订和修订本计划并报董事会审议，董事会对本计划审议通过后，报股东大会审议。董事会在股东大会授权范围内办理本计划的相关事宜。

三、监事会是本计划的监督机构，负责审核激励对象的名单，并对本计划的实施是否符合相关法律、行政法规、部门规章和相关业务规则进行监督。

## 第三章　激励对象的确定依据和范围

**一、激励对象的确定依据**

（一）激励对象确定的法律依据

本计划激励对象根据《中华人民共和国公司法》《中华人民共和国证券法》等有关法律、法规、规范性文件和《公司章程》的相关规定，结合公司实际情况而确定。

（二）激励对象确定的职务依据

本计划激励对象为公司董事、高级管理人员以及核心技术（业务）人员。

（三）有下列情形之一的，不能成为本计划的激励对象：

1. 最近三年内被全国中小企业股份转让系统公开谴责或宣布为不适当人选的；

D11451

2. 最近三年内因重大违法违规行为被中国证券监督管理委员会或全国中小企业股份转让系统予以行政处罚的；

3. 具有《中华人民共和国公司法》第146条规定的不得担任董事、监事、高级管理人员情形的。如在公司本计划实施过程中，激励对象出现以上任何规定不得参与股票增值权计划情形的，公司将终止其参与本计划的权利，注销其已被授予但尚未行权的全部股票增值权。

**二、激励对象的范围**

本计划涉及的激励对象共计人，包括：

1. 公司董事、高级管理人员；

2. 公司核心技术（业务）人员。

董事经股东大会选举产生，高级管理人员需经董事会聘任，核心技术（业务人员）须在本计划的考核期内与公司具有雇佣或劳务关系。

## 第四章　激励计划具体内容

**一、激励计划的股票来源**

股票增值权不涉及实股，以某某股份有限公司的股票为虚拟标的股票。

**二、激励计划标的股票的数量**

公司在本激励计划中拟授予激励对象______万份的股票增值权，占公司已发行股本总额的______%。

**三、股票增值权分配情况**

授予的股票增值权在各激励对象间的分配情况如下表所示：（以下百分比计算结果四舍五入，保留两位小数）

| 人员类型 | 姓名 | 职务 | 获授的股票增值权数量（万股） | 占授予股票增值权总数的比例 | 占目前总股本的比例 |
|---|---|---|---|---|---|
| 董事、高管 | | | | | |
| | | | | | |
| | | | | | |
| | | | | | |
| 核心技术（业务）人员共计______人 | | | | | |
| 合计 | | | | | |

**四、激励计划的有效期、授予日、限售期、解除限售安排、禁售期**

（一）有效期

本计划的有效期为首次授予股票增值权之日起______个月。

（二）授予日

授予日应自公司股东大会审议通过本激励计划之日起______日内确定，届时由公司召开董事会就本激励计划设定的激励对象获授股票增值权的条件是否成就进行审议，公司董事会对符合条件的激励对象授予股票增值权，授予日必须为交易日。

（三）等待期

等待期为股票增值权授予日至股票增值权首个可行权日之间的期间，本激励计划的等待期为自股票增值权授权日起______个月。①

（四）可行权日

本激励计划授予的股票增值权自授予日起满______个月后可以开始行权。激励对象在相应行权期内可按本激励计划规定的行权比例分期行权，可行权日必须为交易日，且不得在下列

①对于新三板私企公司而言，等待期可以为12个月以下，但考虑到激励效果，一般建议为至少12个月。

D11451

期间内进行行权：

1. 公司定期报告公告之前30日内；

2. 公司业绩预告、业绩快报公告前10日内；

3. 重大交易或重大事项决定过程中至该事项公告后2个交易日内；

4. 其他可能影响股价的重大事件发生之日起至公告后2个交易日内。

上述“重大交易”、“重大事项”及“可能影响股价的重大事件”为公司依据《全国中小企业股份转让系统业务规则（试行)》的规定应当披露的交易或其他重大事项。

（五）行权安排

在本激励计划的有效期内，本激励计划授予的股票增值权从授予日开始经过______个月的等待期，激励对象可在下表所列各行权期内的可行权日按照______%、______%、______%的行权比例分三期行权。①本次授予股票增值权行权期安排如下：

| 阶段 | 时间安排 | 股票增值权行权比例 |
|---|---|---|
| 第一个行权期 | 自首次授予日起______个月后的首个交易日起至首次授予日起______个月内的最后一个交易日当日止 | ______% |
| 第二个行权期 | 自首次授予日起______个月后的首个交易日起至首次授予日起______个月内的最后一个交易日当日止 | ______% |
| 第三个行权期 | 自首次授予日起______个月后的首个交易日起至首次授予日起______个月内的最后一个交易日当日止 | ______% |

①可以匀速或者不匀速地分批行权。

本激励计划有效期结束后，已获授但尚未行权的股票增值权不得行权，未行权的该部分股票增值权由公司作废处理。

**五、股票增值权的行权价格**

（一）股票增值权的行权价格

本激励计划授予的每份股票增值权的行权价格为______元，满足行权条件后，激励对象可获得行权日市场价格与该行权价格之间的差额收益。

（二）授予的股票增值权的行权价格的确定方法

上述行权价格系公司综合考虑公司经营情况、资产情况、员工对公司的贡献情况以及本计划对员工的激励效果等因素综合确定。[1]

①仅提供一种定价参考。

**六、股票增值权的授予与行权条件**

（一）股票增值权的授予条件

激励对象只有在同时满足下列条件时，才能获授股票增值权：

1. 公司未发生以下任一情形：

（1）最近一个会计年度财务会计报告被注册会计师出具否定意见或者无法表示意见的审计报告；

（2）最近一年内因重大违法违规行为被中国证券监督管理委员会予以行政处罚；

（3）中国证券监督管理委员会或股转系统认定的不得实行股权激励的其他情形。

2. 激励对象未发生以下任一情形：

（1）最近三年内因重大违法违规行为被中国证券监督管理委员会予以行政处罚；

（2）具有《中华人民共和国公司法》规定的不得担任公司董事、监事及高级管理人员情形；

（3）公司董事会认定其他严重违反公司有关规定的。

D11451

其他授予条件：

（二）股票增值权的行权条件

行权期内，同时满足下列条件时，激励对象已获授的股票增值权才能行权：

1. 公司未发生以下任一情形：

（1）最近一个会计年度财务会计报告被注册会计师出具否定意见或者无法表示意见的审计报告；

（2）最近一年内因重大违法违规行为被中国证券监督管理委员会予以行政处罚；

（3）中国证券监督管理委员会或股转系统认定的不得实行股权激励的其他情形。

公司发生上述情形之一的，所有激励对象根据本激励计划已获授但尚未行权的股票增值权应当由公司注销。

2. 激励对象未发生以下任一情形：

（1）最近三年内因重大违法违规行为被中国证券监督管理委员会予以行政处罚；

（2）具有《中华人民共和国公司法》规定的不得担任公司董事、监事及高级管理人员情形；

（3）公司董事会认定其他严重违反公司有关规定的。

激励对象发生上述情形之一的，根据本激励计划已获授但尚未行权的股票增值权应当由公司注销。

3. 公司层面的业绩考核要求

对于本激励计划授予的股票增值权，各年度业绩考核目标如下表所示：

| 行权期 | 业绩考核目标 |
| --- | --- |
| 第一个行权期 | ______年的净利润较______年增长______%及以上 |
| 第二个行权期 | ______年的净利润较______年增长______%及以上 |
| 第三个行权期 | ______年的净利润较______年增长______%及以上 |

公司未满足上述业绩考核目标的，所有激励对象考核当年可行权的股票增值权不得行权，对应的股票增值权由公司作废处理。

4. 个人层面考核要求

根据公司制定的《某某股份有限公司年股票增值权激励计划实施考核办法》，激励对象只有在上一年度个人考核为“合格”及以上时，激励对象对应当年的股票增值权方可行权。

5. 其他行权条件______________________________。

**七、股票增值权激励计划的调整方法和程序**

（一）股票增值权数量的调整方法

若在行权前，若公司发生资本公积金转增股本、派送股票红利、股票拆细或缩股等事项，公司应对股票增值权数量进行相应的调整。调整方法如下：

1. 资本公积转增股本、派送股票红利、股份拆细

$Q = Q0 \times (1 + n)$

其中：Q0为调整前的股票增值权数量；n为每股的资本公积金转增股本、派送股票红利、股票拆细的比率（每股股票经转增、送股或拆细后增加的股票数量）；Q为调整后的股票增值权数量。

2. 配股

$Q = Q0 \times P1 \times (1 + n) \div (P1 + P2 \times n)$

其中：Q0为调整前的股票增值权数量；P1为股权登记日当日收

盘价；P2为配股价格；n为配股的比例（配股的股数与配股前公司总股本的比例）；Q为调整后的股票增值权数量。

3. 缩股

$Q = Q0 \times n$

其中：Q0为调整前的股票增值权数量；n为缩股比例（1股公司股票缩为n股股票）；Q为调整后的股票增值权数量。

4. 增发

公司发生增发时，股票增值权数量不做调整。

（二）行权价格的调整方法

若在行权前公司发生资本公积金转增股本、派送股票红利、股票拆细、缩股、配股或派息等事项，公司应对行权价格进行相应的调整。调整方法如下：

1. 资本公积转增股本、派送股票红利、股份拆细

$P = P0 \div (1 + n)$

其中：P0为调整前的行权价格；n为每股的资本公积金转增股本、派送股票红利、股票拆细的比率；P为调整后的行权价格

2. 配股

$P = P0 \times (P1 + P2 \times n) \div [P1 \times (1 + n)]$

其中：P0为调整前的行权价格；P1为股权登记日当天收盘价；P2为配股价格；n配股的比例（配股的股数与配股前公司总股本的比例）；P为调整后的行权价格。

3. 缩股

$P = P0 \div n$

其中：P0为调整前的行权价格；n为缩股比例；P为调整后的行权价格

4. 派息

$P = P0 - V$

其中：P0为调整前的行权价格；V为每股的派息额；P为调整后的行权价格。经派息调整后，P仍须大于1。

5. 增发

公司在发生增发新股的情况下，股票增值权的行权价格不做调整。

（三）股票增值权激励计划调整的程序

公司股东大会授权公司董事会，当出现前述情况时由公司董事会决定调整股票增值权数量、行权价格。

## 第五章　本计划的相关程序

**一、激励计划实施程序**

（一）公司董事会应当依法对本激励计划作出决议。董事会审议本激励计划时，作为激励对象的董事或与其存在关联关系的董事应当回避表决。董事会应当在审议通过本计划并履行公示、公告程序后，将本计划提交股东大会审议；同时提请股东大会授权，负责实施股票增值权的授予、行权和作废处理工作。

（二）公司股东大会在对本次股票增值权激励计划进行投票表决时，公司股东大会审议股权激励计划时，作为激励对象的股东或者与激励对象存在关联关系的股东，应当回避表决。

（三）本激励计划经公司股东大会审议通过，且达到本激励计划规定的授予条件时，公司在规定时间内向激励对象授予股票增值权。经股东大会授权后，董事会负责实施股票增值权的授予、行权和作废处理。

**二、股票增值权的授予程序**

股东大会审议通过本计划后，公司与激励对象签署《股票增值权激励协议》，以此约定双方的权利义务关系。公司董事会根据股东大会的授权办理股票增值权的授予事宜。

D11451

**三、股票增值权的行权程序**

（一）股票增值权持有人在可行权日内，以《行权申请书》向公司确认行权的数量和价格等。

（二）公司董事会对申请人的行权数额、行权资格与行权条件审查确认。

（三）激励对象的行权申请经董事会确定后，公司交付现金给予激励对象。

## 第六章　公司与激励对象各自的权利义务

**一、公司的权利与义务**

（一）公司具有对本计划的解释和执行权，并按本计划规定对激励对象进行绩效考核，若激励对象未达到本计划所确定的股票增值权行权条件，公司将按本计划的规定对激励对象尚未行权的股票增值权做作废处理。

（二）公司根据国家税收法律法规的规定，代扣代缴激励对象应缴纳的个人所得税及其他税费。

（三）公司应当根据本激励计划积极配合满足行权条件的激励对象按规定行权。但若因其他不可抗拒因素造成激励对象未能按自身意愿行权并给激励对象造成损失的，公司不承担责任。

（四）法律、法规规定的其他相关权利义务。

**二、激励对象的权利与义务**

（一）激励对象应当按公司所聘岗位的要求，勤勉尽责、恪守职业道德，为公司的发展做出应有贡献。

（二）激励对象有权且应当按照本激励计划的规定行权。

（三）在行权期内，激励对象应当分次行权，且须及时向公司提交《行权申请书》。

（四）激励对象获授的股票增值权不得转让、用于担保或偿还债务。

（五）激励对象因激励计划获得的收益，应按国家税收法律法规缴纳个人所得税及其他税费。

（六）法律、法规及本激励计划规定的其他相关权利义务。

## 第七章　公司与激励对象发生异动的处理

### 一、公司发生异动的处理

（一）公司出现下列情形之一时，本计划即行终止：

1. 公司最近一个会计年度财务会计报告被注册会计师出具否定意见或者无法表示意见的审计报告；

2. 最近一年内因重大违法违规行为被中国证券监督管理委员会予以行政处罚；

3. 公司股东大会决定终止本计划；

4. 其他法律法规、证券监督管理委员会以及股转系统认定的情形。

当公司出现终止本计划的上述情形时，激励对象已获授的尚未行权的股票增值权不得行权，由公司注销。

（二）公司出现下列情形之一时，本计划不做变更，按本计划的规定继续执行：

1. 公司控制权发生变更；

2. 公司出现合并、分立等情形。

（三）公司因信息披露文件中有虚假记载、误导性陈述或者重大遗漏，导致不符合授予权益或行使权益安排的，激励对象应当自相关信息披露文件被确认存在虚假记载、误导性陈述或者重大遗漏后，将由本激励计划所获得的全部利益返还公司。

### 二、激励对象个人情况发生变化的处理

（一）激励对象在公司内发生正常职务变更，其获授的股票

D11451

增值权完全按照本激励计划相关规定进行。

（二）激励对象如因出现以下情形之一而失去参与本激励计划的资格，董事会可以决定对激励对象根据本激励计划在情况发生之日，对激励对象已获准行权但尚未行权的股票增值权终止行权，其未获准行权的增值权作废。

1. 最近三年内被股转系统认定为不适当人选的；

2. 最近三年内被中国证券监督管理委员会及其派出机构认定为不适当人选的；

3. 最近三年内因重大违法违规行为被中国证券监督管理委员会及其派出机构行政处罚或者采取市场禁入措施；

4. 具有《中华人民共和国公司法》规定的不得担任公司董事、高级管理人员情形的；

5. 因不能胜任岗位工作、触犯法律、违反执业道德、泄露公司机密、失职或渎职等行为损害公司利益或声誉而导致的职务变更，或因前列原因导致公司解除与激励对象劳动关系的；

6. 公司董事会认定的其他严重违反公司有关规定或严重损害公司利益的情形；

7. 单方面提出终止或解除与公司订立的劳动合同或聘用合同；

8. 与公司所签订的劳动合同或聘用合同期满，个人提出不再续签；

9. 因个人原因而致使公司提出解除或终止劳动合同（包括被公司辞退、除名等）；

10. 董事会认定的其他情形。

（三）当发生以下情况时，在情况发生之日，对激励对象已获准行权但尚未行使的股票增值权继续保留行权权利，并在6个月内完成行权，其未获准行权的增值权作废：

1. 劳动合同、聘用合同到期后，双方不再续签合同的；

2. 经和公司协商一致提前解除劳动合同、聘用合同的；

3. 到法定年龄退休且退休后不继续在公司任职的；

4. 因公司经营调整（包括但不限于裁员），公司单方面终止或解除与激励对象订立的劳动合同、聘用合同的。

（四）乙方因丧失劳动能力而离职，应分以下两种情况处理：

1. 乙方因执行公司职务而丧失劳动能力而离职的，其获授的权益将完全按照丧失劳动能力前本激励计划规定的程序进行，其个人绩效考核结果不再纳入行权条件。

2. 乙方非因执行公司职务而丧失劳动能力而离职的，其已获准行权但尚未行使的股票增值权继续保留行权权利，其未获准行权的股票增值权作废。

（五）乙方身故，应分以下两种情况处理：

1. 乙方因执行公司职务身故时的，其获授的权益将由其指定的财产继承人或法定继承人代为持有，其获授的权益按照身故前本激励计划规定的程序进行，其个人绩效考核结果不再纳入行权条件。

2. 乙方非因执行职务身故的，其已获准行权但尚未行使的股票增值权继续保留行权权利，其未获准行权的股票增值权作废。

（六）其他未说明的情况由董事会薪酬与考核委员会认定，并确定处理方式。

**三、公司与激励对象之间争议的解决**

公司与激励对象发生争议，按照本计划和股权激励计划相关协议的规定解决；规定不明的，双方应按照国家法律和公平合理原则协商解决；协商不成，应提交公司住所所在地有管辖权的人民法院诉讼解决。

D11451

## 第八章　附　　则

一、本计划在公司股东大会审议通过后生效；

二、本计划由公司董事会负责解释。

某某股份有限公司董事会

______年______月______日

**文本正文 2：http://www.fatianshi.cn/D11453**

# 某某股份有限公司
# 股票增值权激励计划考核管理实施办法

为保证某某股份有限公司（以下简称公司）长期激励计划的顺利进行，进一步建立、健全公司长期激励机制，吸引和保留优秀人才，充分调动公司管理人员及核心业务（技术）人员的积极性和创业激情，促进公司业绩持续增长，确保公司发展战略和经营目标的实现，根据《中华人民共和国公司法》《中华人民共和国证券法》和《某某股份有限公司章程》以及其他相关法律法规的规定制定本办法。

**一、考核原则**

本办法坚持公平、公开、公正的原则，通过对公司激励对象的业绩等工作绩效进行正确的评价，以实现长期激励计划与激励对象工作业绩、贡献紧密结合，从而积极地利用长期激励机制，提高管理绩效，实现公司和全体股东利益最大化。

**二、考核范围**

本办法适用于本次激励计划所确定的所有激励对象，包括公司董事、监事、高级管理人员与核心技术（业务）人员。

**三、考核机构**

（一）公司董事会会负责领导和审核考核工作。

（二）公司人力资源部负责具体的考核工作。

（三）公司人力资源部、财务管理部等相关部门负责相关考核数据的搜集和提供，并对数据的真实性和可靠性负责。

**四、绩效考核评价指标及标准**

（一）公司层面业绩考核

对于本激励计划授予的股票增值权，各年度业绩考核目标如下表所示：

| 行权期 | 业绩考核目标 |
| --- | --- |
| 第一个行权期 | ______年的净利润较______年增长______%及以上 |
| 第二个行权期 | ______年的净利润较______年增长______%及以上 |
| 第三个行权期 | ______年的净利润较______年增长______%及以上 |

公司未满足上述业绩考核目标的，所有激励对象考核当年可行权的股票增值权不得行权，对应的股票增值权由公司作废处理。

（二）个人层面绩效考核要求

根据公司的绩效考核管理办法，目前对个人绩效考核结果共有 A、B、C、D 四档，对应的考核结果如下，S 为分数：

A（优秀）：出色的、持续超过岗位标准要求，S ≥ 90。

B（良好）：称职、达到岗位标准要求，90 ＞ S ≥ 80。

C（合格）：基本适合岗位标准要求，80 ＞ S ≥ 60。

D（不合格）：未能达到岗位标准要求，S ＜ 60。

若激励对象上一年度个人绩效考核结果为 A/B/C 档，则上一年度激励对象个人绩效考核为“合格”及以上，激励对象对

D11453

应当年的股票增值权方可行权。

若激励对象上一年度个人绩效考核结果为D档，则上一年度激励对象个人绩效考核为“不合格”，激励对象当年的股票增值权不可行权，由公司注销。

（三）其他与考核相关的行权条件

______________________________________________。

**五、考核期间与次数**

（一）考核期间

股票增值权每个行权期前一会计年度。

（二）考核次数

股票增值权行权期每年度一次。

**六、考核程序**

公司人力资源部负责具体的考核工作，负责激励对象考核分数的计算、考核结果的材料汇总，并在此基础上形成绩效考核报告，并提交董事会审核。

**七、考核结果的反馈及应用**

（一）被考核者有权了解自己的考核结果，人力资源部会应当在考核结束后______个工作日内向被考核者反馈考核结果。

（二）如被考核者对考核结果有异议，可在接到考核反馈的______个工作日内向人力资源部提出申诉，人力资源部会可根据实际情况对其考核结果进行复核，并根据复核结果对考核结果进行修正。

（三）考核结果作为股票增值权行权的依据。

**八、附则**

本办法由公司股东大会审议通过后生效，由董事会负责解释及修订。

**文本正文 3：http://www.fatianshi.cn/D11457**

## 某某股份有限公司
## 股票增值权激励计划协议书

甲方：某某股份有限公司

地址：______________________________

法定代表人：__________________________

联系电话：___________________________

乙方：______________________________

地址：______________________________

身份证号码：__________________________

联系电话：___________________________

根据《某某股份有限公司______年股票增值权激励计划》《某某股份有限公司章程》的有关规定，按照甲方股东大会的有关决议，甲乙双方就股票增值权的授予、行权、作废处理等事项订立如下协议：

**一、股票增值权数量及来源**

股票增值权不涉及实股，以甲方的股票为虚拟标的股票，甲方拟授予乙方______份股票增值权。

**二、股票增值权的行权价格**

本激励计划授予的每份股票增值权的行权价格为______元，满足行权条件后，激励对象可获得行权日市场价格与该行权价格之间的差额收益。

上述行权价格系公司综合考虑公司经营情况、资产情况、员工对公司的贡献情况以及本计划对员工的激励效果等因素综合确定。

D11457

**三、股票增值权的授予条件**

乙方只有在同时满足下列条件时，才能获授股票增值权：

1. 甲方未发生以下任一情形：

（1）最近一个会计年度财务会计报告被注册会计师出具否定意见或者无法表示意见的审计报告；

（2）最近一年内因重大违法违规行为被中国证券监督管理委员会予以行政处罚；

（3）中国证券监督管理委员会或股转系统认定的不得实行股权激励的其他情形。

2. 乙方未发生以下任一情形：

（1）最近三年内因重大违法违规行为被中国证券监督管理委员会予以行政处罚；

（2）具有《中华人民共和国公司法》规定的不得担任公司董事、监事及高级管理人员情形；

（3）公司董事会认定其他严重违反公司有关规定的。

3. 其他授予条件

**四、股票增值权的行权条件**

股票增值权行权期内，同时满足下列条件时，乙方已获授的股票增值权才能行权：

1. 甲方未发生以下任一情形：

（1）最近一个会计年度财务会计报告被注册会计师出具否定意见或者无法表示意见的审计报告；

（2）最近一年内因重大违法违规行为被中国证券监督管理委员会予以行政处罚；

（3）中国证券监督管理委员会或股转系统认定的不得实行股权激励的其他情形。

甲方发生上述情形之一的，乙方根据本激励计划已获授但尚未行权的股票增值权应当由甲方注销。

2. 乙方未发生以下任一情形：

（1）最近三年内因重大违法违规行为被中国证券监督管理委员会予以行政处罚；

（2）具有《中华人民共和国公司法》规定的不得担任公司董事、监事及高级管理人员情形；

（3）公司董事会认定其他严重违反公司有关规定的。

乙方发生上述情形之一的，根据本激励计划已获授但尚未行权的股票增值权应当由甲方注销。

3. 甲方公司层面的业绩考核要求

对于本激励计划授予的股票增值权，各年度业绩考核目标如下表所示：

| 行权期 | 业绩考核目标 |
|---|---|
| 第一个行权期 | ______年的净利润较______年增长______%及以上 |
| 第二个行权期 | ______年的净利润较______年增长______%及以上 |
| 第三个行权期 | ______年的净利润较______年增长______%及以上 |

甲方未满足上述业绩考核目标的，所有激励对象考核当年可行权的股票增值权不得行权，对应的股票增值权由公司作废处理。

4. 乙方个人层面考核要求

根据甲方制定的《某某股份有限公司年股票增值权激励计划实施考核办法》，乙方只有在上一年度个人考核为“合格”及以上时，乙方对应当年的股票增值权方可行权。若为“不合格”时，则乙方对应当年的股票增值权由甲方作废处理。

D11457

5. 其他行权条件

**五、甲、乙双方的权利与义务**

（一）甲方的权利与义务

1. 甲方具有对本计划的解释和执行权，并按本计划规定对乙方进行绩效考核，若乙方未达到本计划所确定的股票增值权行权条件，甲方将按本计划的规定作废乙方相应尚未行权的股票增值权。

2. 甲方根据国家税收法律法规的规定，代扣代缴激励对象应缴纳的个人所得税及其他税费。

3. 甲方应当根据本激励计划积极配合满足行权条件的激励对象按规定行权。但若因其他不可抗拒因素造成激励对象未能按自身意愿行权并给激励对象造成损失的，甲方不承担责任。

4. 法律、法规规定的其他相关权利义务。

（二）乙方的权利与义务

1. 乙方应当按甲方所聘岗位的要求，勤勉尽责、恪守职业道德，为甲方的发展做出应有贡献。

2. 乙方有权且应当按照本激励计划的规定行权。

3. 在行权期内，乙方应当分次行权，且须及时向公司提交《行权申请书》。

4. 乙方获授的股票增值权不得转让、用于担保或偿还债务。

5. 乙方因激励计划获得的收益，应按国家税收法律法规缴纳个人所得税及其他税费。

6. 法律、法规及本激励计划规定的其他相关权利义务。

**六、异动发生时的处理**

（一）甲方发生异动的处理

1. 甲方出现下列情形之一时，本计划即行终止：

（1）公司最近一个会计年度财务会计报告被注册会计师出

具否定意见或者无法表示意见的审计报告；

（2）最近一年内因重大违法违规行为被中国证券监督管理委员会予以行政处罚；

（3）公司股东大会决定终止本计划；

（4）其他法律法规、证券监督管理委员会以及股转系统认定的情形。

当甲方出现终止本计划的上述情形时，乙方已获授的尚未行权的股票增值权不得行权，由公司作废处理。

2. 甲方出现下列情形之一时，本计划不做变更，按本计划的规定继续执行：

（1）甲方控制权发生变更；

（2）甲方出现合并、分立等情形。

3. 公司因信息披露文件中有虚假记载、误导性陈述或者重大遗漏，导致不符合授予权益或行使权益安排的，激励对象应当自相关信息披露文件被确认存在虚假记载、误导性陈述或者重大遗漏后，将由本激励计划所获得的全部利益返还公司。

（二）乙方个人情况发生变化的处理

1. 乙方在公司内发生正常职务变更，其获授的股票增值权完全按照本激励计划相关规定进行。

2. 乙方如因出现以下情形之一而失去参与本激励计划的资格，董事会可以决定对乙方根据本激励计划在情况发生之日，对乙方已获准行权但尚未行权的股票增值权终止行权，其未获准行权的股票增值权作废。

（1）最近三年内被股转系统认定为不适当人选的；

（2）最近三年内被中国证券监督管理委员会及其派出机构认定为不适当人选的；

（3）最近三年内因重大违法违规行为被中国证券监督管理

委员会及其派出机构行政处罚或者采取市场禁入措施；

（4）具有《中华人民共和国公司法》规定的不得担任公司董事、高级管理人员情形的；

（5）因不能胜任岗位工作、触犯法律、违反执业道德、泄露公司机密、失职或渎职等行为损害公司利益或声誉而导致的职务变更，或因前列原因导致公司解除与激励对象劳动关系的；

（6）公司董事会认定的其他严重违反公司有关规定或严重损害公司利益的情形；

（7）单方面提出终止或解除与公司订立的劳动合同或聘用合同；

（8）与公司所签订的劳动合同或聘用合同期满，个人提出不再续签；

（9）因个人原因而致使公司提出解除或终止劳动合同（包括被公司辞退、除名等）；

（10）董事会认定的其他情形。

3. 当发生以下情况时，在情况发生之日，对激励对象已获准行权但尚未行使的股票增值权继续保留行权权利，并在6个月内完成行权，其未获准行权的增值权作废：

（1）劳动合同、聘用合同到期后，双方不再续签合同的；

（2）经和公司协商一致提前解除劳动合同、聘用合同的；

（3）到法定年龄退休且退休后不继续在公司任职的；

（4）因公司经营调整（包括但不限于裁员），公司单方面终止或解除与激励对象订立的劳动合同、聘用合同的。

4. 乙方因丧失劳动能力而离职，应分以下两种情况处理：

（1）乙方因执行公司职务而丧失劳动能力而离职的，其获授的权益将完全按照丧失劳动能力前本激励计划规定的程序进行，其个人绩效考核结果不再纳入行权条件。

（2）乙方非因执行公司职务而丧失劳动能力而离职的，其已获准行权但尚未行使的股票增值权继续保留行权权利，其未获准行权的股票增值权作废。

5. 乙方身故，应分以下两种情况处理：

（1）乙方因执行公司职务身故时的，其获授的权益将由其指定的财产继承人或法定继承人代为持有，其获授的权益按照身故前本激励计划规定的程序进行，其个人绩效考核结果不再纳入行权条件。

（2）乙方非因执行职务身故的，其已获准行权但尚未行使的股票增值权继续保留行权权利，其未获准行权的股票增值权作废。

6. 其他未说明的情况由董事会薪酬与考核委员会认定，并确定处理方式。

**七、聘用关系**

甲方与乙方签署本协议不构成甲方对乙方聘用期限和聘用关系的任何承诺，公司对乙方的聘用关系仍按劳动合同的有关约定执行。

**八、违约责任**

1. 任何一方违反协议约定，给他方造成经济损失的，应根据其责任大小给予他方经济补偿。本协议另有约定除外。

2. 一方违约致使对方采取诉讼的方式时，违约方应承担守约方为此支付的诉讼费、律师费、差旅费及其他费用。

**九、争议解决**

甲、乙双方对于本协议执行过程中发生的争议应协商解决；协商不成，可提交甲方住所地人民法院诉讼解决。

**十、其他**

1. 本协议未尽事宜，以《股权激励计划》规定内容为准。

2. 本协议经双方协商后可以增加补充协议，补充协议的内容为本协议的一部分，具有同等的法律效力。

3. 本协议有效期为______年，自______年______月______日始，至______年______月______日止。

4. 本协议一式两份，甲、乙双方各执一份，具有同等法律效力。

5. 本协议自双方签字盖章之日起生效。

6. 本协议于______年______月______日签署。

甲方：某某股份有限公司

乙方（签字）：________________________________________

（盖章）

**文本正文 4：http://www.fatianshi.cn/D11460**

## 某某股份有限公司
## 激励对象行权申请书

本人____________，身份证号码：_____________，本人截至目前，持有公司股票增值权共计______股。根据《股票增值权激励计划》以及董事会、监事会相关决议，本人现有授予的股票增值权股已符合行权条件，在此谨向公司申请如下：本人申请于______年______月______日按照《股票增值权激励计划》的规定对上述股权予以行权。

特此申请！

申请人：____________

______年______月______日

**文本正文 5：http://www.fatianshi.cn/D11461**

某某股份有限公司
股票增值权行权批准书

__________先生/女士：

______ 年 ______ 月 ______ 日，您向我司提交的《股票增值权行权申请书》已收悉，经审核，就您本次股票增值权行权事项予以批准，且通知如下：

姓名：______________________________________

性别：______________________________________

身份证号码：________________________________

本次股票增值权行权数量：____________________

行权价：____________________________________

行权当日市场价：____________________________

本次行权日期：______ 年 ______ 月 ______ 日。

某某股份有限公司

______ 年 ______ 月 ______ 口

D11461

# 5.有限公司股权增值权全套文件

**文件名称用途：**

| 序号 | 名称 | 用途 | 网址 | 二维码 |
|---|---|---|---|---|
| 1 | 股权激励计划 | 由薪酬与考核委员会拟定，由股东会审议通过的整套方案 | http://www.fatianshi.cn/D11716 | D11716 |
| 2 | 股权激励管理制度 | 由薪酬与考核委员会拟定，由股东会审议通过的整套配套制度 | http://www.fatianshi.cn/D11717 | D11717 |
| 3 | 股权激励计划协议书 | 用于明确公司与激励对象之间的权利义务关系 | http://www.fatianshi.cn/D11718 | D11718 |
| 4 | 董事会决议 | 用于董事会通过股权激励计划等方案 | http://www.fatianshi.cn/D11719 | D11719 |
| 5 | 股东会决议 | 用于通过激励计划等方案 | http://www.fatianshi.cn/D11720 | D11720 |
| 6 | 行权申请书 | 用于激励对象向公司申请行权 | http://www.fatianshi.cn/D11722 | D11722 |

**该套文件的设计思路：**

当激励对象达到授予条件时，公司向激励对象授予股权增值权，经过一段时间的等待期，在行权条件成就后，激励对象可以在规定的时间段内行权（此处的行权指的是激励对象获得公司兑付的行权日每股净资产价格与事先确定的行权价格之间差额的行为）。当激励对象发生离职等多种情形时，公司可以将股权增值权做作废处理。

**文本正文 1：http://www.fatianshi.cn/D11716**

## 某某有限公司
## 股权激励计划（草案）

**一、本次股权激励计划的目的**

为了进一步完善某某有限公司（以下简称公司）的治理结构，实现对公司董事、高级管理人员及核心员工的激励与约束，充分调动其工作积极性和创造性，使其利益与公司长远发展更紧密地结合，防止人才流失，同时吸引更多优秀人才参与企业经营，实现企业可持续发展，公司根据有关法律、法规和规范性文件以及《公司章程》的规定，制定《某某有限公司股权激励计划（草案）》。

**二、本次股权激励计划的模式**

公司本次股权激励计划采用股权增值权的模式进行激励。

**三、本次股权激励计划的基本原则**

（一）依法依规的原则

公司实施股权激励计划，严格按照法律法规的规定履行程序，真实、准确、完整、及时地实施信息披露。

（二）公平、公正、公开的原则

公司实施股权激励计划，在激励对象的考核、筛选、确定、股权的授予、解锁的条件等方面，通过严格的法定程序操作，

D11716

确保形式与结果公正。

（三）自愿参与的原则

公司实施股权激励计划遵循公司自主决定，激励对象自愿参加的原则

（四）相结合、相对称的原则

公司实施股权激励计划遵循激励与约束相结合，风险与收益相对称的原则。

**四、本次股权激励计划的管理机构**

1. 公司股东会审议批准本次股权激励计划的实施、变更和终止。

2. 公司股东会决定成立薪酬与考核委员会，薪酬与考核委员会是本次股权激励计划的执行管理机构，负责拟定和修订股权激励计划，报公司股东会决定，并在股东会授权范围内处理相关事宜。

3. 公司监事是本次股权激励计划的监督机构，负责核实激励对象的适合性，并对本计划的实施是否符合相关法律、行政法规、部门规章进行监督。

**五、本次股权激励计划的激励对象**

（一）确定激励对象的法律依据

本计划激励对象是根据《中华人民共和国公司法》《中华人民共和国证券法》及其他有关法律、法规和规范性文件以及《公司章程》的相关规定，结合公司实际情况而确定。

（二）激励对象的职务依据及范围

本计划激励对象为公司董事、高级管理人员、核心技术（业务）人员。

（三）不得成为激励对象的情形

1. 被证券交易所或股转公司公开谴责或直接宣布为不适当人选未满三年的。

2. 因重大违法违规行为被证券监督管理委员会及其派出机构、股转公司行政处罚未满三年的。

3. 其他具有《中华人民共和国公司法》规定的不得担任公司董事、监事、高级管理人员的情形。

4. 因违法违规行为被行政处罚或刑事处罚的。

5. 激励对象职务变更成为不能参与本次激励计划的人员。

6. 激励对象因不能胜任工作岗位、考核不合格、触犯法律、违法职业道德、泄露公司机密、失职或渎职等行为严重损害公司利益或声誉而导致的职务变更或者被公司解聘的。

7. 激励对象辞职。

8. 激励对象非因执行职务负伤而导致丧失劳动能力的。

9. 激励对象死亡（如激励对象因执行职务死亡，按照本计划相关规定执行）。

10. 公司章程规定或双方约定不得享受股权激励的其他情形。

如在本计划实施过程中，激励对象出现以上不得参与本计划情形的，公司有权终止其参与本计划的权利。

（四）具体激励对象名单见附件，以每年薪酬与考核委员会公布的名单为准

**六、本次股权激励计划所涉及股权的来源、数量及价格**

（一）本次股权激励计划股权的来源

股权增值权不涉及实股，以某某有限公司的股权为虚拟标的股权。

（二）本次股权激励计划股权的数量

公司在本激励计划中拟授予激励对象公司全部股权______%的股权增值权。

（三）本次股权激励计划的行权价格

本次股权计划的行权价格为股权增值权草案公布前______日

D11716

的公司每股净资产的价格。

**七、本次股权激励计划的时限**

（一）股权激励计划的有效期

股权激励计划的有效期为自股权增值权授予之日起的______个月。

（二）股权激励计划的授予日

本次股权激励计划的授予日公司股权增值权激励计划草案经股东大会通过之日。

（三）等待期

等待期为股权增值权授予日至股权增值权首个可行权日之间的期间，本激励计划的等待期为自股权增值权授权日起______个月。

（四）行权期

本激励计划的激励对象自获授股权增值权日起满______个月后可以对获授的股权增值权申请行权。激励对象必须在本激励计划规定的行权分3次申请行权，具体行权比例见如下规定，行权后激励对象可以获得行权当日公司每股净资产价格与行权价格的差价。

| 阶段 | 时间安排 | 股权增值权行权比例 |
| --- | --- | --- |
| 第一个行权期 | 自授予日起______个月后的次日起至第十日止 | ______% |
| 第二个行权期 | 自授予日起______个月后的次日起至第十日止 | ______% |
| 第三个行权期 | 自授予日起______个月后次日起至第十日止 | ______% |

**八、本次股权激励计划的授予条件和行权条件**

（一）本激励计划激励对象限制性股权的授予条件

激励对象享受本次激励计划除满足上述关于资格的限定条件外，还需满足公司认为的其他必要的授予条件[①]。

（二）本次激励计划的行权条件

1. 公司层面考核要求

本激励计划授予股权增值权的行权考核年度为______年至______年个会计年度，每个会计年度考核一次，各年度业绩考核目标如下表所示[②]：

| 阶段 | 业绩考核目标 |
|---|---|
| 第一个行权期 | ______年的净利润较______年增长______%及以上 |
| 第二个行权期 | ______年的净利润较______年增长______%及以上 |
| 第三个行权期 | ______年的净利润较______年增长______%及以上 |

2. 个人层面考核要求

根据公司制定的《某某有限公司年股权增值权激励计划实施考核办法》，激励对象只有在上一年度个人考核为“合格”及以上时，激励对象对应当年的限制性股权方可解除限售。

**九、公司与激励对象的权利和义务**

（一）公司的权利与义务

1. 公司有权要求被激励对象按其所聘岗位的要求为公司工作。

2. 公司具有本次股权激励计划的解释权和执行权。

3. 公司根据国家税收法律法规的规定，代扣代缴激励对象应缴纳的个人所得税及其他税费（如有）。

①根据公司自身的情况来确定。

②此处净利润增长率指标仅作为参考。

D11716

4. 公司确定本计划的激励对象，并不构成对员工聘用期限的承诺。公司仍按与激励对象签订的《劳动合同书》确定对员工的聘用关系。

5. 法律、法规和公司章程规定的其他权利和义务。

（二）激励对象的权利与义务

1. 激励对象应当按公司所聘岗位的要求，勤勉尽责、恪守职业道德，为公司的发展做出应有贡献。

2. 激励对象有权且应当按照本激励计划的规定行权。

3. 在行权期内，激励对象应当分次行权，且须及时向公司提交《行权申请书》。

4. 激励对象获授的股权增值权不得转让、用于担保或偿还债务。

5. 激励对象因激励计划获得的收益，应按国家税收法律法规缴纳个人所得税及其他税费。

6. 法律、法规及本激励计划规定的其他相关权利义务。

**十、本激励计划异动发生时的处理**

（一）公司控制权变更、公司合并或分立

当公司控制权发生变更，合并或分立时，本计划不做变更，按本计划的规定继续执行。

（二）公司不具备实施股权激励计划的资格

公司如出现如下情形之一时，应终止实施股权激励计划，激励对象已获授的尚未行权的股权增值权不得行权，由公司作废处理。

1. 最近一个会计年度财务会计报告被注册会计师出具否定意见或者无法表示意见的审计报告；

2. 最近一年内因重大违法违规行为被中国证券监督管理委员会予以行政处罚；

3. 中国证券监督管理委员会认定的其他无法实施股权激励计划的情形。

（三）激励对象个人情况发生变化的处理

1. 激励对象在公司内发生正常职务变更，其获授的股权增值权完全按照本激励计划相关规定进行。

2. 激励对象如因出现以下情形之一而失去参与本激励计划的资格，董事会可以决定对激励对象根据本激励计划在情况发生之日，对激励对象已获准行权但尚未行权的股权增值权终止行权，其未获准行权的股权增值权作废。

（1）最近 12 个月内被证券交易所认定为不适当人选的；

（2）最近 12 个月内被中国证券监督管理委员会及其派出机构认定为不适当人选的；

（3）最近 12 个月内因重大违法违规行为被中国证券监督管理委员会及其派出机构行政处罚或者采取市场禁入措施的；

（4）具有《中华人民共和国公司法》规定的不得担任公司董事、高级管理人员情形的；

（5）因不能胜任岗位工作、触犯法律、违反执业道德、泄露公司机密、失职或渎职等行为损害公司利益或声誉而导致的职务变更，或因前列原因导致公司解除与激励对象劳动关系的；

（6）公司董事会认定的其他严重违反公司有关规定或严重损害公司利益的情形的；

（7）单方面提出终止或解除与公司订立的劳动合同或聘用合同的；

（8）与公司所签订的劳动合同或聘用合同期满，个人提出不再续签的；

（9）因个人原因而致使公司提出解除或终止劳动合同（包括被公司辞退、除名等）的；

D11716

（10）中国证券监督管理委员会认定的其他情形。

3. 当发生以下情况时，在情况发生之日，对激励对象已获准行权但尚未行使的股权增值权继续保留行权权利，并在6个月内完成行权，其未获准行权的增值权作废：

（1）劳动合同、聘用合同到期后，双方不再续签合同的；

（2）经和公司协商一致提前解除劳动合同、聘用合同的；

（3）到法定年龄退休且退休后不继续在公司任职的；

（4）因公司经营调整（包括但不限于裁员），公司单方面终止或解除与激励对象订立的劳动合同、聘用合同的。

4. 激励对象因丧失劳动能力而离职，应分以下两种情况处理：

（1）激励对象因执行公司职务而丧失劳动能力而离职的，其获授的权益将完全按照丧失劳动能力前本激励计划规定的程序进行，其个人绩效考核结果不再纳入行权条件。

（2）激励对象非因执行公司职务而丧失劳动能力而离职的，其已获准行权但尚未行使的股权增值权继续保留行权权利，其未获准行权的股权增值权作废。

5. 激励对象身故，应分以下两种情况处理：

（1）激励对象因执行公司职务身故时的，其获授的权益将由其指定的财产继承人或法定继承人代为持有，其获授的权益按照身故前本激励计划规定的程序进行，其个人绩效考核结果不再纳入行权条件。

（2）激励对象非因执行职务身故的，其已获准行权但尚未行使的股权增值权继续保留行权权利，其未获准行权的股权增值权作废。

6. 如果在本股权激励方案公示之日至股权激励实施完成期间，公司成功登陆资本市场（包括但不限于国内主板市场，三板市场及国外市场）对股权激励存在相关业务规则，本股权激励计划需按照业务规则要求修改，最终激励计划以修改且通过当时董事会和股东大会为准。

7.其他未说明的情况由董事会薪酬与考核委员会认定，并确定处理方式。

**十一、本激励计划的实施部门**

（一）本股权激励计划由公司薪酬与考核委员会制定，经股东审议通过后实施。

（二）本股权激励计划的解释、实施权由公司薪酬与考核委员会享有。

**文本正文 2：http://www.fatianshi.cn/D11722**

## 某某股份有限公司
## 激励对象股权增值权行权申请书

本人 ____________，身份证号码：____________，本人截至目前，持有公司 ______% 股权增值权股权。根据《公司限制性股权激励计划》的相关规定，本人现有授予的第______期股权增值权股权已符合行权条件，在此谨向公司申请如下：本人申请于 ______ 年 ______ 月 ______ 日按照《公司限制性股权激励计划》的规定对上述股权予以行权。

特此申请！

申请人：____________

______ 年 ______ 月 ______ 日

D11722

# 第四章　虚拟股票

## 1.虚拟股票使用场景与要点提示

**使用场景：**

虚拟股票模式是指公司在授予条件成就后授予激励对象一定的虚拟股票，在分红条件成就后激励对象有权获得公司股票的分红，但由于并不是实股，无需工商登记，也不享有对公司的投票表决权，亦不能转让、出售，也不得继承。虚拟股票无需激励对象支付对价，通常情况下是无偿授予激励对象虚拟股票，故若采用支付对价的方式进行股权激励，则此模式不适用。另外虚拟股票并非实际向激励对象授予公司股票，故若采用实股方式进行股权激励，则此不适用此模式。

**要点提示：**

1. 虚拟股票有哪些优缺点？

其优点在于：

（1）虚拟股票实质上是一种分红权的凭证，除此之外，不再享有其他权利，因此，虚拟股票的授予不影响公司的总资本和股本结构。

（2）虚拟股票激励模式具有一定的约束作用。因为激励对象为了获得分红收益，必须要实现公司的业绩目标。

其缺点在于：

（1）激励对象可能因过多地考虑分红，减少企业公积金的积累。

（2）在这种模式下企业需要支付现金给激励对象，导致公司的现金支付压力比较大。

2. 虚拟股票适合于何种类型的公司？

虚拟股票适用于增长较快，现金流量比较充裕的上市公司和非上市公司。

3. 虚拟股票在适用时有哪些风险点？

虚拟股票激励模式对企业的现金流要求很高，对于一些已经进入稳定增长期的企业来说，没有持续的高增长和高利润，员工的虚拟股票激励将成为企业资本流转的负担。

## 2.私企上市公司虚拟股票全套文件

**文件名称用途：**

| 序号 | 名称 | 用途 | 网址 | 二维码 |
| --- | --- | --- | --- | --- |
| 1 | 股权激励计划（草案） | 由薪酬与考核委员会拟定，由股东大会审议通过的整套方案 | http://www.fatianshi.cn/D11564 | D11564 |
| 2 | 考核管理办法 | 董事会负责解释及修订，由公司股东大会审议通过后生效 | http://www.fatianshi.cn/D11565 | D11565 |
| 3 | 董事会决议 | 用于董事会通过股权激励计划（草案）等议案 | http://www.fatianshi.cn/D11566 | D11566 |
| 4 | 监事会决议 | 用于监事会通过股权激励计划（草案）等议案 | http://www.fatianshi.cn/D11568 | D11568 |
| 5 | 独立董事意见 | 用于对股权激励计划（草案）发表意见 | http://www.fatianshi.cn/D11569 | D11569 |
| 6 | 监事会意见 | 用于对股权激励计划（草案）发表意见 | http://www.fatianshi.cn/D11570 | D11570 |

续表

| 序号 | 名称 | 用途 | 网址 | 二维码 |
|---|---|---|---|---|
| 7 | 监事会公示情况说明及核查意见 | 用于对激励对象名单公示情况发表意见 | http://www.fatianshi.cn/D11571 | D11571 |
| 8 | 股东大会决议 | 用于通过股权激励计划（草案）等议案 | http://www.fatianshi.cn/D11572 | D11572 |
| 9 | 虚拟股票激励协议 | 用于明确公司与激励对象的权利义务 | http://www.fatianshi.cn/D11573 | D11573 |
| 10 | 授予之董事会决议 | 用于董事会通过授予议案 | http://www.fatianshi.cn/D11574 | D11574 |
| 11 | 授予之监事会决议 | 用于监事会通过授予议案 | http://www.fatianshi.cn/D11575 | D11575 |
| 12 | 授予之独立董事意见 | 用于对授予议案发表意见 | http://www.fatianshi.cn/D11576 | D11576 |
| 13 | 注销之董事会决议 | 用于董事会通过注销议案 | http://www.fatianshi.cn/D11577 | D11577 |

续表

| 序号 | 名称 | 用途 | 网址 | 二维码 |
|---|---|---|---|---|
| 14 | 注销之监事会决议 | 用于监事会通过注销议案 | http://www.fatianshi.cn/D11578 | D11578 |
| 15 | 注销之独立董事意见 | 用于独立董事对注销议案发表意见 | http://www.fatianshi.cn/D11579 | D11579 |
| 16 | 分红之董事会决议 | 用于董事会通过分红议案 | http://www.fatianshi.cn/D11581 | D11581 |
| 17 | 分红之监事会决议 | 用于监事会通过分红议案 | http://www.fatianshi.cn/D11582 | D11582 |
| 18 | 分红之独立董事意见 | 用于独立董事对分红议案发表意见 | http://www.fatianshi.cn/D11583 | D11583 |
| 19 | 分红申请书 | 用于激励对象向公司提出分红申请 | http://www.fatianshi.cn/D11584 | D11584 |

**该套文件的设计思路：**

该套文件参照《上市公司股权激励管理办法》的相关规定，其基本设计思路为，在授予条件成就后，公司无偿授予激励对象一定的虚拟股票，在分红条件成就时，激励对象在分红期（本模板设定为有效期内的授予后次年起每年的4月）向公司提出分红申请，公司给予分红给激励对象。激励对象若发生离职等情形，则公司将对虚拟股票进行注销。



**文本正文 1：http://www.fatianshi.cn/D11564**

## 某某股份有限公司虚拟股权激励计划

### 第一章　实施激励计划的目的

为了进一步建立、健全公司长效激励机制，吸引和留住优秀人才，充分调动公司管理人员及核心技术（业务）人员的积极性，有效地将股东利益、公司利益和个人利益结合在一起，促进公司业绩持续增长，在充分保障股东利益的前提下，特制定本虚拟股权激励计划。

### 第二章　本计划的管理机构

一、股东大会作为公司的最高权力机构，负责审议批准本计划的实施、变更和终止。

二、董事会是本计划的执行管理机构，下设薪酬与考核委员会，负责拟订和修订本计划并报董事会审议，董事会对本计划审议通过后，报股东大会审议。董事会在股东大会授权范围内办理本计划的相关事宜。

三、监事会是本计划的监督机构，负责审核激励对象的名单，就本计划是否有利于公司的持续发展，是否存在明显损害公司及全体股东利益的情形发表意见。

四、独立董事应当就本计划是否有利于公司的持续发展，是否存在明显损害公司及全体股东的利益发表独立意见，并就本计划向所有股东征集委托投票权。

## 第三章　激励对象的确定标准和范围

**一、激励对象（虚拟股权授予对象）的确定标准**

本次虚拟股权授予对象参照如下标准确定：

1. 在公司的历史发展中做出过突出贡献的人员；

2. 公司未来发展亟须的人员；

3. 年度工作表现突出的人员；

4. 其他公司认为必要的标准。

**二、激励对象的范围**

本计划涉及的激励对象共计______人，包括：

1. 高级管理人员；

2. 中层管理人员；

3. 公司核心技术（业务）人员。

以上激励对象中，高级管理人员必须经公司董事会聘任。其他激励对象均须在本计划的考核期内与公司具有雇佣关系。

**三、激励对象的核实**

（　）公司将在股东大会召开前，在内部公示激励对象的姓名和职务，公示期不少于 10 天。

（二）公司监事会将对激励对象名单进行审核，充分听取公示意见，并在公司股东大会审议本计划前 5 日披露监事会对激励对象名单审核及公示情况的说明。经公司董事会调整的激励对象名单亦应经公司监事会核实。

## 第四章　激励计划具体内容

**一、激励计划的股票来源**

本计划涉及的标的股票来源为公司虚拟股票。

D11564

**二、激励计划标的股票的数量**

本次激励计划拟授予激励对象虚拟股票数量______万股。

**三、虚拟股票分配情况**

授予的虚拟股票在各激励对象间的分配情况如下表所示：（以下百分比计算结果四舍五入，保留两位小数）

| 人员类型 | 姓名 | 职务 | 获授的虚拟票数量（万股） | 占授予虚拟股票总数的比例 |
|---|---|---|---|---|
| 高级管理人员 | | | | |
| | | | | |
| | | | | |
| 中层管理人员 | | | | |
| | | | | |
| | | | | |
| | | | | |
| 其他名核心技术（业务）人员 | | | | |
| 合计 | | | | |

注：本计划激励对象不包括独立董事、监事及单独或合计持有公司5%以上股份的股东或实际控制人及其配偶、父母、子女。[①]

**四、激励计划的有效期、授予日**

（一）有效期

本计划的有效期为虚拟股票首次授予日起______个月。

（二）授予日

授予日在本计划经公司股东大会审议通过后由公司董事会确定。自公司股东大会审议通过本激励计划之日且获授权益条件成就起日内，公司按相关规定对激励对象进行授予。公司未

①为保证独立董事及监事的独立性，激励对象不包含独立董事及监事；至于5%以上股份的股东或实际控制人及其配偶、父母、子女若成为激励对象，使使公司的股权激励没有太大实际意义，股权激励的核心便是让公司经营者及核心员工等成为公司的股东，以此激发他们的工作热情和积极性。

能在日内完成上述工作的将披露未完成的原因并终止实施本计划。

（三）分红期[①]

指在分红条件成就时，激励对象可以向公司申请并获得公司分红的时间段。公司将在有效期内的虚拟股票授予后次年起的每年3月进行上一年度的分红条件是否成就的考核，若分红条件成就，激励对象将获得其持有的虚拟股票占公司总股本的比例乘以可分配的净利润总额。

**五、虚拟股票的授予与分红条件**

（一）虚拟股票的授予条件

只有在同时满足下列条件时，才能获授虚拟股票：[②]

1. 公司未发生以下任一情形：

（1）最近一个会计年度财务会计报告被注册会计师出具否定意见或者无法表示意见的审计报告；

（2）最近一个会计年度财务报告内部控制被注册会计师出具否定意见或者无法表示意见的审计报告；

（3）上市后最近36个月内出现过未按法律法规、公司章程、公开承诺进行利润分配的情形；

（4）法律法规规定不得实行股权激励的；

（5）中国证券监督管理委员会认定的其他情形。

2. 激励对象未发生以下任一情形：

（1）最近12个月内被证券交易所认定为不适当人选；

（2）最近12个月内被中国证券监督管理委员会及其派出机构认定为不适当人选；

（3）最近12个月内因重大违法违规行为被中国证券监督管理委员会及其派出机构行政处罚或者采取市场禁入措施；

（4）具有《中华人民共和国公司法》规定的不得担任公司

①有效期内授予激励对象虚拟股票后次年起每年的4月为分红期。

②公司和激励对象均需合法合规。

D11564

董事、高级管理人员情形的；

（5）法律法规规定不得参与上市公司股权激励的；

（6）中国证券监督管理委员会认定的其他情形。

（二）虚拟股票的分红条件[①]

虚拟股票有效期内，同时满足下列条件时，激励对象已获授的虚拟股票才能获得分红：

1. 公司未发生以下任一情形：

（1）最近一个会计年度财务会计报告被注册会计师出具否定意见或者无法表示意见的审计报告；

（2）最近一个会计年度财务报告内部控制被注册会计师出具否定意见或者无法表示意见的审计报告；

（3）上市后最近 36 个月内出现过未按法律法规、公司章程、公开承诺进行利润分配的情形；

（4）法律法规规定不得实行股权激励的；

（5）中国证券监督管理委员会认定的其他情形。

公司发生上述规定情形之一的，所有激励对象根据本激励计划已获授的虚拟股票应当由公司注销。

2. 激励对象未发生以下任一情形：

（1）最近 12 个月内被证券交易所认定为不适当人选；

（2）最近 12 个月内被中国证券监督管理委员会及其派出机构认定为不适当人选；

（3）最近 12 个月内因重大违法违规行为被中国证券监督管理委员会及其派出机构行政处罚或者采取市场禁入措施；

（4）具有《中华人民共和国公司法》规定的不得担任公司董事、高级管理人员情形的；

（5）法律法规规定不得参与上市公司股权激励的；

（6）中国证券监督管理委员会认定的其他情形。

①公司和激励对象合法合规外，还需满足公司和激励对象考核指标达标。

激励对象发生上述规定情形之一的，该激励对象根据本激励计划获授的虚拟股票应当由公司注销。

3. 公司层面的业绩考核要求

本激励计划授予虚拟股票考核年度为年至年个会计年度，每个会计年度考核一次，各年度业绩考核目标如下表所示：[1]

①净利润指标的选取仅作为一种参考。

| 分红期 | 业绩考核目标 |
|---|---|
| 第一个分红期 | ______年的净利润较______年增长______%及以上 |
| 第二个分红期 | ______年的净利润较______年增长______%及以上 |
| 第三个分红期 | ______年的净利润较______年增长______%及以上 |

公司未满足上述业绩考核目标的，所有激励对象虚拟股票当年不得分红。

4. 个人层面考核要求

根据公司制定的《某某股份有限公司______年虚拟股票激励计划实施考核办法》，激励对象只有在上一年度个人考核为"合格"及以上时，激励对象虚拟股票当年方可分红。

**六、虚拟股票激励计划的调整方法和程序**

公司股东大会授权公司董事会，公司董事会决定调整虚拟股票的授予总数。律师应当就上述调整是否符合《公司章程》和本计划的规定出具专业意见。调整议案经董事会审议通过后，公司应当及时披露董事会决议公告，同时公告律师事务所意见。

## 第五章　本计划的相关程序

**一、激励计划实施程序**

（一）公司董事会应当依法对本激励计划作出决议。董事会审议本激励计划时，作为激励对象的董事或与其存在关联关系

D11564

的董事应当回避表决。董事会应当在审议通过本计划并履行公示、公告程序后，将本计划提交股东大会审议；同时提请股东大会授权，负责实施虚拟股票的授予、分红和注销工作。

（二）独立董事及监事会应当就激励计划草案是否有利于上市公司的持续发展，是否存在明显损害上市公司及全体股东利益的情形发表意见。

（三）本计划经公司股东大会审议通过后方可实施。本公司将在召开股东大会前，通过公司网站或者其他途径，在公司内部公示激励对象的姓名和职务，公示期不少于10天。监事会应当对激励名单进行审核，充分听取公示意见。上市公司应当在股东大会审议激励计划前5日披露监事会对激励名单审核及公示情况的说明。

（四）公司股东大会在对本次虚拟股票激励计划进行投票表决时，独立董事应当就本次限制性股票激励计划向所有的股东征集委托投票权。股东大会应当对股权激励计划内容进行表决，并经出席会议的股东所持表决权的2/3以上通过，单独统计并披露除公司董事、监事、高级管理人员、单独或合计持有公司5%以上股份的股东以外的其他股东的投票情况。

公司股东大会审议股权激励计划时，作为激励对象的股东或者与激励对象存在关联关系的股东，应当回避表决。

（五）本激励计划经公司股东大会审议通过，且达到本激励计划规定的授予条件时，公司在规定时间内向激励对象授予虚拟股票。经股东大会授权后，董事会负责实施虚拟股票的授予、分红和注销。

**二、虚拟股票的授予程序**

（一）股东大会审议通过本计划后，公司与激励对象签署虚拟股票激励协议，以此约定双方的权利义务关系。公司董事会根据股东大会的授权办理具体的虚拟股票授予事宜。

（二）公司在向激励对象授出权益前，董事会应当就本计划设定的激励对象获授权益的条件是否成就进行审议并公告。

（三）独立董事及监事会应当同时发表明确意见。律师事务所应当对激励对象获授权益的条件是否成就出具法律意见。

（四）公司向激励对象授出权益与本计划的安排存在差异时，独立董事、监事会（当激励对象发生变化时）、律师事务所、独立财务顾问应当同时发表明确意见。

（五）本计划经股东大会审议通过后且授权条件成就后日内，公司应当进行虚拟股票的授予。若公司未能在日内完成上述工作的，本计划终止实施，董事会应当及时披露未完成的原因且个月内不得再次审议股权激励计划。

**三、虚拟股票的分红程序**

在每个分红期前日，公司应确认激励对象是否满足分红条件，对于满足分红条件的激励对象，由公司办理分红事宜，对于未满足条件的激励对象，本分红期不得分红。

**四、本计划的变更、终止程序**

（一）本计划的变更程序

1. 公司在股东大会审议本计划之前拟变更本计划的，需经董事会审议通过。

2. 公司在股东大会审议通过本计划之后变更本计划的，应当由股东大会审议决定，且不得包括下列情形：导致提前进行分红的情形；

独立董事、监事会应当就变更后的方案是否有利于上市公司的持续发展，是否存在明显损害上市公司及全体股东利益的情形发表独立意见。律师事务所应当就变更后的方案是否符合本办法及相关法律法规的规定、是否存在明显损害上市公司及全体股东利益的情形发表专业意见。

（二）本计划的终止程序

1. 公司在股东大会审议本计划之前拟终止实施本计划的，需经董事会审议通过。

2. 公司在股东大会审议通过本计划之后终止实施本计划的，应当由股东大会审议决定。

3. 律师事务所应当就公司终止实施激励是否符合本办法及相关法律法规的规定、是否存在明显损害公司及全体股东利益的情形发表专业意见。

## 第六章　公司/激励对象各自的权利义务

### 一、公司的权利与义务

（一）公司具有对本计划的解释和执行权，并按本计划规定对激励对象进行绩效考核，若激励对象未达到本计划每个分红期所确定的分红条件，则对应的分红期不得进行分红。

（二）公司应及时按照有关规定履行虚拟股票激励计划申报、信息披露等义务。

（三）公司应当如实计算年度税后净利润，乙方对此享有知情权。

（四）公司应当及时、足额支付乙方可得分红。

（五）法律、法规规定的其他相关权利义务。

### 二、激励对象的权利与义务

（一）激励对象应当按公司所聘岗位的要求，勤勉尽责、恪守职业道德，为公司的发展做出应有贡献。

（二）激励对象应对虚拟股票激励协议的内容承担保密义务，不得向第三人泄露协议中激励对象所得虚拟股及股数以及分红等情况。

（三）虚拟股票只能本人享有，不能转让、出售和继承。

（四）激励对象无故擅自离职时，相应虚拟股票自动失效，且相应分红自动取消。

（五）激励对象因激励计划获得的收益，应按国家税收法规交纳个人所得税及其他税费。

（六）法律、法规规定的其他相关权利义务。

## 第七章　公司/激励对象发生异动的处理

### 一、公司发生异动的处理

（一）公司出现下列情形之一时，本计划即行终止：

1. 公司最近一个会计年度财务会计报告被注册会计师出具否定意见或者无法表示意见的审计报告；

2. 公司最近一个会计年度财务报告内部控制被注册会计师出具否定意见或者无法表示意见的审计报告；

3. 公司上市后最近 36 个月内出现过未按法律法规、公司章程、公开承诺进行利润分配的情形；

4. 公司出现法律法规规定不得实行股权激励的情形；

5. 中国证券监督管理委员会认定的其他需要终止激励计划的情形。

当公司出现终止本计划的上述情形时，激励对象获授的虚拟股票不得进行分红，由公司进行注销。

（二）公司出现下列情形之一时，本计划不做变更，按本计划的规定继续执行：

1. 公司控制权发生变更；

2. 公司出现合并、分立等情形。

（三）公司因信息披露文件有虚假记载、误导性陈述或者重大遗漏，导致不符合虚拟股票授予条件或分红条件的，虚拟股

D11564

票由公司注销处理，所有激励对象应当将由本激励计划所获得的全部利益返还公司。董事会应当按照本计划规定收回激励对象所得全部利益。

**二、激励对象个人情况发生变化的处理**

（一）当发生以下情况时，在情况发生之日，激励对象获授的虚拟股票不得进行分红，由公司注销。

（1）违反国家法律法规、《公司章程》或公司内部管理规章制度的规定，或发生劳动合同约定的失职、渎职行为，严重损害公司利益或声誉，或给公司造成直接或间接经济损失；

（2）公司有充分证据证明该激励对象在任职期间，存在受贿、索贿、贪污、盗窃、泄露经营和技术秘密等损害公司利益、声誉等的违法违纪行为，直接或间接损害公司利益；

（3）因犯罪行为被依法追究刑事责任；

（4）单方面提出终止或解除与公司订立的劳动合同或聘用合同；

（5）与公司所签订的劳动合同或聘用合同期满，个人提出不再续签；

（6）因个人原因而致使公司提出解除或终止劳动合同（包括被公司辞退、除名等）；

（7）董事会认定的类似情形。

（二）当发生以下情况时，在情况发生之日，激励对象获授的虚拟股票不得进行分红，由公司注销。

（1）成为独立董事、监事或其他不能持有公司虚拟股票的人员；

（2）因非执行职务的原因丧失劳动能力或身故；

（3）到法定年龄退休且退休后不继续在公司任职的；

（4）因公司经营调整（包括但不限于裁员），公司单方面终止或解除与激励对象订立的劳动合同、聘用合同的；

（5）因考核不合格或董事会认定不能胜任工作岗位，经公司董事会批准；

（6）董事会认定的类似情形。

（三）特殊情形处理

（1）激励对象在公司内部发生正常职务变更，其获授的权益完全按照本计划规定的程序进行；

（2）激励对象因执行职务负伤而导致丧失劳动能力的，其所获授的虚拟股票不作变更，仍可按照本计划规定的程序进行。发生上述情形时，激励对象个人绩效考核条件不再纳入分红条件；

（3）激励对象因执行职务身故的，其获授的虚拟股票不得继承，[①]公司给予其一定的补偿，其所获授的虚拟股票由公司注销。

①虚拟股票一般而言不得继承。

（四）其他未说明的情况由董事会认定，并确定其处理方式。

**三、公司与激励对象之间争议的解决**

公司与激励对象发生争议，按照本计划和股权激励计划相关协议的规定解决；规定不明的，双方应按照国家法律和公平合理原则协商解决；协商不成，应提交公司住所所在地有管辖权的人民法院诉讼解决。

## 第八章　附　　则

一、本计划在公司股东大会审议通过后生效。

二、本计划由公司董事会负责解释。

某某股份有限公司董事会

______年______月______日

D11564

文本正文 2：http://www.fatianshi.cn/D11565

# 某某股份有限公司
# 虚拟股票激励计划考核管理实施办法

为保证某某股份有限公司（以下简称公司）长期激励计划的顺利进行，进一步建立、健全公司长期激励机制，吸引和保留优秀人才，充分调动公司中高层管理人员及核心业务（技术）人员的积极性和创业激情，促进公司业绩持续增长，确保公司发展战略和经营目标的实现，根据《中华人民共和国公司法》《中华人民共和国证券法》《上市公司股权激励管理办法》《某某股份有限公司章程》以及其他相关法律法规的规定制定本办法。

**一、考核目的**

本办法坚持公平、公开、公正的原则，通过对公司激励对象的业绩等工作绩效进行正确的评价，以实现长期激励计划与激励对象工作业绩、贡献紧密结合，从而积极地利用长期激励机制，提高管理绩效，实现公司和全体股东利益最大化。

**二、考核范围**

本办法适用于本次激励计划所确定的所有激励对象，包括公司董事、高级管理人员、核心技术（业务）人员。

**三、考核机构**

（一）公司董事会薪酬与考核委员会负责领导和组织考核工作，并负责对激励对象进行考核。

（二）公司人力资源部、财务管理部等相关部门负责相关考核数据的搜集和提供，并对数据的真实性和可靠性负责。

**四、绩效考核评价指标及标准**

（一）公司层面业绩考核

对于本激励计划授予的虚拟股票，各年度业绩考核目标如下表所示：

| 分红期 | 业绩考核目标 |
| --- | --- |
| 第一个分红期 | ______年的净利润较______年增长______%及以上 |
| 第二个分红期 | ______年的净利润较______年增长______%及以上 |
| 第三个分红期 | ______年的净利润较______年增长______%及以上 |

公司未满足上述业绩考核目标的，所有激励对象考核虚拟股票当年不得分红。

（二）个人层面绩效考核要求

根据公司的绩效考核管理办法，目前对个人绩效考核结果共有 A、B、C、D 四档，对应的考核结果如下，S 为分数：

A（优秀）：出色的、持续超过岗位标准要求，S ≥ 90。

B（良好）：称职、达到岗位标准要求，90 ＞ S ≥ 80。

C（合格）：基本适合岗位标准要求，80 ＞ S ≥ 60。

D（不合格）：未能达到岗位标准要求，S ＜ 60。

若激励对象上一年度个人绩效考核结果为 A/B/C 档，则上一年度激励对象个人绩效考核为“合格”及以上，激励对象虚拟股票当年方可分红。

若激励对象上一年度个人绩效考核结果为 D 档，则上一年度激励对象个人绩效考核为“不合格”，激励对象虚拟股票当年不可分红。

**五、考核期间与次数**

（一）考核期间

虚拟股票每个分红期前一会计年度。

（二）考核次数

虚拟股票分红期所在年度每年度一次。

**六、考核程序**

公司董事会薪酬与考核委员会负责具体的考核工作，负责激励对象考核分数的计算、考核结果的材料汇总，并在此基础上形成绩效考核报告，并提交董事会审核。

**七、考核结果的反馈及应用**

（一）被考核者有权了解自己的考核结果，薪酬与考核委员会应当在考核结束后个工作日内向被考核者反馈考核结果。

（二）如被考核者对考核结果有异议，可在接到考核反馈的个工作日内向董事会薪酬与考核委员会提出申诉，薪酬与考核委员会可根据实际情况对其考核结果进行复核，并根据复核结果对考核结果进行修正。

（三）考核结果作为虚拟股票分红的依据。

**八、附则**

本办法由公司股东大会审议通过后生效，由董事会负责解释及修订。

**文本正文 3：http://www.fatianshi.cn/D11573**

## 某某股份有限公司虚拟股票激励协议

甲方：某某股份有限公司

地址：______________________________

法定代表人：______________________________

联系电话：______________________________

乙方：______________________________

身份证号码：______________________________

地址：__________________________________

联系电话：________________________________

乙方系甲方员工，为了使乙方更加努力工作，促进甲方业绩提升。经双方友好协商，双方同意甲方以虚拟股票的方式对乙方的工作进行激励。为明确双方的权利义务，特订立以下协议：

**一、定义**

除非本协议条款或上下文另有所指，下列用语含义如下：

1. 虚拟股票：虚拟股票拥有者不是指甲方在工商注册登记的实际股东，虚拟股权的拥有者仅享有参与公司年终净利润的分配权，而无所有权和其他权利。此虚拟股权对内、对外均不得转让，不得继承。

2. 分红：按照《中华人民共和国公司法》及公司章程的规定可分配的税后净利润总额，各股东按所持虚拟股票比例进行分配所得的红利。

**二、协议标的**

若授予条件成就，董事会根据股东大会授权授予乙方份虚拟股票。

1. 乙方取得虚拟股票不变更甲方公司章程，不记载在甲方公司的股东名册，不作工商变更登记。乙方不得以此虚拟股权对外作为拥有甲方资产的依据。

2. 每年度会计结算终结后，甲方按照公司法和公司章程的规定计算出上一年度公司可分配的税后净利润总额。

3. 乙方可得分红为乙方的虚拟股票占公司总股本的比例乘以可分配的净利润总额。

**三、协议的履行**

1. 甲方应在每年的3月进行上一年度会计结算，得出上一年度税后净利润总额，在分红条件成就时，将此结果及时通知乙方。

2. 乙方在分红期即每年度的4月享受分红。甲方应在确定乙方可得分红后的7个工作日内，将可得分红一次性支付给乙方。

3. 乙方的可得分红应当以人民币形式支付，除非乙方同意，甲方不得以其他形式支付。

**四、协议期限以及与劳动合同的关系**

1. 本协议与甲乙双方签订的劳动合同相互独立，履行及解除劳动合同不影响本协议所约定的权利义务。

2. 乙方在获得甲方授予的虚拟股票的同时，仍可根据甲乙双方签订的劳动合同享受甲方给予的其他待遇。

3. 本协议的期限在劳动合同存续期间。

**五、各方的权利义务**

1. 甲方应当如实计算年度税后净利润，乙方对此享有知情权。

2. 甲方应当及时、足额支付乙方可得分红。

3. 乙方对甲方负有忠实义务和勤勉义务，不得有任何损害公司利益和形象的行为。乙方在甲方就职期间或离职后必须严格保守公司的一切机密（包括但不限于商业机密）。

4. 乙方对本协议的内容承担保密义务，不得向第三人泄露本协议中乙方所得虚拟股及股数以及分红等情况。

5. 虚拟取票只能本人享有，不能转让、出售和继承。

6. 乙方员工无故擅自离职时，本合同自动解除，相应股票自动失效，且相应分红自动取消。

**六、协议的变更、解除和终止**

1. 甲乙双方经协商一致同意的，可以书面形式变更协议内容。

2. 甲乙双方经协商一致同意的，可以书面形式解除本协议。

3. 乙方违反本协议义务，给甲方造成损害的，甲方有权书面通知乙方解除本协议。

4. 乙方有权随时通知甲方解除本协议。

5. 甲方公司解散、注销或者乙方死亡的，本协议自行终止。

**七、违约责任**

1. 如甲方违反本协议约定，迟延支付或者拒绝支付乙方可得分红的，应按可得分红总额的 10% 向乙方承担违约责任。

2. 如乙方违反本协议约定，甲方有权视情况相应减少或者不予支付乙方可得分红，并有权解除本协议。给甲方造成损失的，乙方应当承担赔偿责任。

**八、争议的解决**

因履行本协议发生争议的，双方首先应当争取友好协商来解决。如协商不成，则将该争议提交甲方所在地人民法院裁决。

**九、协议的生效**

本协议一式两份，双方各持一份，自双方签字或盖章之日起生效。本规定一切解释权为__________所有。

甲方（盖章）

法定代表人（签署）____________________________

乙方（签署）____________________________

时间____________________________

D11573

D11584

文本正文 4：http://www.fatianshi.cn/D11584

# 某某股份有限公司
# 激励对象虚拟股票分红申请书

本人__________，身份证号码：__________，本人截至目前，持有公司虚拟股票共计_____股。根据《公司年虚拟股票激励计划》的相关规定以及董事会、监事会相关决议，本人现有授予的虚拟股票股已符合分红条件，在此谨向公司申请如下：本人申请于_____年_____月_____日按照《公司年虚拟股票激励计划》的规定对上述股票予以分红。

特此申请！

申请人：__________

_____年_____月_____日

# 3.国有控股上市公司虚拟股票全套文件

**文件名称用途：**

| 序号 | 名称 | 用途 | 网址 | 二维码 |
|---|---|---|---|---|
| 1 | 股权激励计划（草案） | 薪酬与考核委员会拟定，由股东大会审议通过的整套方案 | http://www.fatianshi.cn/D11585 | D11585 |
| 2 | 考核管理办法 | 董事会负责解释及修订，由公司股东大会审议通过后生效 | http://www.fatianshi.cn/D11586 | D11586 |
| 3 | 董事会决议 | 用于董事会通过股权激励计划（草案）等议案 | http://www.fatianshi.cn/D11587 | D11587 |
| 4 | 监事会决议 | 用于监事会通过股权激励计划（草案）等议案 | http://www.fatianshi.cn/D11588 | D11588 |
| 5 | 独立董事意见 | 用于对股权激励计划（草案）发表意见 | http://www.fatianshi.cn/D11589 | D11589 |

续表

| 序号 | 名称 | 用途 | 网址 | 二维码 |
|---|---|---|---|---|
| 6 | 监事会意见 | 用于对股权激励计划（草案）发表意见 | http://www.fatianshi.cn/D11590 | D11590 |
| 7 | 监事会公示情况说明及核查意见 | 用于对激励对象名单公示情况发表意见 | http://www.fatianshi.cn/D11595 | D11595 |
| 8 | 股东大会决议 | 用于通过股权激励计划（草案）等议案 | http://www.fatianshi.cn/D11596 | D11596 |
| 9 | 虚拟股票激励协议 | 用于明确公司与激励对象的权利义务 | http://www.fatianshi.cn/D11597 | D11597 |
| 10 | 授予之董事会决议 | 用于董事会通过授予议案 | http://www.fatianshi.cn/D11598 | D11598 |
| 11 | 授予之监事会决议 | 用于监事会通过授予议案 | http://www.fatianshi.cn/D11600 | D11600 |
| 12 | 授予之独立董事意见 | 用于对授予议案发表意见 | http://www.fatianshi.cn/D11601 | D11601 |

续表

| 序号 | 名称 | 用途 | 网址 | 二维码 |
|---|---|---|---|---|
| 13 | 注销之董事会决议 | 用于董事会通过注销议案 | http://www.fatianshi.cn/D11602 | D11602 |
| 14 | 注销之监事会决议 | 用于监事会通过注销议案 | http://www.fatianshi.cn/D11603 | D11603 |
| 15 | 注销之独立董事意见 | 用于独立董事对注销议案发表意见 | http://www.fatianshi.cn/D11604 | D11604 |
| 16 | 分红之董事会决议 | 用于董事会通过分红议案 | http://www.fatianshi.cn/D11605 | D11605 |
| 17 | 分红之监事会决议 | 用于监事会通过分红议案 | http://www.fatianshi.cn/D11607 | D11607 |
| 18 | 分红之独立董事意见 | 用于独立董事对分红议案发表意见 | http://www.fatianshi.cn/D11608 | D11608 |
| 19 | 分红申请书 | 用于激励对象向公司提出分红申请 | http://www.fatianshi.cn/D11609 | D11609 |

**该套文件设计思路：**

该套文件的设计思路与私企一致：该套文件参照《上市公司股权激励管理办法》的相关规定，其基本设计思路为，在授予条件成就后，公司无偿授予激励对象一定的虚拟股票，在分红条件成就时，激励对象在分红期（设定为有效期内授予虚拟股票后的次年起每年的4月）向公司提出分红申请，公司给予分红给激励对象。激励对象若发生离职等情形，则公司将对虚拟股票进行注销。

只是在一些细节上比私企上市公司股权激励的设计更为严格。现将主要区别列明如下：

1. 所参照的法律法规除《上市公司股权激励管理办法》以外，还需依据《国有控股上市公司（境内）实施股权激励试行办法》《关于规范国有控股上市公司实施股权激励制度有关问题的通知》。

2. 实施程序上较私企上市公司而言多了国资委的审批。

3. 授予条件和分红条件更加严格：（1）国有控股上市公司实施股权激励，应建立完善的业绩考核体系和考核办法。业绩考核指标应包含反映股东回报和公司价值创造等综合性指标，如净资产收益率（ROE）、经济增加值（EVA）、每股收益等；反映公司赢利能力及市场价值等成长性指标，如净利润增长率、主营业务收入增长率、公司总市值增长率等；反映企业收益质量的指标，如主营业务利润占利润总额比重、现金营运指数等。上述三类业绩考核指标原则上至少各选一个。相关业绩考核指标的计算应符合现行会计准则等相关要求。（2）国有控股上市公司实施股权激励，其授予和行使环节均应设置应达到的业绩目标，业绩目标的设定应具有前瞻性和挑战性，并切实以业绩考核指标完成情况作为股权激励实施的条件：①上市公司授予激励对象股权时的业绩目标水平，应不低于公司近3年平均业绩水平及同行业平均业绩（或对标企业50分位值）水平；②上市公司激励对象行使权利时的业绩目标水平，应结合上市公司所处行业特点和自身战略发展定位，在授予时业绩水平的基础上有所提高，并不得低于公司同行业平均业绩（或对标企业75分位值）水平。

4. 收益有限制：激励对象股权激励收益占本期股票期权（或股票增值权）授予时薪酬总水平（含股权激励收益，下同）的最高比重，境内上市公司及境外H股公司原则上不得超过40%。虚拟股票也可以据此设置一定的百分比对激励对象所获收益进行限制。

5. 激励对象发生异动时的处理更加规范：股权激励对象正常调动、退休、死亡、丧失民事行为能力时，授予的股权当年已达到可行使时间限制和业绩考核条件的，可行使的部分可在离职之日起的半年内行使，尚未达到可行使时间限制和业绩考核条件的不再行使。股权激励对象辞职、被解雇时，尚未行使的股权不再行使。

**文本正文1：http://www.fatianshi.cn/D11585**

## 某某股份有限公司虚拟股权激励计划

### 第一章　实施激励计划的目的

为了进一步建立、健全公司长效激励机制，吸引和留住优秀人才，充分调动公司管理人员及核心技术（业务）人员的积极性，有效地将股东利益、公司利益和个人利益结合在一起，促进公司业绩持续增长，在充分保障股东利益的前提下，根据《中华人民共和国公司法》《中华人民共和国证券法》以及参照

D11585

《上市公司股权激励管理办法》《国有控股上市公司（境内）实施股权激励试行办法》《关于规范国有控股上市公司实施股权激励制度有关问题的通知》等有关法律、法规和规范性文件以及《公司章程》的规定，制订本计划。

## 第二章　本计划的管理机构

一、股东大会作为公司的最高权力机构，负责审议批准本计划的实施、变更和终止。

二、董事会是本计划的执行管理机构，下设薪酬与考核委员会，负责拟订和修订本计划并报董事会审议，董事会对本计划审议通过后，报国资委批准后[①]，报股东大会审议。董事会在股东大会授权范围内办理本计划的相关事宜。

三、监事会是本计划的监督机构，负责审核激励对象的名单，就本计划是否有利于公司的持续发展，是否存在明显损害公司及全体股东利益的情形发表意见。

四、独立董事应当就本计划是否有利于公司的持续发展，是否存在明显损害公司及全体股东的利益发表独立意见，并就本计划向所有股东征集委托投票权。

## 第三章　激励对象的确定标准和范围

### 一、激励对象（虚拟股权授予对象）的确定标准

本次虚拟股权授予对象参照如下标准确定：

1. 在公司的历史发展中做出过突出贡献的人员；

2. 公司未来发展亟须的人员；

3. 年度工作表现突出的人员；

4. 其他公司认为必要的标准。

① 依据《关于印发〈国有控股上市公司（境内）实施股权激励试行办法〉的通知》报批。

**二、激励对象的范围**

本计划涉及的激励对象共计______人，包括：

1. 高级管理人员；

2. 中层管理人员；

3. 公司核心技术（业务）人员。

以上激励对象中，高级管理人员必须经公司董事会聘任。其他激励对象均须在本计划的考核期内与公司具有雇佣关系。

**三、激励对象的核实**

（一）本计划经董事会审议通过后，公司在内部公示激励对象的姓名和职务，公示期不少于10天。

（二）公司监事会将对激励对象名单进行审核，充分听取公示意见，并在公司股东大会审议本计划前5日披露监事会对激励对象名单审核及公示情况的说明。经公司董事会调整的激励对象名单亦应经公司监事会核实。

## 第四章　激励计划具体内容

**一、激励计划的股票来源**

本计划涉及的标的股票来源为公司虚拟股票。

**二、激励计划标的股票的数量**

本次激励计划拟授予激励对象虚拟股票数量______万股。

**三、虚拟股票分配情况**

授予的虚拟股票在各激励对象间的分配情况如下表所示：（以下百分比计算结果四舍五入，保留两位小数）

D11585

| 人员类型 | 姓名 | 职务 | 获授的虚拟票数量（万股） | 占授予虚拟股票总数的比例 |
|---|---|---|---|---|
| 高级管理人员 | | | | |
| | | | | |
| | | | | |
| 中层管理人员 | | | | |
| | | | | |
| | | | | |
| | | | | |
| 其他______名核心技术（业务）人员 | | | | |
| 合计 | | | | |

注：本计划激励对象不包括独立董事、监事及单独或合计持有公司5%以上股份的股东或实际控制人及其配偶、父母、子女。

**四、激励计划的有效期、授予日**

（一）有效期

本计划的有效期为虚拟股票首次授予日起______个月。

（二）授予日

授予日在本计划经公司股东大会审议通过后由公司董事会确定。自公司股东大会审议通过本激励计划之日且获授权益条件成就起______日内，公司按相关规定对激励对象进行授予，并完成等相关程序。公司未能在______日内完成上述工作的将披露未完成的原因并终止实施本计划。

（三）分红期

指在分红条件成就时，激励对象可以获得公司分红的时间段。公司将在有效期内的授予虚拟股票后次年起的每年3月进行上一年度的分红条件是否成就的考核，若分红条件成就，激励对象将获得其持有的虚拟股票占公司总股本的比例乘以可分配的净利润总额。

**五、虚拟股票的授予与分红条件**

（一）虚拟股票的授予条件

只有在同时满足下列条件时，才能获授虚拟股票：

1. 公司未发生以下任一情形：

（1）最近一个会计年度财务会计报告被注册会计师出具否定意见或者无法表示意见的审计报告；

（2）最近一个会计年度财务报告内部控制被注册会计师出具否定意见或者无法表示意见的审计报告；

（3）上市后最近 36 个月内出现过未按法律法规、公司章程、公开承诺进行利润分配的情形；

（4）法律法规规定不得实行股权激励的；

（5）中国证券监督管理委员会认定的其他情形。

2. 激励对象未发生以下任一情形：

（1）最近 12 个月内被证券交易所认定为不适当人选；

（2）最近 12 个月内被中国证券监督管理委员会及其派出机构认定为不适当人选；

（3）最近 12 个月内因重大违法违规行为被中国证券监督管理委员会及其派出机构行政处罚或者采取市场禁入措施；

（4）具有《中华人民共和国公司法》规定的不得担任公司董事、高级管理人员情形的；

（5）法律法规规定不得参与上市公司股权激励的；

（6）中国证券监督管理委员会认定的其他情形。

3. 公司达到以下业绩条件：[1]

（1）年营业收入增长率不低于 ______%，且不低于对标企

①提供一种业绩指标组合作为参考。

D11585

业 50 分位水平；

（2）年加权平均净资产收益率不低于 ______%，且不低于对标企业 50 分位水平。

（二）虚拟股票的分红条件

虚拟股票有效期内，同时满足下列条件时，激励对象已获授的虚拟股票才能获得分红：

1. 公司未发生以下任一情形：

（1）最近一个会计年度财务会计报告被注册会计师出具否定意见或者无法表示意见的审计报告；

（2）最近一个会计年度财务报告内部控制被注册会计师出具否定意见或者无法表示意见的审计报告；

（3）上市后最近 36 个月内出现过未按法律法规、公司章程、公开承诺进行利润分配的情形；

（4）法律法规规定不得实行股权激励的；

（5）中国证券监督管理委员会认定的其他情形。

公司发生上述规定情形之一的，所有激励对象根据本激励计划已获授的虚拟股票应当由公司注销。

2. 激励对象未发生以下任一情形：

（1）最近 12 个月内被证券交易所认定为不适当人选；

（2）最近 12 个月内被中国证券监督管理委员会及其派出机构认定为不适当人选；

（3）最近 12 个月内因重大违法违规行为被中国证券监督管理委员会及其派出机构行政处罚或者采取市场禁入措施；

（4）具有《中华人民共和国公司法》规定的不得担任公司董事、高级管理人员情形的；

（5）法律法规规定不得参与上市公司股权激励的；

（6）中国证券监督管理委员会认定的其他情形。

激励对象发生上述规定情形之一的，该激励对象根据本激励计划获授的虚拟股票应当由公司注销。

3. 公司层面的业绩考核要求

本激励计划授予虚拟股票考核年度为年至年个会计年度，每个会计年度考核一次，各年度业绩考核目标如下表所示：[1]

| 分红期 | 业绩考核目标 |
| --- | --- |
| 第一个分红期 | （1）______年营业收入增长率不低于______%，且不低于对标企业 75 分位水平；<br>（2）______年加权平均净资产收益率不低于______%，且不低于对标企业 75 分位水平 |
| 第二个分红期 | （1）______年营业收入增长率不低于______%，且不低于对标企业 75 分位水平；<br>（2）______年加权平均净资产收益率不低于______%，且不低于对标企业 75 分位水平 |
| 第三个分红期 | （1）______年营业收入增长率不低于______%，且不低于对标企业 75 分位水平；<br>（2）______年加权平均净资产收益率不低于______%，且不低于对标企业 75 分位水平 |

公司未满足上述业绩考核目标的，所有激励对象虚拟股票当年不得分红。

4. 个人层面考核要求

根据公司制定的《某某股份有限公司年虚拟股票激励计划实施考核办法》，激励对象只有在上一年度个人考核为“合格”及以上时，激励对象虚拟股票当年方可分红。

**六、虚拟股票激励计划的调整方法和程序**

公司股东大会授权公司董事会，公司董事会决定调整虚拟股票的授予总数。律师应当就上述调整是否符合《公司章程》

①提供一种业绩指标组合作为参考。

D11585

和本计划的规定出具专业意见。调整议案经董事会审议通过后，公司应当及时披露董事会决议公告，同时公告律师事务所意见。

## 第五章　本计划的相关程序

### 一、激励计划实施程序

（一）公司董事会应当依法对本激励计划作出决议。董事会审议本激励计划时，作为激励对象的董事或与其存在关联关系的董事应当回避表决。董事会应当在审议通过本计划并报国资委批准以及履行公示、公告程序后，将本计划提交股东大会审议；同时提请股东大会授权，负责实施虚拟股票的授予、分红和注销工作。

（二）独立董事及监事会应当就激励计划草案是否有利于上市公司的持续发展，是否存在明显损害上市公司及全体股东利益的情形发表意见。

（三）本计划经公司股东大会审议通过后方可实施。本公司将在召开股东大会前，通过公司网站或者其他途径，在公司内部公示激励对象的姓名和职务，公示期不少于 10 天。监事会应当对激励名单进行审核，充分听取公示意见。上市公司应当在股东大会审议激励计划前 5 日披露监事会对激励名单审核及公示情况的说明。

（四）公司股东大会在对本次虚拟股票激励计划进行投票表决时，独立董事应当就本次限制性股票激励计划向所有的股东征集委托投票权。股东大会应当对股权激励计划内容进行表决，并经出席会议的股东所持表决权的 2/3 以上通过，单独统计并披露除公司董事、监事、高级管理人员、单独或合计持有公司 5% 以上股份的股东以外的其他股东的投票情况。

公司股东大会审议股权激励计划时，作为激励对象的股东或者与激励对象存在关联关系的股东，应当回避表决。

（五）本激励计划经公司股东大会审议通过，且达到本激励计划规定的授予条件时，公司在规定时间内向激励对象授予虚拟股票。经股东大会授权后，董事会负责实施虚拟股票的授予、分红和注销。

**二、虚拟股票的授予程序**

（一）股东大会审议通过本计划后，公司与激励对象签署虚拟股票激励协议，以此约定双方的权利义务关系。公司董事会根据股东大会的授权办理具体的虚拟股票授予事宜。

（二）公司在向激励对象授出权益前，董事会应当就本计划设定的激励对象获授权益的条件是否成就进行审议并公告。

（三）独立董事及监事会应当同时发表明确意见。律师事务所应当对激励对象获授权益的条件是否成就出具法律意见。

（四）公司向激励对象授出权益与本计划的安排存在差异时，独立董事、监事会（当激励对象发生变化时）、律师事务所、独立财务顾问应当同时发表明确意见。

（五）本计划经股东大会审议通过后且授权条件成就后______日内，公司应当进行虚拟股票的授予。[1]若公司未能在______日内完成上述工作的，本计划终止实施，董事会应当及时披露未完成的原因且______个月内不得再次审议股权激励计划。

**三、虚拟股票的分红程序**

在每个分红期前，公司应确认激励对象是否满足分红条件，对于满足分红条件的激励对象，由公司统一办理分红事宜，对于未满足条件的激励对象，本分红期不得分红。

①进行虚拟股票的授予，并完成公司内部的记账。因为虚拟股票不属于实股，故无须在中登公司进行登记。

D11585

**四、本计划的变更、终止程序**

（一）本计划的变更程序

1. 公司在股东大会审议本计划之前拟变更本计划的，需经董事会审议通过。

2. 公司在股东大会审议通过本计划之后变更本计划的，应当由股东大会审议决定，且不得包括下列情形：导致提前进行分红的情形。

独立董事、监事会应当就变更后的方案是否有利于上市公司的持续发展，是否存在明显损害上市公司及全体股东利益的情形发表独立意见。律师事务所应当就变更后的方案是否符合本办法及相关法律法规的规定、是否存在明显损害上市公司及全体股东利益的情形发表专业意见。

（二）本计划的终止程序

1. 公司在股东大会审议本计划之前拟终止实施本计划的，需经董事会审议通过。

2. 公司在股东大会审议通过本计划之后终止实施本计划的，应当由股东大会审议决定。

3. 律师事务所应当就公司终止实施激励是否符合本办法及相关法律法规的规定、是否存在明显损害公司及全体股东利益的情形发表专业意见。

## 第六章　公司/激励对象各自的权利义务

**一、公司的权利与义务**

（一）公司具有对本计划的解释和执行权，并按本计划规定对激励对象进行绩效考核，若激励对象未达到本计划每个分红期所确定的分红条件，则对应的分红期不得进行分红。

（二）公司应及时按照有关规定履行虚拟股票激励计划申报、信息披露等义务。

（三）公司应当如实计算年度税后净利润，乙方对此享有知情权。

（四）公司应当及时、足额支付乙方可得分红。

（五）法律、法规规定的其他相关权利义务。

**二、激励对象的权利与义务**

（一）激励对象应当按公司所聘岗位的要求，勤勉尽责、恪守职业道德，为公司的发展做出应有贡献。

（二）激励对象应对虚拟股票激励协议的内容承担保密义务，不得向第三人泄露协议中激励对象所得虚拟股及股数以及分红等情况。

（三）虚拟股票只能本人享有，不能转让、出售和继承。

（四）激励对象无故擅自离职时，相应虚拟股票自动失效，且相应分红自动取消。

（五）激励对象因激励计划获得的收益，应按国家税收法规交纳个人所得税及其他税费。

（六）激励对象个人实际激励收益最高不超过本期激励授予时其薪酬总水平的______%[①]。个人实际激励收益水平超出上述水平的，超过部分的分红不予发放。

（七）法律、法规规定的其他相关权利义务。

①具体的百分比由公司灵活设置。

## 第七章　公司/激励对象发生异动的处理

**一、公司发生异动的处理**

（一）公司出现下列情形之一时，本计划即行终止：

1. 公司最近一个会计年度财务会计报告被注册会计师出具否定意见或者无法表示意见的审计报告；

D11585

2. 公司最近一个会计年度财务报告内部控制被注册会计师出具否定意见或者无法表示意见的审计报告；

3. 公司上市后最近36个月内出现过未按法律法规、公司章程、公开承诺进行利润分配的情形；

4. 公司出现法律法规规定不得实行股权激励的情形；

5. 中国证券监督管理委员会认定的其他需要终止激励计划的情形。

当公司出现终止本计划的上述情形时，激励对象获授的虚拟股票不得进行分红，由公司进行注销。

（二）公司出现下列情形之一时，本计划不做变更，按本计划的规定继续执行：

1. 公司控制权发生变更；

2. 公司出现合并、分立等情形。

（三）公司因信息披露文件有虚假记载、误导性陈述或者重大遗漏，导致不符合虚拟股票授予条件或分红条件的，虚拟股票由公司注销处理，所有激励对象应当将由本激励计划所获得的全部利益返还公司。董事会应当按照本计划规定收回激励对象所得全部利益。

**二、激励对象个人情况发生变化的处理**

（一）当发生以下情况时，在情况发生之日，激励对象获授的虚拟股票不得进行分红，由公司注销：

1. 经济责任审计等结果表明未有效履职或者严重失职、渎职的；

2. 违反国家有关法律法规、上市公司章程规定的；

3. 激励对象在任职期间，有受贿索贿、贪污盗窃、泄露上市公司商业和技术秘密、实施关联交易损害公司利益、声誉和对公司形象有重大负面影响等违法违纪行为，给公司造成损失的。

（二）激励对象因调动、免职、退休、死亡、丧失民事行为能力等客观原因与公司解除或者终止劳动关系时，授予的权益当年达到可行使时间限制和业绩考核条件的，可行使部分可以在离职之日起半年内行使，半年后权益失效；尚未达到可行使时间限制和业绩考核条件的，原则上不再行使，虚拟股票由公司注销。①

激励对象因辞职、个人原因被解除劳动关系的，尚未行使的权益不再行使，虚拟股票由公司注销。

（三）其他未说明的情况由董事会认定，并确定其处理方式。

**三、公司与激励对象之间争议的解决**

公司与激励对象发生争议，按照本计划和股权激励计划相关协议的规定解决；规定不明的，双方应按照国家法律和公平合理原则协商解决；协商不成，应提交公司住所所在地有管辖权的人民法院诉讼解决。

## 第八章　附　　则

一、本计划在公司股东大会审议通过后生效。

二、本计划由公司董事会负责解释。

某某股份有限公司董事会

______年______月______日

①参照《关于规范国有控股上市公司实施股权激励制度有关问题的通知》第4条第二点。

D11585

# 某某股份有限公司
# 虚拟股票激励计划考核管理实施办法

为保证某某股份有限公司（以下简称公司）长期激励计划的顺利进行，进一步建立、健全公司长期激励机制，吸引和保留优秀人才，充分调动公司中高层管理人员及核心业务（技术）人员的积极性和创业激情，促进公司业绩持续增长，确保公司发展战略和经营目标的实现，根据《中华人民共和国公司法》《中华人民共和国证券法》《上市公司股权激励管理办法》和《某某股份有限公司章程》以及其他相关法律法规的规定制定本办法。

**一、考核目的**

本办法坚持公平、公开、公正的原则，通过对公司激励对象的业绩等工作绩效进行正确的评价，以实现长期激励计划与激励对象工作业绩、贡献紧密结合，从而积极地利用长期激励机制，提高管理绩效，实现公司和全体股东利益最大化。

**二、考核范围**

本办法适用于本次激励计划所确定的所有激励对象，包括公司董事、高级管理人员、核心技术（业务）人员。

**三、考核机构**

（一）公司董事会薪酬与考核委员会负责领导和组织考核工作，并负责对激励对象进行考核。

（二）公司人力资源部、财务管理部等相关部门负责相关考核数据的收集和提供，并对数据的真实性和可靠性负责。

**四、绩效考核评价指标及标准**

（一）授予条件之公司层面业绩考核

（1）年营业收入增长率不低于 ______%，且不低于对标企业 50 分位水平；

（2）年加权平均净资产收益率不低于 ______%，且不低于对标企业 50 分位水平。

（二）分红条件之公司层面业绩考核

对于本激励计划授予的虚拟股票，各年度业绩考核目标如下表所示：

| 分红期 | 业绩考核目标 |
|---|---|
| 第一个分红期 | （1）______年营业收入增长率不低于______%，且不低于对标企业 75 分位水平；<br>（2）______年加权平均净资产收益率不低于______%，且不低于对标企业 75 分位水平 |
| 第二个分红期 | （1）______年营业收入增长率不低于______%，且不低于对标企业 75 分位水平；<br>（2）______年加权平均净资产收益率不低于______%，且不低于对标企业 75 分位水平 |
| 第三个分红期 | （1）______年营业收入增长率不低于______%，且不低于对标企业 75 分位水平；<br>（2）______年加权平均净资产收益率不低丁______%，且不低于对标企业 75 分位水平 |

公司未满足上述业绩考核目标的，所有激励对象考核虚拟股票当年不得分红。

（三）分红条件之个人层面绩效考核要求

根据公司的绩效考核管理办法，目前对个人绩效考核结果共有 A、B、C、D 四档，对应的考核结果如下，S 为分数：

A（优秀）：出色的、持续超过岗位标准要求，S ≥ 90。

B（良好）：称职、达到岗位标准要求，90 ＞ S ≥ 80。

C（合格）：基本适合岗位标准要求，80 ＞ S ≥ 60。

D（不合格）：未能达到岗位标准要求，S ＜ 60。

若激励对象上一年度个人绩效考核结果为 A/B/C 档，则上一年度激励对象个人绩效考核为“合格”及以上，激励对象虚拟股票当年方可分红。

若激励对象上一年度个人绩效考核结果为 D 档，则上一年度激励对象个人绩效考核为“不合格”，激励对象虚拟股票当年不可分红。

**五、考核期间与次数**

（一）考核期间

虚拟股票授予前及每个分红期前一会计年度。

（二）考核次数

股权激励计划经股东大会审议通过后进行授予条件是否成就的考核。

虚拟股票分红期所在年度每年度进行一次分红条件是否成就的考核。

**六、考核程序**

公司董事会薪酬与考核委员会负责具体的考核工作，负责激励对象考核分数的计算、考核结果的材料汇总，并在此基础上形成绩效考核报告，并提交董事会审核。

**七、考核结果的反馈及应用**

（一）被考核者有权了解自己的考核结果，薪酬与考核委员会应当在考核结束后______个工作日内向被考核者反馈考核结果。

（二）如被考核者对考核结果有异议，可在接到考核反馈的______个工作日内向董事会薪酬与考核委员会提出申诉，薪酬与考核委员会可根据实际情况对其考核结果进行复核，并根据复核结果对考核结果进行修正。

（三）考核结果作为虚拟股票授予及分红的依据。

**八、附则**

本办法由公司股东大会审议通过后生效，由董事会负责解释及修订。

**文本正文 3：http://www.fatianshi.cn/D11597**

## 某某股份有限公司虚拟股票激励协议

甲方：某某股份有限公司

地址：________________________________

法定代表人：____________________________

联系电话：______________________________

乙方：________________________________

身份证号码：____________________________

地址：________________________________

联系电话：______________________________

乙方系甲方员工，为了使乙方更加努力工作，促进甲方业绩提升。经双方友好协商，双方同意甲方以虚拟股票的方式对乙方的工作进行激励。为明确双方的权利义务，特订立以下协议：

**一、定义**

除非本协议条款或上下文另有所指，下列用语含义如下：

1. 虚拟股票：虚拟股票拥有者不是指甲方在工商注册登记的实际股东，虚拟股权的拥有者仅享有参与公司年终净利润的分配权，而无所有权和其他权利。此虚拟股权对内、对外均不得转让，不得继承。

D11597

2. 分红：按照《公司法》及《公司章程》的规定可分配的税后净利润总额，各股东按所持虚拟股票比例进行分配所得的红利。

**二、协议标的**

若授予条件成就，董事会根据股东大会授权授予乙方份虚拟股票。

1. 乙方取得虚拟股票不变更甲方公司章程，不记载在甲方公司的股东名册，不作工商变更登记。乙方不得以此虚拟股权对外作为拥有甲方资产的依据。

2. 每年度会计结算终结后，甲方按照公司法和公司章程的规定计算出上一年度公司可分配的税后净利润总额。

3. 乙方可得分红为乙方的虚拟股票占公司总股本的比例乘以可分配的净利润总额。

**三、协议的履行**

1. 在分红条件成就时，甲方应在每年的 3 月进行上一年度会计结算，得出上一年度税后净利润总额，并将此结果及时通知乙方。

2. 乙方在分红期即每年度的 4 月享受分红。甲方应在确定乙方可得分红后的 7 个工作日内，将可得分红一次性支付给乙方。

3. 乙方的可得分红应当以人民币形式支付，除非乙方同意，甲方不得以其他形式支付。

**四、协议期限以及与劳动合同的关系**

1. 本协议与甲乙双方签订的劳动合同相互独立，履行及解除劳动合同不影响本协议所约定的权利义务。

2. 乙方在获得甲方授予的虚拟股票的同时，仍可根据甲乙双方签订的劳动合同享受甲方给予的其他待遇。

3. 本协议的期限在劳动合同存续期间。

**五、各方的权利义务**

1. 甲方应当如实计算年度税后净利润，乙方对此享有知情权。

2. 甲方应当及时、足额支付乙方可得分红。

3. 乙方对甲方负有忠实义务和勤勉义务，不得有任何损害公司利益和形象的行为。乙方在甲方就职期间或离职后必须严格保守公司的一切机密（包括但不限于商业机密）。

4. 乙方对本协议的内容承担保密义务，不得向第三人泄露本协议中乙方所得虚拟股及股数以及分红等情况。

5. 虚拟取票只能本人享有，不能转让、出售和继承。

6. 乙方员工无故擅自离职时，本合同自动解除，相应股票自动失效，且相应分红自动取消。

7. 激励对象个人实际激励收益最高不超过本期激励授予时其薪酬总水平的_______%。个人实际激励收益水平超出上述水平的，超过部分的分红不予发放。[①]

①百分比由公司灵活设置。

**六、协议的变更、解除和终止**

1. 甲乙双方经协商一致同意的，可以书面形式变更协议内容。

2. 甲乙双方经协商一致同意的，可以书面形式解除本协议。

3. 乙方违反本协议义务，给甲方造成损害的，甲方有权书面通知乙方解除本协议。

4. 乙方有权随时通知甲方解除本协议。

5. 甲方公司解散、注销或者乙方死亡的，本协议自行终止。

**七、违约责任**

1. 如甲方违反本协议约定，迟延支付或者拒绝支付乙方可得分红的，应按可得分红总额的 10% 向乙方承担违约责任。

2. 如乙方违反本协议约定，甲方有权视情况相应减少或者

D11597

不予支付乙方可得分红，并有权解除本协议。给甲方造成损失的，乙方应当承担赔偿责任。

关注法天使

**八、争议的解决**

因履行本协议发生争议的，双方首先应当争取友好协商来解决。如协商不成，则将该争议提交甲方所在地人民法院裁决。

**九、协议的生效**

本协议一式两份，双方各持一份，自双方签字或盖章之日起生效。本规定一切解释权为______________所有。

甲方（盖章）

法定代表人（签署）_________________________________

乙方（签署）_______________________________________

时间______________________________________________

**文本正文4：http://www.fatianshi.cn/D11609**

## 某某股份有限公司
## 激励对象虚拟股票分红申请书

本人______________，身份证号码：____________，本人截至目前，持有公司虚拟股票共计股。根据《公司年虚拟股票激励计划》的相关规定以及董事会、监事会相关决议，本人现有授予的虚拟股票股已符合分红条件，在此谨向公司申请如下：本人申请于_______年_______月_______日按照《公司年虚拟股票激励计划》的规定对上述股票予以分红。

特此申请！

申请人：____________

______年______月______日

D11609

# 4.私企新三板挂牌公司虚拟股票全套文件

**文件名称用途：**

| 序号 | 名称 | 用途 | 网址 | 二维码 |
|---|---|---|---|---|
| 1 | 股权激励计划（草案） | 董事会拟定，由股东大会审议通过的整套方案 | http://www.fatianshi.cn/D11611 | D11611 |
| 2 | 考核管理办法 | 董事会负责解释及修订，由公司股东大会审议通过后生效 | http://www.fatianshi.cn/D11612 | D11612 |
| 3 | 董事会决议 | 用于董事会通过股权激励计划（草案）等议案 | http://www.fatianshi.cn/D11613 | D11613 |
| 4 | 监事会决议 | 用于监事会通过股权激励计划（草案）等议案 | http://www.fatianshi.cn/D11614 | D11614 |
| 5 | 股东大会决议 | 用于通过股权激励计划（草案）等议案 | http://www.fatianshi.cn/D11615 | D11615 |
| 6 | 虚拟股票激励协议 | 用于明确公司与激励对象的权利义务 | http://www.fatianshi.cn/D11617 | D11617 |

续表

| 序号 | 名称 | 用途 | 网址 | 二维码 |
|---|---|---|---|---|
| 7 | 授予之董事会决议 | 用于董事会通过授予议案 | http://www.fatianshi.cn/D11618 | D11618 |
| 8 | 授予之监事会决议 | 用于监事会通过授予议案 | http://www.fatianshi.cn/D11619 | D11619 |
| 9 | 注销之董事会决议 | 用于董事会通过注销议案 | http://www.fatianshi.cn/D11620 | D11620 |
| 10 | 注销之监事会决议 | 用于监事会通过注销议案 | http://www.fatianshi.cn/D11621 | D11621 |
| 11 | 分红之董事会决议 | 用于董事会通过分红议案 | http://www.fatianshi.cn/D11622 | D11622 |
| 12 | 分红之监事会决议 | 用于监事会通过分红议案 | http://www.fatianshi.cn/D11623 | D11623 |
| 13 | 分红申请书 | 用于激励对象向公司提出分红申请 | http://www.fatianshi.cn/D11624 | D11624 |

**该套文件设计思路：**

该套文件参照《上市公司股权激励管理办法》的相关规定，其基本设计思路为，在授予条件成就后，公司无偿授予激励对象一定的虚拟股票，在分红条件成就时，激励对象在分红期（设定为有效期内授予虚拟股票后次年起每年的 4 月）向公司提出分红申请，公司给予分红给激励对象。激励对象若发生离职等情形，则公司将对虚拟股票进行注销。

新三板相较上市公司而言，在实施时有很大的灵活性。譬如：

1. 董事会不必非得设置薪酬与考核委员会来拟定股权激励草案以及领导与组织考核工作，而可以由董事会来拟定草案，由董事会领导和审核考核工作，具体的考核工作可由人力资源部实施。

2. 公司监事可以成为被激励的对象，但最近随着证监会监管趋严，建议在设置激励对象范围时，将监事排除在外。

3. 实施程序不及上市公司严格，较简化。

该套文件为在私企上市公司虚拟股票全套文件的基础上简化而成。

**文本正文 1：http://www.fatianshi.cn/D11611**

## 某某股份有限公司虚拟股权激励计划

### 第一章　实施激励计划的目的

为了进一步建立、健全公司长效激励机制，吸引和留住优秀人才，充分调动公司管理人员及核心技术（业务）人员的积极性，有效地将股东利益、公司利益和个人利益结合在一起，

D11611

促进公司业绩持续增长，在充分保障股东利益的前提下，特制定本虚拟股权激励计划。

## 第二章　本计划的管理机构

一、股东大会作为公司的最高权力机构，负责审议批准本计划的实施、变更和终止。

二、董事会是本计划的执行管理机构，负责拟订和修订本计划并报董事会审议，董事会对本计划审议通过后，报股东大会审议。董事会在股东大会授权范围内办理本计划的相关事宜。

三、监事会是本计划的监督机构，负责审核激励对象的名单，就本计划是否有利于公司的持续发展，是否存在明显损害公司及全体股东利益的情形发表意见。

## 第三章　激励对象的确定标准和范围

**一、激励对象（虚拟股权授予对象）的确定标准**

本次虚拟股权授予对象参照如下标准确定：

1. 在公司的历史发展中做出过突出贡献的人员；

2. 公司未来发展亟须的人员；

3. 年度工作表现突出的人员；

4. 其他公司认为必要的标准。

**二、激励对象的范围**

本计划涉及的激励对象共计人，包括：

1. 董事、监事、高级管理人员；

2. 公司核心技术（业务）人员。

以上激励对象中，高级管理人员必须经公司董事会聘任。其他激励对象均须在本计划的考核期内与公司具有雇佣或劳务关系。

## 第四章　激励计划具体内容

### 一、激励计划的股票来源

本计划涉及的标的股票来源为公司虚拟股票。

### 二、激励计划标的股票的数量

本次激励计划拟授予激励对象虚拟股票数量万股。

### 三、虚拟股票分配情况

授予的虚拟股票在各激励对象间的分配情况如下表所示：（以下百分比计算结果四舍五入，保留两位小数）

<table>
<tr><th>人员类型</th><th>姓名</th><th>职务</th><th>获授的虚拟票数量（万股）</th><th>占授予虚拟股票总数的比例</th></tr>
<tr><td rowspan="3">董事、监事</td><td></td><td></td><td></td><td></td></tr>
<tr><td></td><td></td><td></td><td></td></tr>
<tr><td></td><td></td><td></td><td></td></tr>
<tr><td rowspan="4">高层管理人员</td><td></td><td></td><td></td><td></td></tr>
<tr><td></td><td></td><td></td><td></td></tr>
<tr><td></td><td></td><td></td><td></td></tr>
<tr><td></td><td></td><td></td><td></td></tr>
<tr><td colspan="3">其他______名核心技术（业务）人员</td><td></td><td></td></tr>
<tr><td colspan="3">合计</td><td></td><td></td></tr>
</table>

### 四、激励计划的有效期、授予日

（一）有效期

本计划的有效期为虚拟股票首次授予日起______个月。

（二）授予日

授予日在本计划经公司股东大会审议通过后由公司董事会确定。自公司股东大会审议通过本激励计划之日且获授权益条

D11611

件成就起______日内，公司按相关规定对激励对象进行授予。公司未能在______日内完成上述工作的将披露未完成的原因并终止实施本计划。

（三）分红期（有效期内每年的 4 月为分红期）

指在分红条件成就时，激励对象可以获得公司分红的时间段。公司将在有效期内的每年 3 月进行上一年度的分红条件是否成就的考核，若分红条件成就，激励对象将获得其持有的虚拟股票占公司总股本的比例乘以可分配的净利润总额。

**五、虚拟股票的授予与分红条件**

（一）虚拟股票的授予条件

只有在同时满足下列条件时，才能获授虚拟股票：

1. 公司未发生以下任一情形：

（1）最近一个会计年度财务会计报告被注册会计师出具否定意见或者无法表示意见的审计报告；

（2）最近一年内因重大违法违规行为被中国证券监督管理委员会予以行政处罚；

（3）中国证券监督管理委员会或股转系统认定的不得实行股权激励的其他情形。

2. 激励对象未发生以下任一情形：

（1）最近三年内因重大违法违规行为被中国证券监督管理委员会予以行政处罚；

（2）具有《中华人民共和国公司法》规定的不得担任公司董事、监事及高级管理人员情形；

（3）公司董事会认定其他严重违反公司有关规定的。

（二）虚拟股票的分红条件

虚拟股票有效期内，同时满足下列条件时，激励对象已获授的虚拟股票才能获得分红：

1. 公司未发生以下任一情形：

（1）最近一个会计年度财务会计报告被注册会计师出具否定意见或者无法表示意见的审计报告；

（2）最近一年内因重大违法违规行为被中国证券监督管理委员会予以行政处罚；

（3）中国证券监督管理委员会或股转系统认定的不得实行股权激励的其他情形。

公司发生上述情形之一的，所有激励对象根据本激励计划已获授但的虚拟股票应当由公司注销。

2. 激励对象未发生以下任一情形：

（1）最近三年内因重大违法违规行为被中国证券监督管理委员会予以行政处罚；

（2）具有《中华人民共和国公司法》规定的不得担任公司董事、监事及高级管理人员情形；

（3）公司董事会认定其他严重违反公司有关规定的。

激励对象发生上述情形之一的，根据本激励计划已获授的虚拟股票应当由公司注销。

3. 公司层面的业绩考核要求

本激励计划授予虚拟股票考核年度为年至年个会计年度，每个会计年度考核一次，各年度业绩考核目标如下表所示：

| 分红期 | 业绩考核目标 |
|---|---|
| 第一个分红期 | ______年的净利润较______年增长______%及以上 |
| 第二个分红期 | ______年的净利润较______年增长______%及以上 |
| 第三个分红期 | ______年的净利润较______年增长______%及以上 |

D11611

公司未满足上述业绩考核目标的，所有激励对象虚拟股票当年不得分红。

4. 个人层面考核要求

根据公司制定的《某某股份有限公司年虚拟股票激励计划实施考核办法》，激励对象只有在上一年度个人考核为“合格”及以上时，激励对象虚拟股票当年方可分红。

**六、虚拟股票激励计划的调整方法和程序**

公司股东大会授权公司董事会，公司董事会决定调整虚拟股票的授予总数。律师应当就上述调整是否符合《公司章程》和本计划的规定出具专业意见。调整议案经董事会审议通过后，公司应当及时披露董事会决议公告，同时公告律师事务所意见。

## 第五章　本计划的相关程序

**一、激励计划实施程序**

（一）公司董事会应当依法对本激励计划作出决议。董事会审议本激励计划时，作为激励对象的董事或与其存在关联关系的董事应当回避表决。董事会应当在审议通过本计划并履行公示、公告程序后，将本计划提交股东大会审议；同时提请股东大会授权，负责实施虚拟股票的授予、分红和注销工作。

（二）本激励计划经公司股东大会审议通过，且达到本激励计划规定的授予条件时，公司在规定时间内向激励对象授予虚拟股票。经股东大会授权后，董事会负责实施虚拟股票的授予、分红和注销。

**二、虚拟股票的授予程序**

（一）股东大会审议通过本计划后，公司与激励对象签署虚拟股票激励协议，以此约定双方的权利义务关系。公司董事会根据股东大会的授权办理具体的虚拟股票授予事宜。

（二）本计划经股东大会审议通过后且授权条件成就后______日内，公司应当进行虚拟股票的授予。

**三、虚拟股票的分红程序**

在每个分红期前，公司应确认激励对象是否满足分红条件，对于满足分红条件的激励对象，由公司办理分红事宜，对于未满足条件的激励对象，本分红期不得分红。

## 第六章　公司/激励对象各自的权利义务

**一、公司的权利与义务**

（一）公司具有对本计划的解释和执行权，并按本计划规定对激励对象进行绩效考核，若激励对象未达到本计划每个分红期所确定的分红条件，则对应的分红期不得进行分红。

（二）公司应及时按照有关规定履行虚拟股票激励计划申报、信息披露等义务。

（三）公司应当如实计算年度税后净利润，乙方对此享有知情权。

（四）公司应当及时、足额支付乙方可得分红。

（五）法律、法规规定的其他相关权利义务。

**二、激励对象的权利与义务**

（一）激励对象应当按公司所聘岗位的要求，勤勉尽责、恪守职业道德，为公司的发展做出应有贡献。

（二）激励对象应对虚拟股票激励协议的内容承担保密义务，不得向第三人泄露协议中激励对象所得虚拟股及股数以及分红等情况。

（三）虚拟股票只能本人享有，不能转让、出售和继承。

D11611

（四）激励对象无故擅自离职时，相应虚拟股票自动失效，且相应分红自动取消。

（五）激励对象因激励计划获得的收益，应按国家税收法规交纳个人所得税及其他税费。

（六）法律、法规规定的其他相关权利义务。

## 第七章　公司/激励对象发生异动的处理

### 一、公司发生异动的处理

（一）公司出现下列情形之一时，本计划即行终止：

1. 公司最近一个会计年度财务会计报告被注册会计师出具否定意见或者无法表示意见的审计报告；

2. 最近一年内因重大违法违规行为被中国证券监督管理委员会予以行政处罚；

3. 公司股东大会决定终止本计划；

4. 其他法律法规、证券监督管理委员会以及股转系统认定的情形。

当公司出现终止本计划的上述情形时，激励对象获授的虚拟股票不得进行分红，由公司进行注销。

（二）公司出现下列情形之一时，本计划不做变更，按本计划的规定继续执行：

1. 公司控制权发生变更；

2. 公司出现合并、分立等情形。

（三）公司因信息披露文件有虚假记载、误导性陈述或者重大遗漏，导致不符合虚拟股票授予条件或分红条件的，虚拟股票由公司注销处理，所有激励对象应当将由本激励计划所获得的全部利益返还公司。董事会应当按照本计划规定收回激励对象所得全部利益。

**二、激励对象个人情况发生变化的处理**

（一）当发生以下情况时，在情况发生之日，激励对象获授的虚拟股票不得进行分红，由公司注销。

1. 违反国家法律法规、《公司章程》或公司内部管理规章制度的规定，或发生劳动合同约定的失职、渎职行为，严重损害公司利益或声誉，或给公司造成直接或间接经济损失；

2. 公司有充分证据证明该激励对象在任职期间，存在受贿、索贿、贪污、盗窃、泄露经营和技术秘密等损害公司利益、声誉等的违法违纪行为，直接或间接损害公司利益；

3. 因犯罪行为被依法追究刑事责任；

4. 单方面提出终止或解除与公司订立的劳动合同或聘用合同；

5. 与公司所签订的劳动合同或聘用合同期满，个人提出不再续签；

6. 因个人原因而致使公司提出解除或终止劳动合同（包括被公司辞退、除名等）；

7. 董事会认定的类似情形。

（二）当发生以下情况时，在情况发生之日，激励对象获授的虚拟股票不得进行分红，由公司注销。

1. 成为独立董事、监事或其他不能持有公司虚拟股票的人员；

2. 因非执行职务的原因丧失劳动能力或身故；

3. 到法定年龄退休且退休后不继续在公司任职的；

4. 因公司经营调整（包括但不限于裁员），公司单方面终止或解除与激励对象订立的劳动合同、聘用合同的；

5. 因考核不合格或董事会认定不能胜任工作岗位，经公司董事会批准；

D11611

6. 董事会认定的类似情形。

（三）特殊情形处理

1. 激励对象在公司内部发生正常职务变更，其获授的权益完全按照本计划规定的程序进行；

2. 激励对象因执行职务负伤而导致丧失劳动能力的，其所获授的虚拟股票不作变更，仍可按照本计划规定的程序进行。发生上述情形时，激励对象个人绩效考核条件不再纳入分红条件；

3. 激励对象因执行职务身故的，其获授的限制性股票不得继承，公司给予其一定的补偿，其所获授的虚拟股票由公司注销。

（四）其他未说明的情况由董事会认定，并确定其处理方式______________________________________________。

**三、公司与激励对象之间争议的解决**

公司与激励对象发生争议，按照本计划和股权激励计划相关协议的规定解决；规定不明的，双方应按照国家法律和公平合理原则协商解决；协商不成，应提交公司住所所在地有管辖权的人民法院诉讼解决。

## 第八章　附　　则

一、本计划在公司股东大会审议通过后生效。

二、本计划由公司董事会负责解释。

某某股份有限公司董事会

______年______月______日

**文本正文 2：http://www.fatianshi.cn/D11612**

## 某某股份有限公司
## 虚拟股票激励计划考核管理实施办法

为保证某某股份有限公司（以下简称公司）长期激励计划的顺利进行，进一步建立、健全公司长期激励机制，吸引和保留优秀人才，充分调动公司管理人员及核心业务（技术）人员的积极性和创业激情，促进公司业绩持续增长，确保公司发展战略和经营目标的实现，根据《中华人民共和国公司法》《中华人民共和国证券法》和《某某股份有限公司章程》以及其他相关法律法规的规定制定本办法。

**一、考核目的**

本办法坚持公平、公开、公正的原则，通过对公司激励对象的业绩等工作绩效进行正确的评价，以实现长期激励计划与激励对象工作业绩、贡献紧密结合，从而积极地利用长期激励机制，提高管理绩效，实现公司和全体股东利益最大化。

**二、考核范围**

本办法适用于本次激励计划所确定的所有激励对象，包括公司董事、监事、高级管理人员、核心技术（业务）人员。

**三、考核机构**

（一）公司董事会负责领导和审核考核工作。

（二）公司人力资源部负责具体的考核工作。

（三）公司人力资源部、财务管理部等相关部门负责相关考核数据的收集和提供，并对数据的真实性和可靠性负责。

**四、绩效考核评价指标及标准**

（一）公司层面业绩考核

对于本激励计划授予的虚拟股票，各年度业绩考核目标如

D11612

下表所示：

| 分红期 | 业绩考核目标 |
| --- | --- |
| 第一个分红期 | ______年的净利润较______年增长______%及以上 |
| 第二个分红期 | ______年的净利润较______年增长______%及以上 |
| 第三个分红期 | ______年的净利润较______年增长______%及以上 |

公司未满足上述业绩考核目标的，所有激励对象考核虚拟股票当年不得分红。

（二）个人层面绩效考核要求

根据公司的绩效考核管理办法，目前对个人绩效考核结果共有 A、B、C、D 四档，对应的考核结果如下，S 为分数：

A（优秀）：出色的、持续超过岗位标准要求，S ≥ 90。

B（良好）：称职、达到岗位标准要求，90 ＞ S ≥ 80。

C（合格）：基本适合岗位标准要求，80 ＞ S ≥ 60。

D（不合格）：未能达到岗位标准要求，S ＜ 60。

若激励对象上一年度个人绩效考核结果为 A/B/C 档，则上一年度激励对象个人绩效考核为“合格”及以上，激励对象虚拟股票当年方可分红。

若激励对象上一年度个人绩效考核结果为 D 档，则上一年度激励对象个人绩效考核为“不合格”，激励对象虚拟股票当年不可分红。

**五、考核期间与次数**

（一）考核期间

虚拟股票每个分红期前一会计年度。

（二）考核次数

虚拟股票分红期所在年度每年度一次。

**六、考核程序**

公司人力资源部负责具体的考核工作，负责激励对象考核分数的计算、考核结果的材料汇总，并在此基础上形成绩效考核报告，并提交董事会审核。

**七、考核结果的反馈及应用**

（一）被考核者有权了解自己的考核结果，人力资源部应当在考核结束后个工作日内向被考核者反馈考核结果。

（二）如被考核者对考核结果有异议，可在接到考核反馈的个工作日内向人力资源部提出申诉，人力资源部可根据实际情况对其考核结果进行复核，并根据复核结果对考核结果进行修正。

（三）考核结果作为虚拟股票分红的依据。

**八、附则**

本办法由公司股东大会审议通过后生效，由董事会负责解释及修订。

**文本正文 3：http://www.fatianshi.cn/D11617**

## 某某股份有限公司虚拟股票激励协议

甲方：某某股份有限公司

地址：________________________________

法定代表人：___________________________

联系电话：____________________________

乙方：________________________________

D11617

身份证号码：______________________________

地址：__________________________________

联系电话：______________________________

乙方系甲方员工，为了使乙方更加努力工作，促进甲方业绩提升。经双方友好协商，双方同意甲方以虚拟股票的方式对乙方的工作进行激励。为明确双方的权利义务，特订立以下协议：

**一、定义**

除非本协议条款或上下文另有所指，下列用语含义如下：

1. 虚拟股票：虚拟股票拥有者不是指甲方在工商注册登记的实际股东，虚拟股权的拥有者仅享有参与公司年终净利润的分配权，而无所有权和其他权利。此虚拟股权对内、对外均不得转让，不得继承。

2. 分红：按照《中华人民共和国公司法》及公司章程的规定可分配的税后净利润总额，各股东按所持虚拟股票比例进行分配所得的红利。

**二、协议标的**

若授予条件成就，董事会根据股东大会授权授予乙方份虚拟股票。

1. 乙方取得虚拟股票不变更甲方公司章程，不记载在甲方公司的股东名册，不作工商变更登记。乙方不得以此虚拟股权对外作为拥有甲方资产的依据。

2. 每年度会计结算终结后，甲方按照公司法和公司章程的规定计算出上一年度公司可分配的税后净利润总额。

3. 乙方可得分红为乙方的虚拟股票占公司总股本的比例乘以可分配的净利润总额。

**三、协议的履行**

1. 甲方应在每年的3月进行上一年度会计结算，得出上一年度税后净利润总额，在分红条件成就时，将此结果及时通知乙方。

2. 乙方在分红期即每年度的4月享受分红。甲方应在确定乙方可得分红后的7个工作日内，将可得分红一次性支付给乙方。

3. 乙方的可得分红应当以人民币形式支付，除非乙方同意，甲方不得以其他形式支付。

**四、协议期限以及与劳动合同的关系**

1. 本协议与甲乙双方签订的劳动合同相互独立，履行及解除劳动合同不影响本协议所约定的权利义务。

2. 乙方在获得甲方授予的虚拟股票的同时，仍可根据甲乙双方签订的劳动合同享受甲方给予的其他待遇。

3. 本协议的期限在劳动合同存续期间。

**五、各方的权利义务**

1. 甲方应当如实计算年度税后净利润，乙方对此享有知情权。

2. 甲方应当及时、足额支付乙方可得分红。

3. 乙方对甲方负有忠实义务和勤勉义务，不得有任何损害公司利益和形象的行为。乙方在甲方就职期间或离职后必须严格保守公司的一切机密（包括但不限于商业机密）。

4. 乙方对本协议的内容承担保密义务，不得向第三人泄露本协议中乙方所得虚拟股及股数以及分红等情况。

5. 虚拟取票只能本人享有，不能转让、出售和继承。

6. 乙方员工无故擅自离职时，本合同自动解除，相应股票自动失效，且相应分红自动取消。

D11617

**六、协议的变更、解除和终止**

1. 甲乙双方经协商一致同意的，可以书面形式变更协议内容。

2. 甲乙双方经协商一致同意的，可以书面形式解除本协议。

3. 乙方违反本协议义务，给甲方造成损害的，甲方有权书面通知乙方解除本协议。

4. 乙方有权随时通知甲方解除本协议。

5. 甲方公司解散、注销或者乙方死亡的，本协议自行终止。

**七、违约责任**

1. 如甲方违反本协议约定，迟延支付或者拒绝支付乙方可得分红的，应按可得分红总额的10%向乙方承担违约责任。

2. 如乙方违反本协议约定，甲方有权视情况相应减少或者不予支付乙方可得分红，并有权解除本协议。给甲方造成损失的，乙方应当承担赔偿责任。

**八、争议的解决**

因履行本协议发生争议的，双方首先应当争取友好协商来解决。如协商不成，则将该争议提交甲方所在地人民法院裁决。

**九、协议的生效**

本协议一式两份，双方各持一份，自双方签字或盖章之日起生效。本规定一切解释权为______________所有。

甲方（盖章）________________________________________

法定代表人（签署）__________________________________

乙方（签署）________________________________________

时间_______________________________________________

**文本正文 4：http://www.fatianshi.cn/D11624**

## 某某股份有限公司
## 激励对象虚拟股票分红申请书

本人 ____________，身份证号码：____________，本人截至目前，持有公司虚拟股票共计 ______ 股。根据《公司年虚拟股票激励计划》的相关规定以及董事会、监事会相关决议，本人现有授予的虚拟股票股已符合分红条件，在此谨向公司申请如下：本人申请于 ______ 年 ______ 月 ______ 日按照《公司年虚拟股票激励计划》的规定对上述股票予以分红。

特此申请！

申请人：____________

______ 年 ______ 月 ______ 日

D11624

# 5.有限公司虚拟股权和股票期权结合模式全套文件

**文件名称用途：**

| 序号 | 名称 | 用途 | 网址 | 二维码 |
|---|---|---|---|---|
| 1 | 股权激励计划 | 薪酬与考核委员会拟定，由股东会审议通过的整套方案 | http://www.fatianshi.cn/D11745 | D11745 |
| 2 | 股权激励管理制度 | 薪酬与考核委员会拟定，由股东会审议通过的整套配套制度 | http://www.fatianshi.cn/D11746 | D11746 |
| 3 | 股权激励计划协议书 | 用于明确公司与激励对象之间的权利义务关系 | http://www.fatianshi.cn/D11748 | D11748 |
| 4 | 薪酬与考核委员会工作细则 | 用于明确薪酬与考核委员会的职责 | http://www.fatianshi.cn/D11749 | D11749 |
| 5 | 董事会决议 | 用于董事会通过股权激励计划等方案 | http://www.fatianshi.cn/D11751 | D11751 |
| 6 | 股东会决议 | 用于通过激励计划等方案 | http://www.fatianshi.cn/D11750 | D11750 |

续表

| 序号 | 名称 | 用途 | 网址 | 二维码 |
|---|---|---|---|---|
| 7 | 公司章程修正案 | 用于修改公司章程 | http://www.fatianshi.cn/D11752 | D11752 |
| 8 | 激励对象承诺书 | 用于激励对象向公司做出承诺 | http://www.fatianshi.cn/D11753 | D11753 |
| 9 | 期权行权申请书 | 用于激励对象向公司申请行权 | http://www.fatianshi.cn/D11754 | D11754 |
| 10 | 激励对象绩效考核结果报告表 | | http://www.fatianshi.cn/D11756 | D11756 |
| 11 | 期权行权批准书 | 用于公司批准激励对象行权 | http://www.fatianshi.cn/D11757 | D11757 |
| 12 | 虚拟股权行权申请书 | 用于激励对象向公司申请行权 | http://www.fatianshi.cn/D11758 | D11758 |
| 13 | 虚拟股权行权批准书 | 用于公司批准激励对象行权 | http://www.fatianshi.cn/D11759 | D11759 |

关注法天使

**该套文件设计思路：**

公司本次股权激励计划采用虚拟分红权与股票期权相结合的模式进行激励。公司对被激励对象优先采用虚拟分红权的形式进行股权激励，待虚拟分红权股权激励实施完毕，在被激励对象自愿，且符合公司股票期权股权激励条件的被激励对象，公司方可采用股票期权的形式继续实施本激励计划。具体而言，持有者可按本激励计划约定的比例享受每年可分配净利润的分红，分红权收益分为两部分发放，一部分当期现金兑现，另一部分留存于专用账户，仅供以后股票期权行权使用。

**文本正文 1：http://www.fatianshi.cn/D11745**

某某有限公司
虚拟分红权和股票期权
股权激励计划

目　录

**一、本次股权激励计划的目的**

为了进一步完善某某有限公司（以下简称公司）的治理结构，实现对公司董事、监事、高级管理人员及核心员工的激励与约束，充分调动其工作积极性和创造性，使其利益与公司长远发展更紧密地结合，防止人才流失，同时吸引更多优秀人才参与企业经营，实现企业可持续发展，公司根据有关法律、法规和规范性文件以及《公司章程》的规定，制定《某某有限公司虚拟分红权和股票期权股权激励计划（草案）》。

**二、本次股权激励计划的模式**

公司本次股权激励计划采用虚拟分红权与股票期权相结合的模式进行激励。公司对被激励对象优先采用虚拟分红权的形式进行股权激励，待虚拟分红权股权激励实施完毕，在被激励对象自愿，且符合公司股票期权股权激励条件的被激励对象，公司方可采用股票期权的形式继续实施本激励计划。

虚拟分红权：指持有者可按本激励计划约定的比例享受每年可分配净利润的分红，分红权收益分为两部分发放，一部分当期现金兑现，另一部分留存于专用账户，仅供以后股票期权行权使用。

股票期权：公司授予员工在一定期限内，按照固定的授予时的期权价格购买一定份额的公司股份 / 股权的权利。行使权利时，享有期权的员工只需支付授予时的期权价格，就可得到期权项下的股份 / 股权。

**三、本次股权激励计划载体**

某某有限公司股权激励拟以____________（有限合伙）（以下简称有限合伙）为载体。①

①本载体为公司实施股票期权而设立，通过设立载体事先激励对象间接持有公司股权的目的。

D11745

该有限合伙仅作为实现本股权激励计划而设立，不从事任何经营活动，不做任何其他用途。

**四、本次股权激励计划的操作流程**

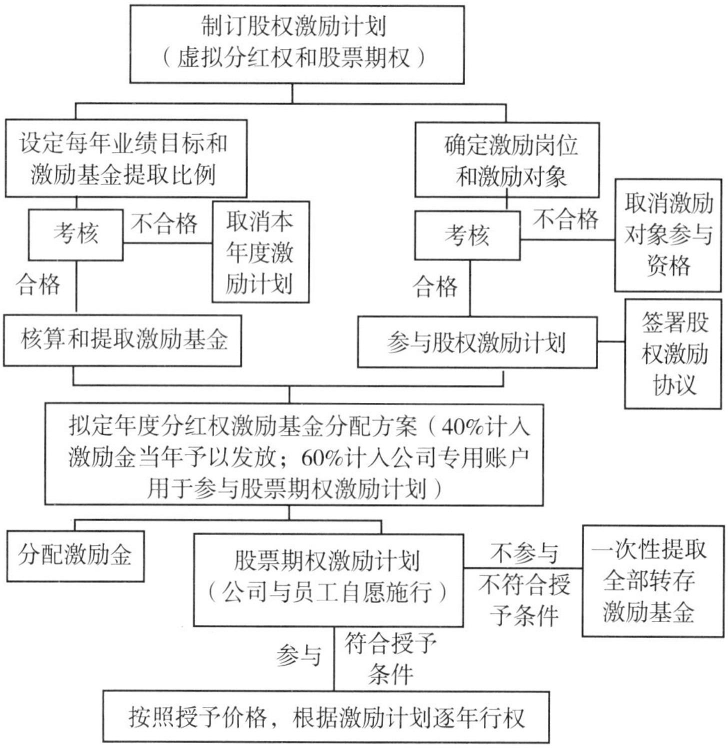


**五、本次股权激励计划的基本原则**

1. 依法依规的原则

公司实施股权激励计划，严格按照法律法规的规定履行程序，真实、准确、完整、及时地实施信息披露。

2. 公平、公正、公开的原则

公司实施股权激励计划，在激励对象的考核、筛选、确定、股票数量的授予、行权的条件等方面，通过严格的法定程序操作，确保形式与结果公正。

3. 自愿参与的原则

公司实施股权激励计划遵循公司自主决定，激励对象自愿参加的原则，公司不以摊派、强行分配等方式强制激励对象参与本次股权激励计划。

4. 相结合、相对称的原则

公司实施股权激励计划遵循激励与约束相结合，风险与收益相对称的原则。

**六、本次股权激励计划的管理机构**

1. 公司股东会作为公司的最高权力机构，负责审议批准本次股权激励计划的实施、变更和终止。

2. 公司董事会决定成立薪酬与考核委员会，是本次股权激励计划的执行管理机构，负责拟订和修订股权激励计划，报公司股东会决定，并在股东会授权范围内办理股权激励计划的其他相关事宜。

3. 公司监事是本次股权激励计划的监督机构，负责核实激励对象的适合性，并对本计划的实施是否符合相关法律、行政法规、部门规章进行监督。

**七、本次股权激励计划的激励对象**

1. 确定激励对象的法律依据

本计划激励对象是根据《中华人民共和国公司法》《中华人民共和国证券法》及其他有关法律、法规和规范性文件以及《公司章程》的相关规定，结合公司实际情况而确定。

2. 激励对象的职务依据及范围

本计划激励对象为目前公司董事、高级管理人员、核心员工。

激励对象中，董事须经公司股东会选举产生；高级管理人员须公司董事会聘任；核心员工由公司董事会提名；薪酬与考核委员会制定激励名单，经公司监事核实确定并经股东会审议批准。

D11745

所有激励对象必须在本计划的考核期内在本公司或公司的全资、控股子公司全职工作，已与公司或公司的全资、控股子公司签署劳动合同并在本公司或公司全资、控股子公司领取薪酬。

3. 不得成为激励对象的情形

（1）被证券交易所或股转公司公开谴责或直接宣布为不适当人选未满三年的。

（2）因重大违法违规行为被证券监督管理委员会及其派出机构、股转公司行政处罚未满三年的。

（3）其他具有《中华人民共和国公司法》规定的不得担任公司董事、监事、高级管理人员的情形。

（4）因违法违规行为被行政处罚或刑事处罚的。

（5）激励对象职务变更成为不能参与本次激励计划的人员。

（6）激励对象因不能胜任工作岗位、考核不合格、触犯法律、违法职业道德、泄露公司机密、失职或渎职等行为严重损害公司利益或声誉而导致的职务变更或者被公司解聘的。

（7）激励对象辞职。

（8）激励对象非因执行职务负伤而导致丧失劳动能力的。

（9）激励对象死亡（如激励对象因执行职务死亡，按照本计划相关规定执行）。

（10）公司章程规定或双方约定不得享受股权激励的其他情形。

如在本计划实施过程中，激励对象出现以上不得参与本计划情形的，如上述情形出现在分红权激励阶段，则取消该激励对象享受本激励计划的资格，如上述情形出现在股票期权激励阶段，且激励对象获取的股票期权尚未行权，公司有权撤销未行权的股票期权资格并终止其参与本计划的权利；若激励对象已经取得激励股权，则由公司实际控制人______或其指定主体按照激励对象取得激励股权所支付的成本进行回购。

4. 具体激励对象

名单见附件，以每年薪酬与考核委员会公布的名单为准。

5. 现有股东优先认购安排

《公司章程》未对现有股东的优先认购做出特别规定。

**八、本次股权激励计划所涉及股份的来源、数量及价格**

1. 本次股权激励计划股份的来源

（1）虚拟分红权激励来源

公司每年经审计税后可分配净利润，按照相应比例对激励对象予以分配。

（2）股票期权激励来源

激励股权由某某有限公司向____________（有限合伙）定向增发，待董事会通过考核确定激励人员及股份数量、授予价格后由有限合伙中的合伙人向激励对象转让其在有限合伙中的份额。

2. 本次股权激励计划股份的数量

（1）虚拟分红权激励数额

采用虚拟分红权进行激励数额为不超过公司每年经审计税后可分配净利润的 ______%，每一被激励对象的分配比例，由薪酬与考核委员会按年确定。

（2）股票期权激励数额

本次股权激励拟向股权激励载体定向发行 / 转让不超过 ______ 万股普通股，占公司发行 / 转让后总股本的 ______%。

3. 本次股权激励计划的行权价格

（1）虚拟分红权

采用虚拟分红权进行激励不设行权价格，被激励对象经考核后符合激励条件即可参与当年分红权的分配。

D11745

关注法天使

（2）股票期权

采用股票期权进行激励，由薪酬与考核委员依据授予时公司的情况予以确定。

本次股权激励计划被激励人员认购激励股份的资金应当自行筹措，公司不得向其提供任何财务资助，包括但不限于向激励对象提供贷款或为激励对象的贷款提供担保。[①]

激励对象获授的虚拟分红权 / 股票期权不得转让、用于担保或偿还债务。

**九、本次股权激励计划的时限**

1. 股权激励计划的有效期

股权激励计划的有效期为被激励对象与公司签署股权激励协议之日起_______年的时间。如在股票期权激励计划阶段，经董事会、股东会审议决定加速行权，则本激励计划的有效期为被激励对象与公司签署股权激励协议之日起至所有股票期权行权后止。

2. 股权激励计划的授权日

本激励计划授权日为公司股东会同意且被激励对象与公司签署股权激励协议之日。

3. 等待期

本次股权激励计划不设等待期。虚拟分红权股权激励阶段，被激励对象考核合格后，即可参与当年分红权分配；股票期权股权激励阶段，被激励对象在行权期经审核符合行权条件即可行权。[②]

4. 可行权日

（1）虚拟分红权股权激励阶段可行权日

虚拟分红权股权激励阶段可行权日为公司年度审计报告出具之日，且股东会批准薪酬与考核委员会提交的虚拟分红权分配方案之日起的一个月内。

①参照《上市公司股权激励管理办法》的相关规定。

②股票期权一般会设定等待期，此处不设等待期某种程度上是给予激励对象更大的利好。

（2）股票期权股权激励阶段可行权日

股票期权股权激励阶段可行权日为被激励对象获授股票期权之日起可对股票期权予以行权。激励对象必须在本激励计划规定的股票期权行权期限（股票期权首次授权日起满三年）分 3 次行权，具体行权比例见如下规定。

5. 行权期

（1）虚拟分红权股权激励行权期

| 序号 | 行权日期 | 行权方式 |
|---|---|---|
| 1 | 2018 年______月______日 | 激励对象 2017 年可分红总额 ×40% |
| 2 | 2019 年______月______日 | 激励对象 2018 年可分红总额 ×40% |
| 3 | 2020 年______月______日 | 激励对象 2019 年可分红总额 ×40% |
| 4 | 2021 年______月______日 | 激励对象 2020 年可分红总额 ×40% |
| 5 | 2022 年______月______日 | 激励对象 2017 年可分红总额 ×60%+ 激励对象 2018 年可分红总额 ×60%+ 激励对象 2019 年可分红总额 ×60%+ 激励对象 2020 年可分红总额 ×60%+ 激励对象 2021 年可分红总额 |

激励对象当期满足行权条件的，可在该行权期的可行权日按上述表格规定的行权比例分别行使。激励对象当期不能满足行权条件的，该行权期可行使的权益将作废，公司将注销激励对象该行权期相对应的权益。

对于 2022 年______月______日行权期员工所获得的相对

D11745

应权益，员工可以自愿选择放弃、现金分红、转为参与下阶段股票期权激励计划的方式进行行权，具体现金分红及折合公司股权的办法公司届时将根据实际情况进行制定。

（2）股票期权股权激励行权期

股票期权行权期限为 3 年，激励对象以年为单位分次行权。行权期的起算及行权比例如下：

①第一个行权期，于授权日满 1 年的次日起至第 10 日止，此期间可行权比例为 30%；

②第二个行权期，于授权日满 2 年的次日起至第 10 日止，此期间可行权比例为 30%；

③第三个行权期，于授权日满 3 年的次日起至第 10 日止，此期间可行权比例为 40%。

激励对象应当在薪酬与考核委员会设定的行权窗口期内申请行权。行权窗口期是指据首个行权日或上一次行权日满 1 年的次日起至第 10 日。

在行权期内，若当期达到行权条件，激励对象可在当期薪酬与考核委员会确定的行权窗口期内对相应比例的股票期权申请行权，未按期申请行权的部分自动顺延至下一年，在下一年达到行权条件时一并行权，但是行权期不得超过本计划的有效期，如被激励对象在本激励计划最后一次行权期的窗口期仍未行权则不得再行权，其享受本次股权激励计划资格取消。

**十、本次股权激励计划的参与条件和行权条件**

（一）本激励计划激励对象参与条件

激励对象参与本次激励计划除满足上述关于资格的限定条件外，还需同时满足如下条件方可参与本激励计划：

1. 公司未发生以下任一情形：

（1）最近一个会计年度财务会计报告被注册会计师出具否

定意见或者无法表示意见的审计报告；

（2）最近一年内因重大违法违规行为被行政处罚；

（3）最近一个会计年度不存在未弥补亏损；

（4）虚拟分红权股权激励阶段，公司业绩需满足如下条件：

①公司每一年度的股权激励计划的实施需要达到一定的经营业绩指标：年度激励资金的提取以公司每一年的经审计的税后可分配净利润增长率作为业绩考核指标，其启动的条件具体为：从本计划实施的第一年度（2017 年）起，每一年度税后经审计可分配净利润呈增长态势，即在本计划实施期间具体每一年度的经审计税后可分配净利润不低于以下数额：

| 序号 | 时间 | 经审计的税后可分配净利润 |
|---|---|---|
| 1 | 2017 年 | ________万元人民币 |
| 2 | 2018 年 | ________万元人民币 |
| 3 | 2019 年 | ________万元人民币 |
| 4 | 2020 年 | ________万元人民币 |
| 5 | 2021 年 | ________万元人民币 |

②公司股东会有权根据每一年股权激励的执行情况及公司目前及未来的经营状况作出一个合理的判断，确定并适当修订递增的比例，但是以激发员工的创造性和积极性为前提。

2. 激励对象未发生以下任一情形：

（1）严重违反公司管理制度，给公司造成巨大经济损失，或给公司造成严重消极影响，受到公司处罚的；

（2）存在本计划第 6 条第 3 项不得成为激励对象的情形。

（二）股票期权的行权条件

激励对象在行权期内须持续在岗，且没有出现以下情形：

1. 严重违反公司管理制度，或给公司造成巨大损失，或给

D11745

公司造成严重消极影响，受到公司处罚的；

2. 自行辞职的；

3. 被公司解除劳动合同的；

4. 激励对象个人上一年度未达到绩效考核指标的（绩效考核指标由薪酬与考核委员会制定并报董事会审核）。

5. 本激励计划规定的第六条第 3 项的其他情形。

6. 在虚拟分红权股权激励阶段，公司将在每一会计年度结束后的 180 天内聘请审计机构进行审计，经审计的税后净利润未能达到该年度激励计划最低税后净利润要求的，则该年度不再进行激励计划；下一年度的审计结果达到激励计划的最低要求的，公司执行该年度的激励计划，激励计划有效期的最后一年度（2021 年）经审计的税后净利润未能达到激励计划 2021 年度税后净利润最低要求的，则 2021 年内的可行权权益不再执行，但不影响之前符合本条约定条件之前历年剩余 60% 可行权权益的执行。

**十一、公司实施激励计划、授予权益、激励对象行权的程序**

（一）实施激励计划的程序

1. 董事会薪酬与考核委员会负责制订本激励计划；

2. 监事核查激励对象名单；

3. 股东会审议本激励计划，监事应当就激励对象名单核实情况在股东会上进行说明；

4. 股东会批准本激励计划后即可实施；

5. 董事会薪酬与考核委员会根据股东会的授权办理具体的虚拟分红权和股票期权授予、行权等事宜。

（二）股票期权的授予程序

1. 薪酬与考核委员会制订虚拟分红权授予方案和股票期权授予方案；

2. 监事核查激励对象的名单是否与股东会批准的激励计划中规定的对象相符；

3. 本计划经股东会审议通过，授予条件满足后，董事会薪酬与考核委员会对激励对象进行权益的授予，并完成登记等相关程序；

4. 激励对象应与公司签署《股权激励协议书》。

（三）股票期权行权程序

1. 激励对象在可行权期内，如处于虚拟分红权股权激励阶段，则向公司薪酬与考核委员会提交《虚拟分红权行权申请书》；如处于股票期权股权激励阶段，则向公司薪酬与考核委员会提交《股票期权行权申请书》，确认行权的数量和价格。

2. 公司薪酬与考核委员会在对每个被激励对象的行权申请做出核实和认定后，按本激励计划的规定，虚拟分红阶段将当年计提的激励基金按照每个激励对象应享受总额的 40% 支付至被激励对象的工资账户，剩余 60% 激励对象应享受分红转存至为本次激励计划实施开立的专用账户；股票期权阶段，如被激励对象同意参与后续股票期权阶段激励计划，则经薪酬与考核委员会核实后，被激励对象与激励载体中的合伙人签署《合伙份额转让协议》，并以该激励对象存入上述专用账户的资金按照约定价格支付转让款。

3. 由公司薪酬与考核委员办理后续登记手续。

**十二、公司与激励对象的权利和义务**

（一）公司的权利与义务

1. 公司有权要求被激励对象按其所聘岗位的要求为公司工作。

2. 公司具有本次股权激励计划的解释权和执行权。

3. 公司不得为激励对象依本计划获取有关股票提供贷款以及其他任何形式的财务资助，包括为其贷款提供担保。

D11745

4. 若激励对象因触犯法律、违反职业道德、泄漏公司机密、失职或渎职等行为严重损害公司利益或声誉，经公司董事会批准，公司注销激励对象已获授权益，并且有权要求激励对象返还其依据本计划已取得所有收益。

5. 公司根据国家税收法律法规的规定，代扣代缴激励对象应缴纳的个人所得税及其他税费（如有）。

6. 公司应及时按照有关规定履行本计划的申报、信息披露等义务。

7. 公司确定本计划的激励对象，并不构成对员工聘用期限的承诺。公司仍按与激励对象签订的《劳动合同书》确定对员工的聘用关系。

8. 法律、法规和公司章程规定的其他权利和义务。

（二）激励对象的权利与义务

1. 激励对象应当按公司所聘岗位的要求，勤勉尽责、恪守职业道德，为公司的发展做出应有贡献。

2. 激励对象按照本激励计划的规定获取有关权益的资金来源于激励对象的自筹资金。

3. 激励对象有权且应当按照本激励计划的规定行使自己的权益。

4. 激励对象获授的虚拟分红权和股票期权不得转让、用于担保或偿还债务；股票期权在行权前不享受投票权和表决权，同时也不参与股票红利、股息的分配；激励对象行权后获得的股票不得用于担保或偿还债务。

5. 激励对象因本激励计划获得的收益，应按国家规定缴纳个人所得税及其他相关税费。

6. 除本激励计划规定的限制性条件外，激励对象获得激励股份后可以拥有所持公司股份所对应的股东权利。

7. 激励对象应当遵守法律法规、公司规章制度，积极维护公司利益，不得从事任何有损公司利益的行为，不得以任何方式直接或者间接参与公司业务相同或者相似的投资或经营活动。

8. 法律、法规、公司章程或者其他法律文件规定的其他权利和义务。

**十三、股票期权激励计划股权回购条款**

1. 除本计划有除外规定，被激励对象持有公司激励股权满五年，其符合本计划规定的回购条件后可按相应比例向公司实际控制人申请要求实际控制人或其指定的第三方按照本激励计划约定的回购价格回购被激励股权。

2. 如本计划授予被激励对象的激励股权遇有本激励计划及其相关文件的任何约定导致被激励对象丧失资格或不能行权。其所持有的已行权的激励股权应当按照其授予价格出售给有限合伙企业执行事务合伙人或其指定的有限合伙人或第三方，该部分股权将作为以后符合员工股权激励计划的人员的股权激励的股权。未行权部分不再安排行权。

3. 如公司发生以下重大事项变更，公司实际控制人有权对所授予股票进行强制回购。

（1）涉及企业的发展方向、经营方针，中长期发展规划等重大战略管理事项；

（2）企业上市、改制重组、兼并、破产、合并、分立、解散或者变更公司，国（境）外注册公司、投资参股、重大收购或购买上市公司股票；

（3）企业薪酬分配，以及涉及职工重大切身利益等重大利益调配事项；

（4）其他有关企业全局性、方向性、战略性的重大事项。

D11745

4. 回购程序：

（1）回购窗口期

被激励对象持有公司股权满五年之次日至第十日为股权回购的窗口期。

（2）回购期

本计划激励对象以年为单位分次申请回购。回购期的起算及行权比例如下：

①首次回购期，激励对象于首个授权日满 5 年次日起至第十日止，可将持有的期权申请回购 30%；

②第二个回购期，于首个授权日起满六年次日起至第十日止，此期间可申请回购比例为 30%；

③第三个回购期，于首个授权日起满七年次日起至第十日止，此期间可申请回购比例为 40%。

在回购期内，若当期达到回购条件（回购条件由薪酬与考核委员会制定并报董事会审核），激励对象可在当期薪酬与考核委员会确定的回购窗口期内对相应比例的股票期权申请实际控制人或其指定的第三方进行回购，未按期申请回购的部分自动顺延至下一年，且下一年的回购比例不得超过回购期规定的比例，直至被激励对象所持公司股权全部回购完毕。

**十四、本激励计划的变更、中止、终止**

（一）公司控制权变更、公司合并或分立

当公司控制权发生变更，仍按规定时间解锁。当公司发生合并或分立时，按照本激励计划进行处理。

（二）公司不具备实施股权激励计划的资格

若公司最近一个会计年度财务会计报告被注册会计师出具否定意见或者无法表示意见的审计报告，应终止实施股权激励计划，激励对象已行权的股票期权继续有效，尚未行权的股票期权终止行权。

（三）激励对象发生职务变更、离职或死亡等情况

1. 职务变更

激励对象职务发生变更，但仍属于本次激励计划激励范围内人员的，其获授的虚拟分红权和股票期权仍然按照本计划规定的程序进行授予、行权或申请回购。但是，激励对象触犯法律、违反执业道德、泄露公司机密、因失职或渎职等行为损害公司利益或声誉而导致职务变更，或因前列原因导致公司解除与激励对象劳动关系的，薪酬与考核委员会可以决定对激励对象根据本计划已获授的虚拟分红权或已获授但尚未行权的股票期权不再继续行权，取消激励对象股权激励资格。

若激励对象因职务变更成为不能享受本次激励计划的人员，则取消其激励对象资格，如该情形发生于虚拟分红权股权激励阶段，则该激励对象不再享受之后的股权激励计划，但已获授的权益公司应予以发放；如该情形发生于股票期权股权激励阶段，激励对象已行权的股票继续有效，尚未行权的股票期权终止行权。

2. 离职

激励对象因下列原因离职的，如该情形发生于虚拟分红权股权激励阶段，则该激励对象不再享受之后的股权激励计划，但已获授的权益公司应予以发放；如该情形发生于股票期权股权激励阶段，则激励对象已行权的激励股权按照行权价格由公司实际控制人或其指定的第三方予以回购，被激励对象应配合办理相关手续，离职后尚未行权的股票期权不得再行权：

（1）激励对象与公司的聘用合同到期，双方不再续约的；

（2）激励对象与公司的聘用合同未到期，因个人绩效未达到《考核管理办法》规定的标准被辞退的；

（3）激励对象与公司的聘用合同未到期，向公司提出辞职并经公司同意的。

（4）激励对象与公司的聘用合同未到期，未经公司同意擅自离职的，或因触犯法律、违反职业道德、泄露公司机密、失职或渎职等行为严重损害公司利益或声誉的行为被公司辞退的。

如激励对象由于本条第 2 款和第 4 款离职的，其已获授的虚拟分红权权益，应退还给公司。

3. 丧失劳动能力

激励对象因丧失劳动能力而离职，应分以下两种情况处理：

（1）当激励对象因工伤丧失劳动能力而离职时，其丧失劳动能力后的个人年度考核被视为合格，尚未行权的虚拟分红权和股票期权仍可根据本计划规定的条件申请行权；但如该情形发生于虚拟分红权股权激励阶段，则该被激励对象终止参与本激励计划资格，相关权益由公司进行结算并发放给该员工。

（2）当激励对象非因工伤丧失劳动能力而离职时，薪酬与考核委员会可以决定取消其参与本激励计划，对于应享有的虚拟分红权权益结算后发放给该员工，对于已获授但尚未行权的股票期权终止行权，对于已行权的股票期权可由公司实际控制人按照授予价格予以回购。

4. 退休

激励对象在本计划虚拟分红权股权激励阶段退休的，公司在结算其相关权益后，取消其参与本激励计划资格；在本计划股票期权激励阶段退休的，其因本计划获授之股票期权仍然按照本计划规定的条件和程序行权，且其个人绩效考核条件不再纳入行权或回购条件。

5. 死亡

激励对象若死亡，其获授的虚拟分红权权益和股票期权已行权部分将由其指定的财产继承人或法定继承人代为持有，并按照死亡前本计划规定的程序进行，且其个人绩效考核条件不再纳入行权条件。未予行权的股票期权部分，薪酬与考核委员会可以决定对激励对象根据本计划已获授但尚未行权的股票期权终止行权。

6. 其他未说明的情况由薪酬与考核委员会认定，并确定其处理方式。

（四）激励对象不具备参与股权激励计划的资格

在股权激励计划实施过程中，激励对象出现如下情形之一的，激励对象已享受的虚拟分红权权益继续有效，情形发生当年即取消其参与本激励计划资格；对于股票期权激励阶段已行权的股票期权继续有效，尚未行权的股票期权终止行权：

1. 最近三年内被证券交易所公开谴责或宣布为不适当人选的；

2. 最近三年内因重大违法违规行为被中国证券监督管理委员会予以行政处罚的；

3. 具有《中华人民共和国公司法》规定的不得担任公司董事、高级管理人员情形的。

（五）其他影响本激励计划正常实施的事件

1. 经董事会决议、股东会 / 股东大会审议，可以变更或终止股权激励计划。但变更或终止不影响已经授予激励对象的股份。

2. 公司遇到不可抗力情况，可以暂时中止或终止股权激励计划。

3. 有限合伙企业持有的公司股份在激励完毕时，本股权激励计划终止。经公司执行董事决定，并报请股东决定通过，亦可向有限合伙另行增发股份用于股权激励。

4. 如果在本股权激励方案公示之日至股权激励实施完成期

D11745

间，公司成功登陆资本市场（包括但不限于国内主板市场，三板市场及国外市场）对股权激励存在相关业务规则，本股权激励计划需按照业务规则要求修改，最终激励计划以修改且通过当时董事会和股东大会为准。

（六）上述员工可继续持有公司股票或已行权的股票期权继续有效或可继续行权的股票期权仍应受本激励计划强制回赎条款限制

**十五、本激励计划的实施部门**

（一）本股权激励计划由公司薪酬与考核委员会制定，经股东会审议通过后生效实施。

（二）本股权激励计划的解释、实施权由公司薪酬与考核委员会享有。

**附件：**

**激励人员名单**

| 序号 | 姓名 | 职位 | 身份证号 |
|---|---|---|---|
| 1 | | | |
| 2 | | | |
| 3 | | | |
| 4 | | | |
| 5 | | | |
| 6 | | | |

**文本正文 2：http://www.fatianshi.cn/D11746**

某某有限公司
股权激励管理制度

**一、目的**

（1）加强员工与公司凝聚力；

（2）促进员工与公司共同发展；

（3）约束和规范短期行为；

（4）吸引和留住优秀人才；

（5）让员工分享公司发展带来的收益；

（6）奖励对公司有突出贡献的人员。

**二、职责**

2.1　公司成立薪酬与考核委员会。薪酬与考核委员会是本次股权激励计划的执行管理机构。

2.2　薪酬与考核委员会负责拟定和修订《股权激励计划》报公司股东会决定，并在股东会授权范围内处理相关事宜。

2.3　《股权激励计划》经董事会审核，报公司股东会审议。

2.4　公司股东会审议批准《股权激励计划》的实施、变更和终止。

2.5　公司监事是本次股权激励计划的监督机构，负责核实激励对象的适合性，并对本计划的实施是否符合相关法律、行政法规、部门规章进行监督。

**三、股权激励模式**

3.1　公司本次股权激励计划采用虚拟分红权与股票期权相结合的模式进行激励。公司对被激励对象优先采用虚拟分红权的形式进行股权激励，待虚拟分红权股权激励实施完毕，在被激励对象自愿，且符合公司股票期权股权激励条件的被激励对

D11746

象，公司方可采用股票期权的形式继续实施本激励计划。

3.2　公司股东会决定设立____________（有限合伙）作为股权激励的载体。该有限合伙仅作为实现本股权激励计划而设立，不从事任何经营活动，不做任何其他用途。

3.3　公司与激励对象签订“股权激励协议书”，激励对象依据“股权激励计划”与“股权激励协议书”的规定获得虚拟股权分红与进行股票期权行权。

**四、股权激励范围**

4.1　股权激励对象范围详见《股权激励计划》，具体激励对象名单以每年薪酬与考核委员会公布的名单为准。

4.2　股权激励仅适用于公司未上市前的股权激励。公司上市后将被新的股权激励制度取代。

**五、股权激励计划**

5.1　股权激励计划的编制

（1）公司薪酬与考核委员会对股权激励需求进行评估；

（2）薪酬与考核委员会对现阶段是否需要采取股权激励进行评估；

（3）薪酬与考核委员会对现阶段适用的股权激励方式进行评估；

（4）薪酬与考核委员会对现阶段哪些人要纳入本次股权激励及激励额度进行评估。

5.2　《股权激励计划》的审核和批准

薪酬与考核委员会编制《股权激励计划》，报股东会审议通过后发布执行。

**六、股权的授予与行权**

6.1　虚拟分红权方面，公司采用虚拟分红权进行激励数额为不超过公司每年经审计税后可分配净利润的______%，每一被激励对象的分配比例，由薪酬与考核委员会按年确定；股票期权方面，公司授予激励对象的股权原则上不超过公司注册资本的，授予激励对象的股权数量由公司股东会决定；

6.2 公司与受激励对象签署《股权激励计划协议书》后，授予相应的虚拟分红权与股票期权；

6.3 依据《股权激励计划》的规定，对激励对象授予的虚拟分红权不设行权价格；对激励对象授予的股票期权的行权价格由薪酬与考核委员依据授予时公司的情况予以确定。

6.4 激励对象根据本激励计划所获授的虚拟分红权 / 未行权股票期权不享有进行转让、用于担保或偿还债务等处置权。

6.5 激励对象获得的股票期权的回购由《股权激励计划》规定，并按《股权激励计划》实施。

6.6 如公司发生以下重大事项变更，公司实际控制人有权对被激励对象因享受股权激励对所授予股票进行强制回购。

（1）涉及企业的发展方向、经营方针，中长期发展规划等重大战略管理事项；

（2）企业上市、改制重组、兼并、破产、合并、分立、解散或者变更公司，国（境）外注册公司、投资参股、重大收购或购买上市公司股票；

（3）企业薪酬分配，以及涉及职工重大切身利益等重大利益调配事项；

（4）其他有关企业全局性、方向性、战略性的重大事项；

（5）股权激励计划规定的其他情形。

**七、其他条款**

7.1 《股权激励计划》不影响公司根据发展需要做出注册资本调整、合并、分立等行为。

7.2 本股权激励管理制度未涉及内容，以《股权激励计划》

D11746

规定为准。

7.3　本股权激励管理制度报公司股东会审议后发布执行。

7.4　股权激励不影响公司因发展需要做出注册资本调整、合并、分立、资产出售或购买、吸收以及其他合法行为。

7.5　股权激励不构成公司对激励对象的聘用期限和聘用关系的任何承诺，公司与激励对象的聘用关系按劳动合同执行。

7.6　本制度由薪酬与考核委员会拟定，报董事会审议，由股东会决定颁布实施。

7.7　本制度最终解释权由薪酬与考核委员会享有。

**文本正文 3：http://www.fatianshi.cn/D11748**

## 某某有限公司
## 股权激励计划协议书

甲方：某某有限公司

乙方：________________________________________

根据《某某有限公司 2017 年度股权激励计划》《某某有限公司章程》的有关规定，按照甲方股东会的有关决议，就乙方参与甲方 2017 年度股权激励计划订立如下协议：

**一、资格**

1.1　乙方须在甲方或甲方全资、控股子公司全职工作，已与甲方或其全资、控股子公司签订劳动合同并领取薪酬，并属于甲方的董事、高级管理人员、核心员工。

1.2　符合下列条件之一的，乙方不得成为被激励对象：

（1）被证券交易所或股转公司公开谴责或直接宣布为不适当人选不满三年的；

（2）因重大违法违规行为被证券监督管理委员会或股转公司行政处罚未满三年的；

（3）其他具有《公司法》规定的不得担任公司董事、监事、高级管理人员的情形；

（4）因违法行为被行政处罚或刑事处罚的；

（5）乙方职务变更成为不能参与本次激励计划人员的；

（6）乙方因不能胜任工作岗位、考核不合格、触犯法律、违反职业道德、泄露公司机密、失职或渎职等行为严重损害公司利益或声誉而导致职务变更或者被公司解聘的；

（7）乙方辞职的；

（8）乙方非因执行职务负伤而导致丧失劳动能力的；

（9）乙方死亡（如乙方因执行职务死亡，按照本计划相关规定执行）；

（10）公司章程规定或双方约定不得享受股权激励的其他情形。

（11）依据《股权激励计划》规定的其他情形。

如在本计划实施过程中，乙方出现以上不得参与本计划情形的，如上述情形出现在分红权激励阶段，则取消乙方享受本激励计划的资格，如上述情形出现在股票期权激励阶段，且乙方获取的股票期权尚未行权，公司有权撤销未行权的股票期权资格并终止其参与本计划的权利；若乙方已经取得激励股权，则由公司实际控制人或其指定主体按照乙方取得激励股权所支付的成本进行回购。

**二、股权激励载体**

某某有限公司股权激励以____________（有限合伙）（以下简称有限合伙）为载体。由该载体按照股权激励计划的规定持有甲方股权，并按激励计划授予乙方激励股票期权。

D11748

**三、行权价格**

本股权激励计划虚拟分红权不设行权价格，股票期权行权价格由薪酬与考核委员依据授予时公司的情况予以确定。

**四、等待期**

本次股权激励计划不设等待期，虚拟分红权股权激励阶段，乙方考核合格后，即可参与当年分红权分配；股票期权股权激励阶段，乙方在获授股票期权之日起可对股票期权予以行权。

**五、虚拟分红权及股票期权的行权**

5.1　虚拟分红权股权激励行权期

| 序号 | 行权日期 | 行权方式 |
| --- | --- | --- |
| 1 | 2018 年______月______日 | 乙方 2017 年可分红总额 ×40% |
| 2 | 2019 年______月______日 | 乙方 2018 年可分红总额 ×40% |
| 3 | 2020 年______月______日 | 乙方 2019 年可分红总额 ×40% |
| 4 | 2021 年______月______日 | 乙方 2020 年可分红总额 ×40% |
| 5 | 2022 年______月______日 | 乙方 2017 年可分红总额 ×60%+ 乙方 2018 年可分红总额 ×60%+ 乙方 2019 年可分红总额 ×60%+ 乙方 2020 年可分红总额 ×60%+ 乙方 2021 年可分红总额 |

乙方当期满足行权条件的，可在该行权期的可行权日按上述表格规定的行权比例分别行使。乙方当期不能满足行权条件的，该行权期可行使的权益将作废，公司将注销乙方该行权期相对应的权益。

对于 2022 年______月______日行权期乙方所获得的相对应

权益，乙方可以自愿选择放弃、现金分红、转为参与下阶段股票期权激励计划的方式进行行权，具体现金分红及折合公司股权的办法公司届时将根据实际情况进行制定。

5.2 股票期权股权激励行权期

股票期权行权期限为 3 年，乙方以年为单位分次行权。行权期的起算及行权比例如下：

（1）第一个行权期，于授权日满 1 年的次日起至第 10 日止，此期间可行权比例为 30%；

（2）第二个行权期，于授权日满 2 年的次日起至第 10 日止，此期间可行权比例为 30%；

（3）第三个行权期，于授权日满 3 年的次日起至第 10 日止，此期间可行权比例为 40%。

乙方应当在薪酬与考核委员会设定的行权窗口期内申请行权。行权窗口期是指据首个行权日或上一次行权日满 1 年的次日起至第 10 日。

在行权期内，若当期达到行权条件，乙方可在当期薪酬与考核委员会确定的行权窗口期内对相应比例的股票期权申请行权，未按期申请行权的部分自动顺延至下一年，在下一年达到行权条件时一并行权，但是行权期不得超过本计划的有效期，如乙方在本激励计划最后一次行权期的窗口期仍未行权则不得再行权，其享受本次股权激励计划资格取消。

**六、股票期权的回购**

6.1 在《股权激励计划》行权期内。若甲方考核未达到《股权激励计划》规定的行权条件的，乙方不得对授予的股票期权申请行权，甲方将按照《股权激励计划》的规定对相应股票期权进行处理。

6.2 在《股权激励计划》行权期内，若甲方出现按照《股

D11748

权激励计划》的规定属于不得成为激励对象的或属于终止、取消股权激励计划资格的，应终止实施《股权激励计划》，乙方已获授但尚未行权的股票期权按照《股权激励计划》的规定处理。

6.3 《股权激励计划》对股票期权回购和注销有其他约定的，从其约定。

**七、回购价格和数量**

7.1 尚未行权的激励股权不再安排行权。

7.2 若乙方已经取得激励股权，则由公司实际控制人______或其指定主体按照乙方取得激励股权所支付的成本进行回购。

**八、甲、乙双方的权利与义务**

8.1 甲方的权利与义务

（1）甲方有权要求乙方按其所聘岗位的要求为公司工作。

（2）甲方具有本次股权激励计划的解释权和执行权。

（3）甲方不得为乙方依本计划获取有关股票提供贷款以及其他任何形式的财务资助，包括为其贷款提供担保。

（4）若乙方因触犯法律、违反职业道德、泄露公司机密、失职或渎职等行为严重损害甲方利益或声誉，经甲方董事会批准，甲方注销激励对象已获授权益，并且有权要求乙方返还其依据本计划已取得所有收益。

（5）甲方根据国家税收法律法规的规定，代扣代缴乙方应缴纳的个人所得税及其他税费（如有）。

（6）甲方应及时按照有关规定履行本计划的申报、信息披露等义务。

（7）甲方确定本计划的激励对象，并不构成对乙方聘用期限的承诺。公司仍按与乙方签订的《劳动合同书》确定对乙方的聘用关系。

（8）法律、法规和公司章程规定的其他权利和义务。

8.2　乙方的权利与义务

（1）乙方应当按甲方所聘岗位的要求，勤勉尽责、恪守职业道德，为甲方的发展做出应有贡献。

（2）乙方按照本激励计划的规定获取有关权益的资金来源于乙方的自筹资金。

（3）乙方有权且应当按照本激励计划的规定行使自己的权益。

（4）乙方获授的虚拟分红权和股票期权不得转让、用于担保或偿还债务；股票期权在行权前不享受投票权和表决权，同时也不参与股票红利、股息的分配；乙方行权后获得的股票不得用于担保或偿还债务。

（5）乙方因本激励计划获得的收益，应按国家规定缴纳个人所得税及其他相关税费。

（6）除本激励计划规定的限制性条件外，乙方获得激励股份后可以拥有所持公司股份所对应的股东权利。

（7）乙方应当遵守法律法规、甲方规章制度，积极维护甲方利益，不得从事任何有损甲方利益的行为，不得以任何方式直接或者间接参与甲方业务相同或者相似的投资或经营活动。

（8）法律、法规、公司章程或者其他法律文件规定的其他权利和义务。

**九、承诺**

9.1　甲方承诺在《股权激励计划》有效期内，发生控制权变更、合并分立等情形时，《股权激励计划》由甲方承继主体继续执行。

9.2　乙方承诺了解甲方有效实施的虚拟分红权和股票期权方面的规章制度，包括但不限于《股权激励计划》和《考核办法》，乙方将遵守上述规章制度；并且，本协议书生效后，甲方

D11748

根据实际情况和监管部门的要求对本次股权激励计划制定新的规章制度，乙方应遵照执行。

9.3　乙方承诺，乙方在本协议中所提供的资料真实、有效，并对其承担全部法律责任。

**十、聘用关系**

甲方与乙方签署本协议不构成甲方对乙方聘用期限和聘用关系的任何承诺，公司对乙方的聘用关系仍按劳动合同的有关约定执行。

**十一、协议的终止**

11.1　有下列情形之一的，本协议终止：

（1）协议到期；

（2）协议当事人协商同意；

（3）乙方死亡；

（4）乙方丧失行为能力时；

（5）《股权激励计划》规定的其他情形。

11.2　乙方违反本协议的有关规定，违反甲方关于股权激励计划的规章制度，或者国家的有关法律和政策要求甲方停止股权激励制度时，甲方有权视具体情况通知乙方终止本协议而不需承担任何责任。

**十二、关于免责的声明**

属于下列情形之一的，甲、乙双方均不承担违约责任：

12.1　甲、乙双方签订本股权激励协议是依照协议签订时的国家现行政策、法律法规制定的。如果本协议履行过程中遇法律、政策等的变化致使甲方无法履行本协议的，甲方不负任何法律责任；

12.2　本协议约定的虚拟分红权及股票期权行权期到来之前，公司因破产、解散、注销、吊销营业执照等原因丧失民事主体资格或者不能继续营业的，本协议可不再履行；

12.3　公司因并购、重组、改制、分立、合并、注册资本增减等原因致使甲方丧失公司实际控制人地位的，本协议可不再履行。

**十三、争议解决**

13.1　乙方出现本协议中未规定的事项，而又违背股权激励目的及《股权激励计划》时，由薪酬管理委员会确定最终处理方法。

13.2　甲、乙双方对于本协议执行过程中发生的争议应协商解决；协商不成，可提交甲方住所地人民法院诉讼解决。

**十四、其他**

14.1　本协议未尽事宜，以《股权激励计划》规定内容为准。

14.2　本协议经双方协商后可以增加补充协议，补充协议的内容为本协议的一部分，具有同等的法律效力。

14.3　本协议生效后，甲方根据实际情况和管理部门的要求对本次股权激励计划所指定的新的规章制度适用于本协议，乙方应该遵照执行。

14.4　本协议有效期为_____年，自_____年_____月_____日起至_____年　　　月　　　日止。

14.5　本协议一式两份，甲、乙双方各执一份，具有同等法律效力。

14.6　本协议自双方签字盖章之日起生效。

14.7　本协议______年______月______日签署

甲方（盖章）

法定代表人（签署）：______________________________

乙方（签署）：__________________________________

时间____________________________________________

D11748

D11754

**文本正文 4：http://www.fatianshi.cn/D11754**

## 某某有限公司
## 激励对象行权申请书

本人______，身份证号码：____________；本人截至目前，持有______公司股票期权共计______股。根据《股权激励计划》等相关规定，本人现有授予的期权股已符合行权条件。

在此谨向公司申请如下：本人申请于______年______月______日按照《股权激励计划》的规定对上述股权予以行权。

特此申请！

申请人：____________

______年______月______日

D11757

**文本正文 5：http://www.fatianshi.cn/D11757**

## 某某有限公司
## 股票期权行权批准书

先生/女士：

______年______月______日，您向我司提交的《股权期权行权申请书》收悉，经审核，就您本次期权行权事项予以批准，且通知如下：

姓名：________________________________________

性别：________________________________________

身份证号码：__________________________________

期权证书号：__________________________________

本次期权行权数：______________________________

本次行权日期：______年______月______日起至______

年 ______ 月 ______ 日止。

请于行权期内持本批准书办理相关手续。

D11758

某某有限公司

______ 年 ______ 月 ______ 日

**文本正文 6：http://www.fatianshi.cn/D11758**

## 某某股份有限公司
## 激励对象虚拟股票分红申请书

本人 ______，身份证号码：____________，本人截至目前，持有 ______ 公司虚拟股权共计股。根据《股权激励计划》的相关规定，本人现有授予的虚拟股权股已符合分红条件，在此谨向公司申请如下：本人申请于 ______ 年 ______ 月 ______ 日按照《股票激励计划》的规定对上述股权予以分红。

特此申请！

申请人：____________

______ 年 ______ 月 ______ 日

**文本正文 7：http://www.fatianshi.cn/D11759**

## 某某有限公司
## 虚拟分红权行权批准书

______先生/女士：

______ 年 ______ 月 ______ 日，您向我司提交的《虚拟分红权行权申请书》收悉，经审核，就您本次虚拟分红权行权事项予以批准，且通知如下：

D11759

姓名：________________________________

性别：________________________________

身份证号码：____________________________

虚拟股权证书号：__________________________

本次分红金额：___________________________

本次行权日期：______ 年 ______ 月 ______ 日

请于行权日持本批准书办理相关手续。

某某有限公司

______ 年 ______ 月 ______ 日

# 第五章　员工持股计划

## 1.员工持股计划使用场景与要点提示

**使用场景：**

员工持股计划，是指由公司内部员工个人出资认购本公司部分股份，并委托员工持股会进行集中管理的产权组织形式。在实践操作中，一般是员工认购资管计划的全部或部分份额，资管计划认购公司的股份以及进行其他类型的投资，实现员工资产的保值增值。员工持股计划适用的激励对象范围较股权激励广泛，与股权激励主要针对高级管理人员、董事以及核心技术（业务）人员不同，员工持股计划可以针对更为广泛的普通员工群体，若公司要大范围地实行激励，可采用员工持股计划的方式。另外，员工持股计划相较股权激励而言可以融资，存在杠杆效应。员工可购买资管计划的次级份额，优先级份额由投资者购买来实现融资，故激励成本较高时，公司可优先选择员工持股计划的方式对员工进行激励。

**要点提示：**

1. 员工持股计划有哪些优缺点?

员工持股计划的优点在于由于员工持有了公司的股份，公司利益和个人利益有效结合在一起，有利于调动员工的工作积极性。

员工持股计划的缺点在于影响股东对公司进行治理。

2. 员工持股计划适用于何种类型的企业?

员工持股计划多适用于重视员工福利的上市公司或者新三板挂牌公司。

3. 员工持股计划有哪些风险点?

实践中主要表现为流动性风险：员工持股计划对股票进行减持过程中，因证券市场或员工持股计划所投资股票的流动性不足，或所投资股票被停牌、除牌等情况，从而导致股票不能及时减持而造成损失的风险。另一个风险表现为员工持股计划实施期间，出现大量员工离职时，公司需要支付大量现金来应对。

## 2.私企上市公司员工持股计划全套文件

**文件名称用途：**

| 序号 | 名称 | 用途 | 网址 | 二维码 |
|---|---|---|---|---|
| 1 | 员工持股计划（草案） | 董事会拟定，由股东大会审议通过的整套方案 | http://www.fatianshi.cn/D11690 | D11690 |
| 2 | 管理办法 | 董事会负责解释及修订，由公司股东大会审议通过后生效 | http://www.fatianshi.cn/D11691 | D11691 |
| 3 | 董事会决议 | 用于董事会通过员工持股计划（草案）等议案 | http://www.fatianshi.cn/D11692 | D11692 |
| 4 | 监事会决议 | 用于监事会通过员工持股计划（草案）等议案 | http://www.fatianshi.cn/D11693 | D11693 |
| 5 | 独立董事意见 | 用于对员工持股计划（草案）发表意见 | http://www.fatianshi.cn/D11694 | D11694 |
| 6 | 监事会意见 | 用于对员工持股计划（草案）发表意见 | http://www.fatianshi.cn/D11695 | D11695 |

续表

| 序号 | 名称 | 用途 | 网址 | 二维码 |
|---|---|---|---|---|
| 7 | 股东大会决议 | 用于通过员工持股计划（草案）等议案 | http://www.fatianshi.cn/D11696 | D11696 |
| 8 | 第一次持有人会议 | 用于通过设立员工持股计划管理委员会等议案 | http://www.fatianshi.cn/D11697 | D11697 |

**该套文件设计思路：**

员工持股计划资金来源为员工的合法薪酬及其他自筹资金。员工持股计划全额认购某某证券股份有限公司设立的定向资产管理计划的全部份额，定向资产管理计划从二级市场购买取得并持有某某股份有限公司股票，[①]即员工持股计划通过某某证券股份有限公司设立的定向资产管理计划获得公司的标的股票。资管计划主要投资范围为某某股份有限公司股票及现金类资产，实现员工资产的保值增值。

①二级市场购买的方式只是法律法规允许的其中一种方式，但是被大多数公司所采用的模式。

**文本正文：http://www.fatianshi.cn/D11690**

## 某某股份有限公司年员工持股计划（草案）

### 声　明

本公司及全体董事、监事保证本计划及其摘要不存在虚假记载、误导性陈述或重大遗漏，并对其真实性、准确性、完整性承担个别和连带的法律责任。

## 特别提示

1. 本计划依据《中华人民共和国公司法》《中华人民共和国证券法》《关于上市公司实施员工持股计划试点的指导意见》及其他有关法律、法规、规范性文件，以及《某某股份有限公司章程》制订。

2. 公司实施员工持股计划遵循员工自愿参与的原则，公司不以摊派、强行分配等方式强制员工参加本员工持股计划。

3. 本员工持股计划参加对象为董事、监事、高层管理人员、中层管理人员及核心技术（业务）人员，①总人数共计不超过______人。

4. 本员工持股计划筹集资金总额上限为万元，以“份”为认购单位，每 1 份额的认购价格为人民币 1 元。最终具体金额根据员工实际缴款情况确定。

5. 本员工持股计划资金来源为员工的合法薪酬及其他自筹资金。

6. 本次员工持股计划设立后将认购某某证券股份有限公司设立的“某某定向资产管理计划”的全部份额。②资管计划主要投资范围为某某股份有限公司股票及现金类资产。

7. 本次员工持股计划认购股票的存续期为______个月，③自公司公告标的股票登记至本次持股计划名下时起算；锁定期为______个月，④自公司公告标的股票登记至本次员工持股计划名下时起算。

8. 本次员工持股计划实施后，将不会导致公司股权分布不符合上市条件要求。

9. 公司实施本次员工持股计划的财务、会计处理及其税收等问题，按有关财务制度、会计准则、税务制度的规定执行，员工因本次员工持股计划实施而需缴纳的相关个人所得税由员

①此模板的员工持股计划激励对象是面向公司高级管理人员及核心技术（业务）人员，实践中，员工持股计划可以面向普通的员工。在此仅作为一种参考。

②该模板资管计划未设定结构分级，也就意味着未进行外部融资，由员工购买全部份额。

③存续期大于锁定期。

④参见《关于上市公司实施员工持股计划试点的指导意见》第 6 条第一小点，该模板是以从二级市场回购的方式取得公司股票，故锁定期不得少于 12 个月。

D11690

工自行承担。

10. 本次员工持股计划经公司股东大会批准后方可实施。

## 第一章 释 义

以下词语如无特殊说明，在本文中具有如下含义：

| | | |
|---|---|---|
| 本公司、公司 | 指 | 某某股份有限公司 |
| 员工持股计划、本计划 | 指 | 《某某股份有限公司______年员工激励计划草案》 |
| 持有人或称委托人 | 指 | 选择参加本员工持股计划并通过某某定向资产管理计划获得一定数量股票的对象 |
| 管理委员会 | 指 | 本次员工持股计划的管理委员会 |
| 《管理协议》 | 指 | 《某某股份有限公司年员工持股计划定向资产管理协议》 |
| 标的股票 | 指 | 持有人通过某某定向资产管理计划购买的某某股份有限公司股票 |
| 某某证券股份有限公司 / 管理机构 / 管理人 | 指 | 本员工持股计划委托的资产管理机构 |
| 某某资产管理计划 | 指 | 本员工持股计划委托的资产管理机构设立的定向资产管理计划，由持有人申购后用于购买并持有标的股票 |
| 《公司法》 | 指 | 《中华人民共和国公司法》 |
| 《证券法》 | 指 | 《中华人民共和国证券法》 |

续表

| | | |
|---|---|---|
| 《指导意见》 | 指 | 《关于上市公司实施员工持股计划的指导意见》 |
| 《公司章程》 | 指 | 《某某股份有限公司章程》 |
| 证监会 | 指 | 中国证券监督管理委员会 |
| 元 、万元、亿元 | 指 | 人民币元、人民币万元、人民币亿元 |

## 第二章　实施激励计划的目的

为了进一步建立、健全公司长效激励机制，吸引和留住优秀人才，充分调动公司管理人员及员工的积极性，有效地将股东利益、公司利益和个人利益结合在一起，促进公司业绩持续增长，根据《公司法》《证券法》《指导意见》等有关法律、法规和规范性文件以及《公司章程》的规定，制订本计划草案。

## 第三章　员工持股计划的基本原则

**一、依法合规原则**

公司实施员工持股计划，严格按照法律、行政法规的规定履行程序，真实、准确、完整、及时地实施信息披露。任何人不得利用员工持股计划进行内幕交易、操纵证券市场等证券欺诈行为。

**二、自愿参与原则**

公司实施员工持股计划遵循公司自主决定，员工自愿参加，公司不以摊派、强行分配等方式强制员工参加员工持股计划。

**三、风险自担原则**

员工持股计划参与人盈亏自负，风险自担，与其他投资者权益平等。

D11690

## 第四章 激励对象的确定依据和范围

**一、激励对象的确定依据**

本计划激励对象根据《公司法》《证券法》《指导意见》等有关法律、法规、规范性文件和《公司章程》的相关规定，结合公司实际情况而确定。

**二、激励对象的范围**

本计划涉及的激励对象共计人，包括：

1. 公司董事、监事、高级管理人员；

2. 中层管理人员；

3. 公司核心技术（业务）人员。

**三、激励对象的核实**

公司监事会对激励对象名单进行审核，并将核实情况在股东大会上予以说明。

## 第五章 员工持股计划的具体内容

**一、员工持股计划的资金来源**

本员工持股计划的资金来源于员工的合法薪酬、自筹资金和法律、行政法规允许的其他方式。

**二、员工持股计划的股票来源**

本次员工持股计划全额认购某某证券股份有限公司设立的定向资产管理计划的全部份额，定向资产管理计划从二级市场购买取得并持有某某股份有限公司股票。即员工持股计划通过某某证券股份有限公司设立的定向资产管理计划获得公司的标的股票。公司全部有效的员工持股计划通过某某定向资产管理计划所持有的股票总数累计不超过公司股本总额的 10%，单个员工通过某某定向资产管理计划所获股份权益对应的股票总数累计不超过公司股本总额的1%。①员工持股计划持有的股票总数不包括员工在公司首次公开发行股票上市前获得的股份、通过二级市场自行购买的股份及通过股权激励获得的股份。

①参见《指导意见》第6条第二小点，其原因在于为避免过度稀释原有股东股权，导致其丧失对公司的控制权。

**三、员工持股计划的持有人情况**

员工持股计划的参与对象、认购份额上限及份额分配由公司董事会确定，公司董事会可根据员工实际缴款情况对员工持股计划的对象名单及其认购份额进行调整。出资参加本次员工持股计划的公司董事、监事、高级管理人员、中层管理人员、公司核心业务（技术）人员共计不超过人，预计出资比例如下表所示：

| 序号 | 持有人 | 出资额（万元） | 比例(%) |
|---|---|---|---|
| 1 | 董事、监事及高级管理人员 | | |
| 2 | 中层管理人员 | | |
| 3 | 核心技术（业务）人员 | | |
| | 合计 | | 100 |

**四、员工持股计划的存续、锁定及终止**

（一）员工持股计划的存续期

1. 本员工持股计划的存续期为______个月，自上市公司公告标的股票登记至员工持股计划名下之日起计算。

2. 如相关法律、法规、规范性文件对标的股票的转让作出限制性规定，或因股票流动性不足等市场原因导致标的股票未在存续期届满前全部变现的，由管理委员会与资产管理机构协商确定处置办法，经持有人会议2/3以上份额同意通过并提交董事会审议通过后，本次员工持股计划的存续期限可

D11690

相应延长。[①]

（二）员工持股计划的锁定期

本员工持股计划的锁定期为______个月，自上市公司公告标的股票登记至员工持股计划名下之日起计算。

（三）员工持股计划的终止

1. 员工持股计划存续期届满时自行终止，但经董事会审议延长的除外；

2. 员工持股计划锁定期满后，当员工持股计划资产均为货币资金时，员工持股计划可提前终止；

3. 若员工持股计划所持有的标的股票全部出售，且持股计划资产清算、分配完毕的，经管委会同意并报董事会备案，本持股计划即终止。

4. 公司出现严重经营困难或其他重大事项，经董事会决议终止持股计划。

**五、存续期内公司融资时员工持股计划的参与方式**

本次员工持股计划存续期内，公司以配股、增发、可转债等方式融资时，由管理委员会提交持有人会议审议是否参与以及参与方案。

**六、员工持有人会议**

（一）持有人会议的职权

本员工持股计划的激励对象在认购员工持股计划份额后即成为本计划的持有人，持有人会议是本员工持股计划的最高权力机构，由全体持有人组成。所有持有人均有权参加员工持股计划持有人会议，并按其持有份额行使表决权。持有人会议行使如下职权：

1. 选举和罢免管理委员会委员；

2. 审议员工持股计划的变更、终止、存续期的延长和提前



①为降低上文提到过的流动性风险，公司可以通过展期的方式保障员工持股计划持有人的利益。

终止，并提交公司董事会审议通过；

3. 审议员工持股计划在存续期内是否参与公司配股、增发、可转债等融资及资金解决方案；

4. 授权管理委员会监督员工持股计划的日常管理；

5. 授权管理委员会行使股东权利或者授权资产管理机构行使股东权利；

6. 授权管理委员会负责与资产管理机构的对接工作；

7. 法律、法规、规章、规范性文件或《员工持股计划（草案）》规定的持有人会议其他职权。

（二）持有人会议的召集程序

1. 首次持有人会议由公司董事长负责召集和主持，此后的持有人会议由管理委员会负责召集，管理委员会主任负责主持；管理委员会主任不能履行职务时，由其指派一名管理委员会委员负责主持。

2. 单独或合计持有员工持股计划______以上份额的持有人可以提议召开持有人会议。

3. 单独或合计持有本员工持股计划______以上份额的持有人可以向持有人会议提交临时提案，临时提案须在持有人会议召开前______个工作日向管理委员会提交。

4. 召开持有人会议，会议召集人应提前日发出会议通知，会议通知通过直接送达、邮寄、传真、电子邮件或者其他方式，提交给全体持有人。会议通知应当至少包括会议的时间、地点、方式，会议拟审议的主要事项，会议表决所必需的会议材料，联系人和联系方式，发出通知的日期。口头会议通知至少应包括会议的时间、地点、方式，以及情况紧急需要尽快召开持有人会议的说明。

（三）持有人会议的表决程序

1. 持有人以其所持有的本计划份额行使表决权，每 1 份额具有 1 票表决权。

2. 每项提案经过充分讨论后，主持人应当适时提请与会持有人进行表决。主持人也可决定在会议全部提案讨论完毕后一并提请与会持有人进行表决，表决方式为书面表决。

3. 持有人的表决意向分为同意、反对和弃权。与会持有人应当从上述意向中选择其一，未做选择或者同时选择两个以上意向的，视为弃权；持有人在会议主持人宣布表决结果后或者规定的表决时限结束后进行表决的，其表决情况不予统计。

4. 每项议案如经出席持有人会议的持有人所持 50% 以上（不含）份额同意后则视为表决通过［本计划约定需 2/3 以上（不含）份额同意的除外］，形成持有人会议的有效决议。

5. 持有人会议决议需报公司董事会、股东大会审议的，须按照《公司章程》的规定提交公司董事会、股东大会审议。

6. 持有人会议主持人负责安排对持有人会议做好记录。

**七、员工持股计划管理委员会**

1. 本员工持股计划设管理委员会，监督员工持股计划的日常管理，对员工持股计划持有人会议负责，代表持有人行使股东权利或者授权资产管理机构行使股东权利。

2. 管理委员会由名委员组成，设管理委员会主任 1 名。管理委员会委员均由持有人会议选举产生。管理委员会主任由管理委员会以全体委员的过半数选举产生，任期为员工持股计划的存续期。

3. 管理委员会根据相关法律、行政法规、部门规章、本计划以及《员工持股计划的管理办法》管理员工持股计划资产，并维护员工持股计划持有人的合法权益，确保员工持股计划的资产安全，对员工持股计划负有下列忠实义务：

（1）不得利用职权收受贿赂或者其他非法收入，不得侵占员工持股计划的财产；

（2）不得挪用员工持股计划资金；

（3）未经持有人会议同意，不得将员工持股计划资产或者资金以其个人名义或者其他个人名义开立账户储存；

（4）未经持有人会议同意，不得将员工持股计划资金借贷给他人或者以员工持股计划财产为他人提供担保；

（5）不得利用职权损害员工持股计划利益。管理委员会委员违反忠实义务给员工持股计划造成损失的，应当承担赔偿责任。

4.管理委员会行使以下职责：

（1）负责召集持有人会议；

（2）代表全体持有人监督员工持股计划的日常管理；

（3）代表全体持有人行使股东权利或者授权资产管理机构行使股东权利；

（4）负责与资产管理机构的对接工作；

（5）管理员工持股计划利益分配；

（6）办理员工持股计划份额继承登记；

（7）持有人会议授予的其他职责。

5.管理委员会主任行使下列职权：

（1）主持持有人会议和召集、主持管理委员会会议；

（2）督促、检查持有人会议、管理委员会会议决议的执行；

（3）管理委员会授予的其他职权。

6.管理委员会不定期召开会议，由管理委员会主任召集，于会议召开日前通知全体管理委员会委员。

7.管理委员会委员可以提议召开管理委员会临时会议。管理委员会主席应当自接到提议后个工作日内，召集和主持管理委员会临时会议。

8. 管理委员会应有过半数的管理委员会委员出席方可举行。管理委员会作出决议，必须经全体管理委员会的过半数通过。管理委员会决议的表决，实行一人一票。

9. 管理委员会决议表决方式为记名投票表决。管理委员会会议在保障管理委员会委员充分表达意见的前提下，可以用通讯方式进行并作出决议，并由参会管理委员会委员签字。

10. 管理委员会会议，应由管理委员会委员本人出席；管理委员会委员因故不能出席的，可以书面委托其他管理委员会委员代为出席，委托书中应载明代理人的姓名、代理事项、授权范围和有效期限，并由委托人签名或盖章。代为出席会议的管理委员会委员应当在授权范围内行使管理委员会委员的权利。管理委员会委员未出席管理委员会会议，亦未委托代表出席的，视为放弃在该次会议上的投票权。

11. 管理委员会应当对会议所议事项的决定形成会议记录，出席会议的管理委员会委员应当在会议记录上签名。

**八、员工持股计划的管理模式及管理机构的选任、管理协议**

（一）持股计划管理机构的选任

本期持股计划委托第三方管理，具体管理机构由管理委员会确定。受托方必须符合法律法规对资产管理资质的要求，为持股计划设立专门的资产管理计划，以法律法规允许的途径购买和持有某某股份有限公司股票。

（二）管理协议的主要条款必须包括下列内容：

1. 资产管理计划名称；

2. 类型；

3. 资产委托状况；

4. 委托资产的投资；

5. 委托人的权利与义务；

6. 特别风险提示；

7. 管理费、托管费与其他相关费用；

8. 资产管理计划的清算与终止；

9. 其他。

**九、员工持股计划的资产构成及权益处置**

（一）员工持股计划资产构成

1. 某某股份有限公司股票权益：员工持股计划通过认购资管计划的全部份额而享有资管计划持有公司股票所对应的权益；

2. 现金存款和应计利息；

3. 资管计划其他投资所形成的资产。[1]

员工持股计划资产独立于公司及托管人的资产，公司、托管人及公司、托管人的债权人无权对员工持股计划项下资产进行冻结、扣押、质押或进行其他处分。

（二）员工持股计划权益处置办法

1. 在存续期之内，除本期员工持股计划约定的特殊情况外，持有人所持的本员工持股计划份额不得转让、用于担保、偿还债务或作其他类似处置。

2. 在锁定期之内，持有人不得要求对员工持股计划的权益进行分配。

3. 在锁定期内，公司发生资本公积转增股本、派送股票红利时，员工持股计划因持有公司股份而新取得的股份一并锁定，不得在二级市场出售或以其他方式转让，该等股票的解锁期与相对应股票相同。

4. 在锁定期内，公司发生派息时，员工持股计划因持有公

①购买公司股票是主要的投资选项，同时也进行额外的投资实现资产的保值增值。

D11690

司股份而获得的现金股利每个会计年度可以进行收益分配，持有人按所持有计划份额占计划总份额的比例取得相应收益。

5. 员工持股计划锁定期满至存续期届满前，由管理委员会根据持有人会议的授权出售员工持股计划所持的标的股票。

6. 存续期内，持有人所持有的员工持股计划权益未经管理委员会同意不得转让，未经同意擅自转让的，该转让行为无效；但发生如下情形之一的，公司有权取消该持有人参与本计划的资格，并将其持有的员工持股计划权益作价强制转让给管理委员会指定的受让人，相关权益由受让人享有。

（1）持有人辞职或擅自离职的；

（2）持有人在劳动合同到期后拒绝续签劳动合同的；

（3）持有人劳动合同到期后，某某股份有限公司不与其续签劳动合同的；

（4）持有人因违反法律、行政法规或公司规章制度而被某某股份有限公司解除劳动合同的；

（5）持有人出现重大过错或业绩考核不达标而被降职、降级，导致其不符合参与本计划条件的。

7. 持有人出现如下情形时，持有人权益不受影响；其持股份额的权益仍由本人或其合法继承人享有：

（1）持有人发生丧失劳动能力情形；

（2）持有人达到国家规定的退休年龄而退休情形；

（3）持有人死亡的。①

8. 其他未尽事项，由管理委员会协商确定处理方式。

**十、员工持股计划期满后的处置办法**

本次员工持股计划存续期届满后______个工作日内完成清算，除本计划另有规定外，持有人按所持本次员工持股计划份额占总份额的比例分配剩余资产。

①员工持股计划持有人权益可以继承。

## 第六章　公司与持有人的权利与义务

### 一、公司的权利和义务

（一）公司的权利

1. 若持有人因触犯法律、贪污、受贿、侵害公司利益等不诚信行为，严重损害公司利益或声誉，管理委员会取消该员工持股计划持有人的资格，在员工持股计划终止后退还其本金。

2. 法律、行政法规及本员工持股计划规定的其他权利。

（二）公司的义务

1. 真实、准确、完整、及时地履行关于本员工持股计划的信息披露义务。

2. 法律、行政法规及本员工持股计划规定的其他义务。

（三）持有人的权利和义务

1. 持有人的权利如下：

（1）参加持有人会议和行使表决权；

（2）按其持有份额享有的相关权益。

2. 持有人的义务如下：

（1）遵守《员工持股计划（草案）》的规定；

（2）按所持员工持股计划的份额承担投资风险；

（3）遵守持有人会议决议；

（4）承担相关法律、法规、规章及《员工持股计划（草案）》规定的其他义务。

## 第七章　员工持股计划实施程序

（一）公司董事会负责拟定员工持股计划草案，并通过职工代表大会充分征求员工意见。

（二）董事会审议员工持股计划草案，独立董事及监事会就本次员工持股计划是否有利于公司的持续发展，是否存在损害公司及全体股东的利益，是否存在摊派、强行分配等方式强制员工参与本次员工持股计划发表意见。

（三）董事会在审议通过本计划草案后的2个交易日内公告董事会决议、员工持股计划草案及其摘要、独立董事意见、监事会意见及与资产管理机构签订的资产管理协议等。

（四）公司聘请律师事务所对员工持股计划出具法律意见书，并在召开关于审议员工持股计划的股东大会前公告法律意见书。

（五）公司召开股东大会以审议员工持股计划，监事会应当就持有人名单核实情况在股东大会上进行说明。股东大会将采用现场投票与网络投票相结合的方式进行投票，经出席股东大会有效表决权半数以上通过后，员工持股计划即可以实施。

## 第八章　其 他 事 项

一、公司董事会与股东大会审议通过本员工持股计划不意味着持有人享有继续在公司服务的权利，不构成公司对员工聘用期限的承诺，公司与持有人的劳动关系仍按公司与持有人签订的劳动合同执行。

二、本员工持股计划由公司董事会负责解释。

# 3.国有控股上市公司员工持股计划全套文件

**文件名称用途：**

| 序号 | 名称 | 用途 | 网址 | 二维码 |
|---|---|---|---|---|
| 1 | 员工持股计划（草案） | 董事会拟定，由股东大会审议通过的整套方案 | http://www.fatianshi.cn/D11700 | D11700 |
| 2 | 管理办法 | 董事会负责解释及修订，由公司股东大会审议通过后生效 | http://www.fatianshi.cn/D11701 | D11701 |
| 3 | 董事会决议 | 用于董事会通过员工持股计划（草案）等议案 | http://www.fatianshi.cn/D11702 | D11702 |
| 4 | 监事会决议 | 用于监事会通过员工持股计划（草案）等议案 | http://www.fatianshi.cn/D11703 | D11703 |
| 5 | 独立董事意见 | 用于对员工持股计划（草案）发表意见 | http://www.fatianshi.cn/D11704 | D11704 |
| 6 | 监事会意见 | 用于对员工持股计划（草案）发表意见 | http://www.fatianshi.cn/D11705 | D11705 |

续表

| 序号 | 名称 | 用途 | 网址 | 二维码 |
|---|---|---|---|---|
| 7 | 股东大会决议 | 用于通过员工持股计划（草案）等议案 | http://www.fatianshi.cn/D11706 | D11706 |
| 8 | 第一次持有人会议 | 用于通过设立员工持股计划管理委员会等议案 | http://www.fatianshi.cn/D11707 | D11707 |

**该套文件设计思路：**

该套国有控股上市公司的员工持股计划设计思路和私企一致，都是员工持股计划资金来源为员工的合法薪酬及其他自筹资金。员工持股计划全额认购某某证券股份有限公司设立的定向资产管理计划的全部份额，定向资产管理计划从二级市场购买取得并持有某某股份有限公司股票。即员工持股计划通过某某证券股份有限公司设立的定向资产管理计划获得公司的标的股票。资管计划主要投资范围为某某股份有限公司股票及现金类资产，实现员工资产的保值增值。

不同的是，国有控股上市公司在实施员工持股计划时，相较私企上市公司而言，有几点主要的不同，一个是股票的锁定期不得少于36个月，另一个是其实施还需经过国有资产监督管理部门审核备案；还有员工持股总量原则上不高于公司总股本的30%，单一员工持股比例原则上不高于公司总股本的1%。

**文本正文：http://www.fatianshi.cn/D11700**

# 某某股份有限公司年员工持股计划（草案）

## 声　明

本公司及全体董事、监事保证本计划及其摘要不存在虚假记载、误导性陈述或重大遗漏，并对其真实性、准确性、完整性承担个别和连带的法律责任。

## 特别提示

1. 本计划依据《中华人民共和国公司法》《中华人民共和国证券法》《关于上市公司实施员工持股计划试点的指导意见》《关于国有控股混合所有制企业开展员工持股试点的意见》[①]及其他有关法律、法规、规范性文件，以及《某某股份有限公司章程》制订。

2. 公司实施员工持股计划遵循员工自愿参与的原则，公司不以摊派、强行分配等方式强制员工参加本员工持股计划。

3. 本员工持股计划参加对象为高层管理人员、中层管理人员及核心技术（业务）人员，总人数共计不超过______人。

4. 本员工持股计划筹集资金总额上限为______万元，以“份”为认购单位，每 1 份额的认购价格为人民币 1 元。最终具体金额根据员工实际缴款情况确定。

5. 本员工持股计划资金来源为员工的合法薪酬及其他自筹资金。

6. 本次员工持股计划设立后将认购某某证券股份有限公司设立的“某某定向资产管理计划”的全部份额。资管计划主要投资范围为某某股份有限公司股票及现金类资产。

①与私企上市公司不同的是，国有控股上市公司实施员工持股计划还需遵循此意见的相关规定。

D11700

7. 本次员工持股计划认购股票的存续期为______个月，自公司公告标的股票登记至本次持股计划名下时起算；锁定期为______个月，[1]自公司公告标的股票登记至本次员工持股计划名下时起算。

8. 本次员工持股计划实施后，将不会导致公司股权分布不符合上市条件要求。

9. 公司实施本次员工持股计划的财务、会计处理及其税收等问题，按有关财务制度、会计准则、税务制度的规定执行，员工因本次员工持股计划实施而需缴纳的相关个人所得税由员工自行承担。

10. 本次员工持股计划经公司股东大会批准，且还须经国有资产监督管理部门审核备案后方可实施。[2]

## 第一章　释　　义

以下词语如无特殊说明，在本文中具有如下含义：

| | | |
|---|---|---|
| 本公司、公司 | 指 | 某某股份有限公司 |
| 员工持股计划、本计划 | 指 | 《某某股份有限公司______年员工激励计划草案》 |
| 持有人或称委托人 | 指 | 选择参加本员工持股计划并通过某某定向资产管理计划获得一定数量股票的对象 |
| 管理委员会 | 指 | 本次员工持股计划的管理委员会 |
| 《管理协议》 | 指 | 《某某股份有限公司年员工持股计划定向资产管理协议》 |
| 标的股票 | 指 | 持有人通过某某定向资产管理计划购买的某某股份有限公司股票 |

①国有控股上市公司锁定期不得少于36个月。

②这要是国有控股上市公司相较于私企上市公司不同的地方所在。

续表

| | | |
|---|---|---|
| 某某证券股份有限公司 / 管理机构 / 管理人 | 指 | 本员工持股计划委托的资产管理机构 |
| 某某资产管理计划 | 指 | 本员工持股计划委托的资产管理机构设立的定向资产管理计划，由持有人申购后用于购买并持有标的股票 |
| 《公司法》 | 指 | 《中华人民共和国公司法》 |
| 《证券法》 | 指 | 《中华人民共和国证券法》 |
| 《指导意见》 | 指 | 《关于上市公司实施员工持股计划的指导意见》 |
| 《公司章程》 | 指 | 《某某股份有限公司章程》 |
| 证监会 | 指 | 中国证券监督管理委员会 |
| 元 、万元、亿元 | 指 | 人民币元、人民币万元、人民币亿元 |

## 第二章　实施激励计划的目的

为了进一步建立、健全公司长效激励机制，吸引和留住优秀人才，充分调动公司管理人员及员工的积极性，有效地将股东利益、公司利益和个人利益结合在一起，促进公司业绩持续增长，根据《公司法》《证券法》《指导意见》《关于国有控股混合所有制企业开展员工持股试点的意见》等有关法律、法规和规范性文件以及《公司章程》的规定，制定本计划草案。

## 第三章　员工持股计划的基本原则

**一、依法合规原则**

公司实施员工持股计划，严格按照法律、行政法规的规定履行程序，真实、准确、完整、及时地实施信息披露。任何人不得利用员工持股计划进行内幕交易、操纵证券市场等证券欺诈行为。

**二、自愿参与原则**

公司实施员工持股计划遵循公司自主决定，员工自愿参加，公司不以摊派、强行分配等方式强制员工参加员工持股计划。

**三、风险自担原则**

员工持股计划参与人盈亏自负，风险自担，与其他投资者权益平等。

## 第四章　激励对象的确定依据和范围

**一、激励对象的确定依据**

本计划激励对象根据《公司法》《证券法》《指导意见》等有关法律、法规、规范性文件和《公司章程》的相关规定，结合公司实际情况而确定。

**二、激励对象的范围**

本计划涉及的激励对象共计______人，包括：

（一）公司高级管理人员；

（二）中层管理人员；

（三）公司核心技术（业务）人员。

**三、激励对象的核实**

公司监事会对激励对象名单进行审核，并将核实情况在股东大会上予以说明。①

## 第五章　员工持股计划的具体内容

### 一、员工持股计划的资金来源

本员工持股计划的资金来源于员工的合法薪酬、自筹资金和法律、行政法规允许的其他方式。

### 二、员工持股计划的股票来源

本次员工持股计划全额认购某某证券股份有限公司设立的定向资产管理计划的全部份额，定向资产管理计划从二级市场购买取得并持有某某股份有限公司股票。即员工持股计划通过某某证券股份有限公司设立的定向资产管理计划获得公司的标的股票。公司全部有效的员工持股计划通过某某定向资产管理计划所持有的股票总数累计不超过公司股本总额的30%，单个员工通过某某定向资产管理计划所获股份权益对应的股票总数累计不超过公司股本总额的1%。②员工持股计划持有的股票总数不包括员工在公司首次公开发行股票上市前获得的股份、通过二级市场自行购买的股份及通过股权激励获得的股份。

### 三、员工持股计划的持有人情况

员工持股计划的参与对象、认购份额上限及份额分配由公司董事会确定，公司董事会可根据员工实际缴款情况对员工持股计划的对象名单及其认购份额进行调整。出资参加本次员工持股计划的公司董事、监事、高级管理人员、中层管理人员、公司核心业务（技术）人员共计不超过人，预计出资比例如下表所示：

①主要审核激励对象的合法合规以及是否与公司存在劳动合同关系。

②对数量进行限制的背后原因在于避免过度稀释原有股东的权益，对于国企而言，则是避免过度稀释国有控股权。

D11700

| 序号 | 持有人 | 出资额（万元） | 比例 |
|---|---|---|---|
| 1 | 高级管理人员 | | |
| 2 | 中层管理人员 | | |
| 3 | 核心技术（业务）人员 | | |
| | 合计 | | 100% |

**四、员工持股计划的存续、锁定及变更、终止**

（一）员工持股计划的存续期

1. 本员工持股计划的存续期为______个月，自上市公司公告标的股票登记至员工持股计划名下之日起计算。

2. 如相关法律、法规、规范性文件对标的股票的转让作出限制性规定，或因股票流动性不足等市场原因导致标的股票未在存续期届满前全部变现的，由管理委员会与资产管理机构协商确定处置办法，经持有人会议2/3以上份额同意通过并提交董事会审议通过后，本次员工持股计划的存续期限可相应延长。

（二）员工持股计划的锁定期

本员工持股计划的锁定期为______个月[①]，自上市公司公告标的股票登记至员工持股计划名下之日起计算。

本员工持股计划严格遵守市场交易规则，遵守中国证券监督管理委员会、证券交易所关于信息敏感期不得买卖股票的规定。

（三）员工持股计划的变更

在员工持股计划的存续期内，员工持股计划的变更须经出席持有人会议的持有人所持三分之二以上份额同意并提交公司董事会审议通过方可实施。

（四）员工持股计划的终止

1. 员工持股计划存续期届满时自行终止，但经董事会审议

①至少为36个月。

延长的除外；

2. 员工持股计划锁定期满后，当员工持股计划资产均为货币资金时，员工持股计划可提前终止；

3. 若员工持股计划所持有的标的股票全部出售，且持股计划资产清算、分配完毕的，经管委会同意并报董事会备案，本持股计划即终止。

4. 公司出现严重经营困难或其他重大事项，经董事会决议终止持股计划。

**五、存续期内公司融资时员工持股计划的参与方式**

本次员工持股计划存续期内，公司以配股、增发、可转债等方式融资时，由管理委员会提交持有人会议审议是否参与以及参与方案。

**六、员工持有人会议**

（一）持有人会议的职权

本员工持股计划的激励对象在认购员工持股计划份额后即成为本计划的持有人，持有人会议是本员工持股计划的最高权力机构，由全体持有人组成。所有持有人均有权参加员工持股计划持有人会议，并按其持有份额行使表决权。持有人会议行使如下职权：

1. 选举和罢免管理委员会委员；

2. 审议员工持股计划的变更、终止、存续期的延长和提前终止，并提交公司董事会审议通过；

3. 审议员工持股计划在存续期内是否参与公司配股、增发、可转债等融资及资金解决方案；

4. 授权管理委员会监督员工持股计划的日常管理；

5. 授权管理委员会行使股东权利或者授权资产管理机构行使股东权利；

D11700

6. 授权管理委员会负责与资产管理机构的对接工作；

7. 法律、法规、规章、规范性文件或《员工持股计划（草案）》规定的持有人会议其他职权。

（二）持有人会议的召集程序

1. 首次持有人会议由公司董事长负责召集和主持，此后的持有人会议由管理委员会负责召集，管理委员会主任负责主持；管理委员会主任不能履行职务时，由其指派一名管理委员会委员负责主持。

2. 单独或合计持有员工持股计划以上份额的持有人可以提议召开持有人会议。

3. 单独或合计持有本员工持股计划以上份额的持有人可以向持有人会议提交临时提案，临时提案须在持有人会议召开前个工作日向管理委员会提交。

4. 召开持有人会议，会议召集人应提前日发出会议通知，会议通知通过直接送达、邮寄、传真、电子邮件或者其他方式，提交给全体持有人。会议通知应当至少包括会议的时间、地点、方式，会议拟审议的主要事项，会议表决所必需的会议材料，联系人和联系方式，发出通知的日期。口头会议通知至少应包括会议的时间、地点、方式，以及情况紧急需要尽快召开持有人会议的说明。

（三）持有人会议的表决程序

1. 持有人以其所持有的本计划份额行使表决权，每 1 份额具有 1 票表决权。

2. 每项提案经过充分讨论后，主持人应当适时提请与会持有人进行表决。主持人也可决定在会议全部提案讨论完毕后一并提请与会持有人进行表决，表决方式为书面表决。

3. 持有人的表决意向分为同意、反对和弃权。与会持有人应当从上述意向中选择其一，未做选择或者同时选择两个以上意向的，视为弃权；持有人在会议主持人宣布表决结果后或者规定的表决时限结束后进行表决的，其表决情况不予统计。

4. 每项议案如经出席持有人会议的持有人所持 50% 以上（不含）份额同意后则视为表决通过［本计划约定需 2/3 以上（不含）份额同意的除外］，形成持有人会议的有效决议。

5. 持有人会议决议需报公司董事会、股东大会审议的，须按照《公司章程》的规定提交公司董事会、股东大会审议。

6. 持有人会议主持人负责安排对持有人会议做好记录。

**七、员工持股计划管理委员会**

1. 本员工持股计划设管理委员会，监督员工持股计划的日常管理，对员工持股计划持有人会议负责，代表持有人行使股东权利或者授权资产管理机构行使股东权利。

2. 管理委员会由______名委员组成，设管理委员会主任 1 名。管理委员会委员均由持有人会议选举产生。管理委员会主任由管理委员会以全体委员的过半数选举产生，任期为员工持股计划的存续期。

3. 管理委员会根据相关法律、行政法规、部门规章、本计划以及《员工持股计划的管理办法》管理员工持股计划资产，并维护员工持股计划持有人的合法权益，确保员工持股计划的资产安全，对员工持股计划负有下列忠实义务：

（1）不得利用职权收受贿赂或者其他非法收入，不得侵占员工持股计划的财产；

（2）不得挪用员工持股计划资金；

（3）未经持有人会议同意，不得将员工持股计划资产或者资金以其个人名义或者其他个人名义开立账户储存；

（4）未经持有人会议同意，不得将员工持股计划资金借贷

D11700

给他人或者以员工持股计划财产为他人提供担保；

（5）不得利用职权损害员工持股计划利益。管理委员会委员违反忠实义务给员工持股计划造成损失的，应当承担赔偿责任。

4. 管理委员会行使以下职责：

（1）负责召集持有人会议；

（2）代表全体持有人监督员工持股计划的日常管理；

（3）代表全体持有人行使股东权利或者授权资产管理机构行使股东权利；

（4）负责与资产管理机构的对接工作；

（5）管理员工持股计划利益分配；

（6）办理员工持股计划份额继承登记；

（7）持有人会议授予的其他职责。

5. 管理委员会主任行使下列职权：

（1）主持持有人会议和召集、主持管理委员会会议；

（2）督促、检查持有人会议、管理委员会会议决议的执行；

（3）管理委员会授予的其他职权。

6. 管理委员会不定期召开会议，由管理委员会主任召集，于会议召开日前通知全体管理委员会委员。

7. 管理委员会委员可以提议召开管理委员会临时会议。管理委员会主席应当自接到提议后______个工作日内，召集和主持管理委员会临时会议。

8. 管理委员会应有过半数的管理委员会委员出席方可举行。管理委员会作出决议，必须经全体管理委员会的过半数通过。管理委员会决议的表决，实行一人一票。

9. 管理委员会决议表决方式为记名投票表决。管理委员会会议在保障管理委员会委员充分表达意见的前提下，可以用通讯方式进行并作出决议，并由参会管理委员会委员签字。

10. 管理委员会会议，应由管理委员会委员本人出席；管理委员会委员因故不能出席的，可以书面委托其他管理委员会委员代为出席，委托书中应载明代理人的姓名、代理事项、授权范围和有效期限，并由委托人签名或盖章。代为出席会议的管理委员会委员应当在授权范围内行使管理委员会委员的权利。管理委员会委员未出席管理委员会会议，亦未委托代表出席的，视为放弃在该次会议上的投票权。

11. 管理委员会应当对会议所议事项的决定形成会议记录，出席会议的管理委员会委员应当在会议记录上签名。

**八、员工持股计划的管理模式及管理机构的选任、管理协议**

（一）持股计划管理机构的选任

本期持股计划委托第三方管理，具体管理机构由管理委员会确定。受托方必须符合法律法规对资产管理资质的要求，为持股计划设立专门的资产管理计划，以法律法规允许的途径购买和持有某某股份有限公司股票。

（二）管理协议的主要条款必须包括下列内容；

1. 资产管理计划名称；

2. 类型；

3. 资产委托状况；

4. 委托资产的投资；

5. 委托人的权利与义务；

6. 特别风险提示；

7. 管理费、托管费与其他相关费用；

8. 资产管理计划的清算与终止；

9. 其他。

D11700

## 九、员工持股计划的资产构成及权益处置

（一）员工持股计划资产构成

1. 某某股份有限公司股票权益：员工持股计划通过认购资管计划的全部份额而享有资管计划持有公司股票所对应的权益；

2. 现金存款和应计利息；

3. 资管计划其他投资所形成的资产。

员工持股计划的资产独立于公司的固有财产，公司不得将员工持股计划资产委托归入其固有财产。因员工持股计划的管理、运用或者其他情形而取得的财产和收益归入员工持股计划资产。

（二）员工持股计划权益处置办法

1. 在存续期之内，除本期员工持股计划约定的特殊情况外，持有人所持的本员工持股计划份额不得转让、用于担保、偿还债务或作其他类似处置。

2. 在锁定期之内，持有人不得要求对员工持股计划的权益进行分配。

3. 在锁定期内，公司发生资本公积转增股本、派送股票红利时，员工持股计划因持有公司股份而新取得的股份一并锁定，不得在二级市场出售或以其他方式转让，该等股票的解锁期与相对应股票相同。

4. 在锁定期内，公司发生派息时，员工持股计划因持有公司股份而获得的现金股利每个会计年度可以进行收益分配，持有人按所持有计划份额占计划总份额的比例取得相应收益。

5. 员工持股计划锁定期满至存续期届满前，由管理委员会根据持有人会议的授权出售员工持股计划所持的标的股票。

6. 存续期内，持有人所持有的员工持股计划权益未经管理

委员会同意不得转让，未经同意擅自转让的，该转让行为无效；但发生如下情形之一的，公司有权取消该持有人参与本计划的资格，并将其持有的员工持股计划权益作价强制转让给管理委员会指定的受让人，相关权益由受让人享有。

（1）持有人辞职或擅自离职的；

（2）持有人在劳动合同到期后拒绝续签劳动合同的；

（3）持有人劳动合同到期后，某某股份有限公司不与其续签劳动合同的；

（4）持有人因违反法律、行政法规或公司规章制度而被某某股份有限公司解除劳动合同的；

（5）持有人出现重大过错或业绩考核不达标而被降职、降级，导致其不符合参与本计划条件的。

7. 持有人出现如下情形时，持有人权益不受影响；其持股份额的权益仍由本人或其合法继承人享有。

（1）持有人发生丧失劳动能力情形；

（2）持有人达到国家规定的退休年龄而退休情形；

（3）持有人死亡的。

8. 其他未尽事项，由管理委员会协商确定处理方式。

**十、员工持股计划期满后的处置办法**

本次员工持股计划存续期届满后______个工作日内完成清算，除本计划另有规定外，持有人按所持本次员工持股计划份额占总份额的比例分配剩余资产。

## 第六章　公司与持有人的权利与义务

### 一、公司的权利和义务

（一）公司的权利

1. 若持有人因触犯法律、贪污、受贿、侵害公司利益等不

D11700

诚信行为，严重损害公司利益或声誉，管理委员会取消该员工持股计划持有人的资格，在员工持股计划终止后退还其本金。

2. 法律、行政法规及本员工持股计划规定的其他权利。

（二）公司的义务

1. 真实、准确、完整、及时地履行关于本员工持股计划的信息披露义务。

2. 法律、行政法规及本员工持股计划规定的其他义务。

**二、持有人的权利和义务**

（一）持有人的权利

1. 参加持有人会议和行使表决权；

2. 按其持有份额享有的相关权益。

（二）持有人的义务

1. 遵守《员工持股计划（草案）》的规定；

2. 按所持员工持股计划的份额承担投资风险；

3. 遵守持有人会议决议；

4. 承担相关法律、法规、规章及《员工持股计划（草案）》规定的其他义务。

## 第七章　员工持股计划实施程序

（一）公司董事会负责拟定员工持股计划草案，并通过职工代表大会充分征求员工意见。

（二）董事会审议员工持股计划草案，独立董事及监事会就本次员工持股计划是否有利于公司的持续发展，是否存在损害公司及全体股东的利益，是否存在摊派、强行分配等方式强制员工参与本次员工持股计划发表意见。

（三）董事会在审议通过本计划草案后的 2 个交易日内公告董事会决议、员工持股计划草案及其摘要、独立董事意见、监事会意见及与资产管理机构签订的资产管理协议等。

（四）公司聘请律师事务所对员工持股计划出具法律意见书，并在召开关于审议员工持股计划的股东大会前公告法律意见书。

（五）公司召开股东大会以审议员工持股计划，监事会应当就持有人名单核实情况在股东大会上进行说明。股东大会将采用现场投票与网络投票相结合的方式进行投票，经出席股东大会有效表决权半数以上通过，并报上级主管机构审核备案后实施。

## 第八章　其他事项

一、公司董事会与股东大会审议通过本员工持股计划不意味着持有人享有继续在公司服务的权利，不构成公司对员工聘用期限的承诺，公司与持有人的劳动关系仍按公司与持有人签订的劳动合同执行。

二、本员工持股计划由公司董事会负责解释。

D11700

# 4.私企新三板挂牌企业员工持股计划全套文件

**文件名称用途：**

| 序号 | 名称 | 用途 | 网址 | 二维码 |
| --- | --- | --- | --- | --- |
| 1 | 员工持股计划（草案） | 董事会拟定，由股东大会审议通过的整套方案 | http://www.fatianshi.cn/D11708 | D11708 |
| 2 | 董事会决议 | 用于董事会通过员工持股计划（草案）等议案 | http://www.fatianshi.cn/D11709 | D11709 |
| 3 | 监事会决议 | 用于监事会通过员工持股计划（草案）等议案 | http://www.fatianshi.cn/D11711 | D11711 |
| 4 | 监事会意见 | 用于对员工持股计划（草案）发表意见 | http://www.fatianshi.cn/D11712 | D11712 |
| 5 | 股东大会决议 | 用于通过员工持股计划（草案）等议案 | http://www.fatianshi.cn/D11713 | D11713 |
| 6 | 定向发行股票认购协议 | 用于通过设立员工持股计划管理委员会等议案 | http://www.fatianshi.cn/D11714 | D11714 |

**该套文件设计思路：**

员工持股计划资金来源为员工的合法薪酬及其他自筹资金。员工持股计划全额认购某某证券股份有限公司设立的定向资产管理计划的全部份额，定向资产管理计划认购某某股份有限公司定向发行的股票。[①]即员工持股计划通过某某证券股份有限公司设立的定向资产管理计划获得公司的标的股票。资管计划主要投资范围为某某股份有限公司股票及现金类资产，实现员工资产的保值增值。该套模板与前述私企及国企上市公司不同的是定向资产管理计划并非通过二级市场购买而是购买公司定向发行的股票。此外，新三板实施员工持股计划较上市公司有较大的灵活性，譬如没有独立董事制度，在实施程序上面更加简化。

①此模板为认购公司定向发行股票的方式实施员工持股计划，也是实践中实施得比较多的一种方式。

**文本正文 1：http://www.fatianshi.cn/D11708**

某某股份有限公司年员工持股计划（草案）

## 声　明

本公司及全体董事、监事保证本计划及其摘要不存在虚假记载、误导性陈述或重大遗漏，并对其真实性、准确性、完整性承担个别和连带的法律责任。

## 特别提示

1. 本计划依据《中华人民共和国公司法》《中华人民共和国证券法》及其他有关法律、法规、规范性文件以及《某某股份有限公司章程》并参照《关于上市公司实施员工持股计划试点的指导意见》制订。

D11708

2. 公司实施员工持股计划遵循员工自愿参与的原则，公司不以摊派、强行分配等方式强制员工参加本员工持股计划。

3. 本员工持股计划参加对象为董事、监事、高层管理人员、中层管理人员及核心技术（业务）人员，总人数共计不超过人。

4. 本员工持股计划筹集资金总额上限为万元，以“份”为认购单位，每1份额的认购价格为人民币1元。最终具体金额根据员工实际缴款情况确定。

5. 本员工持股计划资金来源为员工的合法薪酬及其他自筹资金。

6. 本次员工持股计划股票来源为公司定向发行的股票。员工持股计划通过定向资产管理计划拟认购本公司定向发行股票金额不超过万元，拟认购股份不超过万股。本员工持股计划份额所对应股票总数累计不超过本次定向发行后公司股本总额的10%，单个员工所认购的计划权益所对应的股票总数累计不超过本次定向发行后公司股本总额的1%。[①]员工持股计划持有的股票总数不包括员工在公司挂牌交易前获得的股份、通过二级市场自行购买的股份及通过股权激励获得的股份。

7. 本次员工持股计划认购股票的存续期为个月，自公司公告标的股票登记至本次持股计划名下时起算；锁定期为______个月，[②]自公司公告标的股票登记至本次员工持股计划名下时起算。

8. 本次员工持股计划经公司股东大会批准后方可实施。

## 第一章　释　　义

以下词语如无特殊说明，在本文中具有如下含义：

①参见《关于上市公司实施员工持股计划试点的指导意见》第6条第二小点的规定。

②对于私企新三板挂牌公司而言，锁定期可以灵活设置，但一般设定为不少于12个月。

| | | |
|---|---|---|
| 本公司、公司 | 指 | 某某股份有限公司 |
| 员工持股计划、本计划 | 指 | 《某某股份有限公司______年员工激励计划草案》 |
| 持有人或称委托人 | 指 | 选择参加本员工持股计划并通过某某定向资产管理计划获得一定数量股票的对象 |
| 管理委员会 | 指 | 本次员工持股计划的管理委员会 |
| 《管理协议》 | 指 | 《某某股份有限公司年员工持股计划定向资产管理协议》 |
| 标的股票 | 指 | 持有人通过某某定向资产管理计划购买的某某股份有限公司股票 |
| 某某证券股份有限公司 / 管理机构 / 管理人 | 指 | 本员工持股计划委托的资产管理机构 |
| 某某资产管理计划 | 指 | 本员工持股计划委托的资产管理机构设立的定向资产管理计划，由持有人申购后用于购买并持有标的股票 |
| 《公司法》 | 指 | 《中华人民共和国公司法》 |
| 《证券法》 | 指 | 《中华人民共和国证券法》 |
| 《指导意见》 | 指 | 《关于上市公司实施员工持股计划的指导意见》 |
| 《公司章程》 | 指 | 《某某股份有限公司章程》 |
| 证监会 | 指 | 中国证券监督管理委员会 |
| 元、万元、亿元 | 指 | 人民币元、人民币万元、人民币亿元 |

D11708

## 第二章　实施激励计划的目的

为了进一步建立、健全公司长效激励机制，吸引和留住优秀人才，充分调动公司管理人员及员工的积极性，有效地将股东利益、公司利益和个人利益结合在一起，促进公司业绩持续增长，根据《公司法》《证券法》等有关法律、法规和规范性文件以及《公司章程》以及参照《指导意见》的规定，制定本计划草案。

## 第三章　员工持股计划的基本原则

**一、依法合规原则**

公司实施员工持股计划，严格按照法律、行政法规的规定履行程序，真实、准确、完整、及时地实施信息披露。任何人不得利用员工持股计划进行内幕交易、操纵证券市场等证券欺诈行为。

**二、自愿参与原则**

公司实施员工持股计划遵循公司自主决定，员工自愿参加，公司不以摊派、强行分配等方式强制员工参加员工持股计划。

**三、风险自担原则**

员工持股计划参与人盈亏自负，风险自担，与其他投资者权益平等。

## 第四章　激励对象的确定依据和范围

**一、激励对象的确定依据**

（一）激励对象确定的法律依据

本计划激励对象根据《公司法》《证券法》《指导意见》等有关法律、法规、规范性文件和《公司章程》的相关规定，结合公司实际情况而确定。

**二、激励对象的范围**

本计划涉及的激励对象共计______人，包括：

（一）公司董事、监事、高级管理人员；

（二）中层管理人员；

（三）公司核心技术（业务）人员。

**三、激励对象的核实**

公司监事会对激励对象名单进行审核，并将核实情况在股东大会上予以说明。

## 第五章　员工持股计划的具体内容

**一、员工持股计划的资金来源**

本员工持股计划的资金来源于员工的合法薪酬、自筹资金和法律、行政法规允许的其他方式。

**二、员工持股计划的股票来源及标的股票价格**

本次员工持股计划全额认购某某证券股份有限公司设立的定向资产管理计划的全部份额，定向资产管理计划将在股东大会审议通过员工持股计划后______个月内，通过认购公司定向发行股票完成标的股票的获取。公司全部有效的员工持股计划通过某某定向资产管理计划所持有的股票总数累计不超过公司股本总额的10%，单个员工通过某某定向资产管理计划所获股份权益对应的股票总数累计不超过公司股本总额的1%。员工持股计划持有的股票总数不包括员工在公司挂牌前取得的股份、通过二级市场自行购买的股份及通过股权激励获得的股份。

某某股份有限公司员工持股计划定向资产管理计划认购公司标的股票的价格为______元 / 股。

**三、员工持股计划的持有人情况**

员工持股计划的参与对象、认购份额上限及份额分配由公司董事会确定，公司董事会可根据员工实际缴款情况对员工持股计划的对象名单及其认购份额进行调整。出资参加本次员工持股计划的公司董事、监事、高级管理人员、中层管理人员、公司核心业务（技术）人员共计不超过人，预计出资比例如下表所示：

| 序号 | 持有人 | 出资额（万元） | 比例（%） |
|---|---|---|---|
| 1 | 董事、监事及高级管理人员 | | |
| 2 | 中层管理人员 | | |
| 3 | 核心技术（业务）人员 | | |
| | 合计 | | 100 |

**四、员工持股计划的存续、锁定及终止**

（一）员工持股计划的存续期

1. 本员工持股计划的存续期为______个月，自标的股票登记至员工持股计划名下之日起计算。

2. 如相关法律、法规、规范性文件对标的股票的转让作出限制性规定，或因股票流动性不足等市场原因导致标的股票未在存续期届满前全部变现的，由管理委员会与资产管理机构协商确定处置办法，经持有人会议 2/3 以上份额同意通过并提交董事会审议通过后，本次员工持股计划的存续期限可相应延长。

（二）员工持股计划的锁定期

本员工持股计划的锁定期为______个月，自标的股票登记至员工持股计划名下之日起计算。

（三）员工持股计划的终止

1. 员工持股计划存续期届满时自行终止，但经董事会审议延长的除外；

2. 员工持股计划锁定期满后，当员工持股计划资产均为货币资金时，员工持股计划可提前终止；

3. 若员工持股计划所持有的标的股票全部出售，且持股计划资产清算、分配完毕的，经管委会同意并报董事会备案，本持股计划即终止。

4. 公司出现严重经营困难或其他重大事项，经董事会决议终止持股计划。

**五、存续期内公司融资时员工持股计划的参与方式**

本次员工持股计划存续期内，公司以配股、增发、可转债等方式融资时，由管理委员会提交持有人会议审议是否参与以及参与方案。

**六、员工持有人会议**

（一）持有人会议的职权

本员工持股计划的激励对象在认购员工持股计划份额后即成为本计划的持有人，持有人会议是本员工持股计划的最高权力机构，由全体持有人组成。所有持有人均有权参加员工持股计划持有人会议，并按其持有份额行使表决权。持有人会议行使如下职权：

1. 选举和罢免管理委员会委员；

2. 审议员工持股计划的变更、终止、存续期的延长和提前终止，并提交公司董事会审议通过；

3. 审议员工持股计划在存续期内是否参与公司配股、增发、可转债等融资及资金解决方案；

4. 授权管理委员会监督员工持股计划的日常管理；

5. 授权管理委员会行使股东权利或者授权资产管理机构行使股东权利；

6. 授权管理委员会负责与资产管理机构的对接工作；

D11708

7. 法律、法规、规章、规范性文件或《员工持股计划（草案）》规定的持有人会议其他职权。

（二）持有人会议的召集程序

1. 首次持有人会议由公司董事长负责召集和主持，此后的持有人会议由管理委员会负责召集，管理委员会主任负责主持；管理委员会主任不能履行职务时，由其指派一名管理委员会委员负责主持。

2. 单独或合计持有员工持股计划______以上份额的持有人可以提议召开持有人会议。

3. 单独或合计持有本员工持股计划______以上份额的持有人可以向持有人会议提交临时提案，临时提案须在持有人会议召开前______个工作日向管理委员会提交。

4. 召开持有人会议，会议召集人应提前______日发出会议通知，会议通知通过直接送达、邮寄、传真、电子邮件或者其他方式，提交给全体持有人。会议通知应当至少包括会议的时间、地点、方式，会议拟审议的主要事项，会议表决所必需的会议材料，联系人和联系方式，发出通知的日期。口头会议通知至少应包括会议的时间、地点、方式，以及情况紧急需要尽快召开持有人会议的说明。

（三）持有人会议的表决程序

1. 持有人以其所持有的本计划份额行使表决权，每 1 份额具有 1 票表决权。

2. 每项提案经过充分讨论后，主持人应当适时提请与会持有人进行表决。主持人也可决定在会议全部提案讨论完毕后一并提请与会持有人进行表决，表决方式为书面表决。

3. 持有人的表决意向分为同意、反对和弃权。与会持有人应当从上述意向中选择其一，未做选择或者同时选择两个以上意向的，视为弃权；持有人在会议主持人宣布表决结果后或者规定的表决时限结束后进行表决的，其表决情况不予统计。

4. 每项议案如经出席持有人会议的持有人所持 50% 以上（不含）份额同意后则视为表决通过［本计划约定需 2/3 以上（不含）份额同意的除外］，形成持有人会议的有效决议。

5. 持有人会议决议需报公司董事会、股东大会审议的，须按照《公司章程》的规定提交公司董事会、股东大会审议。

6. 持有人会议主持人负责安排对持有人会议做好记录。

**七、员工持股计划管理委员会**

1. 本员工持股计划设管理委员会，监督员工持股计划的日常管理，对员工持股计划持有人会议负责，代表持有人行使股东权利或者授权资产管理机构行使股东权利。

2. 管理委员会由_____名委员组成，设管理委员会主任 1 名。管理委员会委员均由持有人会议选举产生。管理委员会主任由管理委员会以全体委员的过半数选举产生，任期为员工持股计划的存续期。

3. 管理委员会根据相关法律、行政法规、部门规章、本计划以及《员工持股计划的管理办法》管理员工持股计划资产，并维护员工持股计划持有人的合法权益，确保员工持股计划的资产安全，对员工持股计划负有下列忠实义务：

（1）不得利用职权收受贿赂或者其他非法收入，不得侵占员工持股计划的财产；

（2）不得挪用员工持股计划资金；

（3）未经持有人会议同意，不得将员工持股计划资产或者资金以其个人名义或者其他个人名义开立账户储存；

（4）未经持有人会议同意，不得将员工持股计划资金借贷给他人或者以员工持股计划财产为他人提供担保；

（5）不得利用职权损害员工持股计划利益。管理委员会委员违反忠实义务给员工持股计划造成损失的，应当承担赔偿责任。

4. 管理委员会行使以下职责：

（1）负责召集持有人会议；

（2）代表全体持有人监督员工持股计划的日常管理；

（3）代表全体持有人行使股东权利或者授权资产管理机构行使股东权利；

（4）负责与资产管理机构的对接工作；

（5）管理员工持股计划利益分配；

（6）办理员工持股计划份额继承登记；

（7）持有人会议授予的其他职责。

5. 管理委员会主任行使下列职权：

（1）主持持有人会议和召集、主持管理委员会会议；

（2）督促、检查持有人会议、管理委员会会议决议的执行；

（3）管理委员会授予的其他职权。

6. 管理委员会不定期召开会议，由管理委员会主任召集，于会议召开日前通知全体管理委员会委员。

7. 管理委员会委员可以提议召开管理委员会临时会议。管理委员会主席应当自接到提议后______个工作日内，召集和主持管理委员会临时会议。

8. 管理委员会应有过半数的管理委员会委员出席方可举行。管理委员会作出决议，必须经全体管理委员会的过半数通过。管理委员会决议的表决，实行一人一票。

9. 管理委员会决议表决方式为记名投票表决。管理委员会会议在保障管理委员会委员充分表达意见的前提下，可以用通讯方式进行并作出决议，并由参会管理委员会委员签字。

10. 管理委员会会议，应由管理委员会委员本人出席；管理委员会委员因故不能出席的，可以书面委托其他管理委员会委员代为出席，委托书中应载明代理人的姓名、代理事项、授权范围和有效期限，并由委托人签名或盖章。代为出席会议的管理委员会委员应当在授权范围内行使管理委员会委员的权利。管理委员会委员未出席管理委员会会议，亦未委托代表出席的，视为放弃在该次会议上的投票权。

11. 管理委员会应当对会议所议事项的决定形成会议记录，出席会议的管理委员会委员应当在会议记录上签名。

**八、员工持股计划的管理模式及管理机构的选任、管理协议**

（一）持股计划管理机构的选任

本期持股计划委托第三方管理，具体管理机构由管理委员会确定。受托方必须符合法律法规对资产管理资质的要求，为持股计划设立专门的资产管理计划，以法律法规允许的途径购买和持有某某股份有限公司股票。

（二）管理协议的主要条款必须包括下列内容：

1. 资产管理计划名称；

2. 类型；

3. 资产委托状况；

4. 委托资产的投资；

5. 委托人的权利与义务；

6. 特别风险提示；

7. 管理费、托管费与其他相关费用；

8. 资产管理计划的清算与终止；

9. 其他。

D11708

九、员工持股计划的资产构成及权益处置

（一）员工持股计划资产构成

1. 某某股份有限公司股票权益：员工持股计划通过认购资管计划的全部份额而享有资管计划持有公司股票所对应的权益；

2. 现金存款和应计利息；

3. 资管计划其他投资所形成的资产。

员工持股计划资产独立于公司及托管人的资产，公司、托管人及公司、托管人的债权人无权对员工持股计划项下资产进行冻结、扣押、质押或进行其他处分。

（二）员工持股计划权益处置办法

1. 在存续期之内，除本期员工持股计划约定的特殊情况外，持有人所持的本员工持股计划份额不得转让、用于担保、偿还债务或作其他类似处置。

2. 在锁定期之内，持有人不得要求对员工持股计划的权益进行分配。

3. 在锁定期内，公司发生资本公积转增股本、派送股票红利时，员工持股计划因持有公司股份而新取得的股份一并锁定，不得在二级市场出售或以其他方式转让，该等股票的解锁期与相对应股票相同。

4. 在锁定期内，公司发生派息时，员工持股计划因持有公司股份而获得的现金股利每个会计年度可以进行收益分配，持有人按所持有计划份额占计划总份额的比例取得相应收益。

5. 员工持股计划锁定期满至存续期届满前，由管理委员会根据持有人会议的授权出售员工持股计划所持的标的股票。

6. 存续期内，持有人所持有的员工持股计划权益未经管理委员会同意不得转让，未经同意擅自转让的，该转让行为无效；但发生如下情形之一的，公司有权取消该持有人参与本计划的资格，并将其持有的员工持股计划权益作价强制转让给管理委员会指定的受让人，相关权益由受让人享有。

（1）持有人辞职或擅自离职的；

（2）持有人在劳动合同到期后拒绝续签劳动合同的；

（3）持有人劳动合同到期后，某某股份有限公司不与其续签劳动合同的；

（4）持有人因违反法律、行政法规或公司规章制度而被某某股份有限公司解除劳动合同的；

（5）持有人出现重大过错或业绩考核不达标而被降职、降级，导致其不符合参与本计划条件的。

7. 持有人出现如下情形时，持有人权益不受影响；其持股份额的权益仍由本人或其合法继承人享有。

（1）持有人发生丧失劳动能力情形；

（2）持有人达到国家规定的退休年龄而退休情形；

（3）持有人死亡的。

8. 其他未尽事项，由管理委员会协商确定处理方式。

**十、员工持股计划期满后的处置办法**

本次员工持股计划存续期届满后个______工作日内完成清算，除本计划另有规定外，持有人按所持本次员工持股计划份额占总份额的比例分配剩余资产。

## 第六章　公司与持有人的权利与义务

**一、公司的权利和义务**

1. 公司的权利

（1）若持有人因触犯法律、贪污、受贿、侵害公司利益等不诚信行为，严重损害公司利益或声誉，管理委员会取消该员工持股计划持有人的资格，在员工持股计划终止后退还其本金。

D11708

（2）法律、行政法规及本员工持股计划规定的其他权利。

2. 公司的义务

（1）真实、准确、完整、及时地履行关于本员工持股计划的信息披露义务。

（2）法律、行政法规及本员工持股计划规定的其他义务。

**二、持有人的权利和义务**

1. 持有人的权利

（1）参加持有人会议和行使表决权；

（2）按其持有份额享有的相关权益。

2. 持有人的义务

（1）遵守《员工持股计划（草案）》的规定；

（2）按所持员工持股计划的份额承担投资风险；

（3）遵守持有人会议决议；

（4）承担相关法律、法规、规章及《员工持股计划（草案）》规定的其他义务。

## 第七章　员工持股计划实施程序

（一）公司董事会负责拟定员工持股计划草案，并通过职工代表大会充分征求员工意见。

（二）董事会审议员工持股计划草案，监事会就本次员工持股计划是否有利于公司的持续发展，是否存在损害公司及全体股东的利益，是否存在摊派、强行分配等方式强制员工参与本次员工持股计划发表意见。

（三）董事会在审议通过本计划草案后的 2 个交易日内公告董事会决议、员工持股计划草案及其摘要、监事会意见及与资产管理机构签订的资产管理协议等。

（四）公司聘请律师事务所对员工持股计划出具法律意见书，

并在召开关于审议员工持股计划的股东大会前公告法律意见书。

（五）公司召开股东大会以审议员工持股计划，监事会应当就持有人名单核实情况在股东大会上进行说明。员工持股计划等经公司股东大会审议通过后即可以实施。

## 第八章　其他事项

一、公司董事会与股东大会审议通过本员工持股计划不意味着持有人享有继续在公司服务的权利，不构成公司对员工聘用期限的承诺，公司与持有人的劳动关系仍按公司与持有人签订的劳动合同执行。

二、本员工持股计划由公司董事会负责解释。

**文本正文 2：http://www.fatianshi.cn/D11714**

## 定向发行股票认购协议

甲方：某某股份有限公司（发行方）

法定代表人：________________________________

地址：____________________________________

联系人：__________________________________

电话：____________________________________

乙方：（认购方或称资产计划管理人）

法定代表人：________________________________

地址：____________________________________

联系人：__________________________________

电话：____________________________________

D11714

鉴于：

1. 甲方（以下简称公司）为全国中小企业股份转让系统有限责任公司（以下简称全国股转系统）的挂牌公司。

2. 乙方为此次资产管理计划的管理人（代某某资产管理计划）。

为了进一步建立、健全公司长效激励机制，吸引和留住优秀人才，充分调动公司管理人员及核心员工的积极性，有效地将股东利益、公司利益和个人利益结合在一起，促进公司业绩持续增长，甲、乙双方根据相关法律法规以及《员工持股计划》之规定，经自愿平等协商，就本次定向发行事宜达成本协议，以资信守。

**第一条　定向发行价格和数量**

甲方同意向乙方定向发行股，每股发行价格为______元，乙方同意以______元 / 股的价格认购甲方本次定向发行的股股份。

**第二条　认购方式**

支付方式：乙方应按照甲方确定的具体缴款日期将认购定向发行股份的认股款______元足额汇入甲方为本次定向发行专门开立的账户。

**第三条　限售期及禁售期**

1. 此次发行的股票的限售期为股票授予之日（乙方认购发行股票之日）起 ______ 个月。股票在授予给乙方并完成中国证券登记结算有限公司登记后即行锁定，乙方根据本计划获授的股票（包括乙方因甲方转增股本、派送红股等原因而获得的新的股份）在解除限售前不得转让、用于担保或偿还债务。

2. 股票解除限售后，乙方持有的股份可以一次性进入全国中小企业股份转让系统进行股份报价转让。

**第四条　定向发行手续**

1. 本协议签署后乙方应按照甲方指定的日期，将足额的定向发行认缴款汇入甲方开立的定向发行账户。

2. 乙方应配合甲方提供办理验资、工商变更登记、股份登记所必须之资料并配合办理相关事宜。

**第五条　双方权利与义务**

1. 乙方应在约定期限内向甲方指定的银行账户一次性足额支付全部认购款项。

2. 甲方在收到乙方缴纳的本次定向发行的认股款后，应当聘请具有证券、期货相关从业资格的会计师事务所进行验资，并及时办理在中国证券监督管理委员会和全国股转让系统备案手续、新增股份登记手续、工商变更登记手续等相关事宜。

3. 经中国证券登记结算有限责任公司登记过户后乙方便享有其股票应有的权利，包括但不限于该等股票的分红权、配股权、投票权等。在股票解除限售之前，乙方获授的股票（包含因该等股票取得的股票股利）不得转让、用于担保或用于偿还债务。

4. 乙方因员工持股计划获得的收益，应按国家税收法规缴纳所得税及其他税费。

**第六条　保密**

双方一致确认，因履行本合同而取得对方信息及资料均为保密信息，未经披露方书面同意，接收方不得向任何第三方以任何方式进行传播，否则因此造成的全部损失，均由违约方承担。本保密期限为永久，直至相关信息以合法形式进入公众领域为止。否则，违约方应赔偿因此给守约方造成的全部损失。

**第七条　违约责任**

任何一方违反本协议的约定的义务的，违约方应依法承担

D11714

相应的违约责任。违约金不足以弥补守约方损失的，还应继续赔偿守约方的损失。

**第八条　不可抗力**

1. 签约双方中的任何一方由于战争及严重的洪水、台风、地震、塌方等不可抗力事件而影响合同的执行时，应及时通知对方请求延迟相应受影响部分的履行期限，延迟的时间应相当于事件影响的时间。不可抗力事件系指双方在缔结合同时所不能预见的，并且它的发生及其后果是无法克服和无法避免的。

2. 对于本合同中未受不可抗力直接影响的其他义务，义务方应按合同继续履行。如不可抗力事件延续到10天以上时，双方可通过友好协商解决合同是否继续履行问题。

**第九条　争议解决**

双方在履行本协议过程中的一切争议，均应通过友好协商解决；如协商不成，任何一方可向有甲方所在地人民法院提起诉讼。

**第十条　本协议的解除或终止**

若存在以下列任一情形的，本协议将解除：

（1）双方协商一致同意解除的；

（2）发生第八条的情形致使本协议无法继续履行的；

（3）乙方严重侵犯甲方利益，甲方解除本协议的；

（4）乙方未按约定缴纳股份认购款的，甲方有权解除本协议。

本协议的解除或终止，不影响守约向违约方追究违约责任。

**第十一条　其他**

1. 本协议经协议双方签字、盖章后生效。本协议未尽事宜，甲乙双方可通过协商签订补充协议，补充协议与本协议具有同等法律效力。

2. 本协议一式五份，甲乙双方各执一份，其余供办理变更、备案手续使用。

3. 经双方签署之日起成立，并自股东大会批准本次拟定向发行股票之具体方案和相关事宜之日起生效。

甲方：某某股份有限公司（盖章）

法定代表人或授权代表：________________________________

签署日期：______ 年 ______ 月 ______ 日

乙方：认购方或称资产计划管理人

法定代表人或授权代表：________________________________

签署日期：______ 年 ______ 月 ______ 日

D11714

# 第六章　业绩股票

## 1.业绩股票使用场景与要点提示

**使用场景：**

业绩股票激励模式指公司在年初确定一个合理的业绩目标，如果公司在年末实现了公司预定的年度业绩目标，则公司给予激励对象一定数量的股票，或奖励其一定数量的奖金来购买本公司的股票。业绩股票实质上属于限制性股票，其较一般限制性股票的不同在于一是业绩股票的授予必须要满足公司业绩指标达标的条件，而一般限制性股票的授予条件不对业绩指标做硬性要求，更多的是要求公司和激励对象皆合法合规。二是购买业绩股票的资金来源为公司从税后利润中提取的激励基金，而非激励对象自筹资金。故公司要使用业绩股票的模式进行激励需要考虑以上两点。

**要点提示：**

1. 业绩股票激励模式有啥优缺点？

优点在于能够激励公司高管人员及核心技术（业务）人员的工作积极性。由于授予条件必须要有业绩指标的硬性要求，为了获得业绩股票，激励对象会努力地去完成公司预定的业绩目标。

缺点在于公司高管可以操作业绩目标，容易导致公司高管人员为获得业绩股票而弄虚作假；另外由于资金来源为公司从税后利润中提取的激励基金，故激励成本较高，会造成公司现金支付的压力。

2. 业绩股票激励模式适合于何种类型企业?

业绩股票模式根据其定义及特点可知其适合于业绩稳定、绩效管理体系比较成熟的公司。

3. 业绩股票的风险点有哪些?

业绩股票由于激励成本较高，故对公司的经营业绩稳定性提出了很高的要求，只有业绩稳定才能保证有足够的激励基金可以提取；公司高管可以操作业绩目标，容易导致公司高管为获得业绩股票而弄虚作假；另外当激励对象离职等异动情形出现时容易发生与公司的股权纠纷。

## 2.私企上市公司业绩股票全套文件

**文件名称用途：**

| 序号 | 名称 | 用途 | 网址 | 二维码 |
|---|---|---|---|---|
| 1 | 股权激励计划（草案） | 由薪酬与考核委员会拟定，由股东大会审议通过的整套方案 | http://www.fatianshi.cn/D11610 | D11610 |
| 2 | 考核管理办法 | 董事会负责解释及修订，由公司股东大会审议通过后生效 | http://www.fatianshi.cn/D11626 | D11626 |
| 3 | 董事会决议 | 用于董事会通过股权激励计划（草案）等议案 | http://www.fatianshi.cn/D11628 | D11628 |
| 4 | 监事会决议 | 用于监事会通过股权激励计划（草案）等议案 | http://www.fatianshi.cn/D11629 | D11629 |
| 5 | 独立董事意见 | 用于对股权激励计划（草案）发表意见 | http://www.fatianshi.cn/D11630 | D11630 |
| 6 | 监事会意见 | 用于对股权激励计划（草案）发表意见 | http://www.fatianshi.cn/D11631 | D11631 |

续表

| 序号 | 名称 | 用途 | 网址 | 二维码 |
|---|---|---|---|---|
| 7 | 监事会公示情况说明及核查意见 | 用于对激励对象名单公示情况发表意见 | http://www.fatianshi.cn/D11632 | D11632 |
| 8 | 股东大会决议 | 用于通过股权激励计划（草案）等议案 | http://www.fatianshi.cn/D11633 | D11633 |
| 9 | 业绩股票激励协议 | 用于明确公司与激励对象的权利义务 | http://www.fatianshi.cn/D11634 | D11634 |
| 10 | 调整及授予之董事会决议 | 用于董事会通过调整业绩股票数量或价格及授予议案 | http://www.fatianshi.cn/D11636 | D11636 |
| 11 | 调整及授予之监事会决议 | 用于监事会通过调整业绩股票数量或价格及授予议案 | http://www.fatianshi.cn/D11637 | D11637 |
| 12 | 调整及授予之独立董事意见 | 用于对调整及授予议案发表意见 | http://www.fatianshi.cn/D11638 | D11638 |
| 13 | 调整及授予之监事会意见 | 用于对调整及授予议案发表意见 | http://www.fatianshi.cn/D11639 | D11639 |

续表

| 序号 | 名称 | 用途 | 网址 | 二维码 |
|---|---|---|---|---|
| 14 | 变更公司章程之董事会决议 | 用于董事会通过变更公司章程等议案 | http://www.fatianshi.cn/D11640 | D11640 |
| 15 | 回购注销之董事会决议 | 用于董事会通过回购注销业绩股票议案 | http://www.fatianshi.cn/D11641 | D11641 |
| 16 | 回购注销之监事会决议 | 用于监事会回购注销业绩股票议案 | http://www.fatianshi.cn/D11642 | D11642 |
| 17 | 回购注销之独立董事意见 | 用于独立董事对回购注销议案发表意见 | http://www.fatianshi.cn/D11643 | D11643 |
| 18 | 回购注销之股东大会决议 | 用于通过回购注销业绩股票议案 | http://www.fatianshi.cn/D11644 | D11644 |
| 19 | 解锁之董事会决议 | 用于董事会通过解锁业绩股票议案 | http://www.fatianshi.cn/D11645 | D11645 |
| 20 | 解锁之监事会决议 | 用于监事会通过解锁业绩股票议案 | http://www.fatianshi.cn/D11646 | D11646 |

续表

| 序号 | 名称 | 用途 | 网址 | 二维码 |
|---|---|---|---|---|
| 21 | 解锁之独立董事意见 | 用于独立董事对解锁业绩股票议案发表意见 | http://www.fatianshi.cn/D11647 | D11647 |
| 22 | 解锁之监事会意见 | 用于监事会对解锁业绩股票议案发表意见 | http://www.fatianshi.cn/D11649 | D11649 |
| 23 | 股票解锁申请书 | 用于激励对象向公司申请业绩股票解锁 | http://www.fatianshi.cn/D11650 | D11650 |

**该套文件的设计思路：**

由于业绩股票本质上属于限制性股票，故该套文件设计思路和限制性股票类似，但加入了业绩股票独有的元素。其设计思路为当公司与激励对象皆合法合规以及公司期末业绩目标达标后，公司从税后利润提取一定比例的激励基金奖励给激励对象用于购买公司定向发行给激励对象的股票，[1]并完成登记、公告程序。此时业绩股票即行锁定，在经过一定的限售期后，可在解除限售期分批分期解锁。若激励对象获授业绩股票后发生离职等异动情形，公司将回购注销该业绩股票。

①若激励基金超出或不够购买业绩股票所需的资金，则激励对象可以留存超出的部分或自己出资补足不够的部分。

**文本正文 1：http://www.fatianshi.cn/D11610**

# 某某股份有限公司业绩股票
# 激励计划（草案）

## 声　明

本公司及全体董事、监事保证本计划及其摘要不存在虚假记载、误导性陈述或重大遗漏，并对其真实性、准确性、完整性承担个别和连带的法律责任。

## 特别提示

1. 本计划依据《中华人民共和国公司法》《中华人民共和国证券法》及其他有关法律、法规、规范性文件、《某某股份有限公司章程》以及参照《上市公司股权激励管理办法》制订。

2. 本计划所采用的激励形式为业绩股票，股票来源为公司向激励对象定向发行的某某股份有限公司 A 股普通股。

3. 本计划授予的激励对象共计______人，包括董事、高层管理人员、核心技术（业务）人员（不包括独立董事、监事、单独或合计持有公司 5% 以上股份的股东或实际控制人及其配偶、父母和子女）。

4. 本计划拟向激励对象授予______万股业绩股票，占公司已发行股本总额万股的 ______%。

5. 在本计划公告当日至激励对象完成业绩股票登记期间，若发生资本公积金转增股本、派发股票红利、股份拆细、缩股、配股、派息等事项，业绩股票的授予数量和授予价格将做相应调整。

6. 本计划有效期为公司向激励对象授予业绩股票起至

D11610

所有业绩股票解除限售或回购注销完毕之日止，最长不超过______个月。[①]限售期为自业绩股票授予日起______个月。[②]激励对象根据本计划获授的业绩股票解除限售前不得转让、用于担保或偿还债务。

7. 激励对象获授业绩股票的资金来源为公司从税后利润中提取的激励基金。

8. 本计划必须满足如下条件后方可实施：公司股东大会审议通过。

9. 公司股东大会审议通过本激励计划，授予条件成就后[③]，公司从税后利润提取激励基金奖励给激励对象用于购买公司定向发行给激励对象的股票。

10. 本计划的实施不会导致股权分布不具备上市条件。

## 第一章　释　　义

以下词语如无特殊说明，在本文中具有如下含义：

| | | |
|---|---|---|
| 本公司、公司 | 指 | 某某股份有限公司 |
| 激励计划、本计划 | 指 | 以公司股票为标的，对公司董事、高层管理人员、核心技术（业务）人员进行长期性的激励计划 |
| 业绩股票、标的股票 | 指 | 在授予条件成就的情况下，激励对象用激励基金购买的公司定向发行的股票 |
| 激励对象 | 指 | 按照本计划规定获得业绩股票的公司董事、高层管理人员、核心技术（业务）人员 |



①为限售期与解除限售期之和，不得超过10年。

②参照《上市公司股权激励管理办法》，不得少于12个月。

③通常为公司期末业绩目标达标（如公司期末利润达标）。

续表

| | | |
|---|---|---|
| 授予日 | 指 | 公司向激励对象授予业绩股票的日期，授予日必须为交易日 |
| 授予价格 | 指 | 激励对象获授公司股份的价格 |
| 限售期 | 指 | 激励对象行使权益的条件尚未成就，业绩股票不得转让、用于担保或偿还债务的期间，自业绩股票授予之日起算 |
| 解除限售期 | 指 | 本计划规定的解除限售条件成就后，激励对象持有的业绩股票可以解除限售并上市流通的期间 |
| 《公司法》 | 指 | 《中华人民共和国公司法》 |
| 《证券法》 | 指 | 《中华人民共和国证券法》 |
| 《管理办法》 | 指 | 《上市公司股权激励管理办法》 |
| 《公司章程》 | 指 | 《某某股份有限公司章程》 |
| 证监会 | 指 | 中国证券监督管理委员会 |
| 元 | 指 | 人民币元 |

## 第二章　实施激励计划的目的

为了进一步建立、健全公司长效激励机制，吸引和留住优秀人才，充分调动公司管理人员及核心技术（业务）人员的积极性，有效地将股东利益、公司利益和个人利益结合在一起，促进公司业绩持续增长，在充分保障股东利益的前提下，根据《公司法》《证券法》等有关法律、法规和规范性文件以及《公司章程》及参照《管理办法》的规定，制订本计划。

D11610

## 第三章　本计划的管理机构

一、股东大会作为公司的最高权力机构，负责审议批准本计划的实施、变更和终止。

二、董事会是本计划的执行管理机构，下设薪酬与考核委员会，负责拟订和修订本计划并报董事会审议，董事会对本计划审议通过后，报股东大会审议。董事会在股东大会授权范围内办理本计划的相关事宜。

三、监事会是本计划的监督机构，负责审核激励对象的名单，就本计划是否有利于公司的持续发展，是否存在明显损害公司及全体股东利益的情形发表意见；并对本计划的实施是否符合相关法律、行政法规、部门规章和相关业务规则进行监督。

四、独立董事应当就本计划是否有利于公司的持续发展，是否存在明显损害公司及全体股东的利益发表独立意见，并就本计划向所有股东征集委托投票权。独立董事或监事会认为有必要的，可以建议上市公司聘请独立财务顾问，对激励计划的可行性、是否有利于上市公司的持续发展、是否损害上市公司利益以及对股东利益的影响发表专业意见。

## 第四章　激励对象的确定依据和范围

### 一、激励对象的确定依据

（一）激励对象确定的法律依据

本计划激励对象根据《公司法》《证券法》《管理办法》等有关法律、法规、规范性文件和《公司章程》的相关规定，结合公司实际情况而确定。

（二）激励对象确定的职务依据

本计划激励对象为公司董事、高层管理人员、核心技术（业务）人员[1]（不包括独立董事、监事及单独或合计持有公司 5% 以上股份的股东或实际控制人及其配偶、父母、子女）。

**二、激励对象的范围**

本计划涉及的激励对象共计______人，包括：

1. 公司董事、高级管理人员；

2. 公司核心技术（业务）人员。

以上激励对象中，董事、高级管理人员必须经股东大会选举或公司董事会聘任。其他激励对象均须在本计划的考核期内与公司具有雇佣或劳务关系。

**三、激励对象的核实**

（一）公司在召开股东大会前，将在公司内部公示激励对象的姓名和职务，公示期不少于 10 天。

（二）公司监事会将对激励对象名单进行审核，充分听取公示意见，并在公司股东大会审议本计划前 5 日披露监事会对激励对象名单审核及公示情况的说明。经公司董事会调整的激励对象名单亦应经公司监事会核实。

## 第五章 激励计划具体内容

**一、激励计划的股票来源**

本计划涉及的标的股票来源为公司向激励对象定向发行的某某 A 股普通股。

**二、激励计划标的股票的数量**

本次激励计划拟授予激励对象______万股业绩股票，占公司已发行股本总额的______%。

**三、激励计划标的股票分配情况**

授予的业绩股票在各激励对象间的分配情况如下表所示：（以下百分比计算结果四舍五入，保留两位小数）

①《上市公司股权激励管理办法》规定激励对象可以包括上市公司的董事、高管、核心技术人员或者核心业务人员，以及公司认为的应当激励的对公司经营业绩和未来发展有直接影响的其他员工。

D11610

| 人员类型 | 姓名 | 职务 | 获授的业绩股票数量（万股） | 占授予业绩股票总数的比例 | 占目前总股本的比例 |
|---|---|---|---|---|---|
| 董事 | | | | | |
| | | | | | |
| | | | | | |
| 高级管理人员 | | | | | |
| | | | | | |
| | | | | | |
| | | | | | |
| 其他______名核心技术（业务）人员 | | | | | |
| 合计 | | | | | |

注：1. 本计划激励对象不包括独立董事、监事及单独或合计持有公司 5% 以上股份的股东或实际控制人及其配偶、父母、子女。

2. 上市公司全部在有效期内的股权激励计划所涉及的标的股票总数累计未超过公司股本总额的 10%，任何一名激励对象通过全部在有效期内的股权激励计划获授的本公司股票累计未超过公司股本总额的 1%。

## 四、激励计划的有效期、授予日、限售期、解除限售安排、禁售期

（一）有效期

本计划的有效期为业绩股票授予之日起至所有业绩股票解除限售或回购注销完毕之日止。

（二）授予日

授予日在本计划经公司股东大会审议通过后由公司董事会确定。公司股东大会审议通过本激励计划，授予条件成就后，公司从税后利润提取激励基金奖励给激励对象用于购买公司定

向发行给激励对象的股票。即进行业绩股票的授予，并完成登记、公告等相关程序。授予日必须为交易日，且不得为下列区间日：

1. 公司定期报告公告前30日内，因特殊原因推迟年度报告、半年度报告公告日期的，自原预约公告日前30起算，至公告前1日；

2. 公司业绩预告、业绩快报公告前10日内；

3. 自可能对本公司股票及其衍生品种交易价格产生较大影响的重大事件发生之日或者进入决策程序之日，至依法披露后2个交易日内；

4. 中国证券监督管理委员会及证券交易所规定的其他期间。

（三）限售期

限售期为业绩股票授予之日起______个月。激励对象根据本计划获授的业绩股票在解除限售前不得转让、用于担保或偿还债务。

（四）解除限售安排

在解除限售期内，公司为满足解除限售条件的激励对象办理解除限售事宜，未满足解除限售条件的激励对象持有的业绩股票由公司回购注销。[①]

授予的业绩股票的解除限售期及各期解除限售时间安排如下表所示：

| 解除限售期 | 解除限售时间 | 解除限售数量占获授业绩股票数量比例 |
|---|---|---|
| 第一个解除限售期 | 自授予日起______个月后的首个交易日起至授予日起______个月内的最后一个交易日当日止 | ______% |

①当公司完成业绩股票的授予，登记之后，业绩股票即行锁定，并参照《上市公司股权激励管理办法》分批分期进行解锁，以达到良好的激励效果。

D11610

续表

| 解除限售期 | 解除限售时间 | 解除限售数量占获授业绩股票数量比例 |
| --- | --- | --- |
| 第二个解除限售期 | 自授予日起______个月后的首个交易日起至授予日起______个月内的最后一个交易日当日止 | ______% |
| 第三个解除限售期 | 自授予日起______个月后的首个交易日起至授予日起______个月内的最后一个交易日当日止 | ______% |

激励对象因获授的业绩股票而取得的现金股利由公司代管，作为应付股利在解除限售时向激励对象支付；若根据本计划不能解除限售，则由公司收回。激励对象获授的业绩股票由于资本公积金转增股本、股票红利、股票拆细而取得的股份同时限售，不得在二级市场出售或以其他方式转让，该等股份的解除限售期与业绩股票解除限售期相同。

在上述约定期间内未申请解除限售的业绩股票或因未达到解除限售条件而不能申请解除限售的该期业绩股票，公司将按本计划规定的原则回购并注销激励对象相应尚未解除限售的业绩股票。

（五）禁售期

本计划的禁售期规定按照《公司法》《证券法》等相关法律、法规、规范性文件和《公司章程》执行，具体规定如下：

1. 激励对象为公司董事和高级管理人员的，其在任职期间每年转让的股份不得超过其所持有本公司股份总数的 25%；在离职后半年内，不得转让其所持有的本公司股份。

2. 激励对象为公司董事和高级管理人员的，将其持有的本公司股票在买入后6个月内卖出，或者在卖出后6个月内又买入，由此所得收益归本公司所有，本公司董事会将收回其所得收益。

3. 在本计划有效期内，如果《公司法》《证券法》等相关法律、法规、规范性文件和《公司章程》中对公司董事和高级管理人员持有股份转让的有关规定发生了变化，则这部分激励对象转让其所持有的公司股票应当在转让时符合修改后的《公司法》《证券法》等相关法律、法规、规范性文件和《公司章程》的规定。

**五、业绩股票的授予价格和授予价格的确定方法**

（一）授予价格

业绩股票的授予价格为每股______元，授予条件成就后，激励对象可以每股______元的价格购买公司向激励对象增发的公司业绩股票。

（二）授予价格的确定方法

业绩股票授予价格不低于股票票面金额，且不低于下列价格较高者：（此处参照《管理办法》中限制性股票的定价方法，仅为一种参考，公司可以灵活处理）

1. 本计划草案公告前1个交易日公司股票交易均价每股______元的50%，为每股______元；

2. 本计划草案公告前______个（可选择20个、60个、120个交易日）交易日公司股票交易均价每股元的50%，为每股______元。

**六、业绩股票的授予与解除限售条件**

（一）业绩股票的授予条件

只有在同时满足下列条件时，才能获授业绩股票：[1]

[1]授予条件是最能体现业绩股票与一般限制性股票不同的地方，它规定了公司除了合法合规的条件之外，还必须设定业绩目标达标的条件。

D11610

关注法天使

1. 公司未发生以下任一情形：

（1）最近一个会计年度财务会计报告被注册会计师出具否定意见或者无法表示意见的审计报告；

（2）最近一个会计年度财务报告内部控制被注册会计师出具否定意见或者无法表示意见的审计报告；

（3）上市后最近36个月内出现过未按法律法规、公司章程、公开承诺进行利润分配的情形；

（4）法律法规规定不得实行股权激励的；

（5）中国证券监督管理委员会认定的其他情形。

2. 激励对象未发生以下任一情形：

（1）最近12个月内被证券交易所认定为不适当人选；

（2）最近12个月内被中国证券监督管理委员会及其派出机构认定为不适当人选；

（3）最近12个月内因重大违法违规行为被中国证券监督管理委员会及其派出机构行政处罚或者采取市场禁入措施；

（4）具有《公司法》规定的不得担任公司董事、高级管理人员情形的；

（5）法律法规规定不得参与上市公司股权激励的；

（6）中国证券监督管理委员会认定的其他情形。

3.______年年底的净利润较年初增长______%及以上[1]。

4. 公司认为的其他授予条件：__________________________。

（二）业绩股票的解除限售条件

解除限售期内，同时满足下列条件时，激励对象已获授的业绩股票才能解除限售：

1. 公司未发生以下任一情形：

（1）最近一个会计年度财务会计报告被注册会计师出具否定意见或者无法表示意见的审计报告；

①也可以设定为期末营业收入较期初增长______%及以上等其他指标，此处净利润指标仅作为一种参考。

（2）最近一个会计年度财务报告内部控制被注册会计师出具否定意见或者无法表示意见的审计报告；

（3）上市后最近36个月内出现过未按法律法规、公司章程、公开承诺进行利润分配的情形；

（4）法律法规规定不得实行股权激励的；

（5）中国证券监督管理委员会认定的其他情形。

公司发生上述情形之一的，所有激励对象根据本激励计划已获授但尚未解除限售的业绩股票应当由公司回购注销。对该等情形负有个人责任的，回购价格不得高于授予价格。

2. 激励对象未发生以下任一情形：

（1）最近12个月内被证券交易所认定为不适当人选；

（2）最近12个月内被中国证券监督管理委员会及其派出机构认定为不适当人选；

（3）最近12个月内因重大违法违规行为被中国证券监督管理委员会及其派出机构行政处罚或者采取市场禁入措施；

（4）具有《公司法》规定的不得担任公司董事、高级管理人员情形的；

（5）法律法规规定不得参与上市公司股权激励的；

（6）中国证券监督管理委员会认定的其他情形。

激励对象发生上述情形之一的，根据本激励计划已获授但尚未解除限售的业绩股票应当由公司回购注销，回购价格不得高于授予价格。

3. 公司层面的业绩考核要求

本激励计划授予业绩股票的解除限售考核年度为______年至______年______个会计年度，每个会计年度考核一次，各年度业绩考核目标如下表所示：[1]

①根据《上市公司股权激励管理办法》的规定，上市公司在选取业绩考核指标时，可以采用净资产收益率等反映股东回报和公司价值创造的综合性指标，以及净利润增长率，主营业务收入增长率等能够反映公司盈利能力和市场价值的成长性指标，下面选取净利润增长率指标作为参考。

D11610

| 解除限售期 | 业绩考核目标 |
|---|---|
| 第一个解除限售期 | ______年的净利润较______年增长______%及以上 |
| 第二个解除限售期 | ______年的净利润较______年增长______%及以上 |
| 第三个解除限售期 | ______年的净利润较______年增长______%及以上 |

公司未满足上述业绩考核目标的，所有激励对象考核当年可解除限售的业绩股票不得解除限售，对应的业绩股票由公司回购注销。由本次股权激励产生的激励成本将在经常性损益中列支。

4. 个人层面考核要求

根据公司制定的《某某股份有限公司年业绩股票激励计划实施考核办法》，激励对象只有在上一年度个人考核为“合格”及以上时，激励对象对应当年的业绩股票方可解除限售。

5. 公司认为的其他必要解除限售条件：__________________

______________________________________________

**七、业绩股票激励计划的调整方法和程序**

（一）业绩股票数量的调整方法

若在本计划公告当日至激励对象完成业绩股票股份登记期间，公司有资本公积转增股本、派送股票红利、股份拆细、配股或缩股等事项，应对业绩股票数量进行相应的调整。调整方法如下：

1. 资本公积转增股本、派送股票红利、股份拆细

$Q = Q0 \times (1 + n)$

其中：Q0为调整前的业绩股票数量；n为每股的资本公积转增股本、派送股票红利、股份拆细的比率（每股股票经转增、送股或拆细后增加的股票数量）；Q为调整后的限业绩股票数量。

2. 配股

$$Q = Q0 \times P1 \times (1 + n) \div (P1 + P2 \times n)$$

其中：Q0为调整前的业绩股票数量；P1为股权登记日当日收盘价；P2为配股价格；n为配股的比例（配股的股数与配股前公司总股本的比例）；Q为调整后的业绩股票数量。

3. 缩股

$$Q = Q0 \times n$$

其中：Q0为调整前的业绩股票数量；n为缩股比例（1股公司股票缩为n股股票）；Q为调整后的业绩股票数量。

4. 增发

公司发生增发时，业绩股票的授予数量不做调整。

（二）授予价格的调整方法

若在本计划公告当日至激励对象完成业绩股票股份登记期间，公司有派息、资本公积转增股本、派送股票红利、股份拆细、配股或缩股等事项，应对业绩股票的授予价格进行相应的调整。调整方法如下：

1. 资本公积转增股本、派送股票红利、股份拆细

$$P = P0 \div (1 + n)$$

其中：P0为调整前的授予价格；n为每股的资本公积转增股本、派送股票红利、股份拆细的比率；P为调整后的授予价格。

2. 配股

$$P = P0 \times (P1 + P2 \times n) \div [P1 \times (1 + n)]$$

其中：P0为调整前的授予价格；P1为股权登记日当日收盘价；P2为配股价格；n为配股的比例（配股的股数与配股前股份公司总股本的比例）；P为调整后的授予价格。

3. 缩股

$$P = P0 \div n$$

D11610

其中：P0为调整前的授予价格；n为缩股比例；P为调整后的授予价格。

4. 派息

$$P = P0 - V$$

其中：P0为调整前的授予价格；V为每股的派息额；P为调整后的授予价格。经派息调整后，P仍须大于1。

5. 增发

公司在发生增发新股的情况下，业绩股票的授予价格不做调整。

（三）业绩股票激励计划调整的程序

公司股东大会授权公司董事会，当出现前述情况时由公司董事会决定调整业绩股票数量、授予价格。律师应当就上述调整是否符合《管理办法》《公司章程》和本计划的规定出具专业意见。调整议案经董事会审议通过后，公司应当及时披露董事会决议公告，同时公告律师事务所意见。

## 第六章　本计划的相关程序

### 一、激励计划实施程序

（一）公司董事会应当依法对本激励计划作出决议。董事会审议本激励计划时，作为激励对象的董事或与其存在关联关系的董事应当回避表决。董事会应当在审议通过本计划并履行公示、公告程序后，将本计划提交股东大会审议；同时提请股东大会授权，负责实施业绩股票的授予、解除限售和回购注销工作。

（二）独立董事及监事会应当就激励计划草案是否有利于上市公司的持续发展，是否存在明显损害上市公司及全体股东利益的情形发表意见。独立董事或监事会认为有必要的，可以建议上市公司聘请独立财务顾问，对激励计划的可行性、是否有利于上市公司的持续发展、是否损害上市公司利益以及对股东利益的影响发表专业意见。

（三）本计划经公司股东大会审议通过后方可实施。本公司将在召开股东大会前，通过公司网站或者其他途径，在公司内部公示激励对象的姓名和职务，公示期不少于 10 天。监事会应当对激励名单进行审核，充分听取公示意见。上市公司应当在股东大会审议激励计划前 5 日披露监事会对激励名单审核及公示情况的说明。

（四）公司股东大会在对本次业绩股票激励计划进行投票表决时，独立董事应当就本次业绩股票激励计划向所有的股东征集委托投票权。股东大会应当对《管理办法》第 9 条规定的股权激励计划内容进行表决，并经出席会议的股东所持表决权的 2/3 以上通过，单独统计并披露除公司董事、监事、高级管理人员、单独或合计持有公司 5% 以上股份的股东以外的其他股东的投票情况。

公司股东大会审议股权激励计划时，作为激励对象的股东或者与激励对象存在关联关系的股东，应当回避表决。

（五）本激励计划经公司股东大会审议通过，且达到本激励计划规定的授予条件时，公司在规定时间内向激励对象授予业绩股票。经股东大会授权后，董事会负责实施业绩股票的授予、解除限售和回购注销。

**二、业绩股票的授予程序**

（一）股东大会审议通过本计划后，公司与激励对象签署股权激励相关协议[1]，以此约定双方的权利义务关系。公司董事会根据股东大会的授权办理具体的业绩股票授予事宜。

（二）公司在向激励对象授出权益前，董事会应当就本计划设定的激励对象获授权益的条件是否成就进行审议并公告。

（三）独立董事及监事会应当同时发表明确意见。律师事务

①签署协议，用以进一步明确双方的权利义务关系，并在当发生纠纷时有协议可以进行约束。

D11610

所应当对激励对象获授权益的条件是否成就出具法律意见。

（四）公司监事会应当对业绩股票授予日及激励对象名单进行核实并发表意见。

（五）公司向激励对象授出权益与本计划的安排存在差异时，独立董事、监事会（当激励对象发生变化时）、律师事务所、独立财务顾问应当同时发表明确意见。

（六）本计划经股东大会审议通过后且授权条件成就后______日内，公司从税后利润提取激励基金奖励给激励对象用于购买公司定向发行给激励对象的股票，并完成公告、登记。根据《管理办法》规定上市公司不得授出权益的期间不计算在______日内。公司董事会应当在授予的业绩股票登记完成后应及时披露相关实施情况的公告。若公司未能在______日内完成上述工作的，本计划终止实施，董事会应当及时披露未完成的原因且______个月内不得再次审议股权激励计划。

（七）公司授予业绩股票前，应当向证券交易所提出申请，经证券交易所确认后，由证券登记结算机构办理登记结算事宜。

**三、业绩股票的解除限售程序**

（一）在解除限售日前，公司应确认激励对象是否满足解除限售条件，对于满足解除限售条件的激励对象，由公司统一办理解除限售事宜，对于未满足条件的激励对象，由公司按照本计划的规定办理回购注销事宜。

（二）激励对象可对已解除限售的业绩股票进行转让，但公司董事、高级管理人员所持股份的转让应当符合有关法律、法规和规范性文件的规定。

（三）公司解除激励对象业绩股票解除限售前，应当向证券交易所提出申请，经证券交易所确认后，由证券登记结算机构办理登记结算事宜。

**四、本计划的变更、终止程序**

（一）本计划的变更程序

1. 公司在股东大会审议本计划之前拟变更本计划的，需经董事会审议通过。

2. 公司在股东大会审议通过本计划之后变更本计划的，应当由股东大会审议决定，且不得包括下列情形：

（1）导致提前解除限售的情形；

（2）降低授予价格的情形。

独立董事、监事会应当就变更后的方案是否有利于上市公司的持续发展，是否存在明显损害上市公司及全体股东利益的情形发表独立意见。律师事务所应当就变更后的方案是否符合本办法及相关法律法规的规定、是否存在明显损害上市公司及全体股东利益的情形发表专业意见。

（二）本计划的终止程序

1. 公司在股东大会审议本计划之前拟终止实施本计划的，需经董事会审议通过。

2. 公司在股东大会审议通过本计划之后终止实施本计划的，应当由股东大会审议决定。

3. 律师事务所应当就公司终止实施激励是否符合本办法及相关法律法规的规定，是否存在明显损害公司及全体股东利益的情形发表专业意见。

## 第七章　公司/激励对象各自的权利义务

**一、公司的权利与义务**

（一）公司具有对本计划的解释和执行权，并按本计划规定对激励对象进行绩效考核，若激励对象未达到本计划所确定的解除限售条件，公司将按本计划的规定回购并注销激励对象相应尚未解除限售的业绩股票。

（二）公司应及时按照有关规定履行业绩股票激励计划申报、信息披露等义务。

（三）公司应当根据业绩股票激励计划及中国证券监督管理委员会、证券交易所、中国证券登记结算有限责任公司等的有关规定，积极配合满足解除限售条件的激励对象按规定解除限售。但若因中国证券监督管理委员会、证券交易所、中国证券登记结算有限责任公司的原因造成激励对象未能按自身意愿解除限售并给激励对象造成损失的，公司不承担责任。

（四）法律、法规规定的其他相关权利义务。

**二、激励对象的权利与义务**

（一）激励对象应当按公司所聘岗位的要求，勤勉尽责、恪守职业道德，为公司的发展做出应有贡献。

（二）激励对象应当按照本计划规定限售其获授的业绩股票。

（三）激励对象的资金来源为公司从税后利润中提取的激励基金。

（四）激励对象所获授的业绩股票，经中国证券登记结算有限责任公司登记过户后便享有其股票应有的权利，包括但不限于该等股票的分红权、配股权、投票权等。在业绩股票解除限售之前，激励对象根据本计划获授的业绩股票（包含因该等业绩股票取得的股票股利）不得转让、用于担保或用于偿还债务。

（五）激励对象因获授的业绩股票而取得的现金股利由公司代管，作为应付股利在解除限售时向激励对象支付；若根据本计划不能解除限售，则由公司收回。

（六）激励对象因激励计划获得的收益，应按国家税收法规交纳个人所得税及其他税费。

（七）法律、法规规定的其他相关权利义务。

## 第八章　公司/激励对象发生异动的处理

### 一、公司发生异动的处理

（一）公司出现下列情形之一时，本计划即行终止：

1. 公司最近一个会计年度财务会计报告被注册会计师出具否定意见或者无法表示意见的审计报告；

2. 公司最近一个会计年度财务报告内部控制被注册会计师出具否定意见或者无法表示意见的审计报告；

3. 公司上市后最近36个月内出现过未按法律法规、公司章程、公开承诺进行利润分配的情形；

4. 公司出现法律法规规定不得实行股权激励的情形；

5. 中国证券监督管理委员会认定的其他需要终止激励计划的情形。

当公司出现终止本计划的上述情形时，激励对象已获授但尚未解除限售的业绩股票不得解除限售，由公司回购注销；对该等情形负有个人责任的，回购价格不得高于授予价格。

（二）公司出现下列情形之一时，本计划不做变更，按本计划的规定继续执行：

1. 公司控制权发生变更；

2. 公司出现合并、分立等情形。

（三）公司因信息披露文件有虚假记载、误导性陈述或者重大遗漏，导致不符合业绩股票授予条件或解除限售安排的，未解除限售的业绩股票由公司回购注销处理，回购价格不得高于授予价格；激励对象获授的业绩股票已解除限售的，所有激励对象应当将由本激励计划所获得的全部利益返还公司。董事会应当按照本计划规定收回激励对象所得全部利益。

D11610

二、激励对象个人情况发生变化的处理

（一）当发生以下情况时，在情况发生之日，激励对象已获授但尚未解除限售的业绩股票不得解除限售，由公司以授予价格回购注销：

1. 违反国家法律法规、《公司章程》或公司内部管理规章制度的规定，或发生劳动合同约定的失职、渎职行为，严重损害公司利益或声誉，或给公司造成直接或间接经济损失，给公司造成的损失由公司在回购总价款中予以扣除；

2. 公司有充分证据证明该激励对象在任职期间，存在受贿、索贿、贪污、盗窃、泄露经营和技术秘密等损害公司利益、声誉等的违法违纪行为，直接或间接损害公司利益，给公司造成的损失由公司在回购总价款中予以扣除；

3. 因犯罪行为被依法追究刑事责任；

4. 单方面提出终止或解除与公司订立的劳动合同或聘用合同；

5. 与公司所签订的劳动合同或聘用合同期满，个人提出不再续签；

6. 因个人原因而致使公司提出解除或终止劳动合同；[①]

7. 因考核不合格或董事会认定不能胜任工作岗位，经公司董事会批准；

8. 董事会认定的类似情形。

（二）当发生以下情况时，在情况发生之日，激励对象已获授但尚未解除限售的业绩股票不得解除限售，由公司以授予价格加同期银行存款利息之和回购注销：

1. 成为独立董事、监事或其他不能持有公司股票或业绩股票的人员；

2. 因非执行职务的原因丧失劳动能力或身故；

3. 达到法定退休条件且不继续在公司任职的；

①在要点提示里已经提到过激励对象离职最容易发生与公司的股权纠纷，故为防范此风险，需要将离职纳入到公司回购注销的情形当中以此减少激励对象和公司之间的冲突，此外，需要将离职的情形进行细化，最后由于离职会给公司带来一定的负面影响，故回购价格不得高于授予价格的设置是合理的。

4. 因公司经营调整（包括但不限于裁员），公司单方面终止或解除与激励对象订立的劳动合同、聘用合同的；

5. 董事会认定的类似情形。

（三）特殊情形处理

1. 激励对象在公司内部发生正常职务变更，其获授的权益完全按照本计划规定的程序进行；①

2. 激励对象因执行职务负伤而导致丧失劳动能力的，其所获授的业绩股票不作变更，仍可按照本计划规定的程序进行。发生上述情形时，激励对象个人绩效考核条件不再纳入解除限售条件；

3. 激励对象因执行职务身故的，其获授的业绩股票将由其指定的财产继承人或法定继承人代为持有，并按照身故前本计划规定的程序进行。发生上述情形时，激励对象个人绩效考核条件不再纳入解除限售条件。

（四）其他未说明的情况由董事会认定，并确定其处理方式。

**三、公司与激励对象之间争议的解决**

公司与激励对象发生争议，按照本计划和股权激励计划相关协议的规定解决；规定不明的，双方应按照国家法律和公平合理原则协商解决；协商不成，应提交公司住所所在地有管辖权的人民法院诉讼解决。

## 第九章　业绩回购注销原则

**一、回购价格的调整方法**

激励对象获授的业绩股票完成股份登记后，若公司发生资本公积转增股本、派送股票红利、股份拆细、配股或缩股等影响公司股本总量或公司股票价格事项的，公司应对尚未解除限售的业绩股票的回购价格做相应的调整，调整方法如下：

①此条便能有效化解激励对象内部发生调动后和公司产生纠纷的风险，当然若公司是一个大的集团，则加入集团二字，叙述为激励对象在公司集团内部发生正常职务变更，其获授的权益完全按照本计划规定的程序进行。

D11610

1. 公积金转增股本、派送股票红利、股票拆细

$P = P0 \div (1 + n)$

其中：P为调整后的每股业绩股票回购价格，P0为每股业绩股票授予价格；n为每股公积金转增股本、派送股票红利、股票拆细的比率（每股股票经转增、送股或股票拆细后增加的股票数量）。

2. 缩股

$P = P0 \div n$

其中：P为调整后的每股业绩股票回购价格，P0为每股业绩股票授予价格；n为每股的缩股比例（1股股票缩为n股股票）。

3. 配股

$P = P0 \times (P1 + P2 \times n) \div [P1 \times (1 + n)]$

其中：P1为股权登记日当天收盘价；P2为配股价格；n为配股的比例（配股的股数与配股前公司总股本的比例）。

4. 派息

$P = P0 - V$

其中：P为调整后的每股业绩股票回购价格，P0为每股业绩股票授予价格；V为每股的派息额；经派息调整后，P仍须大于1。

5. 增发

公司在增发新股的情况下，业绩股票的回购价格不做调整。

**二、回购价格的调整程序**

1. 公司股东大会授权公司董事会依上述已列明的原因调整业绩股票的回购价格。董事会根据上述规定调整回购价格后，应及时公告。

2. 因其他原因需要调整业绩股票回购价格的，应经董事会做出决议并经股东大会审议批准。

**三、回购注销的程序**

公司按照本激励计划的规定实施回购时，应向证券交易所

申请解锁该等业绩股票，在解锁后30个工作日内公司应将回购款项支付给激励对象并于登记结算公司完成相应股份的过户手续；在过户完成后的合理时间内，公司应注销该部分股票。

## 第十章　附　　则

一、本计划在公司股东大会审议通过后生效。

二、本计划由公司董事会负责解释。

某某股份有限公司董事会

______年______月______日

**文本正文2：http://www.fatianshi.cn/D11634**

## 某某股份有限公司
## 业绩股票激励计划协议书

甲方：某某股份有限公司

地址：______________________________

法定代表人：__________________________

联系电话：____________________________

乙方：______________________________

地址：______________________________

身份证号码：__________________________

联系电话：____________________________

根据《某某股份有限公司年业绩股票激励计划》《某某股份有限公司章程》的有关规定，按照甲方股东大会的有关决议，甲乙双方就业绩股票的授予、解除限售、回购等事项订立如下协议：

D11634

**一、股票来源及数量**

本次股权激励的股票来源为甲方向乙方定向发行公司普通股，甲方拟授予乙方的股票数量为股。

**二、股票授予价格及付款安排**

甲方授予乙方的股票价格为激励计划草案公告前 1 个交易日股票交易均价的 50% 以及公告前______（可选 20、60、120）个交易日交易均价的 50% 的较高者来确定，经甲方董事会决议，定价为每股人民币______元，乙方购股资金来源于公司提取的税后利润激励基金。若乙方分得的激励基金不够或超出购买业绩股票所需资金时，由乙方自行筹资补足或留存超出部分。

**三、业绩股票的授予条件**

只有在下列条件同时满足时，才能获授业绩股票：

1. 甲方未发生以下任一情形：

（1）最近一个会计年度财务会计报告被注册会计师出具否定意见或者无法表示意见的审计报告；

（2）最近一个会计年度财务报告内部控制被注册会计师出具否定意见或者无法表示意见的审计报告；

（3）上市后最近 36 个月内出现过未按法律法规、公司章程、公开承诺进行利润分配的情形；

（4）法律法规规定不得实行股权激励的；

（5）中国证券监督管理委员会认定的其他情形。

2. 乙方未发生以下任一情形：

（1）最近 12 个月内被证券交易所认定为不适当人选；

（2）最近 12 个月内被中国证券监督管理委员会及其派出机构认定为不适当人选；

（3）最近 12 个月内因重大违法违规行为被中国证券监督管理委员会及其派出机构行政处罚或者采取市场禁入措施；

（4）具有《公司法》规定的不得担任公司董事、高级管理人员情形的；

（5）法律法规规定不得参与上市公司股权激励的；

（6）中国证券监督管理委员会认定的其他情形。

3. 某某年年底的净利润较年初增长______% 及以上

4. 公司认为的其他必要的授予条件：

**四、业绩股票的解锁条件**

解除限售期内，同时满足下列条件时，乙方已获授的业绩股票才能解除限售：

1. 甲方未发生以下任一情形：

（1）最近一个会计年度财务会计报告被注册会计师出具否定意见或者无法表示意见的审计报告；

（2）最近一个会计年度财务报告内部控制被注册会计师出具否定意见或者无法表示意见的审计报告；

（3）上市后最近 36 个月内出现过未按法律法规、公司章程、公开承诺进行利润分配的情形；

（4）法律法规规定不得实行股权激励的；

（5）中国证券监督管理委员会认定的其他情形。

甲方发生上述情形之一的，所有乙方根据本激励计划已获授但尚未解除限售的业绩股票应当由甲方回购注销。对该等情形负有个人责任的，回购价格不得高于授予价格。

2. 乙方未发生以下任一情形：

（1）最近 12 个月内被证券交易所认定为不适当人选；

（2）最近 12 个月内被中国证券监督管理委员会及其派出机构认定为不适当人选；

（3）最近 12 个月内因重大违法违规行为被中国证券监督管理委员会及其派出机构行政处罚或者采取市场禁入措施；

D11634

（4）具有《公司法》规定的不得担任公司董事、高级管理人员情形的；

（5）法律法规规定不得参与上市公司股权激励的；

（6）中国证券监督管理委员会认定的其他情形。

乙方发生上述情形之一的，根据本激励计划已获授但尚未解除限售的业绩股票应当由甲方回购注销，回购价格不得高于授予价格。

3. 甲方公司层面的业绩考核要求

本激励计划首次授予业绩股票的解除限售考核年度为______年至______年______个会计年度，每个会计年度考核一次，各年度业绩考核目标如下表所示：

| 解除限售期 | 业绩考核目标 |
| --- | --- |
| 第一个解除限售期 | ______年的净利润较______年增长______%及以上 |
| 第二个解除限售期 | ______年的净利润较______年增长______%及以上 |
| 第三个解除限售期 | ______年的净利润较______年增长______%及以上 |

甲方公司层面的考核未满足上述业绩考核目标的，所有乙方考核当年可解除限售的业绩股票不得解除限售，对应的业绩股票由甲方回购注销。由本次股权激励产生的激励成本将在经常性损益中列支。

4. 乙方个人层面考核要求

根据甲方制定的《某某股份有限公司年业绩股票激励计划实施考核办法》，乙方只有在上一年度个人考核为“合格”及以上时，乙方对应当年的业绩股票方可解除限售。若为“不合格”时，则乙方对应当年的业绩股票由甲方回购注销。

5. 公司认为的其他必要的解锁条件____________________。

**五、甲、乙双方的权利与义务**

（一）甲方的权利与义务

1. 甲方具有对本计划的解释和执行权，并按本计划规定对乙方进行绩效考核，若乙方未达到本计划所确定的解除限售条件，甲方将按本计划的规定回购并注销乙方相应尚未解除限售的业绩股票。

2. 甲方应及时按照有关规定履行业绩股票激励计划申报、信息披露等义务。

3. 甲方应当根据业绩股票激励计划及中国证券监督管理委员会、证券交易所、中国证券登记结算有限责任公司等的有关规定，积极配合满足解除限售条件的乙方按规定解除限售。但若因中国证券监督管理委员会、证券交易所、中国证券登记结算有限责任公司的原因造成乙方未能按自身意愿解除限售并给乙方造成损失的，甲方不承担责任。

4. 法律、法规规定的其他相关权利义务。

（二）乙方的权利与义务

1. 乙方应当按甲方所聘岗位的要求，勤勉尽责、恪守职业道德，为甲方的发展做出应有贡献。

2. 乙方应当按照本计划规定限售其获授的业绩股票。

3. 乙方的资金来源为公司从税后利润中提取的激励基金。

4. 乙方所获授的业绩股票，经中国证券登记结算有限责任公司登记过户后便享有其股票应有的权利，包括但不限于该等股票的分红权、配股权、投票权等。在业绩股票解除限售之前，激励对象根据本计划获授的业绩股票（包含因该等业绩股票取得的股票股利）不得转让、用于担保或用于偿还债务。

5. 乙方因获授的业绩股票而取得的现金股利由公司代管，作为应付股利在解除限售时向激励对象支付；若根据本计划不能

D11634

解除限售，则由公司收回。

6. 乙方因激励计划获得的收益，应按国家税收法规交纳个人所得税及其他税费。

7. 法律、法规规定的其他相关权利义务。

**六、异动发生时的处理**

（一）甲方发生异动的处理

1. 甲方出现下列情形之一时，本计划即行终止：

（1）甲方最近一个会计年度财务会计报告被注册会计师出具否定意见或者无法表示意见的审计报告；

（2）甲方最近一个会计年度财务报告内部控制被注册会计师出具否定意见或者无法表示意见的审计报告；

（3）甲方上市后最近36个月内出现过未按法律法规、公司章程、公开承诺进行利润分配的情形；

（4）甲方出现法律法规规定不得实行股权激励的情形；

（5）中国证券监督管理委员会认定的其他需要终止激励计划的情形。

当甲方出现终止本计划的上述情形时，乙方已获授但尚未解除限售的业绩股票不得解除限售，由甲方回购注销；对该等情形负有个人责任的，回购价格不得高于授予价格。

2. 甲方出现下列情形之一时，本计划不做变更，按本计划的规定继续执行：

（1）甲方控制权发生变更；

（2）甲方出现合并、分立等情形。

3. 甲方因信息披露文件有虚假记载、误导性陈述或者重大遗漏，导致不符合业绩股票授予条件或解除限售安排的，未解除限售的业绩股票由甲方回购注销处理，回购价格不得高于授予价格；乙方获授的业绩股票已解除限售的，应当将由本激励计划所获得的全部利益返还甲方。董事会应当按照本计划规定收回乙方所得全部利益。

（二）乙方个人情况发生变化的处理

1. 当发生以下情况时，在情况发生之日，乙方已获授但尚未解除限售的业绩股票不得解除限售，由甲方以授予价格回购注销：

（1）违反国家法律法规、《公司章程》或公司内部管理规章制度的规定，或发生劳动合同约定的失职、渎职行为，严重损害公司利益或声誉，或给公司造成直接或间接经济损失，给甲方造成的损失由甲方在回购总价款中予以扣除；

（2）甲方有充分证据证明该激励对象在任职期间，存在受贿、索贿、贪污、盗窃、泄露经营和技术秘密等损害公司利益、声誉等的违法违纪行为，直接或间接损害甲方利益，给甲方造成的损失由甲方在回购总价款中予以扣除；

（3）因犯罪行为被依法追究刑事责任；

（4）单方面提出终止或解除与甲方订立的劳动合同或聘用合同；

（5）与甲方所签订的劳动合同或聘用合同期满，个人提出不再续签；

（6）因个人原因而致使公司提出解除或终止劳动合同（包括被甲方辞退、除名等）；

（7）因考核不合格或董事会认定不能胜任工作岗位，经公司董事会批准；

（8）董事会认定的类似情形。

2. 当发生以下情况时，在情况发生之日，乙方已获授但尚未解除限售的业绩股票不得解除限售，由甲方回购注销。

（1）成为独立董事、监事或其他不能持有甲方股票或业绩股票的人员；

D11634

（2）因非执行职务的原因丧失劳动能力或身故；

（3）达到法定退休条件且不继续在甲方任职的；

（4）因甲方经营调整（包括但不限于裁员），甲方单方面终止或解除与激励对象订立的劳动合同、聘用合同的；

（5）董事会认定的类似情形。

3. 特殊情形处理。

（1）乙方在公司内部发生正常职务变更，其获授的权益完全按照本计划规定的程序进行。

（2）乙方因执行职务负伤而导致丧失劳动能力的，其所获授的业绩股票不作变更，仍可按照本计划规定的程序进行。发生上述情形时，乙方个人绩效考核条件不再纳入解除限售条件。

（3）乙方因执行职务身故的，其获授的业绩股票将由其指定的财产继承人或法定继承人代为持有，并按照身故前本计划规定的程序进行。发生上述情形时，激励对象个人绩效考核条件不再纳入解除限售条件。

4. 其他未说明的情况由董事会认定，并确定其处理方式。

**七、聘用关系**

甲方与乙方签署本协议不构成甲方对乙方聘用期限和聘用关系的任何承诺，公司对乙方的聘用关系仍按劳动合同的有关约定执行。

**八、违约责任**

1. 任何一方违反协议约定，给他方造成经济损失的，应根据其责任大小给予他方经济补偿。本协议另有约定除外。

2. 一方违约致使对方采取诉讼的方式时，违约方应承担守约方为此支付的诉讼费、律师费、差旅费及其他费用。

**九、争议解决**

甲、乙双方对于本协议执行过程中发生的争议应协商解决；

协商不成，可提交甲方住所地人民法院诉讼解决。

**十、其他**

1. 本协议未尽事宜，以《股权激励计划》规定内容为准。

2. 本协议经双方协商后可以增加补充协议，补充协议的内容为本协议的一部分，具有同等的法律效力。

3. 本协议有效期为 _____ 年，自 _____ 年 _____ 月 _____ 日始，至 _____ 年 _____ 月 _____ 日止。

4. 本协议一式两份，甲、乙双方各执一份，具有同等法律效力。

5. 本协议自双方签字盖章之日起生效。

6. 本协议于年月日签署。

甲方：某某股份有限公司　乙方（签字）：______________

（盖章）

**文本正文 3：http://www.fatianshi.cn/D11650**

某某股份有限公司

激励对象业绩股票解锁申请书

本人___________，身份证号码：___________，本人截至目前，持有公司业绩股票共计股。根据《公司_____年业绩股票激励计划》的相关规定以及董事会、监事会相关决议，本人现有授予的业绩股票_____股已符合解锁条件，在此谨向公司申请如下：本人申请于年月日按照《公司_____年限制性股权激励计划》的规定对上述股票予以解锁。

特此申请！

申请人：___________

_____ 年 _____ 月 _____ 日

D11650

# 3.国有控股上市公司业绩股票全套文件

**文件名称用途：**

| 序号 | 名称 | 用途 | 网址 | 二维码 |
|---|---|---|---|---|
| 1 | 股权激励计划（草案） | 由薪酬与考核委员会拟定，由股东大会审议通过的整套方案 | http://www.fatianshi.cn/D11651 | D11651 |
| 2 | 考核管理办法 | 董事会负责解释及修订，由公司股东大会审议通过后生效 | http://www.fatianshi.cn/D11652 | D11652 |
| 3 | 董事会决议 | 用于董事会通过股权激励计划（草案）等议案 | http://www.fatianshi.cn/D11653 | D11653 |
| 4 | 监事会决议 | 用于监事会通过股权激励计划（草案）等议案 | http://www.fatianshi.cn/D11654 | D11654 |
| 5 | 独立董事意见 | 用于对股权激励计划（草案）发表意见 | http://www.fatianshi.cn/D11656 | D11656 |
| 6 | 监事会意见 | 用于对股权激励计划（草案）发表意见 | http://www.fatianshi.cn/D11658 | D11658 |

续表

| 序号 | 名称 | 用途 | 网址 | 二维码 |
| --- | --- | --- | --- | --- |
| 7 | 国资监管机构之批复 | 用于国资委对股权激励计划及业绩考核目标的批复 | http://www.fatianshi.cn/D12174 | D12174 |
| 8 | 监事会公示情况说明及核查意见 | 用于对激励对象名单公示情况发表意见 | http://www.fatianshi.cn/D11659 | D11659 |
| 9 | 股东大会决议 | 用于通过股权激励计划（草案）等议案 | http://www.fatianshi.cn/D11662 | D11662 |
| 10 | 业绩股票激励协议 | 用于明确公司与激励对象的权利义务 | http://www.fatianshi.cn/D11663 | D11663 |
| 11 | 调整及授予之董事会决议 | 用于董事会通过调整业绩股票数量或价格及授予议案 | http://www.fatianshi.cn/D11664 | D11664 |
| 12 | 调整及授予之监事会决议 | 用于监事会通过调整业绩股票数量或价格及授予议案 | http://www.fatianshi.cn/D11665 | D11665 |
| 13 | 调整及授予之独立董事意见 | 用于对调整及授予议案发表意见 | http://www.fatianshi.cn/D11672 | D11672 |

续表

| 序号 | 名称 | 用途 | 网址 | 二维码 |
| --- | --- | --- | --- | --- |
| 14 | 调整及授予之监事会意见 | 用于对调整及授予议案发表意见 | http://www.fatianshi.cn/D11673 | D11673 |
| 15 | 变更公司章程之董事会决议 | 用于董事会通过变更公司章程等议案 | http://www.fatianshi.cn/D11674 | D11674 |
| 16 | 回购注销之董事会决议 | 用于董事会通过回购注销业绩股票议案 | http://www.fatianshi.cn/D12210 | D12210 |
| 17 | 回购注销之监事会决议 | 用于监事会回购注销业绩股票议案 | http://www.fatianshi.cn/D12211 | D12211 |
| 18 | 回购注销之独立董事意见 | 用于独立董事对回购注销议案发表意见 | http://www.fatianshi.cn/D12212 | D12212 |
| 19 | 回购注销之股东大会决议 | 用于通过回购注销业绩股票议案 | http://www.fatianshi.cn/D11675 | D11675 |
| 20 | 解锁之董事会决议 | 用于董事会通过解锁业绩股票议案 | http://www.fatianshi.cn/D11676 | D11676 |

续表

| 序号 | 名称 | 用途 | 网址 | 二维码 |
|---|---|---|---|---|
| 21 | 解锁之监事会决议 | 用于监事会通过解锁业绩股票议案 | http://www.fatianshi.cn/D11677 | D11677 |
| 22 | 解锁之独立董事意见 | 用于独立董事对解锁业绩股票议案发表意见 | http://www.fatianshi.cn/D11678 | D11678 |
| 23 | 解锁之监事会意见 | 用于监事会对解锁业绩股票议案发表意见 | http://www.fatianshi.cn/D11679 | D11679 |
| 24 | 股票解锁申请书 | 用于激励对象向公司申请业绩股票解锁 | http://www.fatianshi.cn/D11680 | D11680 |

**该套文件的设计思路：**

由于业绩股票本质上属于限制性股票，故该套文件设计思路和限制性股票类似，但加入了业绩股票独有的元素。其设计思路为当公司与激励对象皆合法合规以及公司期末业绩目标达标后，公司从税后利润提取一定比例的激励基金奖励给激励对象用于购买公司定向发行给激励对象的股票，[1]并完成登记、公告程序。此时业绩股票即行锁定，在经过一定的限售期后，可在解除限售期分批分期解锁。若激励对象获授业绩股票后发生离职等异动情形，公司将回购注销该业绩股票。

本套模板是在对私企上市公司模板的基础上加入国有控股上市公司独有的元素。国有控股上市公司相较私企上市公司而

①若激励基金超出购买业绩股票所需的资金，则激励对象可以留存超出的部分，若激励基金不够购买业绩股票所需的资金，则激励对象自己筹资补足。

关注法天使

言其独有的元素有如下几点：

1. 所参照的法律法规除《上市公司股权激励管理办法》以外，还需参照《国有控股上市公司（境内）实施股权激励试行办法》《关于规范国有控股上市公司实施股权激励制度有关问题的通知》。

2. 实施程序上较私企上市公司而言多了国有资产管理委员会的审批，这其中又细分为中央国有控股上市公司和地方国有控股上市公司，中央企业和地方国企在审批流程方面有所区别，详见《关于印发〈国有控股上市公司（境内）实施股权激励试行办法〉的通知》。

3. 对于业绩股票而言，限售期至少不得低于 2 年，解锁期不得低于 3 年，业绩股票可参照此实行。

4. 授予的业绩股票，应将不低于 20% 的部分锁定至任职（或任期）期满后兑现，详见《国有控股上市公司（境内）实施股权激励试行办法》第 33 条，业绩股票可进行参照。

5.（1）国有控股上市公司实施股权激励，应建立完善的业绩考核体系和考核办法。业绩考核指标应包含反映股东回报和公司价值创造等综合性指标，如净资产收益率（ROE）、经济增加值（EVA）、每股收益等；反映公司盈利能力及市场价值等成长性指标，如净利润增长率、主营业务收入增长率、公司总市值增长率等；反映企业收益质量的指标，如主营业务利润占利润总额比重、现金营运指数等。上述三类业绩考核指标原则上至少各选一个。相关业绩考核指标的计算应符合现行会计准则等相关要求。

（2）国有控股上市公司实施股权激励，其授予和行使环节均应设置应达到的业绩目标，业绩目标的设定应具有前瞻性和挑战性，并切实以业绩考核指标完成情况作为股权激励实施的条件：①上市公司授予激励对象股权时的业绩目标水平，应不低于公司近3年平均业绩水平及同行业平均业绩（或对标企业50分位值）水平；②上市公司激励对象行使权利时的业绩目标水平，应结合上市公司所处行业特点和自身战略发展定位，在授予时业绩水平的基础上有所提高，并不得低于公司同行业平均业绩（或对标企业75分位值）水平。

6. 收益有限制：业绩股票收益（不含个人出资部分的收益）的增长幅度不高于业绩指标的增长幅度，业绩股票可参照。

7. 股权激励对象正常调动、退休、死亡、丧失民事行为能力时，授予的股权当年已达到可行使时间限制和业绩考核条件的，可行使的部分可在离职之日起的半年内行使，尚未达到可行使时间限制和业绩考核条件的不再行使。股权激励对象辞职、被解雇时，尚未行使的股权不再行使。

**文本正文 1：http://www.fatianshi.cn/D11651**

## 某某股份有限公司业绩股票激励计划（草案）

### 声　明

本公司及全体董事、监事保证本计划及其摘要不存在虚假记载、误导性陈述或重大遗漏，并对其真实性、准确性、完整性承担个别和连带的法律责任。

### 特别提示

1. 本计划依据《中华人民共和国公司法》《中华人民共和国证券法》及其他有关法律、法规、规范性文件、《某某股份有限公司章程》以及参照《上市公司股权激励管理办法》《国有控股

D11651

上市公司（境内）实施股权激励试行办法》《关于规范国有控股上市公司实施股权激励制度有关问题的通知》①制订。

2. 本计划所采用的激励形式为业绩股票，股票来源为公司向激励对象定向发行的某某股份有限公司 A 股普通股。

3. 本计划授予的激励对象共计 ______ 人，包括董事、高层管理人员、核心技术人员（不包括独立董事、监事、单独或合计持有公司 5% 以上股份的股东或实际控制人及其配偶、父母和子女）。

4. 本计划拟向激励对象授予 ______ 万股业绩股票，占公司已发行股本总额万股的 ______%。

5. 在本计划公告当日至激励对象完成业绩股票登记期间，若发生资本公积金转增股本、派发股票红利、股份拆细、缩股、配股、派息等事项，业绩股票的授予数量和授予价格将做相应调整。

6. 本计划有效期为公司向激励对象授予业绩股票起至所有业绩股票解除限售或回购注销完毕之日止，最长不超过______个月②。限售期为自业绩股票授予日起______个月。③激励对象根据本计划获授的业绩股票解除限售前不得转让、用于担保或偿还债务。

7. 激励对象获授业绩股票的资金来源为公司从税后利润中提取的激励基金。

8. 本计划必须满足如下条件后方可实施：获得国务院国资委批准（以中央企业为例）、公司股东大会批准。④

9. 公司股东大会审议通过本激励计划，授予条件成就后⑤，公司从税后利润提取激励基金奖励给激励对象用于购买公司定向发行给激励对象的股票。

10. 本计划的实施不会导致股权分布不具备上市条件。



①相较私企不同的是，除参照《上市公司股权激励管理办法外》，还需参照《国有控股上市公司（境内）实施股权激励试行办法》《关于规范国有控股上市公司实施股权激励制度有关问题的通知》。

②为限售期与解除限售期之和，不得超过10年。

③参照《上市公司股权激励管理办法》，不得少于12个月。

④相较私企上市公司而言，国有控股上市公司实施股权激励多了经国资委审批的程序。

⑤通常为公司期末业绩目标达标（如公司期末利润达标）。

## 第一章 释 义

以下词语如无特殊说明，在本文中具有如下含义：

| | | |
|---|---|---|
| 本公司、公司 | 指 | 某某股份有限公司 |
| 激励计划、本计划 | 指 | 以公司股票为标的，对公司董事、高层管理人员、核心技术（业务）人员进行长期性的激励计划 |
| 业绩股票、标的股票 | 指 | 在授予条件成就的情况下，激励对象用激励基金购买的公司定向发行的股票 |
| 激励对象 | 指 | 按照本计划规定获得业绩股票的公司董事、高层管理人员、核心技术（业务）人员 |
| 授予日 | 指 | 公司向激励对象授予业绩股票的日期，授予日必须为交易日 |
| 授予价格 | 指 | 激励对象获授公司股份的价格 |
| 限售期 | 指 | 激励对象行使权益的条件尚未成就，业绩股票不得转让、用于担保或偿还债务的期间，自业绩股票授予之日起算 |
| 解除限售期 | 指 | 本计划规定的解除限售条件成就后，激励对象持有的业绩股票可以解除限售并上市流通的期间 |
| 《公司法》 | 指 | 《中华人民共和国公司法》 |
| 《证券法》 | 指 | 《中华人民共和国证券法》 |
| 《管理办法》 | 指 | 《上市公司股权激励管理办法》 |
| 《公司章程》 | 指 | 《某某股份有限公司章程》 |
| 国务院国资委 | 指 | 中华人民共和国国务院国有资产监督管理委员会 |

D11651

续表

| | | |
|---|---|---|
| 175 号文 | 指 | 《国有控股上市公司（境内）实施股权激励试行办法》（国资发分配〔2006〕175 号） |
| 171 号文 | 指 | 《关于规范国有控股上市公司实施股权激励制度有关问题的通知》（国资发分配〔2008〕171 号） |
| 证监会 | 指 | 中国证券监督管理委员会 |
| 元 | 指 | 人民币元 |

## 第二章　实施激励计划的目的

为了进一步建立、健全公司长效激励机制，吸引和留住优秀人才，充分调动公司管理人员及核心技术（业务）人员的积极性，有效地将股东利益、公司利益和个人利益结合在一起，促进公司业绩持续增长，在充分保障股东利益的前提下，根据《公司法》《证券法》等有关法律、法规和规范性文件以及《公司章程》及参照《管理办法》等的规定，制订本计划。

## 第三章　本计划的管理机构

一、股东大会作为公司的最高权力机构，负责审议批准本计划的实施、变更和终止。

二、董事会是本计划的执行管理机构，下设薪酬与考核委员会，负责拟订和修订本计划并报董事会审议，董事会对本计划审议通过后，报国资委批准，国资委审核批准后报股东大会审议。董事会在股东大会授权范围内办理本计划的相关事宜。

三、监事会是本计划的监督机构，负责审核激励对象的名单，就本计划是否有利于公司的持续发展，是否存在明显损害公司及全体股东利益的情形发表意见；并对本计划的实施是否符合相关法律、行政法规、部门规章和相关业务规则进行监督。

四、独立董事应当就本计划是否有利于公司的持续发展，是否存在明显损害公司及全体股东的利益发表独立意见，并就本计划向所有股东征集委托投票权。独立董事或监事会认为有必要的，可以建议上市公司聘请独立财务顾问，对激励计划的可行性、是否有利于上市公司的持续发展、是否损害上市公司利益以及对股东利益的影响发表专业意见。

## 第四章　激励对象的确定依据和范围

### 一、激励对象的确定依据

（一）激励对象确定的法律依据

本计划激励对象根据《公司法》《证券法》《管理办法》等有关法律、法规、规范性文件和《公司章程》的相关规定，结合公司实际情况而确定。

（二）激励对象确定的职务依据

本计划激励对象为公司董事、高级管理人员、核心技术人员[①]（不包括独立董事、监事及单独或合计持有公司5%以上股份的股东或实际控制人及其配偶、父母、子女）。

### 二、激励对象的范围

本计划涉及的激励对象共计______人，包括：

1. 公司董事、高级管理人员；

2. 公司核心技术人员。

以上激励对象中，董事、高级管理人员必须经股东大会选举或公司董事会聘任。其他激励对象均须在本计划的考核期内与公司具有雇佣或劳务关系。

①《国有控股上市公司（境内）实施股权激励试行办法》第11条：股权激励对象原则上限于上市公司董事、高级管理人员以及对上市公司整体业绩和持续发展有直接影响的核心技术人员和管理骨干。

D11651

三、激励对象的核实

（一）公司在召开股东大会前，将在公司内部公示激励对象的姓名和职务，公示期不少于 10 天。

（二）公司监事会将对激励对象名单进行审核，充分听取公示意见，并在公司股东大会审议本计划前 5 日披露监事会对激励对象名单审核及公示情况的说明。经公司董事会调整的激励对象名单亦应经公司监事会核实。

## 第五章　激励计划具体内容

一、激励计划的股票来源

本计划涉及的标的股票来源为公司向激励对象定向发行的某某 A 股普通股。

二、激励计划标的股票的数量

本次激励计划拟授予激励对象 ______ 万股业绩股票，占公司已发行股本总额的 ______%。

三、激励计划标的股票分配情况

授予的业绩股票在各激励对象间的分配情况如下表所示：（以下百分比计算结果四舍五入，保留两位小数）

| 人员类型 | 姓名 | 职务 | 获授的业绩股票数量（万股） | 占授予业绩股票总数的比例 | 占目前总股本的比例 |
|---|---|---|---|---|---|
| 董事 | | | | | |
| | | | | | |
| | | | | | |
| 高级管理人员 | | | | | |
| | | | | | |
| | | | | | |
| | | | | | |

续表

| 人员类型 | 姓名 | 职务 | 获授的业绩股票数量（万股） | 占授予业绩股票总数的比例 | 占目前总股本的比例 |
|---|---|---|---|---|---|
| | | | | | |
| 其他______名核心技术人员 | | | | | |
| 合计 | | | | | |

注：1. 本计划激励对象不包括独立董事、监事及单独或合计持有公司 5% 以上股份的股东或实际控制人及其配偶、父母、子女。

2. 上市公司全部在有效期内的股权激励计划所涉及的标的股票总数累计未超过公司股本总额的 10%，任何一名激励对象通过全部在有效期内的股权激励计划获授的本公司股票累计未超过公司股本总额的 1%。[①]

①《上市公司股权激励管理办法》以及国有控股上市公司（境内）实施股权激励试行办法均做了明确规定。

## 四、激励计划的有效期、授予日、限售期、解除限售安排、禁售期

（一）有效期

本计划的有效期为业绩股票授予之日起至所有业绩股票解除限售或回购注销完毕之日止。

（二）授予日

在本激励计划报国务院国有资产监督管理委员会审核批准、公司股东大会批准通过且授予条件成就后，公司从税后利润提取激励基金奖励给激励对象用于购买公司定向发行给激励对象的股票。即进行业绩股票的授予，并完成登记、公告等相关程序。授予日必须为交易日，且不得为下列区间日：

1. 公司定期报告公告前 30 日内，因特殊原因推迟年度报告、半年度报告公告日期的，自原预约公告日前 30 起算，至公告前 1 日；

2. 公司业绩预告、业绩快报公告前 10 日内；

3. 自可能对本公司股票及其衍生品种交易价格产生较大影

D11651

关注法天使

响的重大事件发生之日或者进入决策程序之日，至依法披露后 2 个交易日内；

4. 中国证券监督管理委员会及证券交易所规定的其他期间

（三）限售期

限售期为业绩股票授予之日起______个月①。激励对象根据本计划获授的业绩股票在解除限售前不得转让、用于担保或偿还债务。

（四）解除限售安排②

在解除限售期内，公司为满足解除限售条件的激励对象办理解除限售事宜，未满足解除限售条件的激励对象持有的业绩股票由公司回购注销。③

授予的业绩股票的解除限售期及各期解除限售时间安排如下表所示：

| 解除限售期 | 解除限售时间 | 解除限售数量占获授业绩股票数量比例 |
|---|---|---|
| 第一个解除限售期 | 自授予日起______个月后的首个交易日起至授予日起______个月内的最后一个交易日当日止 | ______% |
| 第二个解除限售期 | 自授予日起______个月后的首个交易日起至授予日起______个月内的最后一个交易日当日止 | ______% |
| 第三个解除限售期 | 自授予日起______个月后的首个交易日起至授予日起______个月内的最后一个交易日当日止 | ______% |

激励对象因获授的业绩股票而取得的现金股利由公司代管，作为应付股利在解除限售时向激励对象支付；若根据本计划不能

①不得少于 24 个月。

②解除限售期不得少于 36 个月。

③当公司完成业绩股票的授予，登记之后，业绩股票即行锁定，并参照《上市公司股权激励管理办法》分批分期进行解锁，以达到良好的激励效果。

解除限售，则由公司收回。激励对象获授的业绩股票由于资本公积金转增股本、股票红利、股票拆细而取得的股份同时限售，不得在二级市场出售或以其他方式转让，该等股份的解除限售期与业绩股票解除限售期相同。

在上述约定期间内未申请解除限售的业绩股票或因未达到解除限售条件而不能申请解除限售的该期业绩股票，公司将按本计划规定的原则回购并注销激励对象相应尚未解除限售的业绩股票。

（五）禁售期

本计划的禁售期规定按照《公司法》《证券法》等相关法律、法规、规范性文件和《公司章程》执行，具体规定如下：

1. 激励对象为公司董事和高级管理人员的，其在任职期间每年转让的股份不得超过其所持有本公司股份总数的 25%；在离职后半年内，不得转让其所持有的本公司股份。

2. 在本计划最后一批业绩股票解锁时，担任公司董事以及高级管理职务的激励对象获授业绩股票总量的 20%（及就该等股票分配的股票股利），锁定至任职（或任期）期满后，根据其担任高级管理职务的任期考核或经济责任审计结果确定是否解锁。[①]

3. 激励对象为公司董事和高级管理人员的，将其持有的本公司股票在买入后 6 个月内卖出，或者在卖出后 6 个月内又买入，由此所得收益归本公司所有，本公司董事会将收回其所得收益。

4. 在本计划有效期内，如果《公司法》《证券法》等相关法律、法规、规范性文件和《公司章程》中对公司董事和高级管理人员持有股份转让的有关规定发生了变化，则这部分激励对象转让其所持有的公司股票应当在转让时符合修改后的《公司法》《证券法》等相关法律、法规、规范性文件和《公司章程》的规定。

①依据《国有控股上市公司（境内）实施股权激励试行办法》第 33 条之规定。

D11651

五、业绩股票的授予价格和授予价格的确定方法

（一）授予价格

业绩股票的授予价格为每股______元，授予条件成就后，激励对象可以每股______元的价格购买公司向激励对象增发的公司业绩股票。

（二）授予价格的确定方法

业绩股票授予价格不低于下列价格较高者：[①]

1. 股权激励计划草案摘要公布前一个交易日的公司标的股票收盘价；

2. 股权激励计划草案摘要公布前 30 个交易日内的公司标的股票平均收盘价。

六、业绩股票的授予与解除限售条件

（一）业绩股票的授予条件

只有在同时满足下列条件时，才能获授业绩股票：

1. 公司未发生以下任一情形：

（1）最近一个会计年度财务会计报告被注册会计师出具否定意见或者无法表示意见的审计报告；

（2）最近一个会计年度财务报告内部控制被注册会计师出具否定意见或者无法表示意见的审计报告；

（3）上市后最近 36 个月内出现过未按法律法规、公司章程、公开承诺进行利润分配的情形；

（4）法律法规规定不得实行股权激励的；

（5）中国证券监督管理委员会认定的其他情形。

2. 激励对象未发生以下任一情形：

（1）最近 12 个月内被证券交易所认定为不适当人选；

（2）最近 12 个月内被中国证券监督管理委员会及其派出机构认定为不适当人选；

①《国有控股上市公司（境内）实施股权激励试行办法》第 18 条

（3）最近 12 个月内因重大违法违规行为被中国证券监督管理委员会及其派出机构行政处罚或者采取市场禁入措施；

（4）具有《公司法》规定的不得担任公司董事、高级管理人员情形的；

（5）法律法规规定不得参与上市公司股权激励的；

（6）中国证券监督管理委员会认定的其他情形。

3. 授予前一个财务年度，公司业绩达到以下条件：[1]

（1）净资产收益率不低于______%；

（2）净利润三年复合增长率不低于______%；

（3）完成经济增加值（EVA）考核目标。

上述净资产收益率和净利润增长率原则上不低于对标企业 50 分位值水平；对标企业从 A 股某某行业上市公司中，选取综合实力、盈利能力、资产规模等方面排名领先的企业，同时考虑业务相似性和稳定性，剔除了变动幅度异常的企业。若在年度考核过程中，对标企业出现偏离幅度过大的样本极值，则将由公司董事会薪酬委员会根据实际情况研究并更换样本。公司董事会有权根据公司战略、市场环境等相关因素，对上述业绩指标和水平进行调整和修改，但相应调整和修改需报国资委备案。

本计划在计算上述指标时所用的净资产收益率是指剔除非经常性损益后的加权平均净资产收益率；净利润是指剔除非经常性损益后归属于上市公司股东的净利润。

4. 公司认为的其他授予条件：

（二）业绩股票的解除限售条件

解除限售期内，同时满足下列条件时，激励对象已获授的业绩股票才能解除限售：

1. 公司未发生以下任一情形：

（1）最近一个会计年度财务会计报告被注册会计师出具否

①授予条件较私企上市公司而言更加严格。

D11651

定意见或者无法表示意见的审计报告；

（2）最近一个会计年度财务报告内部控制被注册会计师出具否定意见或者无法表示意见的审计报告；

（3）上市后最近36个月内出现过未按法律法规、公司章程、公开承诺进行利润分配的情形；

（4）法律法规规定不得实行股权激励的；

（5）中国证券监督管理委员会认定的其他情形。

公司发生上述情形之一的，所有激励对象根据本激励计划已获授但尚未解除限售的业绩股票应当由公司回购注销。对该等情形负有个人责任的，回购价格不得高于授予价格。

2. 激励对象未发生以下任一情形：

（1）最近12个月内被证券交易所认定为不适当人选；

（2）最近12个月内被中国证券监督管理委员会及其派出机构认定为不适当人选；

（3）最近12个月内因重大违法违规行为被中国证券监督管理委员会及其派出机构行政处罚或者采取市场禁入措施；

（4）具有《公司法》规定的不得担任公司董事、高级管理人员情形的；

（5）法律法规规定不得参与上市公司股权激励的；

（6）中国证券监督管理委员会认定的其他情形。

激励对象发生上述情形之一的，根据本激励计划已获授但尚未解除限售的业绩股票应当由公司回购注销，回购价格不得高于授予价格。

3. 公司层面的业绩考核要求

业绩股票解锁前一个财务年度公司业绩达到以下条件：

（1）净资产收益率不低于 %；

（2）净利润三年复合增长率不低于 ______%；

（3）完成经济增加值（EVA）考核目标。

上述净资产收益率和净利润增长率原则上不低于对标企业75分位值水平；对标企业从A股某某行业上市公司中，选取综合实力、盈利能力、资产规模等方面排名领先的企业，同时考虑业务相似性和稳定性，剔除了变动幅度异常的企业。若在年度考核过程中，对标企业出现偏离幅度过大的样本极值，则将由公司董事会薪酬委员会根据实际情况研究并更换样本。公司董事会有权根据公司战略、市场环境等相关因素，对上述业绩指标和水平进行调整和修改，但相应调整和修改需报国资委备案。

本计划在计算上述指标时所用的净资产收益率是指剔除非经常性损益后的加权平均净资产收益率；净利润是指剔除非经常性损益后归属于上市公司股东的净利润。

公司未满足上述业绩考核目标的，所有激励对象考核当年可解除限售的业绩股票不得解除限售，对应的业绩股票由公司回购注销。由本次股权激励产生的激励成本将在经常性损益中列支。

4. 个人层面考核要求

根据公司制定的《某某股份有限公司年业绩股票激励计划实施考核办法》，激励对象只有在上一年度个人考核为“合格”及以上时，激励对象对应当年的业绩股票方可解除限售。

5. 公司认为的其他必要解除限售条件

**七、业绩股票激励计划的调整方法和程序**

（一）业绩股票数量的调整方法

若在本计划公告当日至激励对象完成业绩股票股份登记期间，公司有资本公积转增股本、派送股票红利、股份拆细、配股或缩股等事项，应对业绩股票数量进行相应的调整。调整方法如下：

1. 资本公积转增股本、派送股票红利、股份拆细

$Q = Q0 \times (1 + n)$

其中：Q0为调整前的业绩股票数量；n为每股的资本公积转增股本、派送股票红利、股份拆细的比率（每股股票经转增、送股或拆细后增加的股票数量）；Q为调整后的限业绩股票数量。

2. 配股

$Q = Q0 \times P1 \times (1 + n) \div (P1 + P2 \times n)$

其中：Q0为调整前的业绩股票数量；P1为股权登记日当日收盘价；P2为配股价格；n为配股的比例（配股的股数与配股前公司总股本的比例）；Q为调整后的业绩股票数量。

3. 缩股

$Q = Q0 \times n$

其中：Q0为调整前的业绩股票数量；n为缩股比例（1股公司股票缩为n股股票）；Q为调整后的业绩股票数量。

4. 增发

公司发生增发时，业绩股票的授予数量不做调整。

（二）授予价格的调整方法

若在本计划公告当日至激励对象完成业绩股票股份登记期间，公司有派息、资本公积转增股本、派送股票红利、股份拆细、配股或缩股等事项，应对业绩股票的授予价格进行相应的调整。调整方法如下：

1. 资本公积转增股本、派送股票红利、股份拆细

$P = P0 \div (1 + n)$

其中：P0为调整前的授予价格；n为每股的资本公积转增股本、派送股票红利、股份拆细的比率；P为调整后的授予价格。

2. 配股

$$P = P_0 \times (P_1 + P_2 \times n) \div [P_1 \times (1 + n)]$$

其中：P0为调整前的授予价格；P1为股权登记日当日收盘价；P2为配股价格；n为配股的比例（配股的股数与配股前股份公司总股本的比例）；P为调整后的授予价格。

3. 缩股

$$P = P_0 \div n$$

其中：P0为调整前的授予价格；n为缩股比例；P为调整后的授予价格。

4. 派息

$$P = P_0 - V$$

其中：P0为调整前的授予价格；V为每股的派息额；P为调整后的授予价格。经派息调整后，P仍须大于1。

5. 增发

公司在发生增发新股的情况下，业绩股票的授予价格不做调整。

（三）业绩股票激励计划调整的程序

公司股东大会授权公司董事会，当出现前述情况时由公司董事会决定调整业绩股票数量、授予价格。律师应当就上述调整是否符合《管理办法》《公司章程》和本计划的规定出具专业意见。调整议案经董事会审议通过后，公司应当及时披露董事会决议公告，同时公告律师事务所意见。

## 第六章　本计划的相关程序

### 一、激励计划实施程序

（一）公司董事会应当依法对本激励计划作出决议。董事会审议本激励计划时，作为激励对象的董事或与其存在关联关系

D11651

的董事应当回避表决。董事会应当在审议通过本计划并提交国务院国资委批准及履行公示、公告程序后，将本计划提交股东大会审议；同时提请股东大会授权，负责实施业绩股票的授予、解除限售和回购注销工作。

（二）独立董事及监事会应当就激励计划草案是否有利于上市公司的持续发展，是否存在明显损害上市公司及全体股东利益的情形发表意见。独立董事或监事会认为有必要的，可以建议上市公司聘请独立财务顾问，对激励计划的可行性、是否有利于上市公司的持续发展、是否损害上市公司利益以及对股东利益的影响发表专业意见。

（三）本计划经公司股东大会审议通过后方可实施。本公司将在召开股东大会前，通过公司网站或者其他途径，在公司内部公示激励对象的姓名和职务，公示期不少于 10 天。监事会应当对激励名单进行审核，充分听取公示意见。上市公司应当在股东大会审议激励计划前 5 日披露监事会对激励名单审核及公示情况的说明。

（四）公司股东大会在对本次业绩股票激励计划进行投票表决时，独立董事应当就本次业绩股票激励计划向所有的股东征集委托投票权。股东大会应当对《管理办法》第 9 条规定的股权激励计划内容进行表决，并经出席会议的股东所持表决权的 2/3 以上通过，单独统计并披露除公司董事、监事、高级管理人员、单独或合计持有公司 5% 以上股份的股东以外的其他股东的投票情况。

公司股东大会审议股权激励计划时，作为激励对象的股东或者与激励对象存在关联关系的股东，应当回避表决。

（五）本激励计划经公司股东大会审议通过，且达到本激励计划规定的授予条件时，公司在规定时间内向激励对象授予业绩股票。经股东大会授权后，董事会负责实施业绩股票的授予、解除限售和回购注销。

**二、业绩股票的授予程序**

（一）股东大会审议通过本计划后，公司与激励对象签署股权激励相关协议[①]，以此约定双方的权利义务关系。公司董事会根据股东大会的授权办理具体的业绩股票授予事宜。

（二）公司在向激励对象授出权益前，董事会应当就本计划设定的激励对象获授权益的条件是否成就进行审议并公告。

（三）独立董事及监事会应当同时发表明确意见。律师事务所应当对激励对象获授权益的条件是否成就出具法律意见。

（四）公司监事会应当对业绩股票授予日及激励对象名单进行核实并发表意见。

（五）公司向激励对象授出权益与本计划的安排存在差异时，独立董事、监事会（当激励对象发生变化时）、律师事务所、独立财务顾问应当同时发表明确意见。

（六）本计划经股东大会审议通过后且授权条件成就后______日内，公司从税后利润提取激励基金奖励给激励对象用于购买公司定向发行给激励对象的股票，并完成公告、登记。根据《管理办法》规定上市公司不得授出权益的期间不计算在______日内。公司董事会应当在授予的业绩股票登记完成后应及时披露相关实施情况的公告。若公司未能在______日内完成上述工作的，本计划终止实施，董事会应当及时披露未完成的原因且______个月内不得再次审议股权激励计划。

（七）公司授予业绩股票前，应当向证券交易所提出申请，经证券交易所确认后，由证券登记结算机构办理登记结算事宜。

**三、业绩股票的解除限售程序**

（一）在解除限售日前，公司应确认激励对象是否满足解除

①签署协议，用以进一步明确双方的权利义务关系，并在当发生纠纷时有协议可以进行约束。

D11651

限售条件，对于满足解除限售条件的激励对象，由公司统一办理解除限售事宜，对于未满足条件的激励对象，由公司按照本计划的规定办理回购注销事宜。

（二）激励对象可对已解除限售的业绩股票进行转让，但公司董事、高级管理人员所持股份的转让应当符合有关法律、法规和规范性文件的规定。

（三）公司解除激励对象业绩股票解除限售前，应当向证券交易所提出申请，经证券交易所确认后，由证券登记结算机构办理登记结算事宜。

**四、本计划的变更、终止程序**

（一）本计划的变更程序

1. 公司在股东大会审议本计划之前拟变更本计划的，需经董事会审议通过。

2. 公司在股东大会审议通过本计划之后变更本计划的，应当由股东大会审议决定，且不得包括下列情形：

（1）导致提前解除限售的情形；

（2）降低授予价格的情形。

独立董事、监事会应当就变更后的方案是否有利于上市公司的持续发展，是否存在明显损害上市公司及全体股东利益的情形发表独立意见。律师事务所应当就变更后的方案是否符合本办法及相关法律法规的规定、是否存在明显损害上市公司及全体股东利益的情形发表专业意见。

（二）本计划的终止程序

1. 公司在股东大会审议本计划之前拟终止实施本计划的，需经董事会审议通过。

2. 公司在股东大会审议通过本计划之后终止实施本计划的，应当由股东大会审议决定。

3. 律师事务所应当就公司终止实施激励是否符合本办法及相关法律法规的规定、是否存在明显损害公司及全体股东利益的情形发表专业意见。

## 第七章　公司/激励对象各自的权利义务

### 一、公司的权利与义务

（一）公司具有对本计划的解释和执行权，并按本计划规定对激励对象进行绩效考核，若激励对象未达到本计划所确定的解除限售条件，公司将按本计划的规定回购并注销激励对象相应尚未解除限售的业绩股票。

（二）公司应及时按照有关规定履行业绩股票激励计划申报、信息披露等义务。

（三）公司应当根据业绩股票激励计划及中国证券监督管理委员会、证券交易所、中国证券登记结算有限责任公司等的有关规定，积极配合满足解除限售条件的激励对象按规定解除限售。但若因中国证券监督管理委员会、证券交易所、中国证券登记结算有限责任公司的原因造成激励对象未能按自身意愿解除限售并给激励对象造成损失的，公司不承担责任。

（四）法律、法规规定的其他相关权利义务。

### 二、激励对象的权利与义务

（一）激励对象应当按公司所聘岗位的要求，勤勉尽责、恪守职业道德，为公司的发展做出应有贡献。

（二）激励对象应当按照本计划规定限售其获授的业绩股票。

（三）激励对象的资金来源为公司从税后利润中提取的激励基金。

（四）激励对象所获授的业绩股票，经中国证券登记结算有限责任公司登记过户后便享有其股票应有的权利，包括但不限于该等股票的分红权、配股权、投票权等。在业绩股票解除限售之前，激励对象根据本计划获授的业绩股票（包含因该等业绩股票取得的股票股利）不得转让、用于担保或用于偿还债务。

（五）激励对象因获授的业绩股票而取得的现金股利由公司代管，作为应付股利在解除限售时向激励对象支付；若根据本计划不能解除限售，则由公司收回。

（六）原则上，激励对象业绩股票收益（不含个人出资部分）的增长幅度不高于业绩指标的增长幅度。[①]

（七）激励对象因激励计划获得的收益，应按国家税收法规交纳个人所得税及其他税费。

（八）法律、法规规定的其他相关权利义务。

## 第八章　公司/激励对象发生异动的处理

### 一、公司发生异动的处理

（一）公司出现下列情形之一时，本计划即行终止：

1. 公司最近一个会计年度财务会计报告被注册会计师出具否定意见或者无法表示意见的审计报告；

2. 公司最近一个会计年度财务报告内部控制被注册会计师出具否定意见或者无法表示意见的审计报告；

3. 公司上市后最近36个月内出现过未按法律法规、公司章程、公开承诺进行利润分配的情形；

4. 公司出现法律法规规定不得实行股权激励的情形；

5. 中国证券监督管理委员会认定的其他需要终止激励计划的情形。

当公司出现终止本计划的上述情形时，激励对象已获授但尚未解除限售的业绩股票不得解除限售，由公司回购注销；对该等情形负有个人责任的，回购价格不得高于授予价格。

①参照《关于规范国有控股上市公司实施股权激励制度有关问题的通知》第4条进一步强化股权激励计划的管理，科学规范实施股权激励中的第一项的第三小点。

（二）公司出现下列情形之一时，本计划不做变更，按本计划的规定继续执行：

1. 公司控制权发生变更；

2. 公司出现合并、分立等情形。

（三）公司因信息披露文件有虚假记载、误导性陈述或者重大遗漏，导致不符合业绩股票授予条件或解除限售安排的，未解除限售的业绩股票由公司回购注销处理，回购价格不得高于授予价格；激励对象获授的业绩股票已解除限售的，所有激励对象应当将由本激励计划所获得的全部利益返还公司。董事会应当按照本计划规定收回激励对象所得全部利益。

**二、激励对象个人情况发生变化的处理**

（一）当发生以下情况时，在情况发生之日，激励对象已获授但尚未解除限售的业绩股票不得解除限售，由公司以授予价格回购注销，并追回其已获得的股权激励收益，给公司造成的损失由公司在回购总价款中予以扣除。

1. 经济责任审计等结果表明未有效履职或者严重失职、渎职的；

2. 违反国家有关法律法规、上市公司章程规定的；

3. 激励对象在任职期间，有受贿索贿、贪污盗窃、泄露上市公司商业和技术秘密、实施关联交易损害公司利益、声誉和对公司形象有重大负面影响等违法违纪行为，给公司造成损失的。

（二）激励对象因调动、退休、死亡、丧失民事行为能力等客观原因与公司解除或者终止劳动关系时，授予的权益当年达到可行使时间限制和业绩考核条件的，可行使部分可以在离职之日起半年内行使，半年后权益失效；尚未达到可行使时间限制和业绩考核条件的，原则上不再行使。尚未解锁的业绩股票，

D11651

由公司按授予价格加上同期银行存款利息之和回购后注销。

激励对象因辞职、个人原因被解除劳动关系的，尚未行使的权益不再行使。尚未解锁的业绩股票由公司以授予价格进行回购。[①]

（三）其他未说明的情况由董事会认定，并确定其处理方式。

**三、公司与激励对象之间争议的解决**

公司与激励对象发生争议，按照本计划和股权激励计划相关协议的规定解决；规定不明的，双方应按照国家法律和公平合理原则协商解决；协商不成，应提交公司住所所在地有管辖权的人民法院诉讼解决。

## 第九章　业绩回购注销原则

**一、回购价格的调整方法**

激励对象获授的业绩股票完成股份登记后，若公司发生资本公积转增股本、派送股票红利、股份拆细、配股或缩股等影响公司股本总量或公司股票价格事项的，公司应对尚未解除限售的业绩股票的回购价格做相应的调整，调整方法如下：

1. 公积金转增股本、派送股票红利、股票拆细

$P = P0 \div (1 + n)$

其中：P为调整后的每股业绩股票回购价格，P0为每股业绩股票授予价格；n为每股公积金转增股本、派送股票红利、股票拆细的比率（每股股票经转增、送股或股票拆细后增加的股票数量）。

2. 缩股

$P = P0 \div n$

其中：P为调整后的每股业绩股票回购价格，P0为每股业绩股票

①依据《关于规范国有控股上市公司实施股权激励制度有关问题的通知》第4条进一步强化股权激励计划的管理，科学规范实施股权激励中的第二项的相关规定。

授予价格；n为每股的缩股比例（1股股票缩为n股股票）。

3. 配股

$$P = P0 \times (P1 + P2 \times n) \div [P1 \times (1 + n)]$$

其中：P1为股权登记日当天收盘价；P2为配股价格；n为配股的比例（配股的股数与配股前公司总股本的比例）。

4. 派息

$$P = P0 - V$$

其中：P为调整后的每股业绩股票回购价格，P0为每股业绩股票授予价格；V为每股的派息额；经派息调整后，P仍须大于1。

5. 增发

公司在增发新股的情况下，业绩股票的回购价格不做调整。

**二、回购价格的调整程序**

1. 公司股东大会授权公司董事会依上述已列明的原因调整业绩股票的回购价格。董事会根据上述规定调整回购价格后，应及时公告。

2. 因其他原因需要调整业绩股票回购价格的，应经董事会做出决议并经股东大会审议批准。

**三、回购注销的程序**

公司按照本激励计划的规定实施回购时，应向证券交易所申请解锁该等业绩股票，在解锁后30个工作日内公司应将回购款项支付给激励对象并于登记结算公司完成相应股份的过户手续；在过户完成后的合理时间内，公司应注销该部分股票。

## 第十章　附　　则

一、本计划在国资委审核批准并经公司股东大会审议通过后生效。

D11651

二、本计划由公司董事会负责解释。

某某股份有限公司董事会

______ 年 ______ 月 ______ 日



**文本正文 2：http://www.fatianshi.cn/D11680**

## 某某股份有限公司
## 激励对象业绩股票解锁申请书

本人 ____________，身份证号码：____________，本人截至目前，持有公司业绩股票共计 ______ 股。根据《公司年业绩股票激励计划》的相关规定以及董事会、监事会相关决议，本人现有授予的业绩股票股已符合解锁条件，在此谨向公司申请如下：本人申请于 ______ 年 ______ 月 ______ 日按照《公司年限制性股权激励计划》的规定对上述股票予以解锁。

特此申请！

申请人：____________

______ 年 ______ 月 ______ 日

## 4.私企新三板挂牌公司业绩股票全套文件

文件名称用途：

| 序号 | 名称 | 用途 | 网址 | 二维码 |
|---|---|---|---|---|
| 1 | 股权激励计划（草案） | 董事会会拟定，由股东大会审议通过的整套方案 | http://www.fatianshi.cn/D11682 | D11682 |
| 2 | 考核管理办法 | 董事会负责解释及修订，由公司股东大会审议通过后生效 | http://www.fatianshi.cn/D11683 | D11683 |
| 3 | 股权激励股票发行认购协议 | 用于公司向激励对象定向发行股票，明确双方权利义务 | http://www.fatianshi.cn/D11684 | D11684 |
| 4 | 董事会决议 | 用于董事会通过股权激励计划（草案）等议案 | http://www.fatianshi.cn/D11686 | D11686 |
| 5 | 监事会决议 | 用于监事会通过关于认定核心员工的议案 | http://www.fatianshi.cn/D11687 | D11687 |

续表

| 序号 | 名称 | 用途 | 网址 | 二维码 |
|---|---|---|---|---|
| 6 | 股东大会决议 | 用于通过股权激励计划（草案）等议案 | http://www.fatianshi.cn/D11688 | D11688 |
| 7 | 业绩股票解锁申请书 | 用于激励对象向公司申请业绩股票解锁 | http://www.fatianshi.cn/D11689 | D11689 |

**该套文件的设计思路：**

由于业绩股票本质上属于限制性股票，故该套文件设计思路和限制性股票类似，但加入了业绩股票独有的元素。其设计思路为当公司与激励对象皆合法合规以及公司期末业绩目标达标后，公司从税后利润提取一定比例的激励基金奖励给激励对象用于购买公司定向发行给激励对象的股票，①并完成登记、公告程序。此时业绩股票即行锁定，在经过一定的限售期后，可在解除限售期分批分期解锁。若激励对象获授业绩股票后发生离职等异动情形，公司将回购注销该业绩股票。该套文件在私企上市公司模板基础上加入了新三板所独有的元素，现将主要区别罗列如下：

1. 董事会不必非得设置薪酬与考核委员会来拟定股权激励草案以及领导与组织考核工作，而可以由董事会来拟定草案，由董事会领导和审核考核工作，具体的考核工作可由人力资源部实施；

2. 公司监事可以成为被激励的对象，这点较上市公司而言是一个很大的不同。

① 若激励基金超出或不够购买业绩股票所需的资金，则激励对象可以留存超出的部分或自己出资补足不够的部分。

3. 授予激励对象的总数可以突破占公司已发行股票总股本10%的限制，授予单个激励对象的股票数量可以突破占公司已发行股票总股本1%的限制。

4. 授予价格一般参照公司每股净资产价格等因素来确定。

5. 授予条件与解锁条件可以参照《上市公司股权激励管理办法》来设定。

6. 公司在转板IPO时，董事会、股东大会可以加速业绩股票的解锁或终止本计划。

7. 当发生回购的事项时，除了可以由公司可回购注销外，还可由公司实际控制人（大股东）或者其他激励对象或公司指定的第三方受让其股票。

**文本正文1：http://www.fatianshi.cn/D11682**

## 某某股份有限公司股票激励计划（草案）

### 第一章　实施激励计划的目的

为了进一步建立、健全公司长效激励机制，吸引和留住优秀人才，充分调动公司管理人员及核心技术（业务）人员的积极性，有效地将股东利益、公司利益和个人利益结合在一起，促进公司业绩持续增长，在充分保障股东利益的前提下，根据《中华人民共和国公司法》《中华人民共和国证券法》等有关法律、法规和规范性文件以及《公司章程》及参照《管理办法》的规定，制订本计划。

### 第二章　本计划的管理机构

一、股东大会作为公司的最高权力机构，负责审议批准本

D11682

计划的实施、变更和终止。

二、董事会是本计划的执行管理机构，负责拟订和修订本计划并报董事会审议，董事会对本计划审议通过后，报股东大会审议。董事会在股东大会授权范围内办理本计划的相关事宜。

三、监事会是本计划的监督机构，负责审核激励对象的名单；并对本计划的实施是否符合相关法律、行政法规、部门规章和相关业务规则进行监督。

## 第三章　激励对象的确定依据和范围

### 一、激励对象的确定依据

（一）激励对象确定的法律依据

本计划激励对象根据《中华人民共和国公司法》《中华人民共和国证券法》《管理办法》等有关法律、法规、规范性文件和《公司章程》的相关规定，结合公司实际情况而确定。

（二）激励对象确定的职务依据

本计划激励对象为公司董事、高级管理人员、核心员工。其中核心员工由公司董事会提名，并向全体员工公示和征求意见，由监事会发表明确意见后，经股东大会审议批准。[①]

（三）不得成为激励对象的情形

________________________________________

### 二、激励对象的范围

本计划涉及的激励对象共计______人，包括：

1. 公司董事、高级管理人员；

2. 公司核心员工。

以上激励对象中，董事必须经股东大会选举、高级管理人员需由公司董事会聘任。其他激励对象均须在本计划的考核期内与公司具有雇佣或劳务关系。

①依据《非上市公众公司监督管理办法》第39条：核心员工的认定，应当由公司董事会提名，并向全体员工公示和征求意见，由监事会发表明确意见后，经股东大会审议批准。

## 第四章 激励计划具体内容

**一、激励计划的股票来源**

本计划涉及的标的股票来源为公司向激励对象定向发行的某某股份有限公司股票。

**二、激励计划标的股票的数量**

**三、激励计划标的股票的分配情况**

授予的业绩股票在各激励对象间的分配情况如下表所示：（以下百分比计算结果四舍五入，保留两位小数）

| 人员类型 | 姓名 | 职务 | 获授的业绩股票数量（万股） | 占授予业绩股票总数的比例 | 占目前总股本的比例 |
|---|---|---|---|---|---|
| 董事 | | | | | |
| | | | | | |
| | | | | | |
| 高级管理人员 | | | | | |
| | | | | | |
| | | | | | |
| | | | | | |
| 其他______名核心员工 | | | | | |
| 合计 | | | | | 100% |

**四、激励计划的有效期、授予日、限售期、解除限售安排、禁售期**

（一）有效期

本计划的有效期为业绩股票授予之日起至所有业绩股票解除限售或回购注销完毕之日止。

D11682

关注法天使

（二）授予日

授予日在本计划经公司股东大会审议通过后由公司董事会确定。公司股东大会审议通过本激励计划，授予条件成就后，公司从税后利润提取激励基金奖励给激励对象用于购买公司定向发行给激励对象的股票，即进行业绩股票的授予，并完成登记、公告等相关程序。授予日必须为交易日。

（三）限售期

限售期为业绩股票授予之日起______个月[①]。激励对象根据本计划获授的业绩股票在解除限售前不得转让、用于担保或偿还债务。

（四）解除限售安排

在解除限售期内，公司为满足解除限售条件的激励对象办理解除限售事宜，未满足解除限售条件的激励对象持有的业绩股票由公司回购注销。[②]

授予的业绩股票的解除限售期及各期解除限售时间安排如下表所示：

| 解除限售期 | 解除限售时间 | 解除限售数量占获授业绩股票数量比例 |
|---|---|---|
| 第一个解除限售期 | 自授予日起______个月后的首个交易日起至授予日起______个月内的最后一个交易日当日止 | ______% |
| 第二个解除限售期 | 自授予日起______个月后的首个交易日起至授予日起______个月内的最后一个交易日当日止 | ______% |
| 第三个解除限售期 | 自授予日起______个月后的首个交易日起至授予日起______个月内的最后一个交易日当日止 | ______% |

①参照《上市公司股权激励管理办法》对业绩股票的要求，一般设置为不少于12个月。

②当公司完成业绩股票的授予，登记之后，业绩股票即行锁定，并参照《上市公司股权激励管理办法》分批分期进行解锁，以达到良好的激励效果。

激励对象因获授的业绩股票而取得的现金股利由公司代管，作为应付股利在解除限售时向激励对象支付；若根据本计划不能解除限售，则由公司收回。激励对象获授的业绩股票由于资本公积金转增股本、股票红利、股票拆细而取得的股份同时限售，不得在二级市场出售或以其他方式转让，该等股份的解除限售期与业绩股票解除限售期相同。

在上述约定期间内未申请解除限售的业绩股票或因未达到解除限售条件而不能申请解除限售的该期业绩股票，公司将按本计划规定的原则回购并注销激励对象相应尚未解除限售的业绩股票。

（五）禁售期

本计划的禁售期规定按照《中华人民共和国公司法》《中华人民共和国证券法》等相关法律、法规、规范性文件和《公司章程》执行，具体规定如下：

1. 激励对象为公司董事和高级管理人员的，其在任职期间每年转让的股份不得超过其所持有本公司股份总数的25%；在离职后半年内，不得转让其所持有的本公司股份。

2. 激励对象为公司董事和高级管理人员的，将其持有的本公司股票在买入后6个月内卖出，或者在卖出后6个月内又买入，由此所得收益归本公司所有，本公司董事会将收回其所得收益。

3. 在本计划有效期内，如果《中华人民共和国公司法》《中华人民共和国证券法》等相关法律、法规、规范性文件和《公司章程》中对公司董事和高级管理人员持有股份转让的有关规定发生了变化，则这部分激励对象转让其所持有的公司股票应当在转让时符合修改后的《中华人民共和国公司法》《中华人民共和国证券法》等相关法律、法规、规范性文件和《公司章程》的规定。

**五、业绩股票的授予价格和授予价格的确定方法**

业绩股票的授予价格为每股______元，授予条件成就后，激励对象可以每股______元的价格购买公司向激励对象增发的公司业绩股票。本次股权激励授予价格综合考虑了公司每股净资产价格、静态、动态市盈率、公司成长性等多种因素核算确定。[①]

**六、业绩股票的授予与解除限售条件**

（一）业绩股票的授予条件

只有在同时满足下列条件时，才能获授业绩股票：[②]

1. 公司未发生以下任一情形：

（1）最近一个会计年度财务会计报告被注册会计师出具否定意见或者无法表示意见的审计报告；

（2）最近一年内因重大违法违规行为被中国证券监督管理委员会予以行政处罚；

（3）中国证券监督管理委员会或股转系统认定的不得实行股权激励的其他情形；

2. 激励对象未发生以下任一情形：

（1）最近三年内被证券交易所公开谴责或直接宣布为不适当人选的；

（2）最近三年内因重大违规行为被中国证券监督管理委员会予以行政处罚未满三年的；

（3）最近三年内被全国中小企业股份转让系统有限责任公司处以纪律处分的；

（4）被列入失信被执行人名单、被执行联合惩戒对象等黑名单情形；

（5）具有《公司法》规定的不得担任公司董事、高级管理人员情形的；

①仅提供一种定价参考。

②针对新三板挂牌企业的股权激励并没有详细的法律规定，只见于新三板法律法规中对股权激励计划的披露作出了相应的安排，故目前新三板股权激励计划的实施大多比照《上市公司股权激励管理办法》，在设定授予条件与解锁条件时，新三板挂牌公司可以参照《管理办法》的要求来进行设定，也可以自行设定其他条件，但在参照时并非照抄照搬，而要考虑到新三板独有的特性。

（6）公司董事会认定的其他情形。

3. 某某年年底的净利润较年初增长______%及以上[①]。

4. 公司认为的其他授予条件。

（二）业绩股票的解除限售条件

1. 公司未发生以下任一情形：

（1）最近一个会计年度财务会计报告被注册会计师出具否定意见或者无法表示意见的审计报告；

（2）最近一年内因重大违法违规行为被中国证券监督管理委员会予以行政处罚；

（3）中国证券监督管理委员会或股转系统认定的不得实行股权激励的其他情形；

公司发生上述情形之一的，所有激励对象根据本激励计划已获授但尚未解除限售的业绩股票应当由公司回购注销。对该等情形负有个人责任的，回购价格不得高于授予价格。

2. 激励对象未发生以下任一情形：

（1）最近三年内被证券交易所公开谴责或直接宣布为不适当人选的；

（2）最近三年内因重大违规行为被中国证券监督管理委员会予以行政处罚未满三年的；

（3）最近三年内被全国中小企业股份转让系统有限责任公司处以纪律处分的；

（4）被列入失信被执行人名单、被执行联合惩戒对象等黑名单情形；

（5）具有《公司法》规定的不得担任公司董事、高级管理人员情形的；

（6）公司董事会认定的其他情形。

激励对象发生上述情形之一的，根据本激励计划已获授但

①也可以设定为期末营业收入较期初增长______%及以上等其他指标，此处净利润指标仅作为一种参考。

D11682

尚未解除限售的业绩股票应当由公司回购注销，回购价格不得高于授予价格。

3. 公司层面的业绩考核要求

本激励计划授予业绩股票的解除限售考核年度为年至年个会计年度，每个会计年度考核一次，各年度业绩考核目标如下表所示：[①]

| 解除限售期 | 业绩考核目标 |
|---|---|
| 第一个解除限售期 | ______年的净利润较______年增长______%及以上 |
| 第二个解除限售期 | ______年的净利润较______年增长______%及以上 |
| 第三个解除限售期 | ______年的净利润较______年增长______%及以上 |

公司未满足上述业绩考核目标的，所有激励对象考核当年可解除限售的业绩股票不得解除限售，对应的业绩股票由公司回购注销。由本次股权激励产生的激励成本将在经常性损益中列支。

4. 个人层面考核要求

根据公司制定的《某某股份有限公司年业绩股票激励计划实施考核办法》，激励对象只有在上一年度个人考核为“合格”及以上时，激励对象对应当年的业绩股票方可解除限售。

5. 公司认为的其他必要解除限售条件：

**七、业绩股票激励计划的调整方法和程序**

股权激励计划公告后，至授予的业绩股票完成登记期间，公司有资本公积转增股本，派息等事项，则应对激励对象获授的业绩股票数量及授予价格作相应的调整。

公司股东大会授权公司董事会，当出现前述情况时由公司

①根据《上市公司股权激励管理办法》的规定，上市公司在选取业绩考核指标时，可以采用净资产收益率等反映股东回报和公司价值创造的综合性指标，以及净利润增长率，主营业务收入增长率等能够反映公司盈利能力和市场价值的成长性指标，下面选取净利润增长率指标作为参考。

董事会决定调整业绩股票数量、授予价格。其他原因需要调整授予数量和价格的，应经董事会决议并报股东大会批准。

## 第五章　本计划的相关程序

### 一、激励计划实施程序

（一）公司董事会应当依法对本激励计划作出决议。董事会审议本激励计划时，作为激励对象的董事或与其存在关联关系的董事应当回避表决。董事会应当在审议通过本计划并履行公示、公告程序后，将本计划提交股东大会审议；同时提请股东大会授权，负责实施业绩股票的授予、解除限售和回购注销工作。

（二）本计划经公司股东大会审议通过后方可实施。公司股东大会审议股权激励计划时，作为激励对象的股东或者与激励对象存在关联关系的股东以及与激励计划存在利益关系的股东，应当回避表决。

（三）本激励计划经公司股东大会审议通过，且达到本激励计划规定的授予条件时，公司在规定时间内向激励对象授予业绩股票。经股东大会授权后，董事会负责实施业绩股票的授予、解除限售和回购。

### 二、业绩股票的授予程序

（一）公司与激励对象签署《股权激励股票发行认购协议》，以约定双方的权利义务关系，该协议经董事会、股东大会审议通过后生效。

（二）公司与激励对象签署《股权激励股票发行认购协议》之后，激励对象应当按照《股票发行认购公告》规定的认购价格、认购程序完成股票认购款的支付，并经会计师事务所验资确认。

（三）股票认购款完成支付后，公司将按照全国中小企业股

D11682

关注法天使

份转让系统颁布的《全国中小企业股份转让系统股票发行业务细则（试行）》以及其他相关法律、法规等对授予的激励计划股票进行备案、登记。

**三、业绩股票的解除限售程序**

（一）在解除限售日前，公司应确认激励对象是否满足解除限售条件，对于满足解除限售条件的激励对象，由公司统一办理解除限售事宜，对于未满足条件的激励对象，由公司按照本计划的规定办理回购注销事宜。

（二）激励对象可对已解除限售的业绩股票进行转让，但公司董事、高级管理人员所持股份的转让应当符合有关法律、法规和规范性文件的规定。

（三）激励计划授予的股票解除限售应当向全国中小企业股份转让系统[1]申请，经全国中小企业股份转让系统确认后，由中国证券登记结算有限责任公司办理登记结算事宜。

①注意并向非证券交易所，而是向全国中小企业股份转让系统进行申请。

## 第六章　公司/激励对象各自的权利义务

**一、公司的权利与义务**

（一）公司具有对本计划的解释和执行权，并按本计划规定对激励对象进行绩效考核，若激励对象未达到本计划所确定的解除限售条件，公司将按本计划的规定回购并注销激励对象相应尚未解除限售的业绩股票。

（二）公司应及时按照有关规定履行业绩股票激励计划申报、信息披露等义务。

（三）公司应当根据业绩股票激励计划及中国证券监督管理委员会、证券交易所、中国证券登记结算有限责任公司等的有关规定，积极配合满足解除限售条件的激励对象按规定解除限售。但若因中国证券监督管理委员会、证券交易所、中国证券登记结算有限责任公司的原因造成激励对象未能按自身意愿解除限售并给激励对象造成损失的，公司不承担责任。

（四）法律、法规规定的其他相关权利义务。

**二、激励对象的权利与义务**

（一）激励对象应当按公司所聘岗位的要求，勤勉尽责、恪守职业道德，为公司的发展做出应有贡献。

（二）激励对象应当按照本计划规定限售其获授的业绩股票。

（三）激励对象的资金来源为公司从税后利润中提取的激励基金。

（四）激励对象所获授的业绩股票，经中国证券登记结算有限责任公司登记过户后便享有其股票应有的权利，包括但不限于该等股票的分红权、配股权、投票权等。在业绩股票解除限售之前，激励对象根据本计划获授的业绩股票（包含因该等业绩股票取得的股票股利）不得转让、用于担保或用于偿还债务。

（五）激励对象因获授的业绩股票而取得的现金股利由公司代管，作为应付股利在解除限售时向激励对象支付；若根据本计划不能解除限售，则由公司收回。

（六）激励对象因激励计划获得的收益，应按国家税收法规交纳个人所得税及其他税费。

（七）法律、法规规定的其他相关权利义务。

## 第七章　公司/激励对象发生异动的处理

**一、公司发生异动的处理**

（一）公司出现下列情形之一时，本计划即行终止：

1. 公司最近一个会计年度财务会计报告被注册会计师出具否定意见或者无法表示意见的审计报告；

2. 公司最近一个会计年度财务报告内部控制被注册会计师

出具否定意见或者无法表示意见的审计报告；

3. 公司上市后最近 36 个月内出现过未按法律法规、公司章程、公开承诺进行利润分配的情形；

4. 公司出现法律法规规定不得实行股权激励的情形；

5. 中国证券监督管理委员会认定的其他需要终止激励计划的情形。

当公司出现终止本计划的上述情形时，激励对象已获授但尚未解除限售的业绩股票不得解除限售，由公司回购注销；对该等情形负有个人责任的，回购价格不得高于授予价格。

（二）公司出现下列情形之一时，本计划不做变更，按本计划的规定继续执行：

1. 公司控制权发生变更；

2. 公司出现合并、分立等情形。

公司在转板 IPO 时，董事会、股东大会有权加速业绩股票的解锁或终止本计划。

（三）公司因信息披露文件有虚假记载、误导性陈述或者重大遗漏，导致不符合业绩股票授予条件或解除限售安排的，未解除限售的业绩股票由公司回购注销处理，回购价格不得高于授予价格；激励对象获授的业绩股票已解除限售的，所有激励对象应当将由本激励计划所获得的全部利益返还公司。董事会应当按照本计划规定收回激励对象所得全部利益。

**二、激励对象个人情况发生变化的处理**

（一）当发生以下情况时，在情况发生之日，激励对象已获授但尚未解除限售的业绩股票不得解除限售，由公司以授予价格回购注销：

1. 违反国家法律法规、《公司章程》或公司内部管理规章制度的规定，或发生劳动合同约定的失职、渎职行为，严重损害公司利益或声誉，或给公司造成直接或间接经济损失，给公司造成的损失由公司在回购总价款中予以扣除；

2. 公司有充分证据证明该激励对象在任职期间，存在受贿、索贿、贪污、盗窃、泄露经营和技术秘密等损害公司利益、声誉等的违法违纪行为，直接或间接损害公司利益，给公司造成的损失由公司在回购总价款中予以扣除；

3. 因犯罪行为被依法追究刑事责任；

4. 单方面提出终止或解除与公司订立的劳动合同或聘用合同；

5. 与公司所签订的劳动合同或聘用合同期满，个人提出不再续签；

6. 因个人原因而致使公司提出解除或终止劳动合同（包括被公司辞退、除名等）；

7. 因考核不合格或董事会认定不能胜任工作岗位，经公司董事会批准；

8. 董事会认定的类似情形。

（二）当发生以下情况时，在情况发生之日，激励对象已获授但尚未解除限售的业绩股票不得解除限售，由公司回购注销：

1. 成为独立董事、监事或其他不能持有公司股票或业绩股票的人员；

2. 因非执行职务的原因丧失劳动能力或身故；

3. 达到法定退休条件且不继续在公司任职的；

4. 因公司经营调整（包括但不限于裁员），公司单方面终止或解除与激励对象订立的劳动合同、聘用合同的；

5. 董事会认定的类似情形。

（三）特殊情形处理

1. 激励对象在公司内部发生正常职务变更，其获授的权益

①此条便能有效化解激励对象内部发生调动后和公司产生纠纷的风险，当然若公司是一个大的集团，则加入集团二字，叙述为激励对象在公司集团内部发生正常职务变更，其获授的权益完全按照本计划规定的程序进行。

D11682

完全按照本计划规定的程序进行；[1]

2. 激励对象因执行职务负伤而导致丧失劳动能力的，其所获授的业绩股票不作变更，仍可按照本计划规定的程序进行。发生上述情形时，激励对象个人绩效考核条件不再纳入解除限售条件；

3. 激励对象因执行职务身故的，其获授的业绩股票将由其指定的财产继承人或法定继承人代为持有，并按照身故前本计划规定的程序进行。发生上述情形时，激励对象个人绩效考核条件不再纳入解除限售条件。

（四）其他未说明的情况由董事会认定，并确定其处理方式。

**三、公司与激励对象之间争议的解决**

公司与激励对象发生争议，按照本计划和股权激励计划相关协议的规定解决；规定不明的，双方应按照国家法律和公平合理原则协商解决；协商不成，应提交公司住所所在地有管辖权的人民法院诉讼解决。

## 第八章　业绩回购注销原则

公司按本计划规定回购注销业绩股票的，回购价格为授予价格，但根据本计划需对回购价格进行调整的除外。

**一、回购价格的调整方法**

激励对象获授的业绩股票完成股份登记后，若公司发生资本公积转增股本、派送股票红利、股份拆细、配股或缩股等影响公司股本总量或公司股票价格事项的，公司应对尚未解除限售的业绩股票的回购价格做相应的调整，调整方法如下：

1. 公积金转增股本、派送股票红利、股票拆细

$P = P0 \div (1 + n)$

其中：P为调整后的每股业绩股票回购价格，P0为每股业绩股

票授予价格；n为每股公积金转增股本、派送股票红利、股票拆细的比率（每股股票经转增、送股或股票拆细后增加的股票数量）。

2. 缩股

$$P = P0 \div n$$

其中：P为调整后的每股业绩股票回购价格，P0为每股业绩股票授予价格；n为每股的缩股比例（1股股票缩为n股股票）。

3. 配股

$$P = P0 \times (P1 + P2 \times n) \div [P1 \times (1 + n)]$$

其中：P1为股权登记日当天收盘价；P2为配股价格；n为配股的比例（配股的股数与配股前公司总股本的比例）。

4. 派息

$$P = P0 - V$$

其中：P为调整后的每股业绩股票回购价格，P0为每股业绩股票授予价格；V为每股的派息额；经派息调整后，P仍须大于1。

5. 增发

公司在增发新股的情况下，业绩股票的回购价格不做调整。

**二、回购价格的调整程序**

1. 公司股东大会授权公司董事会依上述已列明的原因调整业绩股票的回购价格。董事会根据上述规定调整回购价格后，应及时公告。

2. 因其他原因需要调整业绩股票回购价格的，应经董事会做出决议并经股东大会审议批准。

**三、回购注销的程序**

公司按照本激励计划的规定实施回购时，应向证券交易所申请解锁该等业绩股票，在解锁后30个工作日内公司应将回购款项支付给激励对象并于登记结算公司完成相应股份的过户手

D11682

续；在过户完成后的合理时间内，公司应注销该部分股票。

## 第九章 附 则

一、本计划在公司股东大会审议通过后生效；

二、本计划由公司董事会负责解释。

某某股份有限公司董事会

______年______月______日

**文本正文 2：http://www.fatianshi.cn/D11684**

## 业绩股票发行认购协议书

甲方：______________________________

注册地址：______________________________

法定代表人：______________________________

乙方：______________________________

国籍：______________________________

身份证号码：______________________________

住所：______________________________

任职：______________________________

**鉴于：**

1. 甲方系一家依法设立并有效存续的股份有限公司，已于______年______月______日在全国中小企业股份转让系统挂牌（证券代码：____________，证券简称：____________）。

2. 甲方为激励核心员工拟定向发行______万股股票（以下简称“本次定向发行”），每股发行价格______元，共计募集资金______万元。本次发行股票均为普通股。乙方拟参与本次定向发行。

甲、乙双方经协商一致，就本次定向发行事宜，签订合同如下：

**第一条　授予对象资格**

1. 乙方须在甲方或甲方全资、控股子公司全职工作，已与甲方或其全资、控股子公司签订劳动合同，并属于甲方的董事、高级管理人员及核心员工。

**第二条　授予业绩股票**

1. 经甲方董事会确认，在授予日乙方具备本协议书约定的授予资格并符合经甲方董事会和股东大会审议通过的《业绩股票激励计划》（以下简称《激励计划》）规定的授予条件，由甲方按照《激励计划》规定的分配情况向乙方一次性授予业绩股票。

2. 甲方负责办理乙方获授的业绩股票的过户等登记结算手续和锁定事宜。

**第三条　授予股票价格及数量**

1. 乙方本次发行中认购的股票数量为 ______ 股，乙方全部以货币方式认购，认购价格为人民币______元/股，乙方应向甲方支付认购款共计人民币 ______ 元（大写：______）。

2. 支付方式：乙方的认购资金来源于甲方从税后利润提取的激励基金，当激励基金不够或超出购买业绩股票所需资金时，由乙方自行出资补足或留存超出部分。乙方的认购资金应当在甲方在全国股份转让系统公司公告的缴款日存入甲方验资账户。甲方收到乙方缴纳的认股款后，应当聘请具有证券从业资格的会计师事务所进行验资并及时办理相应工商变更登记手续。

3. 股份登记：乙方认购完毕，待全国股份转让系统公司出具股份登记函后，甲方向中国证券登记结算有限责任公司办理新增股份登记。

D11684

**第四条　业绩股票的锁定**

1.《激励计划》的有效期为业绩股票授予之日起至所有业绩股票解锁之日止。

2. 乙方获受股票的锁定期为自激励对象获授业绩股票之日起满______月内，在锁定期内业绩股票不得转让、用于担保或偿还债务。在解锁期内，乙方获授的但未解锁的业绩股票不得转让、用于担保或偿还债务。

3. 乙方因获授的业绩股票而取得的股票股利在锁定期内应同时锁定，乙方不得在二级市场出售或以其他方式转让，该等股票股利的解锁期与业绩股票相同；乙方因获授的业绩股票而取得的现金股利由公司代管，在解锁时向乙方支付。

**第五条　业绩股票的解锁**

1. 乙方获授的业绩股票自授予日______个月后分期解锁。第一期于授予日______个月后解锁，解锁比例为获授股票总数的______%；第二期于授予日______月后解锁，解锁比例为获授股票总数的______%；第三期于授予日后______解锁，解锁比例为获授股票总数的 ______%。

2. 在解锁期内，甲方董事会确认达到解锁条件后，乙方应该在甲方董事会确定的解锁期内，就当期可申请解锁部分的业绩股票向甲方提交业绩股票解锁申请书。

3. 乙方获授的业绩股票在解锁期内必须满足《激励计划》所规定的解锁条件。

4. 如乙方为公司董事、高级管理人员的，还应遵守《公司法》和甲方《公司章程》对股份转让限制的规定，即“公司董事、监事、高级管理人员应当向公司申报所持有的本公司的股份及其变动情况，在任职期间每年转让的股份不得超过其所持有的本公司股份总数的百分之二十五；所持本公司股份自公司股票上市交易之日起一年内不得转让。上述人员离职半年内，不得转让其所持有的本公司股份”。

**第六条　业绩股票的受益**

1. 乙方所获授的业绩股票，经登记结算公司登记过户后享有其股票应有的除转让以外的其他权利，包括但不限于该等股票的分红权、配股权、投票权等。

2. 乙方享有所获业绩股票在授予日后至解锁日前所产生的现金股利，但该部分股利在解锁日前应由甲方代管，在办理当期业绩股票解锁手续的同时向乙方支付。

3. 在授予日前若甲方发生派发现金红利、送红股、公积金转增股本、股票拆细或缩股等影响甲方总股本数量或股票价格事项时，甲方有权按照《激励计划》的规定对业绩股票的授予数量和价格相应进行调整。

**第七条　甲乙双方的权利与义务**

1. 甲方的权利与义务

（1）甲方有权要求乙方按其任职岗位的要求工作，若乙方不能胜任所任职的工作岗位或者绩效考核不合格，乙方获受的业绩股票将根据《激励计划》进行回购。

（2）甲方应当根据《激励计划》和中国证券监督管理委员会、全国中小企业股份转让系统、中国登记结算公司等部门的有关规定，积极配合乙方办理符合解锁条件业绩股票的解锁手续。但若因中国证券监督管理委员会、全国中小企业股份转让系统、中国登记结算公司的原因造成乙方未能按其意愿解锁并给乙方造成损失的，甲方不承担责任。

（3）法律、法规规定的其他相关权利义务。

2. 乙方的权利与义务

（1）乙方应当按甲方所聘岗位的要求，勤勉尽责，恪尽职守。

D11684

（2）乙方应当按照本协议书的约定和《激励计划》锁定其获授的业绩股票。

（3）乙方获授的业绩股票不得违反锁定及限售的相关规定进行转让、用于担保或偿还债务。

（4）乙方因《激励计划》获得的收益，应按国家税收法规交纳个人所得税及其他税费。

（5）乙方在激励计划履行期间离职的，应当将其因获授业绩未解锁部分的收益返还给甲方。

（6）法律、法规规定的其他相关权利义务。

**第八条　其他问题**

1. 在《激励计划》有效期内，乙方发生正常职务变更，但仍在甲方或甲方下属分、子公司内任职的，其获授的业绩仍然按照《激励计划》规定的程序进行授予、锁定和解锁。但是，乙方不能胜任岗位工作、考核不合格、触犯法律、违反执业道德、泄露公司机密、因失职或渎职等行为损害甲方利益或声誉而导致职务变更，或因前列原因导致甲方解除与乙方劳动关系的，待解除劳动关系生效之日起，甲方有权要求乙方将股权激励成本补缴给甲方，如果甲方股票转让方式由协议转让变更为做市转让方式的，按照解除劳动关系生效之日的股票收盘价与本次股票发行价之差补缴给甲方。

2. 乙方因辞职、公司裁员而离职的，自乙方辞职或甲方裁员生效之日起，甲方有权要求乙方将股权激励成本补缴给甲方，如果甲方股票转让方式由协议转让变更为做市转让方式的，按照辞职、裁员生效之日股票收盘价与本次股票发行价之差补缴给甲方。

3. 乙方因达到国家和甲方规定的退休年龄退休而离职的，在离职之日依据本协议享有的权利保持不变。

4. 乙方因丧失劳动能力而离职，应分以下两种情况处理：

（1）当乙方因工伤丧失劳动能力而离职时，其获授的业绩股票将完全按照丧失劳动能力前《激励计划》规定的程序进行；

（2）当乙方非因工伤丧失劳动能力而离职时，自离职生效之日起甲方有权要求乙方将股权激励成本补缴给甲方，如果甲方股票转让方式由协议转让变更为做市转让方式的，按照离职生效之日股票收盘价与本次股票发行价之差补缴给甲方；

5. 乙方身故的，其获授的业绩股票将由其指定的财产继承人或法定继承人代为持有，并按照死亡前《激励计划》规定的程序进行。

6. 其他未说明的情况由甲方董事会认定，并由甲方董事会确定其处理方式。

7. 股权激励成本按照甲方在签署本协议时最近一次引入外部投资的股票价格以及送转股摊薄后的股票价格与本次业绩股票发行价格之差额（______元 / 股）和乙方获受股票数量的乘积计算。

**第九条　承诺**

1. 甲方承诺在《激励计划》有效期内，若发生控制权变更、合并、分立等情形时，《激励计划》由甲方承继主体继续执行。

2. 乙方承诺不存在下列情况：

（1）最近 3 年内被证券交易所、全国中小企业股份转让系统公开谴责或宣布为不适当人选的；

（2）最近 3 年内因重大违法违规行为被中国证券监督管理委员会予以行政处罚的；

（3）具有《公司法》规定的不得担任公司董事、监事、高级管理人员情形的；

3. 乙方承诺了解甲方有效实施的业绩股票方面的规章制度，

D11684

包括但不限于《激励计划》和《考核办法》，乙方将遵守上述规章制度；并且，本协议书生效后，甲方根据实际情况和监管部门的要求对本次业绩股票激励计划制定新的规章制度，乙方应遵照执行。

乙方承诺，在本协议中所提供的资料真实、有效，并对其承担全部法律责任。

**第十条　滚存未分配利润**

甲方未分配的滚存利润由本次股票发行后的新老股东共享。

**第十一条　保密**

1. 双方对于在本协议磋商及签署期间所了解和知悉的合同对方之各种形式的财务资料、客户资料、技术资料及相关文件和信息，负有保密义务，未经对方同意不得向第三人披露，亦不得因私或因非对方的任何目的或非为对方利益使用，直至该信息成为公开信息，法律或强制性规定或公众利益或本身的合法利益有要求的除外，否则应当承担由此引致的一切经济和法律责任，并赔偿对方因此受到损失。

2. 除非根据有关法律、行政法规的规定应向有关政府主管部门或证券监管部门办理有关批准、备案手续，或为履行在本协议项下的义务或声明与保证需向第三人披露，或该等信息已公开披露，双方同意并促使其有关知情人对本协议的所有条款及本次定向发行股票及认购有关事宜严格保密。

3. 上述保密责任不受本协议解除或终止的限制。

**第十二条　协议的终止**

乙方违反本协议的有关规定，违反甲方关于业绩股票激励计划的规章制度或者国家有关的法规、规章及规范性文件，甲方有权视具体情况通知乙方终止本协议而不需承担任何责任。

乙方如未在甲方在全国股份转让系统公司公告的缴款日存

入甲方验资账户，视为乙方放弃认购甲方股票的权利，本协议终止。

**第十三条　争议的解决**

争议的解决本协议中有约定的按照约定进行解决，本协议未约定的按照甲方关于本次业绩股票激励计划中的相关规章制度的有关规定进行解决。均未涉及的部分，按照国家有关法规、规章、规范性文件和公平合理的原则解决。

甲、乙双方对于本协议执行过程中发生的争议应协商解决；协商未果的，可以向甲方所在地的人民法院提起诉讼。

**第十四条　生效**

1. 乙方已经知晓并理解公司实施的《业绩股票激励计划》与《限制股票分配设计方案》的内容，并同意《业绩股票激励计划》作为本合同的一部分，与本合同具有同等效力。

2. 本协议一式三份，甲方执两份，乙方执一份，具有同等法律效力。

3. 本协议自甲乙双方签字盖章且经甲方股东大会审议通过之日起生效。

甲方（盖章）：________________________________

法定代表人或授权代表（签字）：________________

______年______月______日

乙方（签字）：________________________________

______年______月______日

D11684

D11689

**文本正文 3：http://www.fatianshi.cn/D11689**

## 某某股份有限公司
## 激励对象业绩股票解锁申请书

本人 ___________，身份证号码：___________，本人截至目前，持有公司业绩股票共计 ______ 股。根据《公司年业绩股票激励计划》的相关规定以及董事会、监事会相关决议，本人现有授予的业绩股票股已符合解锁条件，在此谨向公司申请如下：本人申请于 ______ 年 ______ 月 ______ 日按照《公司年限制性股权激励计划》的规定对上述股票予以解锁。

特此申请！

申请人：___________

______ 年 ______ 月 ______ 日

# 5.有限公司业绩股票全套文件

**文件名称用途：**

| 序号 | 名称 | 用途 | 网址 | 二维码 |
|---|---|---|---|---|
| 1 | 股权激励计划 | 由薪酬与考核委员会拟定，由股东会审议通过的整套方案 | http://www.fatianshi.cn/D11760 | D11760 |
| 2 | 股权激励管理制度 | 由薪酬与考核委员会拟定，由股东会审议通过的整套配套制度 | http://www.fatianshi.cn/D11762 | D11762 |
| 3 | 股权激励计划协议书 | 用于明确公司与激励对象之间的权利义务关系 | http://www.fatianshi.cn/D11763 | D11763 |
| 4 | 薪酬与考核委员会工作细则 | 用于明确薪酬与考核委员会的职责 | http://www.fatianshi.cn/D11764 | D11764 |
| 5 | 董事会决议 | 用于董事会通过股权激励计划等方案 | http://www.fatianshi.cn/D11766 | D11766 |
| 6 | 股东会决议 | 用于通过激励计划等方案 | http://www.fatianshi.cn/D11765 | D11765 |

续表

| 序号 | 名称 | 用途 | 网址 | 二维码 |
|---|---|---|---|---|
| 7 | 公司章程修正案 | 用于修改公司章程 | http://www.fatianshi.cn/D11767 | D11767 |
| 8 | 解锁申请书 | 用于激励对象向公司申请解锁 | http://www.fatianshi.cn/D11768 | D11768 |

**该套文件的设计思路：**

业绩股权本质上属于限制性股权，不同的是其获授必须要满足业绩指标达标的条件，其次其取得的资金来源为公司从税后利润提取的激励基金。当获授业绩股权后便和限制性股权相似。本套文件的设计思路为：当激励对象满足授予条件时，公司从税后利润中提取一定的激励基金奖励给激励对象，这笔激励基金只能用来购买公司的股权，即和公司实际控制人或大股东签订股权转让协议。[①]此后获授业绩股权后进入限售期，限售期内股权不得转让、出售或进行担保贷款等。限售期过后便进入解除限售期，当满足解除限售条件后，激励对象可以在激励计划规定的窗口期向公司申请解锁，所获股权可以进行流通（包括对内转让和对外转让，但对外转让需遵循公司法的相关规定，在同等条件下，公司内部股东享有优先购买权）。当激励对象出现离职等异动时，公司实际控制人或其指定主体将进行回购。

①当不够或者超出股权转让价款时，由激励对象自行筹资补足或者留存超出部分。

**文本正文：http://www.fatianshi.cn/D11760**

某某有限公司
业绩股权激励计划（草案）

**一、本次股权激励计划的目的**

为了进一步完善某某有限公司（以下简称公司）的治理结构，实现对公司董事、高级管理人员及核心员工的激励与约束，充分调动其工作积极性和创造性，使其利益与公司长远发展更紧密地结合，防止人才流失，同时吸引更多优秀人才参与企业经营，实现企业可持续发展，公司根据有关法律、法规和规范性文件以及《公司章程》的规定，制定《某某有限公司股权激励计划（草案）》。

**二、本次股权激励计划的模式**

公司本次股权激励计划采用业绩股权的模式进行激励。

**三、本次股权激励计划的基本原则**

1. 依法依规的原则

公司实施股权激励计划，严格按照法律法规的规定履行程序，真实、准确、完整、及时地实施信息披露。

2. 公平、公正、公开的原则

公司实施股权激励计划，在激励对象的考核、筛选、确定、股权的授予、解锁的条件等方面，通过严格的法定程序操作，确保形式与结果公正。

3. 自愿参与的原则

公司实施股权激励计划遵循公司自主决定，激励对象自愿参加的原则

4. 相结合、相对称的原则

公司实施股权激励计划遵循激励与约束相结合，风险与收

D11760

益相对称的原则。

**四、本次股权激励计划的管理机构**

1. 公司股东会审议批准本次股权激励计划的实施、变更和终止。

2. 公司股东会决定成立薪酬与考核委员会，薪酬与考核委员会是本次股权激励计划的执行管理机构，负责拟定和修订股权激励计划，报公司股东会决定，并在股东会授权范围内处理相关事宜。

3. 公司监事是本次股权激励计划的监督机构，负责核实激励对象的适合性，并对本计划的实施是否符合相关法律、行政法规、部门规章进行监督。

**五、本次股权激励计划的激励对象**

1. 确定激励对象的法律依据

本计划激励对象是根据《中华人民共和国公司法》《中华人民共和国证券法》及其他有关法律、法规和规范性文件以及《公司章程》的相关规定，结合公司实际情况而确定。

2. 激励对象的职务依据及范围

本计划激励对象为公司董事、高级管理人员、核心员工。

3. 不得成为激励对象的情形

（1）被证券交易所或股转公司公开谴责或直接宣布为不适当人选未满三年的。

（2）因重大违法违规行为被证券监督管理委员会及其派出机构、股转公司行政处罚未满三年的。

（3）其他具有《中华人民共和国公司法》规定的不得担任公司董事、监事、高级管理人员的情形。

（4）因违法违规行为被行政处罚或刑事处罚的。

（5）激励对象职务变更成为不能参与本次激励计划的人员。

（6）激励对象因不能胜任工作岗位、考核不合格、触犯法律、违法职业道德、泄露公司机密、失职或渎职等行为严重损害公司利益或声誉而导致的职务变更或者被公司解聘的。

（7）激励对象辞职。

（8）激励对象非因执行职务负伤而导致丧失劳动能力的。

（9）激励对象死亡（如激励对象因执行职务死亡，按照本计划相关规定执行）。

（10）公司章程规定或双方约定不得享受股权激励的其他情形。

如在本计划实施过程中，激励对象出现以上不得参与本计划情形的，公司有权终止其参与本计划的权利；若激励对象已经取得激励股权，则由公司实际控制人或实际控制人指定主体进行回购。

4. 具体激励对象

名单见附件，以每年薪酬与考核委员会公布的名单为准。

5. 现有股东优先认购安排

《公司章程》未对现有股东的优先认购做出特别规定。

**六、本次股权激励计划所涉及股权的来源、数量及价格**

1. 本次股权激励计划股权的来源

本次股权激励计划的股权来源为公司实际控制人 / 大股东向激励对象转让的股权。

2. 本次股权激励计划股权的数量

本次股权激励拟向激励对象转让不超过 ______% 的股权，单个激励对象获授股权后的股权比例不超过 ______%。[①]

3. 本次股权激励计划的转让价格

本次股权计划的转让价格由公司实际控制人或大股东与激

①由公司根据其实际情况来设置转让的股权比例限制，避免公司实际控制人或大股东的股权被过度稀释，从而导致丧失控制权的风险。

D11760

励对象协商确定。

**七、本次股权激励计划的时限**

1. 股权激励计划的有效期

股权激励计划的有效期为自股权转让之日起的______年时间。

2. 股权激励计划的授予日

本次股权激励计划的授予日为公司实际控制人或大股东与激励对象签订股权转让协议之日。

3. 限售期

本次股权激励计划的限售期为______个月[①]，限售期是指激励对象获授公司股权后不得进行转让的期间，包括对内转让和对外转让。

4. 解除限售期

本激励计划的激励对象自获授股权日起满月后可以对获授的业绩股权申请解锁。激励对象必须在本激励计划规定的解除限售期分 3 次申请解锁，具体解锁比例见如下规定，解锁后激励对象可以将股权进行转让，但对外转让应遵循公司法的相关规定。

| 解除限售期 | 解除限售时间[②] | 解除限售数量占获授业绩股票数量比例 |
| --- | --- | --- |
| 第一个解除限售期 | 自授予日起______个月后的次日起至第十日止 | ______% |
| 第二个解除限售期 | 自授予日起______个月后的次日起至第十日止 | ______% |
| 第三个解除限售期 | 自授予日起______个月后的次日起至第十日止 | ______% |

①对上市公司而言不少于 12 个月，有限公司可以参照适用，也可以根据自身情况灵活设置。

②解除限售时间即激励对象申请解锁的窗口期可由公司灵活设置，此处仅提供一种参考，上市公司规定了每期不得少于 12 个月，但有限公司可以根据自身情况来设定。

激励对象因获授的业绩股权而取得的分红由公司代管，在解除限售时向激励对象支付；若根据本计划不能解除限售，则由公司收回。在上述约定期间内未申请解除限售的业绩股权或因未达到解除限售条件而不能申请解除限售的该期业绩股权，则由公司实际控制人或实际控制人指定主体按照激励对象取得激励股权所支付的成本进行回购。

激励对象根据本激励计划所获授的业绩股权在解除限售前不享有进行转让、用于担保或偿还债务等处置权。

**八、本次股权激励计划的授予条件和解锁条件**

（一）本激励计划激励对象业绩股权的授予条件

激励对象享受本次激励计划除满足上述关于资格的限定条件外，还需满足公司期末净利润较期初增长______%。①

（二）本次激励计划的解锁条件

1. 公司层面考核要求

本激励计划授予业绩股权的解除限售考核年度为______年至______年______个会计年度，每个会计年度考核一次，各年度业绩考核目标如下表所示：②

| 解除限售期 | 业绩考核目标 |
|---|---|
| 第一个解除限售期 | ______年的净利润较______年增长______%及以上 |
| 第二个解除限售期 | ______年的净利润较______年增长______%及以上 |
| 第三个解除限售期 | ______年的净利润较______年增长______%及以上 |

2. 个人层面考核要求

根据公司制定的《某某有限公司年业绩股权激励计划实施考核办法》，激励对象只有在上一年度个人考核为“合格”及以

①业绩股权的授予条件中必须要有业绩指标达标的条件，此处净利润指标作为一种参考，还可选择其他业绩指标。

②此处净利润增长率指标仅作为参考。

D11760

上时，激励对象对应当年的业绩股权方可解除限售。

**九、公司与激励对象的权利和义务**

（一）公司的权利与义务

1. 公司有权要求被激励对象按其所聘岗位的要求为公司工作。

2. 公司具有本次股权激励计划的解释权和执行权。

3. 公司不得为激励对象依本计划获取有关股票提供贷款以及其他任何形式的财务资助，包括为其贷款提供担保。①

4. 公司根据国家税收法律法规的规定，代扣代缴激励对象应缴纳的个人所得税及其他税费（如有）。

5. 公司确定本计划的激励对象，并不构成对员工聘用期限的承诺。公司仍按与激励对象签订的《劳动合同书》确定对员工的聘用关系。

6. 法律、法规和公司章程规定的其他权利和义务。

（二）激励对象的权利与义务

1. 除本激励计划规定的业绩条件外，激励对象获得激励股权后可以拥有所持公司股份所对应的股东权利。

2. 激励对象在激励股权解禁后可对其持有的股权进行转让交易。

3. 激励对象应遵守本计划前述的关于激励股权限售的规定。在限售期内激励对象不得就限售股权进行出售、交换、担保、设定任何权利负担或用于偿还债务，或就处置激励股权订立任何口头或书面协议。

4. 激励对象（外部董事除外）在本计划规定的股权限售期内的绩效考核应当达到或者超过公司规定的绩效考核标准，否则应按本计划的规定承担相应不利后果。

5. 激励对象应当遵守法律法规、公司规章制度，积极维护

①参照上市公司的规定。

公司利益，不得从事任何有损公司利益的行为，不得以任何方式直接或者间接参与公司业务相同或者相似的投资或经营活动。

6. 激励对象（外部董事除外）应当全职为公司工作，不得与其他用人单位建立劳动关系或者劳务关系。

7. 激励对象（外部董事除外）在本计划规定的限售期结束后离职的，应当在2年内不得从事与公司同业竞争相同或类似的相关工作；如果激励对象在本方案规定的限售期结束后离职，并在2年内从事与公司同业竞争相同或类似工作的，激励对象应当将其因本计划所得全部收益返还给公司。

8. 法律、法规、公司章程或者其他法律文件规定的其他权利和义务。

**十、本激励计划异动发生时的处理**

（一）公司控制权变更、公司合并或分立

当公司控制权发生变更，合并或分立时，本计划不做变更，按本计划的规定继续执行：

（二）公司不具备实施股权激励计划的资格

公司如出现如下情形之一时，应终止实施股权激励计划，激励对象已获授但尚未解除限售的业绩股权不得解除限售，由实际控制人或其指定的主体进行回购；对该等情形负有个人责任的，回购价格不得高于激励对象购买业绩股权时的价格。

1. 最近一个会计年度财务会计报告被注册会计师出具否定意见或者无法表示意见的审计报告；

2. 最近一年内因重大违法违规行为被中国证券监督管理委员会予以行政处罚；

3. 中国证券监督管理委员会认定的其他无法实施股权激励计划的情形。

D11760

（三）激励对象个人情况发生变化的处理

1. 当发生以下情况时，在情况发生之日，激励对象已获授但尚未解除限售的业绩股权不得解除限售，由公司实际控制人或其指定主体回购：

（1）违反国家法律法规、《公司章程》或公司内部管理规章制度的规定，或发生劳动合同约定的失职、渎职行为，严重损害公司利益或声誉，或给公司造成直接或间接经济损失；

（2）激励对象在任职期间，存在受贿、索贿、贪污、盗窃、泄露经营和技术秘密等损害公司利益、声誉等的违法违纪行为，直接或间接损害公司利益；

（3）因犯罪行为被依法追究刑事责任；

（4）单方面提出终止或解除与公司订立的劳动合同或聘用合同；

（5）与公司所签订的劳动合同或聘用合同期满，个人提出不再续签；

（6）因个人原因而致使公司提出解除或终止劳动合同（包括被公司辞退、除名等）；

（7）薪酬与考核委员会认定的类似情形。

2. 当发生以下情况时，在情况发生之日，激励对象已获授但尚未解除限售的业绩股权不得解除限售，由实际控制人或其指定的主体回购：

（1）因非执行职务的原因丧失劳动能力或身故；

（2）因公司经营调整（包括但不限于裁员），公司单方面终止或解除与激励对象订立的劳动合同、聘用合同的；

（3）因考核不合格或董事会认定不能胜任工作岗位，经公司董事会批准；

（4）董事会认定的类似情形。

3. 特殊情形处理

（1）激励对象在公司内部发生正常职务变更，其获授的权益完全按照本计划规定的程序进行；

（2）激励对象因执行职务负伤而导致丧失劳动能力的，其所获授的业绩股权不作变更，仍可按照本计划规定的程序进行。发生上述情形时，激励对象个人绩效考核条件不再纳入解除限售条件；

（3）激励对象因执行职务身故的，其获授的限制权股票将由其指定的财产继承人或法定继承人代为持有，并按照身故前本计划规定的程序进行。发生上述情形时，激励对象个人绩效考核条件不再纳入解除限售条件。

（4）激励对象因退休而离职，在情况发生之日，对激励对象已获授的限制性股票将完全按照退休前本计划规定的程序进行，且董事会可以决定其个人绩效考核条件不再纳入解锁条件。

4. 如果在本股权激励方案公示之日至股权激励实施完成期间，公司成功登陆资本市场（包括但不限于国内主板市场，三板市场，及国外市场）对股权激励存在相关业务规则，本股权激励计划需按照业务规则要求修改，最终激励计划以修改且通过当时董事会和股东大会为准。

5. 其他未说明的情况由薪酬与考核委员会认定，并确定其处理方式。

**十一、本激励计划的实施部门**

（一）本股权激励计划由公司薪酬与考核委员会制定，经股东审议通过后实施。

（二）本股权激励计划的解释、实施权由公司薪酬与考核委员会享有。

D11760

**图书在版编目(CIP)数据**

中国合同库. 股权激励 / 邵雷雷主编. --北京：法律出版社,2017
ISBN 978-7-5197-1740-7

Ⅰ.①中… Ⅱ.①邵… Ⅲ.①合同法-中国②股权激励-经济合同-合同法-中国 Ⅳ.①D923.6

中国版本图书馆CIP数据核字(2017)第297329号

**中国合同库:股权激励**
**ZHONGGUO HETONGKU:GUQUAN JILI**

邵雷雷 主编

**策划编辑** 朱海波 蒋 橙
**责任编辑** 朱海波 蒋 橙
**营销编辑** 徐 印
**装帧设计** 宇宙尘埃工作室 鲍龙卉

**出版** 法律出版社
**总发行** 中国法律图书有限公司
**经销** 新华书店
**印刷** 天津嘉恒印务有限公司
**责任印制** 吕亚莉

**编辑统筹** 法律应用·大众出版第二分社
**开本** 787毫米×1092毫米 1/16
**印张** 43.75 **字数** 645千
**版本** 2018年1月第1版
**印次** 2018年1月第1次印刷

法律出版社/北京市丰台区莲花池西里7号(100073)
网址/www.lawpress.com.cn
投稿邮箱/info@lawpress.com.cn
举报维权邮箱/jbwq@lawpress.com.cn
销售热线/010-63939792
咨询电话/010-63939796

中国法律图书有限公司/北京市丰台区莲花池西里7号(100073)
全国各地中法图分、子公司销售电话:
统一销售客服/400-660-6393
第一法律书店/010-63939781/9782
西安分公司/029-85330678
重庆分公司/023-67453036
上海分公司/021-62071639/1636
深圳分公司/0755-83072995

**书号:**ISBN 978-7-5197-1740-7
**定价:**128.00元
(如有缺页或倒装,中国法律图书有限公司负责退换)

# 中国合同库出版计划第二期
# 征稿启事

中国合同库出版计划，是法天使与法律出版社共同发起的出版计划，共分为四期。旨在出版系列线上线下一体书，聚合和共享法律智慧，建设一个“全面可信赖”的中国合同库，让法律行业乃至全社会受益，同时为作者塑造影响力。

第一期已于 2017 年正式出版发行，包括：A 轮融资协议、股权激励、私募基金、劳动人事、影视娱乐、房屋买卖租赁、建设工程施工合同、企业债券、商业保理、证券期货、政府和社会资本合作 (PPP)，共 11 个专题，本书为第一期 11 个专题之一。

现在，我们面向优秀律师、法务及相关法律人，郑重征稿，具体要求如下：

### 1. 提交基础信息

姓名，年龄，个人微信和电话，工作单位，专业领域，有无出书经历，拟选定的写作方向。

### 2. 选定写作方向

(1) 提交该方向的：合同模板目录，以及 1 份代表性合同模板，对该模板进行使用说明和要点批注。

(2) 个人简介，包含在该领域处理过的有影响力的案例或发表、出版过的文章、图书或获得过的荣誉以及其他一切可以体现您在这一领域专业实力的材料。

### 3. 选题评审

根据上述信息，由法律出版社和法天使组织专家进行评审，一经纳入出版计划我们将与您联系，商定交稿时间和出版细节。

### 4. 出版政策

作者无须任何出版补贴，并依照出版合同获得稿酬。稿酬等事项见届时签署的出版合同。

### 5. 写作体例

参照本书体例。

### 6. 征稿联系人

常金光　联系电话 / 微信：13810853236/cjg@fatianshi.cn

### 7. 特别提示

登陆法天使官方网站：www.fatianshi.cn，可随时分享单份或成套合同模板，获得收益。

关注以下二维码，在底部菜单查看“参与出版计划”，即可了解更多详情。